国家社会科学基金项目

党内民主：

──┄┅党的建设与工作的生命线

丁晓强等 / 著

人民出版社

责任编辑:马长虹
特约编辑:兰玉婷
封面设计:徐　晖
版式设计:千叶书装

图书在版编目(CIP)数据

党内民主:党的建设与工作的生命线/丁晓强 等著.
　　-北京:人民出版社,2012.10
ISBN 978-7-01-011138-4

Ⅰ.①党… Ⅱ.①丁… Ⅲ.①中国共产党-党内民主-研究
　Ⅳ.①D262.11

中国版本图书馆 CIP 数据核字(2012)第 195005 号

党内民主:党的建设与工作的生命线
DANGNEI MINZHU DANG DE JIANSHE YU GONGZUO DE SHENGMINGXIAN

丁晓强　等著

人民出版社 出版发行
(100706　北京市东城区隆福寺街 99 号)

北京新魏印刷厂印刷　新华书店经销

2012 年 10 月第 1 版　2012 年 10 月北京第 1 次印刷
开本:710 毫米×1000 毫米 1/16　印张:22
字数:380 千字　印数:0,001-3,000 册

ISBN 978-7-01-011138-4　定价:58.00 元

邮购地址 100706　北京市东城区隆福寺街 99 号
人民东方图书销售中心　电话 (010)65250042　65289539

目 录

绪　　论

关于党的基层民主与党整合社会的能力研究，包括党内民主建设、党的基层组织建设和党的群众工作三个方面的内容。这三个方面内容都是党的建设，特别是作为在全球化、信息化背景下执政党建设的重大问题。党内民主是党的生命，是民主执政的前提，党的基层组织是党全部工作和战斗力的基础，带动着其他各类组织的建设，党的群众工作体现着执政为民的实质，关系到党的执政基础。

一、要从生命的意义思考党的建设

胡锦涛《在庆祝中国共产党成立90周年大会上的讲话》中，在深刻地论述了党所取得的伟大成就和历史经验的同时，也令人印象深刻地提出了党面临着"四大考验"和"四大危险"：执政考验、改革开放考验、市场经济考验、外部环境考验；精神懈怠的危险，能力不足的危险，脱离群众的危险，消极腐败的危险。再次强调全党同志要"常怀忧党之心、恪尽兴党之责"，表现出了强烈的忧患意识。怎样应对这些考验与危险，显然是一个关乎党的生命的问题。

关于党的生命有过多种表述：

一是关于党的团结是党的生命。马克思在《国际工人协会成立宣言》中指出："过去的经验证明，忽视在各国工人间应当存在的兄弟团结，忽视那应该鼓励他们在解放斗争中坚定地并肩作战的兄弟团结，就会使他们受到惩罚，——使他们分散的努力遭到共同的失败。"①这是《共产党宣言》号召的"全世界无产者联合进来"的体现。列宁强调党的团结，因为"无产阶级在争取政权的斗争中，除了组织，没有别个武器"。由此重视党的组织纪律。1956年，中共党的八大所通过的《党章》明确提出了"党的团结和统一，是党的生

---

① 《马克思恩格斯文集》第3卷，人民出版社2009年版，第14页。

命,是党的力量所在"。

二是关于党内批评是党的生命。1937年,毛泽东在《矛盾论》中说:"党内如果没有矛盾和解决矛盾的思想斗争,党的生命也就停止了。"①1945年,毛泽东在《论联合政府》中说,"对于我们,经常地检讨工作,在检讨中推广民主作风,不惧怕批评和自我批评,……正是抵抗各种政治灰尘和政治微生物侵蚀我们同志的思想和我们党的肌体的唯一有效的办法。"②面对批评,"只要我们为人民的利益坚持好,为人民的利益改正错的,我们这个队伍就一定会兴旺起来。"③

三是关于政策和策略是党的生命。这是毛泽东在1948年针对党在土改等一系列工作中纠正"左"倾错误时提出的。他说:"政策和策略是党的生命,各级领导干部务必充分注意,万万不可粗心大意。"④

四是关于执政党的党风有关党的生死存亡。这是陈云在1980年提出来的,他说,"执政党的党风问题是有关党的生死存亡问题"⑤。1992年,党的十四大报告提出了"执政党的党风,党同人民群众的联系,是关系党生死存亡的问题"。

五是关于腐败问题关系到党生死存亡。1997年,党的十五大报告提出了"反对腐败,是关系党和国家生死存亡的严重政治斗争"这一观点,2011年胡锦涛在《在庆祝中国共产党建党90周年讲话》中再次作了强调。

六是关于党内民主是党的生命,这是2002年党的十六大明确提出来的,2007年十七届四中全会作出的《关于加强和改进新形势下党的建设若干重大问题的决定》再度重申。

七是关于党的先进性是马克思主义政党的生命所系、力量所在。这是2006年6月30日胡锦涛在《庆祝中国共产党成立85周年暨党的先进性教育总结大会上的讲话》中提出来的。

团结、批评、政策、作风、反腐败、民主与党的先进性,都是党的生命所系。因为,这都体现了党同阶级、群众相联系的根本问题。通过党的团结实现工人阶级的团结,体现工人阶级的阶级力量;党内的批评与斗争,党的政策,是党联

① 《毛泽东选集》第一卷,人民出版社1991年版,第306页。
② 《毛泽东选集》第三卷,人民出版社1991年版,第1096页。
③ 《毛泽东选集》第三卷,人民出版社1991年版,第1004页。
④ 《毛泽东选集》第四卷,人民出版社1991年版,第1298页。
⑤ 《陈云文选》第三卷,人民出版社1995年版,第273页。

系群众、反映人民利益的最基本方式，而批评与斗争，是党内民主生活的主要表现；坚持党的作风，才能不脱离群众，坚持反对腐败，才能避免与群众的利益对立；只有发展党内民主，发挥党员的主体作用，才能更好地维护党的团结，进行有益的党内批评和斗争，继承和发扬党的作风，遏制腐败，保持党的先进性。

对党的生命的认识，反映了党对历史发展的把握和与时俱进的要求。马克思、列宁对团结统一的充分重视，是对组织工人阶级成为阶级力量的重视，这是党的先进性和生命的基础。毛泽东根据中国的国情，从阶级概念扩展到了人民的政治概念，毛泽东关于政策的论述，正是强调了团结大多数人民的重要性。毛泽东还带有哲学的思考，从生命的机理和过程入手，注重与人民群众的互动关系，党内的批评与听取人民的批评、走群众路线是联系在一起的，党的思想和政策的先进与人民的利益是联系在一起的。这也正是毛泽东提出的关于实事求是、群众路线、批评和自我批评的党的作风建设的意义所在。建国以来，特别是改革开放以后，党内存在的作风不正现象，在执政、改革开放、市场经济和国外环境的考验中，成为一个突出的问题，更严重的是从一般的脱离群众的危险向消极腐败的危险发展。党内民主是党的生命的提出，表明了以思想批评为主的党内教育已经不够了，必须通过发展党内民主来解决这些问题。

党内民主是党的生命，意味着在执政和市场经济条件下，在党的全部建设中，党内民主处于一个极其关键的地位。在中国共产党关于党的建设思想中，一般划分为思想建设、组织建设、作风建设和制度建设，这是四大基本建设。党的十七大又提出了反腐倡廉建设，与原有的四大建设并列，表明了党对反腐倡廉的高度重视。此外，党还提出了关于执政能力建设和先进性建设的思想。在这些建设方面，并没有单独的党的民主建设。那么，民主建设在党的建设中如何体现呢？党内民主要以民主制度的建设为目标，党内民主的建设与制度的建设就有着密切的联系。邓小平提出制度建设的重要性，所针对的就是党内权力过分集中和个人专断的人治，其价值取向就恢复民主集中制，发扬民主。胡锦涛《在庆祝中国共产党成立 90 周年大会上的讲话》中明确阐述了推进党的制度建设要以民主集中制为核心，要发展党内民主，因此，发展党内民主是党的制度建设的基本要求。2002 年党的十六大提出了党的制度建设要贯穿于党的思想建设、组织建设、作风建设之中，胡锦涛的讲话再次明确了这一观点，并提出制度建设还要贯穿到反腐倡廉建设之中。这也就意味着党内民主制度建设要贯穿于党的思想建设、组织建设、作风建设和反腐倡廉建设之中。

党内民主建设,在基层党组织建设和党的群众工作这些重大问题上的关键性作用是毋庸置疑的。党内民主是党的生命,要从生命的意义的高度,来破解党的干部队伍建设、反腐倡廉建设、基层组织建设和党的群众工作中所存在的困境问题。

二、积极推动党内民主的发展

什么是党内民主呢? 关于民主和党内民主的内涵有多种概括。这里我们想梳理党对民主的认识和实践过程,由此明晰对党内民主问题的把握。

民主与科学是五四运动的两大口号,也是中国共产党领导人民革命的最基本的目标。在民主革命时期,毛泽东对党的民主建设予以充分的重视,创造性地提出了"支部建在连上",成立了士兵委员会,军事民主成为党领导人民军队的重要特征;创造性地把民主意识提高到党的群众路线的高度,并作为党的基本作风之一。这是中国共产党领导人民取得新民主主义革命胜利的重要因素。在延安时期,毛泽东真切地认识到,以人民当家作主为实质的民主,是中国共产党能走出朝代更替兴亡的历史周期率的最基本的办法。1956 年,党的八大提出了党的民主建设的问题。但是,以后情况发生了变化。党的权力的过度集中、领袖的个人崇拜和频繁的群众运动成为基本的政治生态,在日益"左"倾的错误路线指导下,造成了党和国家不正常的政治局面。

"文化大革命"结束以后,党再度把民主作为社会主义建设的基本目标。邓小平在总结毛泽东晚年错误时深刻地指出了高度集中和个人崇拜的危害性,特别是强调了制度更具有根本性、全面性、稳定性和长期性。这是一个重要的认识,一是提出了党的制度建设的命题,这是执政党建设的一个重要的特征;二是制度建设所针对的是以个人集权为特征的人治,所以这里的制度它的价值取向就是发展民主。正是在这样一个重大认识的基础上,从废除终身制,开始了党内民主制度的建设。1988 年,中共中央组织部开始了在部分地区进行党的代表大会常任制为内容的基层民主制度改革试点。2002 年,党的十六大更是提出了"党内民主是党的生命",2004 年党的十六届四中全会作出了党的执政能力建设问题,提出了民主执政的重要目标,把党的民主建设提到了重要的议程,进一步推开在部分地区进行党的基层民主的试点工作。2009 年,党的十七届四中全会作出了《关于加强和改进新形势下党的建设若干重大问题的决定》,进一步强调以保障党员民主权利为根本,以加强党内基层民主建设为基础,切实推进党内民主。近年来,党内民主制度的建设已取得重要的进展,在基层民主建设方面,如党代表常任制、公推公选、党务公开等都已成为党的建设实践中的基本要求。

党对党内民主的认识可以说有三个层次:一是把民主作为一个价值追求,在新民主主义革命时期以至社会主义建设时期,民主都是党所追求的基本目标和重要口号。二是把民主作为党内外基本的工作作风,努力贯穿于党的新民主主义革命以至社会主义建设时期的伟大实践。三是从改革开放以后,逐渐把民主作为党内制度创新的目标进行推进。所以,我们对党内民主有以下的认识和把握。

第一,党内民主是随着党领导人民进行革命和改革的实践而得到发展的。由于党始终对民主价值的追求,党对民主生活和民主作风的重视和培育,为党内民主在新时期的发展提供了思想资源和实践路径。这里有一个对党的民主集中制的认识问题。要反对把民主集中制等同于集中制而与民主制相对立的观点。毛泽东所倡导的民主集中制是在民主基础上的集中和集中指导下的民主的统一,重视党内的民主生活和民主作风。毛泽东说:"党内的民主是必要的。要党有力量,依靠实行党的民主集中制去发动全党的积极性。在反动和内战时期,集中制表现得多一些。在新时期,集中制应该联系于民主制。用民主制的实行,发挥全党的积极性。"[1]1978 年,邓小平提出过"民主集中制的中心是民主"[2]的想法。2007 年 6 月,胡锦涛在中共中央党校的讲话中提出了"坚持民主集中制,坚持党员主体地位",把党员主体地位与民主集中制并提。党的十七大提出了"坚持和健全民主集中制,积极发展党内民主"。也就是要在坚持和健全民主集中制过程中,弘扬党内民主作风,扩展党内民主制度的生长空间。

第二,发展党内民主要以尊重党员主体地位为根本出发点,要以民主制度的建设为目标。其一,党的十七大提出要尊重党员的主体地位,十七届四中全会提出以保障党员民主权利为根本,这是关于党内民主建设的重大的指导思想,体现了党内民主的根本精神。建国以后,毛泽东论民主,说:"不论党内党外,都要有充分的民主生活,就是说,都要认真实行民主集中制。要真正把问

---

① 《毛泽东选集》第一卷,人民出版社 1991 年版,第 278 页。
② 《邓小平思想年谱》,中央文献出版社 1998 年版,第 98 页。

题敞开,让群众说话。"①显然,这是以党的组织,甚至是以领导者为本位的,是自上而下的民主。这样的民主,还只是民主的初级形态,表现的就是民主的作风。其二,邓小平指出了制度问题带有根本性、全局性、稳定性和长期性。重视和发展党内民主,绝不仅仅是指领导者和干部的民主作风和工作作风,及其在此基础上形成的"党的生活民主化"②,更重要的是指党内民主制度的建立健全和完善。这才能使得民主不因领导者个人的态度的变化而变化,甚至走向反面。

党内民主建设,包括党内的民主选举、民主管理、民主决策、民主监督。自改革开放以来,在民主建设和制度创新上取得了重大的成就。在完善党的代表大会制度,实行党的代表大会代表任期制,扩大在县(市、区)试行党代会常任制;完善党的地方各级全委会、常委会工作机制,发挥全委会对重大问题的决策作用;严格实行民主集中制,健全集体领导与个人分工负责相结合的制度,反对和防止个人或少数人专断;推行地方党委讨论决定重大问题和任用重要干部票决制;建立健全中央政治局向中央委员会全体会议、地方各级党委常委会向委员会全体会议定期报告工作并接受监督的制度;改革党内选举制度,改进候选人提名制度和选举方式;推进党务公开,营造党内民主讨论环境;推广基层党组织领导班子成员由党员和群众公开推荐与上级党组织推荐相结合的办法,逐步扩大基层党组织领导班子直接选举范围,探索扩大党内基层民主多种实现形式等方面都有了重大的发展。

在实践的基础上,理论界如蔡长水、卢先福、王贵秀、高放、林尚立、李忠杰、高新民、甄小英、胡伟等,在党内民主问题上撰写或发表了一些论著和观点,引起了党内外、学界、社会上以至国际上的广泛关注。这些研究较透彻地论述了党内民主在执政党建设中的战略意义、在政治文明中的核心地位,思考了通过党的代表大会常任制、强化党的全委会功能以增强民主决策和扩大民主参与问题,及民主监督与民主选拔干部等等,也推动着党内民主的理论研究。

但是,党内民主的发展,还需要破解一些难题。在领导体制上,党政高度统合与党的集体领导原则的矛盾没有解决。在指导思想上,党内的利益倾向对党内民主的影响没有厘清。在民主实践中,党员主体地位虚置的情况没有

---

① 《毛泽东文集》第八卷,人民出版社1999年版,第291页。
② 《毛泽东选集》第一卷,人民出版社1991年版,第278页。

根本解决。① 例如党员的知情权,参与决策权,选举与被选举权等权利的落实并不理想。从保障党员权利是党内民主的根本这一理念出发,那么党内民主还有很长的路要走。

我们要指出的是,其一,在中国的改革开放中,政治体制的改革还不适应经济体制的改革发展。以经济建设为中心,经济体制改革为重点,在经济改革中要敢创敢冒;政治体制改革要"审慎从事"②,这符合马克思主义经济基础决定上层建筑的理论,也是中国改革的重要经验。但是,今天存在着政治体制改革不适应经济体制改革的状况,也是毋庸置疑的。邓小平说:"我们所有的改革最终能不能成功,还是决定于政治体制的改革。"③其二,党内民主的建设又落后于人民民主的建设,十七届四中全会的《决定》指出,存在着"一些党组织贯彻民主集中制不力"的问题。中国的改革关键在党,中国特色的政治发展之路是党的领导,人民当家作主和依法治国的统一,而且党内民主应该成为人民民主的示范。党内民主的发展不能满足中国改革开放的现实,也不能满足中国政治发展的要求。

显然,作为党的生命的党内民主建设,在实践中还存在着动力不足的问题。党内民主建设的动力之源在哪里? 党的基层组织建设与党的群众工作与党内民主建设的动力之源是什么关系? 这是我们需要思考的重要问题。

三、激发党的基层组织的活力

重视党的基层组织建设,是马克思主义政党的性质所决定的。马克思主义政党从一开始就建立在基层工人阶级队伍的基础之上,这与资产阶级政党产生于上层政客之中是不同的。虽然以后一些资产阶级政党也向群众性政党(与权贵党的区别)发展,但是,它的基层组织的地位与作用与马克思主义政党还是不一样的。一般而言,它的工作重心在党的上层组织,例如议会党团,基层主要是吸纳党员和争取选票,从而在政党竞争中获得优势;执政以后,政党的工作重点在政府层面,党的工作隐于政府工作之后。

马克思主义政党的工作重心在基层。革命时期,党的基层组织是党的战

① 参见梅丽红:《党内民主发展中的三大矛盾及其解决路径》,《中共中央党校学报》2005年第3期。这些情况在今天有所解决,但仍然存在。
② 《邓小平文选》第三卷,人民出版社1993年版,第176页。
③ 《邓小平文选》第三卷,人民出版社1993年版,第164页。

斗堡垒,保证着党员的先锋模范作用,并通过党的基层工作和党员的先锋模范作用,影响群众、联系群众、组织群众,使党的组织、党员、群众建立起密切的联系。执政以后,党的基层组织依然是凝聚党员、凝聚群众的基础。马克思主义政党对党的基层组织的重视,是因为党的基层组织直接联系群众,是党与人民群众血肉联系的组织保证。党的五大至八大通过的党的章程,都指出了党的基层组织是党与群众发生关系的组织,就是要与人民群众密切联系或结合起来。① 刘少奇说,这是"党在人民群众中的工作单位"。② 1982 年,党的十二大以来,党章的基本表述是"党的基层组织是党在社会基层基层组织中的战斗堡垒,是党的全部工作和战斗力的基础"。显然,这在组织上体现了马克思主义政党"与资产阶级政党相反,不是把人民群众作为自己的工具,而是自觉认定自己是人民群众在特定的历史时期为完成特定的历史任务的一种工具"③的理念。

重视基层组织建设也是中国共产党的重要特征和优势。党成立以后就开始重视党的基层组织建设。党的二大,提出了党的最基层组织是"组",四大确定支部为党的基本组织。特别是 1927 年,毛泽东提出了"支部建在连上",党的基层组织建立在革命组织和群众组织的最基层,并卓有成效地展开工作,这是中国共产党在新民主主义革命时期能够密切联系群众,发挥党员的先进战士作用的最重要的组织保证。建国以后,党的基层组织的功能发生了一些变化。由于党的权力过度集中,在党政一体的体制之下,党的工作出现了过度依靠行政权力的趋势,而党的基层组织的作用却日益局限于党的内部日常事务之中。

随着改革开放的发展,尤其是 20 世纪 80 年代末以后,党的基层组织建设在实践中面临着严峻的挑战,基层党建也成为研究的重点。首先是农村基层党建问题,由于农村联产承包责任制的实行,农村的社会管理结构首先发生了变化,原有的建立在高度集中体制下的党的基层组织,必须适应农村社会的变化。1992 年党的十四大确立建立现代企业制度,企业党组织如何发挥政治核

---

① 各次《党章》的具体表述是:中共五大:"支部是党与群众直接发生关系的组织。"中共六大:"支部为使与工农联系起来的组织。"中共七大:"支部必须使人民群众与党密切结合起来。"八大:"党的基层组织必须把工人、农民、知识分子和其他爱国人民同党和党的领导机关密切联系起来。"

② 刘少奇:《关于修改党章的报告》,滨海新华书店 1948 年版,第 65 页。

③ 《邓小平文选》第一卷,人民出版社 1994 年版,第 218 页。

心作用问题开始引人关注。随着社会主义市场经济的发展,中国社会转型过程加快,政府、政党、社会关系发生新变化,单位人向社会人的变化,社会利益分层出现,"两新"组织、社区中的党建问题凸显出来。1994年,党的十四届四中全会通过了《关于加强党的建设几个重大问题的决定》,把党的基层组织建设问题作为一个重要问题,提出了以农村和企业党组织的建设为重点,并提出了在新建立的经济组织和社会组织中建立党组织的要求。此后,党十分重视基层组织的建设,出台了一系列条例和意见,全面推动农村、企业、两新组织和社区党的组织建设。党的基层组织建设进行了全面的创新探索。与此同时,研究领域也迅速的拓展,出现了一些新的成果。就著作而言,有夏军等《中国城市社区党建》、王河《中国非公有制企业党建工作》、顾建键《新经济组织党的工作》和冯小敏的《中国共产党基层建设新论》等等。这些实践探索及其理论成果,根据当前基层党建中所面临的新情况,提出了基层党组织,尤其在直接面向社会的社区和"两新"组织中的党组织,要实现一个战略性的转变:要从主要依托行政权力,向通过社会服务、社会参与,以凝聚群众、整合社会的功能转化;提出了初步的对策设想:如属地化为主的组织设置,以服务求渗透的工作方式,以市场化充实党的基层干部的思路等等。基层党组织要以整合社会为其重要的功能,这一观点对基层党建体制和机制的创新具有重要意义。但是,如何激发党的基层组织的活力和影响力问题并没有完全解决。在对策方面,怎样进行体制和机制的创新,解决党员执政意识不强、党组织资源结构性匮乏和党的基层干部来源缺乏等难点问题,还缺少深入的理论研究。

在全球化、信息化背景下,在党长期执政的条件下,党的基层组织建设重要性更为突出。一方面,党的基层组织在市场经济的条件之下需要重新社会化;而且,由于全球化信息化促使人们在社会层面活动空间的增大又不断地推动着社会的组织化过程。与社会直接联系的党的基层组织任务更为艰巨,党的基层组织的体制和工作方法面临着重大的变化。党的十六大报告提出了党的基层组织要"要坚持围绕中心,服务大局、拓宽领域、强化功能,扩大党的工作覆盖面,不断提高党的基层组织的凝聚力和战斗力"的要求。党的十七大报告指出"党的基层是党执政的组织基础。充分发挥党的基层组织推动发展、服务群众、凝聚人心、促进和谐的作用。以党的基层组织建设带动其他各类基层组织的建设。"

另一方面,党在长期执政条件下,党的基层组织在党的自身建设中的地位也更为重要。因为,对于长期执政的中国共产党而言,党内民主是党的生命。

我们从《党章》的历史演变中可以发现，从1956年党的八大关于党的基层组织的任务中提出了第七条，当时表述为反对官僚主义，从党的十二大以后，第七条的内容是教育监督党员干部。这表明基层组织在党内民主中的作用已有所体现。党内民主的根本是保障党员的民主权利，就要"发挥党的基层组织在保障党员民主权利方面的作用"，党内民主是纵向运行的，这就必须"以加强党的基层民主建设为基础"。① 党员权利的保障和党员主体性问题成为党的基层组织建设中的突出问题。

我们要思考通过党内民主建设激发党的基层组织的活力，并从党的基层民主中获得推动党内民主建设的动力。同时，通过党内民主的发展，提高党的基层组织在新形势下群众工作的能力。

四、增强党整合社会的能力

党和群众的关系问题，是党的建设的最基本问题。革命时期，党与群众的血肉联系，是党领导中国新民主主义革命取得胜利的最根本因素。建国以后，执政的考验，最大的危险就是脱离群众。在经济全球化和市场经济条件下，社会结构的巨大变化，利益主体的分化，社会组织的发展，党的群众工作面临着严峻的挑战。1990年，党的十三届六中全会作出了《关于加强党同人民群众联系的决定》，明确提出要"经受住执政和改革开放的考验，努力保持和发展党同群众的密切联系"。2004年党的十六届四中全会作出的《关于加强党的执政能力建设的决定》，提出了提高党构建社会主义和谐社会的能力的任务，把社会建设与政治、经济、文化建设相并列，形成了四大建设并重的格局。2006年，党的十六届六中全会作出了《关于构建社会主义和谐社会若干重大问题的决定》，全面阐述了构建社会主义和谐社会的思想，成为科学发展观等战略思想的重要内容。2011年，党把加强社会建设，创新社会管理，纳入到了十二五规划之中。

提高党整合社会的能力是党的群众工作的新的要求，是提高构建社会主义和谐社会能力的具体化。由于社会主义市场经济的发展，出现了多元利益主体，利益群体增多、利益关系呈现出多样化的趋势、利益矛盾凸显、利益冲突

---

① 十七届四中全会：《中共中央关于加强和改进新形势下党的建设若干重大问题的决定》，2009年9月18日。

加大。党的群众工作的重要内容是解决群众的利益诉求,协调和整合群众的利益矛盾。2002年11月8日,党的十六大报告指出:"在我国社会深刻变革、党和国家事业快速发展的进程中,妥善处理各方面的利益关系,把一切积极因素充分调动和凝聚起来,至关紧要。"①整合社会,亦称社会整合,与社会分化相对应,借用了社会学的概念。社会学家帕森斯提出社会整合的两层含义:一是指社会体系内部各部分的和谐关系,体系达到均衡状态,避免社会解体;二是指社会体系已有成分的维持,以对抗外来的压力。② 政党作为公共权力和社会的中介,在整合社会中具有巨大的作用。中国共产党要以人民利益至上为价值取向,通过整合社会而巩固执政基础。党的社会整合工作是多层面的,可以通过理论宣传、影响法律政策的制定,通过人民代表大会和政治协商会议、政府的工作,但是,很重要的是要发挥党的基层组织的群众工作及其在整合社会中起到的基础性作用,这是本书所要研究的基本视角。

党的基层组织,是党与群众直接建立血肉联系的组织基础,党的群众工作都要通过党的基层组织予以落实。面对新形势新特点,党的基层组织以改革的精神,努力在实践创新群众工作的新体制,探索群众工作的新方法,取得了重要的经验。理论界也对党在新形势下的群众工作进行了研究。一是关于中国社会利益分化的研究。如陆学艺的《当代中国社会阶层研究报告》,李培林等《中国社会分层》、桑玉成《利益分化的政治时代》等,对中国新的社会关系进行了研究,指出了中国社会出现了多阶层的分化,社会结构的状态及其对社会发展的影响。二是关于党群关系的研究,甄小英等《党群关系新论》,中共中央组织部党建研究所课题组编的《利益关系多样化与新时期党的建设》等,论述了在新的社会条件下,党群关系发生的新变化及其对党的群众工作提出的新挑战。三是关于党的社会整合研究,如王邦佐《社会整合:21世纪中国共产党的政治使命》、《执政党与社会整合:中国共产党与新中国社会整合实例分析》、王长江《现代政党执政规律研究》、《政党现代化论》、林尚立《社会主义国家执政党建设的政治学思考》、高新民《强化党的社会整合功能》、梁妍慧《论执政党的社会整合》等。论述了执政党社会整合的功能和在当前社会变革与转型中社会整合的政治、经济、文化和组织等方式。四是关于党的群众工作创新研究。中共中央组织部党建研究所《加强和改进党的群众工作　巩固

① 《十六大以来重要文献选编》,中央文献出版社2005年版,第318页。
② 《中国大百科全书·社会学卷》,中国大百科全书出版社1991年版,第351页。

党的执政基础》，衣芳《人民群众主体论》，吴辉《和谐社会构建中的群众工作》以及一大批论文等，论述了群众工作的理念、体制和方法的创新，特别是总结了党在基层群众工作中的创新经验。

从一般的党的基层组织群众工作向执政党的社会整合中党的基层组织作用聚焦，体现了在新的时代背景下党群关系和党的基层组织建设领域的理论前沿问题和实践的焦点问题。要提升党的基层组织在整合社会中的能力，对基层党的建设的要求更高，要体现党对社会利益代表、利益聚集和利益整合的功能，基层党组织需要有更多政治资源，这就要思考党内民主，特别是党的基层民主在盘活党内政治资源中的意义。另一方面，社会整合的核心是利益整合，理想的社会整合，要形成制度内合理的利益博弈，其实就是需要有充分的民主过程。从人民利益至上的原则出发，从社会存在决定社会意识和经济基础决定上层建筑的观念出发，人民群众的民主需求更是党内民主的生命之源。

五、为提高党的建设科学化水平而努力

党的十七届四中全会作出了《关于加强和改进新形势下党的建设若干重大问题的决定》，提出了"提高党的建设科学化水平"的新要求。党的建设，历来是党领导人民进行革命和建设的最重要、最基本的法宝，并且在长期的革命实践中丰富的经验，形成了重要的理论成果。十七届四中全会提出的"提高党的建设科学化水平"，就是指在全球化信息化时代背景下，在长期执政的条件下，重新思考党的建设的科学化问题。这就要把党的建设建立在对党的执政规律的不断认识和科学把握的基础之上，也就是说，需要摒弃一些革命时期的思维定式，在执政条件下来部署党的建设。例如，必须改革过去高度集中的、以组织为本位的、党政企一体化的思维定式，向着发展党内民主、以党员为本位、强化人民利益集聚和整合功能等方面推进。

本书的研究着眼于新的历史时期执政党建设这一历史方位，把党内民主建设作为党的建设与党的工作的生命线，破解党的基层组织建设和党的群众工作中出现的难点问题，同时又从党的基层民主和社会利益诉求中汲取党内民主的动力。以此为关节点把党的基层组织建设、党的群众工作和党的民主建设联结起来，不仅形成一个统一的逻辑系统，更重要的是，抓住了党建实践和理论的关键所在。党的基层民主建设是党的基层组织建设的核心问题，是党内民主建设的基础，是党提高整合社会的能力的关键。从党的基层组织建

设角度看,要拓展领域、强化功能,必须增强组织的活力和凝聚社会的服务能力,必须通过体制和机制的创新,以扩大基层组织和党员的政治参与,由此拓展政治资源,提高社会参与、并通过社会参与整合社会和动员社会的能力,同时体现党的组织和个人的价值;从党内民主建设的角度看,尊重党员的主体性、保障党员的民主权利和扩大党员的政治参与程度是最基本的问题,同时,党的基层组织和党员直接联系社会,党内的政治参与和社会参与的相互作用,又是党内民主发展的源头动力;从党的群众工作角度看,党整合社会的能力,必须通过党的基层组织和党员来实现。

　　本书紧紧扣住党内民主这一主线,从执政党建设和在新的历史背景下党的学说重大创新这一高度,论述党内民主作为党的生命的理论基础;全面思考党的基层民主发展的实践经验及其困境,评价基层民主对于党内民主的意义;研究党的基层组织建设中的热点问题,着重分析党的基层组织,特别在“两新”组织和社区所出现的活力不够、渗透力不强、对其他机构和组织有依附性和边缘化等现象的制度瓶颈;研究党的群众工作的实践创新,思考党的基层组织在扩大党内民主参与中推动社会参与并提高社会整合能力的机制。

　　本书以大量的历史梳理和实践调研为基础,立足于历史与实践的总结。以马克思主义党的学说创新为导向,以历史发展和普遍联系的宏观的视角,关注现实中的重点和难点问题。参考政治学理论研究组织的体制结构创新及其绩效,以社会调查研究的基本技术和分析方法为辅助研究手段,力求突破仅仅注重阐释和经验描述的范式,并为党建实践提供理论启迪,为提高党的建设科学化水平作出努力。

第一章 以民主建设提高党的
建设科学化水平

　　党内民主是党的生命,这是一个形象的描述。还需要从执政党建设的规律、从党的建设理论全面创新的视角,进行理论上的深入论证,从而获得理论上的自觉。同时,通过对历史的和国外实践的思考使我们对党的生命有更深刻的认识。

第一节 党内民主是执政党建设之纲

　　在新世纪和新时期,党提出了两个重要的概念,这就是党的执政能力建设和先进性建设。这两个概念的提出,在马克思主义党的学说上具有重大的意义。可以说,这是在长期执政和经济全球化的历史方位上的时代课题,是对马克思主义党的学说的全面总结和全面创新。体现了对共产党执政规律的深刻把握,并且,也是政党政治和政治文明发展的一个重要指向。执政能力建设和先进性建设,就是执政条件下的工人阶级新型政党建设和社会主义新型民主建设。所以,我们在把握这一理论的时候,不仅要感觉到这一理论所蕴涵的深深的忧患意识,而且必须体会到这一理论命题对共产党执政规律、社会主义建设规律和人类社会发展规律的深刻思考,直接指导着中国共产党为人民掌好权、执好政,并推动社会主义政治文明的发展。这两个概念的提出,在一个新的意义上,更突出了党内民主建设的重要性。

一、执政能力建设是马克思主义执政党建设的基本问题

　　2002 年,党的十六大提出了执政能力建设的问题,2004 年,党的十六届四中全会作出了《关于加强党的执政能力建设的决定》,对党的执政能力建设进行了全面论述。执政能力建设的提出,可以认为党开始着意构建执政党建设的理论。

马克思主义党的学说主要的是关于如何建设无产阶级政党的理论,在很多场合就直接称为党的建设理论或思想。因为,马克思、恩格斯不是专注于对政党的外部特征的分析,而是重在揭示政党的本质属性和根本目的;并且,他们把民主的实现与无产阶级解放事业和共产主义理想有机地结合起来,把真正民主制的实现寄希望予无产阶级,党的学说是为了实现工人阶级由自在阶级到自为阶级的转变,从而使工人阶级真正成为一个阶级来行动。马克思指出:"无产阶级在反对有产阶级联合力量的斗争中,只有把自身组织成为与有产阶级建立的一切旧政党不同的、相对立的政党,才能作为一个阶级来行动。为保证社会革命获得胜利和实现革命的最高目标——消灭阶级,无产阶级这样组织成为政党是必要的。"①恩格斯说:"要使无产阶级在决定关头强大到足以取得胜利,无产阶级必须(马克思和我从 1847 年以来就坚持这种立场)组成一个不同于其他所有政党并与他们对立的特殊政党,一个自觉的阶级政党。"②

马克思、恩格斯的党的学说,集中体现在 1848 年他们所写《共产党宣言》中,揭示了政党的性质,论述无产阶级政党的阶级性、世界观、目的任务以及斗争策略。《共产党宣言》是世界上第一个"详细的理论和实践的党纲",《共产党宣言》明确了共产党坚持国际主义和共产主义的最终目的,它在理论上揭示社会发展的规律,在实践上坚定地站在无产阶级运动的最前列。共产党人的奋斗目标是用革命暴力夺取政权,建立无产阶级专政,消灭资本主义,实现共产主义,它是千百万工人公认的共同纲领。列宁在马克思、恩格斯的基础上,根据沙俄专制的国情和形势,主张建立秘密的"职业革命家组织",提出了党是工人阶级的先锋队,是无产阶级有组织的部队,是无产阶级组织的最高形式,党通过无产阶级专政实现共产主义,党必须同人民群众保持密切的联系,党必须巩固自己的团结和正确开展党内斗争等系统的学说。毛泽东根据中国国情,也多方面地丰富了马克思主义党的学说,如把思想建设放在党的建设的首位,党的建设是与党的政治路线密切相联,民主集中制是民主和集中的辩证统一,党的优良作风是我们党区别于其他政党的显著标志,党内斗争实质上是一种思想斗争,整风是全党进行马克思主义思想教育的有效形式等思想。

马克思主义党的学说与党的建设理论具有鲜明的时代特征,并留下了深

---

① 《马克思恩格斯文集》第 3 卷,人民出版社 2009 年版,第 228 页。
② 《马克思恩格斯文集》第 10 卷,人民出版社 2009 年版,第 578 页。

刻的历史思考。马克思、恩格斯着重于党的思想领导,通过党的理论和纲领建设,推动无产阶级的革命运动,主张党的组织是民主制的。列宁更着重于党的组织领导,以民主的集中制建立党的组织,直接成为领导和组织无产阶级进行革命的先锋队。十月革命胜利后,列宁又设想通过扩大中央委员会的工人人数,加强工农检察院建设,解决党执政后出现的问题。毛泽东着重政治领导,这是因为中国共产党长期处于局部执政并建立了人民军队,因此重视作风建设,把实事求是作风贯穿于思想建设,把群众路线贯穿于组织建设,把批评与自我批评作为作风建设的基本方式。毛泽东又称之为民主作风,并认为民主的方法是化解执政危机的基本方法。在改革开放开始以后,邓小平又提出了制度建设,强化了执政意识,关注党政关系等问题,把党的内部建设和外部建设结合起来。

从马克思主义执政党建设的视角,与当代西方政党学研究作一个比较,是有意义的。现在我们所接触的政党学研究,主要是随着西方资产阶级政党政治的发展而形成的,它着眼于政党在民主政治运行中的作用的研究,因此更着重于政党的组织及其功能的外部特征的分析。1902 年奥斯特罗果尔斯基(1854—1919)发表了《民主政治与政党组织》,开始了政党学的研究。1911年米歇尔斯(1876—1936)出版了《政党论:现代民主制寡头趋势的社会学分析》一书的,则集中比较了德、法、意三个国家的社会主义政党,而成为政党研究的经典著作。第二次世界大战以后,随着战后政党政治的快速发展,政党学研究出现了一个高潮。法国学者迪维尔热的《政党概论:现代民主国家中的政党及其活动》,被誉为政党学研究的“里程碑”之作,他以政党的组织结构和政党制度作为中心,全面论述了政党的历史来源、组织结构、党员与领袖等主题,深入讨论了政党制度的分类、政党竞争的相互关系以及政党制度与一般政治制度之间的关联性等问题。他还特别强调,政党是任何现代民主政体所不可缺少的,政党政治是现代民主政治的基本运行方式。此后,有关政党学的研究著作大批涌现。显然,政党学研究的核心是政党政治问题,与民主政治密切联系,它本身被作为民主宪政和议会民主的重要标识。政党的兴起无疑是现代政府的主要区别性标志之一。政党创造了民主,没有政党现代民主制是不可想象的。

马克思主义执政党建设的理论,也可以理解为是马克思主义政党学的构建。这是因为中国共产党处于一个新的历史方位,面临着两大历史性的转变:从一个领导人民夺取政权的党向一个长期执政的党的转变;从一个长期在封闭条件下执政的党向一个社会主义市场经济深入发展全面开放条件下的执政党的转变。提出这两大转变其实是执政意识新的自觉。马克思主义经典作家,没有想到在无产阶级取得政权以后,将有一个与资本主义长期共存的长期执政过程。在这样一个长期执政的条件下,党的建设主要任务已不是把无产阶级从自在的阶级转变为自为的阶级以展开阶级斗争;而必须与社会主义政治文明的建设联系起来,从而获得党长期执政的合法性资源,并实现党的领导、人民当家作主和依法治国的社会主义政治文明的发展。正是在这个意义上,党提出了要研究共产党执政规律的任务。在执政条件下,马克思主义党的学说必然要与社会主义政治文明建设相联系。

党的学说要与社会主义政治文明相联系,这就必然突出制度建设的重要性。马克思主义政党学建立在马克思主义党的学说的基础之上,但是,它不仅仅要研究政党的阶级属性、工具,性质、宗旨等内在的本质,还要研究政党活动的组织结构、制度和功能的外部特征;不仅仅着眼于无产阶级政党的思想基础、组织原则、作风等方面的本身建设,还要着眼于政党与政党、政党与政权、政党与社会等方面所形成的相互关系,着眼于党怎样通过有效执政推动国家与社会的发展。构建马克思主义政党学,就要在马克思主义唯物史观和党的学说基本理论的指导下,以执政能力建设为重点,探索共产党的执政规律,研究党的执政理念、执政方略、执政方式、执政体制、执政资源、执政环境、执政基础等问题,这就要避免封闭的党建研究,要重视国际政党的比较,还要善于借鉴西方政党学的有益成果。

二、党的先进性建设是马克思主义执政党建设的根本问题

2005 年 1 月 14 日,胡锦涛在"新时期保持共产党员先进性专题报告会"上首次提出了党的先进性建设命题。胡锦涛认为:"保持和发展党的先进性,是马克思主义政党自身建设的根本任务和永恒课题"[1],所以,也是马克思主义政党学的一个根本问题。这里需要就党的先进性问题进行探讨。与党的先进性相近的还有一个政党现代化的概念。什么是政党的现代化? 一般而言,政党根据时代要求对自身观念、纲领、组织形式、活动方式等方面进行全面的调整,可以用"政党现代化"来概括。[2] 这就意味着中国共产党在政党现代化

---

[1]　胡锦涛:《在庆祝中国共产党成立 85 周年暨总结保持共产党员先进性教育活动大会上的讲话》,人民出版社 2006 年版,第 10 页。

[2]　王长江:《政党现代化论》,江苏人民出版社 2004 年版,第 27 页。

方面需要向西方发达国家学习。政党的现代化对党的先进性是有着重要意义的,因为它关系到政党的活动与人民群众沟通的效果,从而增强人民群众对党的认同。但是,它和先进性不是一个相同的概念,它不表明理论纲领的合规律性、队伍成员的先进性和党员的模范作用。它主要表明的是政党在现代化条件下、例如在知识信息社会条件下的组织结构和活动方式,所以,这并不表明马克思主义政党在先进性方面落后于西方资产阶级政党。

党的先进性体现了马克思主义政党学的真正民主价值追求。所谓先进性是马克思主义政党的根本特征,自然,它与资产阶级政党相比是先进的。一般政党学者总是说,政党是公共权力与民众的中介,西方资产阶级政党是典型的现代政党。从政党发生学上说,初期的资产阶级政党只是少数政客集团,广大的民众并没有普选权,政党也不是公共权力与民众的中介。马克思主义政党从一开始就是政治文明的推动力量。工人阶级政党的产生,由于它紧密地联系着最广大的群众,并领导群众进行了争取权利的斗争,从而极大地推动了政治文明的发展,也使政党形态发生了革命,政党与广大的民众的联系成为了可能。这样的政党与原有的少数人的贵族性的政党相区别,所以被称之为群众性的政党。由于群众性的政党在政党政治中具有优势,遂为多数资产阶级政党在党的建设中所借鉴,从而成为政党政治中的典型形态。资产阶级政党及其政党政治,具有现代性,是政治文明发展的结果,但是,它仍然不可能具有马克思主义政党的先进性。因为它从根本上代表着少数人的利益,对社会发展的规律缺少自觉的意识,不可能形成先进的理论;政党分肥,是其谋求执政地位的基本动力,虽然在政党利益博弈中能代表相当部分民众的利益诉求,但政党的选票战略都有着极强的功利性,并反映着社会最有势力阶层的操纵,从而离不开金元政治的影子。马克思主义政党与西方政党政治的根本不同,是马克思主义政党要代表最广大人民的利益,而资产阶级政党代表的是社会中最有势力的阶级和阶层;资产阶级政党通过竞选中的利益博弈来取得执政的合法性,马克思主义政党要求党员和组织与群众的密切联系获得政治合法性。邓小平在党的八大所作的《关于修改党的章程的报告》中指出:"同资产阶级的政党相反,工人阶级的政党不是把人民群众当做自己的工具,而是自觉地认定自己是人民群众在特定的历史时期为完成特定的历史任务的一种工具。"①马克思主义政党对人民群众利益代表的普遍性和主动性而区别于资产阶级政

---

① 《邓小平文选》第一卷,人民出版社 1994 年版,第 218 页。

党,对资产阶级政党政治具有超越性。

党的先进性建设,首先着眼于党执政的政治合法性问题。这主要是从党执政所面临的挑战和存在问题的现实忧患出发的。而且,执政的政治合法性问题,也是全部政党学要关注的根本性问题,或者说,政党学要解决政党政治与民主政治的紧张关系。今天我们把政党政治看作是民主政治的基本体现,但是,在政党政治出现初期,一些政治家和学者怀有一种戒备的心理,甚至视政党为民主政治的恶魔。韦伯认为,政党组织有被官僚制化的趋势,米歇尔斯则在其著作中提出了"寡头统治铁律"的著名命题。米歇尔斯认为,政党应该是组织和主义的结合体,组织是政党的"肉体",主义是政党的"灵魂"。然而,在政党的"肉体"和"灵魂"之间却存在着紧张和冲突,并且灵肉之争往往以"灵魂"的让步而告终。由于组织的本质将导向官僚化,政党由手段变成目的之后,政党之所以能称之为政党的主义就消失了,政党政治必然从民主的理想走向寡头制的后果。他说:"政党是为特定的目的而建立起来的,它是一种达到特定目的的手段。然而,一旦政党本身变成了目的,有了自己的目标和利益,那么从目的论的视角看,它将脱离自己所代表的阶级。"①米歇尔斯的寡头统治铁律过于绝对,但是他的分析和思考是富有启示意义的,至今仍然是政党学研究中的重要问题。

总结国际政坛一些长期执政的老党的垮台,特别是前苏联共产党的垮台,却似乎印证了寡头统治铁律。原苏共中央书记、现为俄罗斯共产党中央书记的久加诺夫,曾坦陈苏共垮台的真实原因是它的三大垄断制度:即共产党以为自己想说的都是对的——垄断真理的意识形态制度;以为自己的权力是神圣至上的——垄断权力的政治法律制度;以为自己没有不可做到的特权——垄断利益的封建特权制度。② 一些长期执政的老党大党,特别是苏联和东欧原有执政的共产党的垮台,深刻地启示着我们,马克思主义政党的先进性也不是一劳永逸的,要获得人民群众对党执政的合法性的认同,必须要有效地遏制组织本身形成特殊利益的官僚化倾向,把党的建设与社会主义民主政治的发展紧密地结合起来。

党的先进性建设是党的执政能力建设的基础。党的执政能力实际上包括治党的能力,党整合社会的能力以及党驾驭国家的能力。提高治党的能力是

① 米歇尔斯:《寡头统治铁律》,天津人民出版社 2003 年版,第 325 页。
② 转引自周淑真:《政党和政党制度比较研究》,人民出版社 2001 年版,第 173 页。

首要问题，党的执政能力的若干不适应不符合现象的存在，要从人民是否认同党的先进性这一根本上思考，要使党的建设直接推动社会主义民主政治的发展。我们必须把握马克思主义政党在理论、体制和与人民群众关系上的优势和超越性，既要汲取当代政治文明的成果，又要真正摆脱挑战——应对的困扰，从根本上提高执政能力建设，取得执政能力建设的主动与尊严。

三、党内民主建设是马克思主义执政党建设关键

克服"寡头统治铁律"，对于长期执政的大党而言，特别需要处理好党政关系，因为"以党治国"、"以党代政"是形成政党领袖寡头统治的集中表现。为此，在20世纪80年代，党政分开曾形成一个主流设想，试图以此克服在党的一元化领导体制下高度集权的弊端，做好党要管党。但是，强调党政分开，容易将执政党作为"分开"的对象，把执政党从国家政权机关中剥离出来。实践表明，淡化党的组织在国家政权机关中的作用，会削弱党对执政的领导。在执政党的宪政意义上，共产党的领导就是执政，它应当在国家政体内运行而不是在体制外实施，应当在宪法和法律范围内活动而不是超越于宪法之外、凌驾于法律之上。处理好党政关系，重要的是要完善党的执政方式，并且解决好党要管党的问题，这就必须在人民主权的原则上，把人民、执政党和国家融合在一起，努力建设党的领导、人民当家作主和依法治国的社会主义政治文明。

党的领导，要体现为对公共权力的监督和制约。党的领导从形式和途径上看，包括思想领导、组织领导和政治领导；从社会主义民主政治的实质上看，党的十六大表述了这样的意思：共产党执政就是领导和支持人民当家作主，掌握管理国家的权力，最广泛地动员和组织人民群众依法管理国家和社会事务，管理经济和文化事业，维护和实现人民群众的根本利益，实现民主选举、民主决策、民主管理和民主监督，保证人民依法享有广泛的权利和自由，尊重和保障人权。早在1939年，陈云论党对当时基层政权的领导时说："支部的重要任务，就在领导民众来管理政权，领导群众参加选举，选出群众自己所信仰的领袖到乡政府的领导机关，领导群众去帮助和监督乡政府实施上级政府的指示及群众的决议，包括实行上级政府所颁布的改善民生的一切法令。"①这也说明了政党与民主的关系问题是处理党政关系的实质性问题。

政党与民主的关系，又包括相互联系的两个方面。一是政党与民主的外

---

① 《陈云文选》第一卷，人民出版社1995年版，第152页。

部关系,一是政党与民主的内部关系。西方政党学者主要是从政党与民主的外部关系来研究的,多党竞争机制似乎成了西方民主的代名词。在这种模式之中,政党本身是否民主,或者政党本身的民主程度对于国家民主来说并不重要,政党提名的候选人可以是全体党员预选产生的,也可以是党的领导人的秘密会议决定的,关键是要有多个政党相互竞争。但是,随着经济全球化和媒体信息技术的发展,政党的政治生态发生了变化,出现了群众对政党政治淡漠的现象,在西方国家,加强和扩大执政党党内民主的呼声也不断高涨。政党组织负责人的产生更加民主,党内民主参与得到扩大,党的代表机构的民主得到加强。

对于马克思主义政党而言,它不是通过政党竞争来反映广大民众利益诉求,以获得民众的政治合法性认同,而是要通过党的理论、组织、党员和民众的直接和血肉联系,来获得民众的认同,政党与民主的内部关系则更为重要。"党内民主是党的生命",这是党的十六大总结党内民主发展的历史经验得出的科学结论。

党内民主是做好党要管党的根本。可以说,共产党执政的合法性是双重合法性:人民对共产党执政的认同这是一方面,如果腐败滋生,结成了特殊利益集团,党在民众中的政治合法性丧失;另一方面,还存在着党员对党的领导人权力来源的认同问题,党员权利没有保障,党内政治参与渠道不畅,党员主体性地位虚置,党将无法遏制腐败,在政治风波中党员将有可能抛弃这个党。只有发展党内民主,才能凝聚党员,才能真正建设高素质的干部队伍,才能有效地遏制腐败现象,才能保证党的纲领和政治路线的正确。党内民主是由共产党的性质、宗旨和奋斗目标所决定的,党内民主是共产党的本质属性,是决定共产党走在时代的前列,保持党的先进性的重要因素。

党内民主的发展决定着党整合社会的能力。党对社会的整合,一方面靠政治上党与群众的关系。只有在政治上形成了密切的党群关系,党有效整合社会才有基本的政治前提。另一方面靠组织上党的基层组织对社会和政治生活的广泛参与。这种参与需要政治资源,而政治资源的获得,必须建立在党内民主发展的基础上,党员和党的基层组织才能有效地反映民众的利益诉求,才能有效地组织和引导社会活动,才能在日益发展的社会民主治理中取得主动地位。通过党内民主,将党组织和党员、群众密切地联结起来。

党内民主的发展决定着整个社会主义民主政治体系吸纳和接受人民政治参与的空间和能力。党内民主是人民民主的示范,党内民主又从人民民主中获得动力,人民民主又通过党内民主进行政治资源的整合。党内民主是人民民主赖以发展的前提,也是民主政治发展的逻辑起点和关键。要通过党内民主,推动党的领导、人民当家作主和依法治国的社会主义政治文明的发展。

党员的主体地位和党的基层组织建设,是发展党内民主的基础。可以说基层党组织实体的存在,是马克思主义政党区别于议会式政党的一个重要标志。因此,党要管党、民主监督,要充分地发挥党的基层组织的作用。社会主义市场经济发展以来,由于社会结构的巨大变化,党的基层组织建设面临了较大的挑战。实际上正表明了党的基层组织建设重要的战略地位,它的功能从以往日常性的党内事务,转向直接面向社会,同时,党员的主体性意识也更高。它要求党的基层组织强化功能、拓展领域,并要求进行组织结构和体制机制的创新。党的基层组织是党全部工作和战斗力的基础。党的基层组织直接反映民众的利益诉求,积聚着党内外发展民主的动力;党的基层组织的活力,有赖于党内民主的制度供给。

先进性建设和执政能力建设,一个体现党建的内在之本,一个体现党建的外在之功;从而把党的建设新的伟大工程同中国特色社会主义伟大事业紧密联系起来。党的先进性建设和执政能力建设,都要贯穿到党的思想、组织、作风建设的全过程,重点在于制度创新;两个建设以及制度创新的焦点,在于探索有效推进党内民主和人民民主的互动共进路径。党的先进性建设和执政能力建设,构成了党的建设新的伟大工程中相辅相成的基本战略布局,并重构了新时期的马克思主义政党学。

党内民主建设,是马克思主义执政党建设之纲。这是因为,作为处于领导地位的长期执政的中国共产党,党的建设必须和社会主义政治文明建设相结合。社会主义政治文明是党的领导、人民当家作主和依法治国三位一体的结合,以党内民主带动人民民主是中国特色的民主发展之路。党的民主建设是党的先进性的基本保证,是党实行民主执政的基本前提,是贯通党的先进性建设和执政能力建设两大建设的关键。制度建设是党的建设科学化的重要特征,党的民主建设是制度建设的价值内涵与核心,党的思想建设、组织建设、作风建设以及反腐倡廉建设,都必须贯穿这一制度建设的核心。要以党的民主建设为纲,提高党的建设科学化水平。

第二节 国际共产主义运动中党内
民主问题的经验教训

从历史上看,马克思、恩格斯缔造和建设工人阶级政党之初,就把民主制度的基本原则引入到党内,开创了马克思主义政党的党内民主制度。党内民主成为马克思主义政党先进性的体现,同时也是马克思主义政党领导广大人民实现其伟大社会理想的内在要求。但是,在国际共产主义运动中,许多马克思主义政党在党内民主问题上留下了深刻,甚至是惨痛的教训,这是我们反思国际共产主义运动起落沉浮的一个不能不直面的问题,也是今天中国共产党加强党内民主建设、增强执政能力、巩固执政基础而必须思考的问题。

一、党内民主制与民主集中制的形成与探索

马克思、恩格斯在建立建设工人阶级政党的实践过程中,明确提出要在党内实行民主制。马克思、恩格斯在改造正义者同盟的基础上建立共产主义者同盟,对密谋团体的绝对服从持批评态度。他们认为,同盟"组织本身是完全民主的,它的各委员会由选举产生并随时可以罢免,仅这一点就已堵塞了任何要求独裁的密谋狂的道路,而同盟——至少在平常的和平时期——已变成一个纯粹宣传性团体。"①1868 年,马克思在致全德工人联合会主席的信中明确指出,集中制的组织对秘密团体和宗派运动是极其有用的,但对建立公开性、群众性的工人阶级政党来说,应当"根据民主的原则进行管理","民主制度"更适合工人阶级政党的性质和任务。马克思不主张在工会所选出的委员会中设主席,而代之于每周例会的执行主席,书记才是常设的负责人员,处理日常事务。② 马克思、恩格斯还主张以代表大会是最高权力机构,每年定期召开③。马克思、恩格斯关于以民主制原则建立工人阶级政党的思想,把工人政党从密谋组织和宗派组织的狭隘团体中走了出来,成为群众性的团结工人阶级的组织力量,这是具有重大意义的。这适合了欧洲当时工人阶级队伍发展的状况——工人运动处于广泛的宣传发动时期,和欧洲社会环境——党的组

---

① 《马克思恩格斯选集》第 4 卷,人民出版社 1995 年版,第 200 页。
② 《马克思恩格斯选集》第 4 卷,人民出版社 1995 年版,第 584 页。
③ 《马克思恩格斯选集》第 2 卷,人民出版社 1995 年版,第 610 页。

织有可能可以公开的活动。同时，这一原则，也奠定了马克思主义政党组织建设的重要基础，代表大会和委员会制是马克思主义政党的基本组织制度。

列宁为在俄国建立"新型无产阶级政党"，第一次明确提出了民主集中制的组织原则。列宁认为，对一个公开的政党来说，理想的组织制度自然是民主制，但在俄国专制制度下，党处于非法的秘密状态，根本不具备实行民主制的条件。另一方面，俄国的革命形势需要党直接成为革命的组织领导。在20世纪初期特定的条件下，列宁强调以职业革命家为核心，主张集中制是党的组织建设的基本原则。1906年4月，布尔什维克党第一次把民主集中制写进了新的党章，规定"党的一切组织是按照民主集中制的原则建立起来的"①。但是，列宁坚持了马克思、恩格斯关于党的代表大会和委员会制的基本思想，并且主张在党内"展开自由的、同志式的批评和评论"②。

在十月革命后不长的这段执政时间里，列宁已经意识到党执政以后，党内高度集中的权力有可能使一些党的领导人利用公权力侵害人民群众利益，面临的脱离群众的严重危险，他试图完善他所提出的新型政党的组织原则——民主集中制，尤其力图把重心转向民主，平衡民主与集中二者的关系。1920年，列宁在《关于党的建设当前任务的决议草案》中，明确提出了广泛召开党员会议，创办报刊争论专页以开展党内批评，党内生活待遇平等和建立与中央委员会平行的监察委员会等制度安排。③ 1921年，俄共的十大决定启用"新经济政策"取代战时共产主义政策，在党内则用"工人民主制"取代极端集中制，以"保证全体党员甚至最落后的党员都积极地参加党的生活"。十大决议要求：（1）实行普选制，在可能的条件下尽量实行选举制，在条件不具备的地方可以推荐制代替委任制，逐步实行选举制；（2）实行报告制，当选的领导人要定期向选举者报告工作并接受其监督；（3）保证言论自由，"对一切最重要的问题，在全党必须遵守的决议通过以前，应开展广泛的讨论和争论，充分自由地进行党内批评，集体制定全党性的决议"；（4）实行集体领导，定期召开中央委员会，集体解决重大问题，定期向全党报告工作，加强党的舆论对中央委员会的经常监督；（5）建立和健全党的监察制度，成立中央监察委员会，规定中央监委由全国党代表大会选举产生，与中央委员会平行，独立行使监督权，

---

① 《苏联共产党代表大会、代表会议和中央全会决议汇编》第1分册，人民出版社1964年版，第165页。

② 《列宁全集》第16卷，人民出版社1987年版，第362页。

③ 《列宁全集》第39卷，人民出版社1986年版，第288页。

中央监委委员不得兼职,等等。应当说,这段时期的党内民主是有成效的,党的代表大会、代表会议、中央委员会都能按时召开;在重大决策上发生难以解决的意见分歧时,交付全党讨论表决;党代表可以在党代表大会上质询、提问题;党员可以讨论和批评党的错误,甚至可以成立"争论俱乐部";领导集体内有不同的看法和主张,在未形成决议前,可以作副报告;领导层和最高领袖可以发生争论,甚至相互批评,并且列宁本人总是以宽容的态度对待那些激烈反对过自己的同志,并能与之合作共事;党委、监委互不隶属,相互制约,监察委员会和中央检查委员会可以对党的最高层机关和领导进行监察、检查、质询,而不用顾及任何情面。1922 年底至 1923 年初,列宁还直接思考并提出需求,改革中央委员会,使之由革命时期高度集中的组织向民主化发展。这些思想在今天仍然具有积极的价值。

二、民主集中制的扭曲与党内民主的丧失

列宁的民主集中制及其在执政后对党内民主的思考和探索是极其可贵的。他能因应时势的变化,灵活而巧妙地处理民主集中制问题的两个方面,在革命与战争时期强调集中,在和平建设环境下强调民主。但非常遗憾的是,民主探索的经验没有能够制度化。而且,当时党内很多人将新经济政策看做权宜之计,认为"新经济政策是无产阶级专政的特殊表现和工具",因而不能深刻的理解和把握新经济政策所蕴涵的社会主义建设的基本要素,联共(布)并没能完成从极端集中制到工人民主制的过渡。列宁去世之后,他的许多做法又很快被歪曲和篡改了,那些对暂时的集中制起制约作用的附加条件或被忽略,或被有意删改,党内民主在民主集中制的口号之下被窒息。

(一)没有民主的斯大林模式。

1924 年列宁逝世后,斯大林担任了联共(布)最高领导人。在斯大林时期,党和民主集中制日益向个人集权制发展。主要表现为:

第一,党的代表大会失去了最高权力机关的作用。十月革命后列宁主政的六年间召开了六次党代会。斯大林任总书记后破坏了这一制度,除十三大和十四大如期召开外,以后的十五大、十六大、十七大都是逾期召开,而且不说明原因。十七大通过的章程规定代表大会三年召开一次,但五年后于 1939 年才召开十八大。而十八大到十九大竟相隔 13 年,虽然中间经历了卫国战争,但十九大是在战争结束后七年多才召开的。实际上,代表大会的召开,只是确认斯大林以中央或政治局名义提出的各项决定而已。这样,代表大会起不到

党的最高权力机关的作用，也就不能反映和体现全党多数党员的利益和愿望。

第二，民主选举制完全被推荐制、委任制所代替。党的代表大会或代表会议的代表实际上不是经过选举产生，而是由中央书记处推荐或指定的，这不仅使代表大会和代表会议失去了它应有的作用和意义，而且使得中央委员会的地位实际上高于代表大会。同时，党的各级机关和委员会的领导人实际上是通过上级机关委任、推荐和指定的方式提出的。另外，在所谓的选举投票时采取按整个名单一次表决，而不是按候选人名单逐个表决的方法，没有差额，没有选举人提名的候选人，只能选举上级指定的全部候选人，纯粹是徒有虚名。

第三，集体领导原则遭到破坏。列宁时期坚决执行党中央和政治局的集体领导原则，重大问题都实行每人一票、平等表决制，为此列宁本人还曾多次在中央处于少数地位。斯大林担任总书记后中央委员会经常不按章程规定的期限开会活动。八大规定中央全会至少每月按规定的日期召开两次，十三大改为四个月召开一次。但从1934—1953年的二十年里，总共只召开过23次全会，其中多是在第二次世界大战前召开的。这样，中央委员会自然不可能正常发挥作用，集体领导也就无从谈起。中央委员会的作用实际已被政治局，特别是书记处所取代。

第四，党内监督形同虚设。斯大林掌权以后，党的监察委员会的职能进一步缩小，独立性也逐步丧失。苏共十八大决定党的监察委员会由原来的代表大会选举产生改由中央委员会选举产生，并由中央委员会领导，成为中央委员会的一个下属机构，其任务是监督地方党委是否执行中央的决议，从此，中央监委的性质完全改变，失去了参与制定和监督党的决策的权力。苏共十九大又进一步缩小了党的监察委员会的权力，规定其任务和权力只局限于检查党员遵守党纪的情况，处分违反党纪的党员，受理党纪处分申诉等。斯大林一方面弱化了党内专门监督机构的职能，另一方面又把党内监督作为排斥、打击党内不同意见的工具。苏联在20世纪30年代的大清洗中，许多对斯大林政策持不同意见或不积极支持的党员都被视为"反党集团"、"反革命集团"而遭到逮捕、流放乃至处死，仅十七大选出的139名中央委员中，就有83名未经中央讨论而遭到逮捕、处决。

显然，斯大林时期，民主集中制已经名存实亡，实际运行的是个人集权制。在个人集权制下，党的各个重要机关的权力完全颠倒了：中央委员会的权力实际上大于全党的代表大会，中央政治局的权力实际上大于中央委员会，而总书记的权力实际上又凌驾于政治局之上。在这种体制之下，个人崇拜盛行，大清洗灾难不可避免。

(二)党内民主在僵化体制下举步维艰。

斯大林以后,赫鲁晓夫提出过并采取了一些措施,试图改变斯大林时期个人集权的状况,但没能触及根本的制度要害,勃列日涅夫则否定了赫鲁晓夫的有限改革,更导致党内集权积重难返,苏共体制进一步僵化。

在1956年召开的苏共二十大上,赫鲁晓夫公开批判了斯大林的个人崇拜问题及其弊端,从而开始了改革苏共的新阶段。从批判个人专断和个人崇拜入手,赫鲁晓夫提出要加强党的集体领导,为此采取了一系列措施:定期召开党的代表大会和中央全会讨论党的重大问题;废除领导职务终身制,实行定期和按比例更换;党政最高领导职务分开,中央总书记不再兼任政府首脑;中央政治局实行集体领导,重大问题由集体讨论决定;在党内监督制度上,决定把党的监察机关与国家监察机关合并起来,成立统一的党和国家监察委员会,同时还提倡加强群众监督,并在基层单位广泛建立了监督小组,等等。赫鲁晓夫对党的体制的改革,在一定程度上对加强党的集体领导、恢复党内民主起了积极的促进作用,但是这一改革带有很大的片面性和不彻底性,原因在于他把斯大林时期党的领导制度、组织制度上出现的问题更多地归因于斯大林个人的品质和性格上的缺陷。所以,苏共体制上的问题和弊端未能从根本上得到解决,他的改革举措最后还是被强大的旧体制抵消了,甚至他本人也受到集权制的荫护。例如,他说党政职务要分开,他身为第一书记不再兼任部长会议主席,但五年之后又兼任了;他说党内领导职务任期不过三届,可又说德高望重者例外;他推行领导干部定期更换制,却没有触动斯大林时期形成的变相任命制,结果,领导职务还是委任制、终身制;党的监督机关仍无权监督中央决策机关,只能监督中央"指示的执行情况",人民群众也仍然不能有效地监督党的领导干部。到赫鲁晓夫执政的后期再次出现了个人专权、破坏党内民主的问题,并且造成了一系列的混乱。

勃列日涅夫消极地吸取了赫鲁晓夫的教训,由纠正赫鲁晓夫改革的错误,最后走上了否定改革、阻滞改革,甚至反对改革的道路,在许多方面恢复了斯大林体制,造成了全面停滞和衰退。这一时期,在恢复列宁主义原则的旗号下,苏共重集中、轻民主的传统又进一步强化。虽然从当时苏共的文献和舆论宣传中可以看到大量关于扩大党内民主的言论,但很难从实践中找到加强党内民主制度建设的例证,而巩固集权的例子倒比比皆是。譬如,取消干部更新制和限期制,实行干部任命制。所谓集体领导也徒具虚名,个人迷信再度盛行。虽然在宣传上强调所谓"三驾马车"，即把勃列日涅夫与部长会议主席柯西金和最高苏维埃主席团主席波德戈尔内并列，但随着勃列日涅夫兼任最高苏维埃主席团主席，并削弱部长会议主席的职权，他个人已独揽了全国党政军大权。随着不受监督的权力的恶性膨胀，党内的个人独裁、贪污腐败盛行，以至于"特权党"、"腐败党"竟成为此时期苏共的主要特征。

勃列日涅夫时期对于党内民主问题不乏高谈阔论，但根本没有设想过要去触动旧体制的根基，反把它更凝固化了。当时的国际国内环境迫切需要对传统体制的改革，但勃列日涅夫领导的集团贻误了时机，把党和国家一步步引向危机。

(三)过度集中的僵化体制在极端民主化的改革中崩溃。

1985 年 3 月，戈尔巴乔夫出任苏共领导人。此时，时代主题已开始转向了和平与发展，苏联原先在热战和冷战中形成和凝固下来的体制已经完全不能适应社会发展之需，改革势在必行。在戈尔巴乔夫的全面改革中，对苏共领导制度、组织制度的改革是重心中的核心，他在一开始就提出革新民主集中制，改变过去那种个人过度集权的领导体制。从他执政到 1988 年之前，曾多次表示要"在民主集中制原则的基础上完善党内关系"。他提出：第一，在党员民主权利方面，要求保证党员有最大可能参与制定党的决策，利用公开性的基本手段加强对党的机关的监督；第二，在干部委任制问题上，提出党的各级机构组建过程中的民主化，就是要实行选举制；第三，要求加强自下而上的对党、苏维埃和经济机构的监督，等等。但是，戈尔巴乔夫并没有真正理解社会主义民主和党内的民主，在 1990 年 2 月全会上宣布实行多党制，随后，在 7 月召开的苏共二十八大对党的民主集中制进行了根本性修改。

苏共二十八大提出："坚决否定在行政命令体制条件下形成的那种民主集中制，那种僵硬的集中制"，代之以民主制。这种民主制造成了党内的派别化和联邦化。二十八大上确认了党内有不同意见的自由和按兴趣与问题成立横向联系组织的自由，在《走向人道的、民主的社会主义》的纲领性声明中强调，要"保证建立横向组织和横向组织活动的自由，这类横向组织包括党的俱乐部、党组织书记委员会以及按专项利益、职业利益和其他利益成立的其他联合组织。"而事实上，这些派别逐渐成为党中之党，各自为政，拒绝服从统一的领导，甚至凌驾于整个党之上。如，苏共党内有"民主改革运动"、"俄罗斯共产党人民主党"等名目繁多的"党组织"，更有甚者干脆退出苏共另立新党。而与党内派别化一样危险的是联邦化。在《走向人道的、民主的社会主义》的纲领性声明中还授权"各共和国共产党可制定自己的纲领性文件和标准文件,依据这些文件自行解决政治问题、组织问题、干部问题、出版问题和财政经济问题……",于是,很多加盟共和国共产党或宣布退出苏共,或更改党的名称。派别化和联邦化最直接的后果就是在苏共尚未登上多党制的竞选舞台时,党内已出现一派恶斗,分崩离析,最后只能是不战而败。

戈尔巴乔夫时期的苏共一方面在推行绝对的民主制,另一方面并没有终结过度集权的领导体制。事实上,极端民主化得以在党内推行,也是苏共多年来形成的过度集权的体制的恶果之一。当时,戈尔巴乔夫既是苏共总书记,又是苏联总统,个人独揽了苏联党政大权。他不受任何约束和监督,是决断一切的权力中心。从1988年以后,苏共已很少召开政治局会议和中央书记处会议了。在"8·19"事件后的第五天,戈尔巴乔夫不经召开党代表大会,也不经中央委员会同意,由他个人"建议"苏共中央委员会"自行解散",执政七十多年的苏联共产党就这样在顷刻之间瓦解,留下巨大的遗憾和沉痛的教训。

戈尔巴乔夫在苏联剧变中起了巨大作用,但是,他一个人所以能起那么大的作用,却是建立在苏共长期形成的极端极权的体制基础之上的。从历史的发展来看,与其说是戈尔巴乔夫一个人葬送了苏共,毋宁说是苏共饮下了自己酿造的集权制的苦酒。

三、前东欧各国共产党党内民主的探索与实践

苏共不仅在苏共党内实行集权集,在国际共产主义运动中也以老子党自居,与他国共产党之间也缺乏民主和平等关系。长期以来东欧共产党唯苏联马首是瞻,七八个国家一个口径说话,一个头脑思考,各国党的积极性、主动性和创造性逐渐丧失。作为苏联政治上的依附者,东欧各国在党的建设问题上同样缺乏独立性格,在如何健全民主集中制、发扬党内民主问题上,打着极深的苏共烙印。虽然在实践中东欧各党早已认识到过度集权的苏共党建体制的缺陷,也曾试图加以改变,但始终未能摆脱苏共传统党建模式的桎梏。

进入20世纪六七十年代,东欧各党所处的内外环境发生很大变化,各国相继对党内普遍存在的个人崇拜、专权等现象进行了揭露和批判,强调了集体领导、党内批评与监督和党内民主机制的重要性,在实践上开始进行了一些探索,主要有以下方面:

第一,平等参与方面。从1969年九大起,南共盟的章程就规定:基层党组织必须改变过去那种"上级是命令的制定者,下级是命令的单纯执行者"的状

况,在党内决策等方面发挥主体和决定性的作用。盟员和党的基层组织有权利和义务参加草拟、制定纲领、章程、决议和决定,盟员必须由过去被动执行上级指示变为积极参与党的决策过程,"担负起党员应尽的职责"。匈牙利党规定:"党组织必须根据民主集中制原则,经过自由和广泛的讨论,按照大多数党员的决定作出决议",提出要创造更多的机会,使党员在作出重大社会问题决策前,在党的会议上发表意见,提出建议和参与决议的起草工作。1957年的党章还明确规定:党的重要决议草案要"提交全体党员广泛讨论"。保加利亚党章规定:党为了作出正确决定,凡属讨论有关全国、州、乡、区、市等方面的重要问题和讨论贯彻执行中央和地方党组织的主要决定的措施,都要召开党的积极分子会议或全体党员会议,党员自由参加党组织或全党政策问题的讨论是不可剥夺的党内民主权利。为发挥基层党组织的作用,波兰尝试将干部选拔的决定权转交给下级党组织,强调任何党员,如果没有他所在的基层党组织的肯定评价,不能担任领导职务,每个担任领导职务的党员,必须由基层党组织推荐,如果党组织撤回推荐,就必须立即辞去领导职务。

第二,公开性方面。南共盟从1952年六大提出党的改革问题后,即把政治公开化作为党的一切工作的基本方式,要求一切领导机关必须将自己的工作和活动定期向盟员通报;各级代表会议制定和将要通过的决议,须事先将草案交由党员讨论;遇有重大的经济政治问题要在全党全民中开展公开的大讨论。1966—1969年南共就自身组织结构、活动方式的改革进行了为期三年的讨论,1984—1985年又对党内的民主集中制等问题进行了为期八个月的公开讨论。进入20世纪80年代,波兰党也将党内生活公开化提到了一个新的高度,指出:党和国家领导同人民群众关系紧张的主要原因之一在于限制公共生活公开化,毫无理由地对党内生活实行保密,因此,它采取了一系列公开化措施,比如,实行党的决策公开化制度,凡是中央委员会的全部会议记录,均通过党报《人民论坛报》和党刊《新路》予以公布,让全体党员和人民都知晓党作出决策的整个过程,根据这一要求,波兰党十大制定的党纲就提前几个月在报刊上公开发表,征求广大党员和人民群众的意见。

第三,选举方面。从1968年起,南共盟将中央和上级领导机关提名下级领导机构候选人的做法,改为由下级组织提名上级领导机构候选人,区的代表会议提名共和国甚至全党代表大会的代表和领导机构的候选人,并在党的章程中对选举的原则、范围、时间、方式、程度和选票的有效性等作出了具体明确的规定,使自由提名、广泛讨论、差额选举、无记名投票等一系列党内民主原则更加具体化和规范化,将党内选举以党内法规的形式为全党所执行和监督。匈牙利党指出:发扬民主的关键是选举制度,而候选人问题又是选举制度中最敏感和最重要的问题。为改变过去选举中只有一个候选人,选民没有选择余地,以至于党内选举往往演变为变相的上级委任制的弊端,匈牙利党从1970年开始改为差额选举制,后来又开始实行行政干部的差额选举。波兰在党内也实行了差额选举,党代会代表、党委委员均由党内差额选举产生,上级机关不得限制候选人的数额,更不能内定候选人,党委执行机关,如政治局、书记处等均通过公开投票决定。

第四,制度化方面。波兰提出要使各级党委领导机关的工作规范化和民主化,即对中央委员会、政治局及中央委员会专题委员会、书记处、省委等领导机关的作用、任务、职权范围、工作方式,开会方法、文件准备过程、作出决定的程序等问题,都一一制定具体工作规则。匈牙利党从1957年开始,逐渐将各种积极分子会议、党的干部会议和党员大会制度化,并建立定期的党内通报制度。这些具体制度的细化为正常的党内生活提供了制度保障,有利于减少和制止独断专行和一言堂等违背党内民主现象的发生。

东欧各国党希望通过增强党内民主使党内生活和党务活动由封闭型、神秘型向开放型和公开化的方向转变,掌握民主政治发展的主动权。一系列党内生活民主化的尝试确实有助于党赢得民心,促进国内政局的稳定,为经济建设创造出宽松的政治环境和社会氛围。但囿于世界政治格局以及集团政治,特别是苏共的压力,东欧各国党在推动党内民主问题上小心谨慎,畏手畏脚,虽然其中包含着许多进步精神,但总体来说都没能突破传统意识形态观念的束缚,在几十年的时间里仅仅迈出了一小步。党内民主匮乏带来的一系列问题和矛盾越积越深,积重难返,党内民主建设的主动权和最佳时机实际上已经丧失。正如前波兰统一工人党中央第一书记雅鲁泽尔斯基所说的那样:"缺乏民主迟早要付出代价。"东欧各党为党内民主建设的迟缓和低效付出了代价,党内民主的缺失最终葬送了党。

四、关于经验与教训的思考

在国际共产主义运动中,党内民主制度的不健全、不完善使马克思主义失去了它应有的光辉且遭到责难,马克思、恩格斯的理论遗产被曲解了,列宁留下的宝贵经验也被亵渎了;整个体制逐步走向了僵化,千百万人民的创造力被扼杀。事实告诉我们,党内民主绝不是现代政治制度的一个装饰品,它就是党的生命;而对一个执政党来说,它还事关国家和民族的命运。其教训是深刻的。

(一)民主缺失是苏共垮台的根本原因。

2011 年是苏共垮台和苏联解体二十年。苏共建党 93 年,执政 74 年。当时苏联的军队可以和美国叫板,苏联的工业基础、科技基础、基础设施、教育基础均属世界一流水平,但这些都阻止不了苏联的解体。二十年来,对苏共垮台和苏联解体的原因,有着多种不同的解读,如经济没有搞好、斯大林模式僵化说、民族矛盾决定说、军备竞赛拖垮说、戈氏叛徒葬送说、外部因素说等等。那么,根本原因是什么呢? 一种观点认为,根本原因是作为执政党的苏共本身的蜕化变质;[1]另一种观点认为,根本原因在于苏共党群关系的巨大裂痕。[2] 两种观点一致认为苏共垮台的原因在苏共内部。分歧在于,前者重在揭示从赫鲁晓夫到戈尔巴乔夫的嬗变过程,特别是戈尔巴乔夫集团放弃马克思主义、放弃社会主义导致了苏共亡党和苏联解体;后者强调从斯大林开始的个人专制、民主缺失,导致了苏共领导集团被党员和人民抛弃。我们认为,是苏共党内民主的长期缺失,积重难返,是苏共垮台的根本原因。

第一,斯大林高度集权政治模式,从根本上动摇了党执政的政治基础。共产党的历史使命就是要建立一个没有压迫、剥削,没有阶级差别的自由人联合体的理想社会,民主是共产党人实现这一历史使命的过程中所追求的重要政治目标。马克思、恩格斯的建党原则就是民主制,列宁提出了民主集中制,在革命时期组织建设上强调集中统一的同时,并没有放弃民主的价值。他在晚年,提出扩大党内的民主,就是已经感觉到执政的考验。他逝世前讲得最多的一个问题,就是怎样防止"人民公仆"蜕变为"人民的主人",如何加强对党和国家权力的监督。斯大林时期开始的高度的个人集权,不允许任何批评与争论,损害了党员的主体地位和人民当家作主的权利。更有甚者,为巩固自己的权力,在党内运用残酷的手段进行了大规模的清洗,造成了严重的后果。我们不能否认斯大林领导苏联党和人民在经济发展和卫国战争胜利的伟大功勋。但是,正如邓小平提到的:"斯大林严重破坏社会主义法制,毛泽东同志就说

---

① 见于李慎明等:《居安思危——苏共亡党 20 年的思考》,社会科学文献出版社 2011 年版。

② 见黄苇町:《苏共亡党十年祭》,江西高校出版社 2002 年版;高放:《苏联解体、苏共灭亡与斯大林的关系》,《马克思主义与现实》2010 年第 3 期。

过,这样的事件在英、法、美这样的西方国家不可能发生。"①斯大林党内外的个人集权体制,影响了党和国家的形象。更严重的是,随着历史的推移,这种体制更为强化和僵化;而时代主题又从热战和冷战向和平发展转换。在外部政治特别是军事的压力减轻而经济以及文化压力增大的形势下,苏联社会党内外的矛盾开始突出,难以应对时代的变化特别是外部敌对势力直接的分化企图。而焦点正是在民主问题上,通过对党内外不民主历史与现状的攻击,瓦解意识形态;通过输入西方的民主价值和方式,导致了苏共的垮台和苏联的解体。

第二,党内形成特殊利益集团,成为苏共垮台的内在动力。党内民主的缺失,党员在党内实际上没有选举权和被选举权。自斯大林开始,干部任用采用自上而下的任命制和变相任命制,官僚主义作风滋长,而且因为有了"钱袋"、"特供"等特权等级制,使得苏共及其干部形成具有特殊利益、与群众越来越疏远的"共同体"。到勃列日涅夫时期,党内特殊利益集团已十分明显。戈尔巴乔夫时期,党的干部和精英,通过改革中的私有化而化公为私,更是与人民群众形成了尖锐的利益对立。美国前总统尼克松在《1999 不战而胜》一书中提到了苏联共产主义意识形态魅力减弱和被官僚主义所困的现实,也提到东欧的共产党人已完全失去了信仰,多是追名逐利的官僚。② 美国马萨诸塞大学经济学教授大卫·科兹研究的结论是,苏共 10 万人的"官僚特权阶层",为了使特权长期合法化,而选择了促使苏共垮台,走资本主义的方向。③ 而据俄罗斯广泛引用的俄罗斯科学院的一项权威性的调查材料显示,在苏共垮台后,新的权贵中,旧权贵的比例竟超过了 70%④。

第三,党员群众对党的疏离化甚至不认同,使苏共失去了抵御风险的能力。由于长期没有党内民主,党员群众与干部之间存在着严重的对立和隔阂,这就使苏共的组织基础十分脆弱。这种对立和隔阂,在严峻的政治形势下甚至会演变为对抗。1990 年 6 月,《西伯利亚报》曾作过一次"苏共究竟代表谁的利益"的民意调查,结果令人十分吃惊:认为苏共代表工人的占 4%,代表全体人民的占 7%,代表全体党员的也只占 11%,而认为代表官僚、干部、机关工作人员的竟高达 85%。也就是说,绝大多数苏联人民并不认为共产党是他们

① 《邓小平文选》第二卷,人民出版社 1994 年版,第 333 页。
② 尼克松:《1999:不战而胜》,长征出版社 1988 年版,第 24、134 页。
③ 见大卫·利兹:《在清华大学和中国人民大学的报告》,《现代思潮》2000 年第 5 期。
④ 见张树华:《过渡时期的俄罗斯社会》,新华出版社 2001 年版,第 88 页。

利益的代表!① 从 1989 年 1 月到 1991 年 1 月的两年间,苏共党员由 19487822 人降至 16516100 人,足足减少 290 多万人。② 显然,在苏共垮台前,它的基层组织已开始瓦解。而戈尔巴乔夫宣布苏共解散,苏共党员表现十分漠然,令人震惊。

此外,苏共党内的高度集权,为苏共领导人推行错误改革,直至导致垮台提供了制度条件。虽然在苏共党内进行了公开性、民主化的改革,党内高度集权的体制并没有变化。戈尔巴乔夫一意孤行,正是因为高度集权的体制缺陷,使之能大行其道。在二十七大召开之时,60% 的部长已经被撤换。1986—1989 年,州委记记、区委书记和共和国共产党的领导人更换了 82.2%。1988 年 9 月 30 日,苏共中央全会的重大人事变动,使戈尔巴乔夫有机会同时担任党的总书记和苏联最高苏维埃主席团主席,集国家党、政、军最高权力于一身。著名学者麦德维杰夫说认为戈尔巴乔夫"非常专制","主持的各种会议都缺乏民主作风"③。而推动多党制的原苏共政治局委员雅科夫列夫曾经相当明确地表述过这一改变社会制度的战略:首先要通过专制的党来摧毁专制制度,绝没有别的道路可走。因为只有利用党那种既表现为组织性,又表现为纪律性,表现为听话的专制性质,才能把专制制度摧毁。④

(二)民主建设的错误方针是苏共垮台的直接原因。

既然民主缺失是苏共垮台的根本原因,那么,戈尔巴乔夫以推动苏共的民主化为中心的改革是有针对性的,为什么又直接导致了苏共的垮台呢? 问题就在于戈尔巴乔夫的改革方针,这些教训是很深刻的。

第一,偏离了改革重点,对民主建设操之过急。在戈尔巴乔夫推行改革之际,当时苏联人民感到最突出的问题是人民较低的物质生活水平。到 1989 年,苏联进行了大规模公民调查,关于什么是首要问题,60% 认为要改善人民的物质生活水平,只有 15% 提到扩大政治权。⑤ 当时的苏联处于严重的短缺经济状态,通过经济体制改革,发挥人民的积极性,推动经济发展是当务之急。为什么必须如此,因为党的宗旨就是要为人民谋幸福,这是获得人民支持的最重要的基础。而且从唯物史观上说,经济是上层建筑的基础,从经济入手也为

民主建设提供物质和民众支持的条件,邓小平直接称经济体制改革为经济民主,本来就是民主化的一个部分,并为政治民主作准备。同时,政治上的民主化改革,应该从促进和推动经济发展,以经济为中心,为经济改革服务为目的,而不是为了民主而民主。原苏联部长会议主席雷日科夫在反思苏共亡党亡国的教训时总结说:"现实生活中很难把经济和政治分开,但是,我们这里跑在前面的总是政治。"①苏共第二书记利加乔夫则说:"经济一次次地成了政治的牺牲品,而且是浮光掠影式的政治,而(执政党执政)主要的目的:人民的福祉,销匿在了个人政治奢望的围栏下。"②党员群众没有从改革中获得实际利益,却在民主语境下被引导在对党内存在的不民主现象的政治批判。

第二,放弃了党的领导,被西方价值观所主导。马克思主义的民主观是人民真正当家作主,促进人的自由和解放;党的领导,就是要领导人民当家作主,依法行使民主权利;党内民主是通过尊重党员的主体地位,加强党与人民的联系,代表人民的利益,保证党员干部成为人民的公仆,增进党的凝聚力。党的民主集中制是列宁主义的政治遗产。在当时沙俄专制的历史环境下,列宁强调党的集中和统一,强调党的纪律多于党的民主,并不是对民主制的反动,而是现实所使然。重要的是,列宁揭示了党内民主随着形势的变化而变化的规律和党内民主必然要日益扩大的趋势,并为此作了努力。马克思、恩格斯主张的广泛的民主制,少数服从多数本身就是集中,民主之中蕴涵了集中。我们必须认识到,民主作为一个社会历史现象,是一个相对的发展过程。政党与民主相联系,政党的主要功能就是综合利益关系,使利益博弈在制度内进行,这也是集中的过程。党的思想领导、政治领导和组织领导,在民主基础上通过集中才能体现。和集中相联系的,还有一个党的纪律。其实对这一问题的讨论已经包含在民主与集中的关系中了,民主本身就是一种秩序,包含了统一和纪律,在无政府状态下是谈不上什么民主的,纪律本身也是一个组织生存发展的基本条件。即便是在西方议会民主制国家,其各个政党为达到获得政权和有效治理国家的目的,对党员也有明确的纪律要求,否则就担当不起执政的责任。党内有不同意见可以公开表达出来,这是正常现象;但是如果不同意见的人搞横向联合,甚至形成自己的政治纲领和领袖人物,自己反对自己,党的涣散和分裂就不可避免了。斯大林把集中与民主相对立,造成了个人集权。戈

---

①　尼·伊·见雷日科夫:《大动荡的十年》,中央编译出版社 1998 年版,第 68 页。
②　叶·利加乔夫:《警示》,当代世界出版社 2001 年版,第 64 页。

尔巴乔夫走向另一个极端,用民主否定了民主集中制,摧毁了党内团结的政治基础。戈尔巴乔夫的"公开性",不是建设性的民主制度安排,而是在西方价值主导下的政治批判运动,这样的运动在各种势力的推波助澜下,极易导致社会的非理性,导致了党的历史、苏联历史以及意识形态的全盘否定。戈尔巴乔夫的"民主化",深受西方多党制影响,热衷于西方的民主形式,抛弃了马克思主义的民主理念和民主集中制的政治资源,致使党内派别林立。循着这一政治逻辑,苏共不得不放弃党的领导,部署了西方式的议会制、总统制和多党制,最后导致苏共垮台和苏联解体。

第三节　越南等国执政共产党关于党内民主的探索

20 世纪 80 年代末,特别是苏东剧变、冷战结束以来,越南等国共产党执政的国家面临着来自国内外极大的政治压力,并由此引发了一系列问题。在越南,苏联解体和东欧剧变一度使一部分群众和党员干部迷失了方向,国内外敌对势力乘机从事反党活动。古巴国内的政治反对派组织提出了进行所谓"自由和公平的选举"的要求,主张在古巴现有制度下,"改革"政治经济体制,要求"政治多元化,建立自由企业和实现社会正义"。老挝国内质疑、怀疑老挝人民革命党执政地位及新一届政府领导能力的不和谐声音也在增多,特别是受布什第二任期在全球推行"民主、自由"的影响,旅居海外的老挝反政府势力也扬言,要效仿中亚"颜色革命",回国搞"议会革命"和"街头政治"。另一方面,西方国家打着"民主、自由、人权"的旗号,干涉越南等国内政,要挟恫吓,软硬兼施。例如,2001 年 9 月,美国众议院在批准美越贸易协定的同时,又通过了"越南人权法案",把经贸关系与政治条件挂钩,对越南的人权状况横加指责。① 美国对古巴的干涉更是明目张胆,其他一些西方国家也纷纷向古巴施压,1996 年 12 月欧盟即正式通过文件,确定了对古巴实行"将合作与民主开放相联系"的政治战略。

面对来自国内外的政治压力,越南等国各党一方面反对"三权分立"、"多党制"和西方的议会民主,坚持党的领导地位;另一方面,这种情势也促使他们主动出击,在推进党内民主和执政民主化方面进行了多方面的探索,表现出

---

① 许宝友:《转型时期的越南执政党建设:特点、挑战与应对》,《科学社会主义》2001 年第 6 期。

更为积极的态度。

一、越南等国党内民主探索的基本做法

（一）调整执政理念，强调民主、平等和社会公正。

面对国际国内形势的巨大变化，越南等国各党根据本国实际，对党的执政理念进行了调整。一方面，他们纷纷将马克思主义同本国、本党历史上有威望的领导人或民族英雄的思想相结合，树立起各具特色的理论旗帜：越共将胡志明思想同马列主义并列为党的"思想基础和行动指南"；老挝人民革命党加大了对凯山·丰威汉的宣传力度；古巴则将19世纪后期民族英雄何塞·马蒂思想与马列主义一并确定为党的指导思想。执政理念的民族化和本土化，激发了民众的爱国热情，有助于增强社会的政治认同感和党的执政合法性。

另一方面，在宣传上，一些党开始突出对民主、平等和社会公正等理念的阐述。越共的基本理念是"党领导，政府管理，人民做主"。1996年的越共八大强调：政治系统改革的主要目标是为了更好地实现社会主义民主，充分发扬人民当家作主的权利；2001年的越共九大提出了"民富国强、社会公平、民主文明"的执政目标。越共推出了"民主政治建设"的战略构想和与之相适应的"属于人民、来自人民、为了人民"的治国方略，提出"民主"既是越南革新事业的目标又是动力，主张要在大力推进经济体制改革的同时，逐步、慎重、稳妥地进行政治体制改革，不断完善"党领导、国家管理、人民作主"的执政体制，从民主管理、民主决策、民主选举、民主监督等方面推进民主政治建设。

古共提出了要"为古巴革命平等和社会公正的基本观念而斗争"，为建设一个健康、高尚、节俭、富有劳动精神的社会而斗争的口号。古共五大通过的党章指出：古共要为巩固革命思想、集体主义、互相帮助、平等、社会公正、相互信任等为主要内容的古巴"新道德观"而斗争。1993年，古巴在宣布进行"改革"的同时，重申了古共"不放弃革命原则，不放弃人民政权，不放弃为人民造福"的原则，并提出了"一切立足于群众，一切依靠群众，一切重大决定要广泛听取群众的意见，一切活动要由群众配合"的执政理念。老挝党认为：当前党的主要任务是"巩固和完善人民民主制度"，为逐步向社会主义过渡准备物质基础，为此，老挝党提出了要使各级政府真正成为"来自人民，为了人民，属于人民"的人民权利机构的口号。

（二）调整党内体制，推进党内民主制度化。

越共对党内体制和党的工作机制进行了较大幅度的调整。越共九大政治报告中宣布：设立中央书记处，取消政治局常委，不再设中央顾问；总书记任期不能超过两届；书记处的任务是领导党的日常工作，指导党建工作和群众工作，检查党的决议的执行情况等。同时，越共还不断完善党内的制度建设，其中影响比较大的有：

第一，为确保中央委员会的民主生活，越南共产党建立了总书记任内述职制度。

第二，在中央全会上实行质询制度，开创了党内民主的新形式。农德孟任总书记后，逐步推广自己在国会主席任内开创的国会代表质询政府官员的做法，在2002且越共九届五中全会上首次引入了党内质询制度。除正常工作程序外，全会开辟专门时间进行质询，任何一位中央委员都可以对包括总书记、政治局委员在内的其他委员提出质询，也可以对政治局、书记处、中央检查委员会提出质询，直至得到满意答复为止。

第三，党的中期代表大会制度。早在1991年七大通过的党章当中，越共就作出了在党的两次全国代表大会之间举行一次全国代表大会的规定，这次代表大会被称为是党的"中期代表大会"，由中央委员和下级党委推选的代表出席会议。"中期代表大会"的召开能及时发现问题、纠正错误，总结经验教训，调整工作重点，为下一步工作指明方向。

第四，中央政治局、中央委员会的议、表决制度。党的决议、重大政策主张、重要干部任免、大型工程项目等事项都必须通过集体民主讨论后付诸表决，少数服从多数。少数人的意见允许保留，党组织可定期对不同意见进行动态调研，吸收其合理部分。

第五，中央委员会、政治局、书记处、中央检查委员会的工作制度。在总结几届中央领导机构工作制度的经验基础上，越共于2001年重新制定了中央委员会、政治局、书记处、中央检查委员会的工作制度，确定了每位中央委员的职责、权限和工作方式，规定所有中央委员都要积极参与中央委员会的集体领导工作，对有分歧的问题允许坦率争论；规定政治局委员、书记处书记和各位中央委员对自己分管的事务必须负责到底。

第六，尊重和保护党内少数意见的制度。在党内决策中，越共在坚持多数决策原则的同时，也非常尊重党内少数人的意见，越共规定：党的领导机构的决议必须获得本机构半数以上成员赞成方为有效，持少数意见的党员可以保留其意见，并向上级党委直至全国代表大会反映意见，但必须严格执行决议。上级党委应研究党员提出的意见和建议，不得歧视和打击持少数意见的党员。

这些党内民主制度的出台,为越共执政的民主化提供了有效的制度保证。

从 20 世纪 80 年代开始,古巴共产党在党内领导体制和工作制度方面也采取了一些改革措施,主要包括:

第一,对党的市委会进行了改组,建立了常委会,以便对某些重要问题进行研究,并对常委会的工作进行定期评价。

第二,设立政治指导员,负责对其所主管的基层组织工作进行教育和指导。

第三,健全中央委员会的会议制度,规定古巴共产党中央委员会每年至少召开一次全会,政治局可以召集多次会议。

第四,建立超越于省、市范围之上的企业和群众组织书记顾问处,对党务工作进行具体指导。古共四大后,又进一步对党的中央组织进行精简,取消了中央书记处,不再设各级候补委员。古共还在政治局中设立了"工作小组",处理日常事务,以增加领导干部的责任,提高工作效率。

第五,2011 年 4 月召开的古共六大,首次提出了国家和党的最高领导人任期限制,每任两届,每届五年。六大新当选的古共第一书记劳尔·卡斯特罗在开幕式上指出,领导人任期制的规定,"符合古巴整体的利益"。这是古巴党内民主迈出的重要一步。

老挝党也健全了党的中央委员会会议制度,要求中央委员会每年召开两次会议,需要时可召开特别会议,还可以进行换届选举。为了整顿党的高级干部的工作制度,老挝人民革命党于 2004 年 3 月通过了《关于高级领导干部政治责任的规定》,要求党的干部在制订战略性工作、党的工作、干部工作和政策性工作方针时,须经有关专业人员进行可行性研究,在此基础上集体讨论,一致通过后方可作出决定,并须做明确的文字记录。党的高级干部应遵守党的会议制度,自觉按照党章规定参加党委民主生活会和党的民主支部生活会,根据实际情况,做到重大问题要在一般会议、特别会议,或者每三个月、六个月一次的有关会议上作决定。老挝党还实行了由中央组织部同总理府人事局两个部门共同管理干部的做法,中央组织部管理地方县委书记以上和中央司局级干部,总理府人事局管理地方副县级和中央副司局级以下的干部。老挝党认为,这种做法有助于树立老挝党讲民主、讲科学的执政形象。

(三)在干部选拔任用上大力发展党内民主。

越共在干部选用上就如何体现党内民主进行了许多大胆探索,主要有:

第一,改进中央委员会的选举方式。越共九届中委人选的产生由中央直接参与,中组部等部委参与考察。确定人选名单前,每一位八届中央委员都要表明自己是否进入新一届中委的意愿,并对其他现任中委是否能进入新一届中央委员会作出同意、不同意、不确定或不清楚的表态,同时也可推荐新的人选。越共还允许党员个人自荐参选。中组部、中检委、中央内部政治保卫部、中央办公厅、中央党建和整顿委员会五个部委对中委人选提出评价意见后,中央政治局投票表决初步人选方案,并提交中央委员会讨论,最后在全国代表大会上进行差额选举。越共十大还首次在全体代表提名的基础上确立总书记候选人,实行差额选举。

第二,将党员的信任投票作为选拔干部的一个重要条件。早在1994年1月召开的全国代表会议上,越共就规定:在干部选拔上,要采用以获得半数党员的信任票等为条件的民主程序,这使普通党员也有了参与干部选拔的权利。

第三,扩大干部选举中的差额比例。越共九大就是从160名候选人中选出了150名正式中央委员。越共还规定,省委书记及所有省级干部的产生均需有至少10%的差额比例,并提交全省干部大会进行无记名投票。党代会代表进行差额直选。越共十大是10%—15%差额,越共十一大达到15%—20%差额。

第四,公开候选人基本情况以供党员群众监督。越共在选举前,将包括党和国家领导人在内的所有候选人的基本情况、家庭住址和电话等向全社会公开,以便于党员干部和群众直接对其实施监督。

古共在古共发展新党员和选拔党的领导干部都要征求群众意见。古共吸收党员要经过群众的推荐,党章明确规定:"接纳党员和预备党员只能在征求群众意见之后履行手续。"在基层普遍建立了劳动者代表大会推荐党员的制度。每个想入党的人都必须先由劳动者代表大会推荐,然后才由党组织对被推荐人进行考核,之后再将他们的履历和各方面表现公布于众,再次听取劳动群众的反映和意见,最后才由党员大会通过,报上级审批。干部的拟任职位要有两名候选人,经过自下而上和自上而下的几次反复,最后召开由基层党支部书记参加的会议以无记名投票方式通过,口碑不好的干部不能提拔任用。1990年,古共一改过去基层党支部书记由上级指定、支部会议禁止非党群众参加的做法,要求支部书记和支部委员均以无记名投票、差额选举的方式产生。

(四)广泛听取党内外意见,推进民主决策。

在党内重大决策上,越共改变了以往由少数人说了算的做法,注意广泛听取党内外意见。早在 1986 年六大召开时,越共就曾经将政治报告草案提前向全党公布,广泛征求党内意见。2000 年 7 月,九大政治报告等四个重要文件的草案形成后即下发到各级党委讨论,在广泛征求和吸收意见的基础上召开几次中央全会,进行反复讨论和修改。2001 年越共中央又将九大政治报告向全国公布,并在各大媒体上开辟"人民意见专栏",征求党内外意见。在这一过程中,文件起草小组收到了上万条意见和建议,许多群众意见在报纸上公开发表,其中有的意见还很尖锐,越共对此十分重视,对草案内容逐条补充修改。大会期间,代表们进行了热烈讨论,有的还向大会主席团提出质询。最后,在充分酝酿、公开讨论的基础上,经过投票,党代会以 95% 以上的赞成票通过了政治报告等文件,这一次民主决策过程圆满完成。这一做法延续到了十大、十一大。2011 年越共十一大决议文,还就"未能禁止官僚、贪污、浪费、罪犯、社会弊端、道德衰败等现象"作出了自我批评。

古共党内决策中也有一个基本原则,即:凡党和国家的重大问题和重要决策,特别是涉及到群众切身利益的改革措施的出台,都必须征求党员和群众的意见,经党内外广泛讨论,以达成共识,取得一致,以此体现和保证决策的民主化和科学化,尽量减少决策失误。对群众一时想不通、意见分歧比较大的重大决策,则暂缓出台或实施,而不是为追求效率,仓促决策、实施。古共四大的主要文件《号召书》,不仅在所有党员中进行广泛、深入的讨论,而且吸收了 350 万党外群众对文件进行认真讨论,共收集到 100 万多条意见。古共五大的文件草案也是提前五个月就公布并交党内外讨论,全国 14 岁以上的 650 万人参加了大讨论。古共六大的主要文件《经济和社会政策的纲要》草案,共有 891 万多人次参加讨论,召开了 16.3 万次会议,有 300 万人在会上发言,提出了 78 万多条意见和建议。

(五)加强与基层群众的联系,了解民生疾苦。

共产党的执政地位是历史形成的,但共产党并不能因此而忽视民众的作用,只有对群众始终抱有深厚的感情,才能在执政实践中充分尊重和体现人民作为执政主体的地位。古共五大通过的党章规定:党的基层组织"必须同劳动者、社区民众保持经常的联系,了解他们的疾苦,倾听他们的意见,向他们学习"。古共建立了信息员制度,各基层单位设有专人搜集群众意见,包括对卡斯特罗本人的批评意见,随时整理并直接上报中央,供领导了解基层情况。以菲·卡斯特罗为首的古巴党和国家的高级领导人经常深入基层,各级领导干部都主动参加居住社区的活动,将自己置身于群众的监督之下。古共开展了领导人同基层群众直接对话的活动。如1991年5月,18名党政军高级官员同150名青年学生代表在哈瓦那进行了为期四大的大型直接对话会。与会青年代表提出了423个有争议的问题,都得到了答复。古共还设立了群众意见调查中心,定期了解民情民意,向领导机关和有关部门提供信息。有成千上万的志愿者向上反映情况。

越共认为基层是党"掌握人民的地方"。1997年,越南太平省发生因基层干部贪污腐败引起的大规模农民上访游行事件,80%的农民上街游行,这被认为是越共执政以来最大规模的骚乱。此后又发生两次西原少数民族骚乱事件,一再造成社会动荡。这些事件,促使越共下定决心加大基层党组织和基层民主的建设力度,并明确指出:"有组织的地方就必须有党组织,有群众的地方就必须有党员。全党要面向基层。"1998年2月18日,越共中央政治局颁布了《关于制定和实行基层民主条例》的30号文件,决定率先在乡坊、行政机关、国有企业三种类型的基层党组织内实行基层民主制度。它涵盖了乡坊(越南最低一级的行政单位)、行政机关、国有企业三个层面,基层民主制度的基本内容其实就是"民知、民谈、民作、民检"方针的具体化。它明确了应向人民公开的事项、应由人民参与讨论和直接决定的事项、应由人民参与讨论由政府直接决定的事项和应由人民监督检查的事项。直接促进了基层社会的和谐。

老挝党认为:党的事业、革命的事业就是群众的事业,这是党生存和发展的规律,老挝党要求包括党主席在内的政治局委员每年至少深入基层三次,通过下基层视察情况、指导工作和帮助地方制订经济社会发展计划使党群关系得到加强。各级党员干部要通过理论学习和实际工作树立以民为本的意识,制订工作计划时与群众协商并得到群众的理解和自觉执行。

(六)致力于惩治腐败,树立民主清廉的执政形象。

越南注意加强反腐的制度化建设,陆续推出了一系列配套措施:

第一,实行干部、公务员财产申报制度。被提名或被推荐担任党、国家和群众团体各级领导的候选人,一律要申报房地产情况,干部、公务员也要申报个人房地产情况及其配偶和子女在国外自费留学的经费来源。党员干部和公务员房产、地产、股票、存款等财产,价值在5000万越盾(约3000多美元)以上者也必须申报,以便党组织、政府和人民实行监督。

第二,各级党委的主要领导干部有责任制止配偶、子女利用本人职权进行不法活动,并对本单位、地区、下级中出现的腐败、浪费、官僚主义现象负责。

　　第三，干部任期和交流制度。干部在某一地方、某一职位上长时间长任职容易滋生腐败，为此，越共规定：干部在同一地方担任同一职务不得超过两届，并着手在全国范围内推行干部交流制度。越南还积极运用法律武器同贪污腐败及其他社会弊端作斗争，1997 年和 1998 年越南国会相继通过了修改后的《刑法》和《反贪污法》。越共认为：反对腐败是党、政府和全国人民共同的事业和任务，广大人民群众是清除党内腐败的主力军，没有人民群众的积极参加和配合，就不可能取得反腐斗争的最终胜利。因此，越南非常重视发动群众揭发党内存在的腐败行为，越南所查处的重大案件几乎都是群众首先发现和举报的，在越南著名的"五甘"案调查取证期间，专案组共接到 4500 封揭发信和 6000 多次举报电话，群众的积极参与对案件的突破起到了重要作用。

　　古共特别重视廉政建设，特别是领导干部不搞特殊化。规定党政机关干部的工资不得高于同级的企业领导人的工资。目前部级领导人的月工资为 400 比索左右（不到 20 美元）（古巴的最低工资收入在 200 比索左右）。党政高级领导干部没有特殊食品供应。官员的住房与一般国民相同，不少高级干部与普通民众住在一起。在用车方面，允许部级以上领导干部配专车，但不准乘高档进口车，很多党政领导干部都步行或骑自行车上下班。

　　为了加强党内的纪律监督，古共在党内设立中央、省和市三级纪律监察委员会（又称申诉委员会），分别由同级的代表大会选举产生，采取垂直领导的方式，不受同级组织领导，其职责是受理对党员和党员干部违纪行为的举报以及对违纪党员的申述和审理。为了发动广大群众起来监督党的领导人，古巴设立了全国群众举报委员会，直属古共主管党务工作的政治局委员领导，以加大对干部的监督力度。劳尔·卡斯特罗多次强调：基层保卫革命委员会是最好的监督机构。① 古巴要求党政干部，上至政治局委员，下至基层领导人，都要接受所在社区保卫革命委员会的管理，参加该委员会组织的集体活动和公益劳动，该委员会有义务向党政干部所在单位报告他们及其家属和子女在社区的表现，并对党政干部的年度考核、任用和提拔拥有发言权。此外，古巴还设立了全国审计办公室，拥有审计自主权，以强化财政监督部门的职能。各省省委下设专事监督的审计局，以加强各省委的审计工作。为防患于未然，古巴对党政干部，特别是党的高级干部提出了严格要求，规定：领导干部贪污受贿

____

① 《兴衰之路——外国不同类型政党建设的经验与教训》，当代世界出版社、中共中央党校出版社 2002 年版，第 59 页。

金额 300 比索以上者，不论其职位高低，坚决免除领导职务，该法办的法办。

老挝党明确要求纪检和行政监察工作要坚持五项原则，即：党领导纪检工作的原则，全面观察、客观分析、正确判断的原则，清晰、透明的原则，群众参与的原则，公开公正的原则。老挝从 2002 年起对全国县处以上干部实行个人财产登记制度，并颁布了《关于党员干部的 14 条禁令》。

（七）加强对新闻媒体的调控和对社会舆论的正确引导。

越南、古巴等党吸取了前苏东政党"公开化"、"多元化"的教训，非常重视对社会舆论的引导工作。

越共近年来在调控新闻媒体方面进行了新的探索。越南国家不大，但拥有 600 多家报纸和杂志，竞争越来越激烈，媒体越来越重视用有吸引力的新闻报道来吸引读者，对诸多社会问题的坦率争论越来越多地出现在新闻网站的论坛和报纸上。胡志明市很受欢迎的《青年报》的一名主编说："我们的记者报道所有的热点。媒体已经成了表达日常民意的地方。"[1] 特别是在国会会议上，国会代表向政府官员提出质询的场面向全国现场直播，在社会上引起了巨大反响。越共把舆论监督作为民主政治建设的重要手段和方式，鼓励国内新闻媒体对消极腐败、压制民主等现象进行公开、民主的批判，给新闻媒体报道腐败案件以较大的空间，从发现线索时而不是结案后才将有关案情曝光。从实践来看，各种媒体大量而及时的追踪报道，不仅使涉案者声名狼藉、威信扫地，而且在社会上引起强烈反响，使广大人民更加相信党和政府在反腐斗争中的坚定决心，并自觉地拥护、支持和配合党的工作，媒体的介入也在很大程度上对敦促政府和司法部门查处发挥了作用。与此同时，越共也注意防范负面报道的不利影响，以保证舆论活动的"思想性、真实性、人民性、战斗性和多样性"。[2]

古共一直比较注意控制媒体和舆论导向，加强主流意识形态在社会上的统治地位。为及时了解民情民意，古共中央设立了社会舆论调查中心，定期不定期地调查群众的想法和社会舆论动向，为决策部门提供信息。在古共五大、六大会议上，电视台、电台自始至终向全国直播了大会实况，生动显示了古巴党内的民主气氛，收到了非常好的政治效果。古巴还非常注意利用媒体大规

---

① 林明华：《2003 越南随想》，《东南亚纵横》2004 年第 2 期，第 2 页。
② 周余云、王立勇：《一些外国政党在执政能力建设方面的经验教训》，《当代世界》，2005年第 1 期。

模开展爱国主义、反对外来封锁和干涉的宣传教育活动,古巴电视台每周举行一次公众论坛,每天组织一次电视圆桌会议,邀请党、政领导人和专家学者就国内形势、对外政策、古美关系、人权等大家共同关心的热点问题进行讨论。

二、越南等国各党党内民主探索的思考

在苏东剧变以后,共产党长期执政的国家除中国外,还有越南、朝鲜、老挝和古巴。这些国家都是小国,他们必须应对苏东剧变的冲击、西方政治的压力。除朝鲜仍坚持先军政治、高度集中和封闭国门外,越、老、古都加强了党内民主和民主执政的建设,在此过程中,汲取了苏东剧变的教训,形成了自己的特点。

(一)越共党内民主建设的特点。

越共党内民主建设,以"党的领导、国家管理、人民作主"为基本理念,以党的代表大会为核心,进行了一系列的制度创新:扩大了党代表和党的干部的直选;开创了党代会质询制度;党的政治报告全党讨论等。确实取得了积极的成果,引人注目。

第一,坚持党的领导,推动党内民主。1986年,越共六大提出"革新政策"的时候,正逢苏共提倡一系列的公开化改革,与苏共关系极为紧密的越共也受其影响。在1990年,原越共中央政治局委员、书记处书记陈春柏公开在报刊上发表文章,称越南的革新是"只革新经济,不革新政治"的"半吊子",呼吁应该考虑多党制的政治体制,像苏东那样进行"真正的"、"科学的"、"现代化"的革新。但是,陈春柏的观点在越共受到了批评,1990年3月在六届八中全会上陈被撤销党内一切职务。1991年6月,越共七大总书记阮文灵在讲话中说,越南决不接受多元化、多党制,决不接受越南社会主义道路以外的任何其他道路。1994年越共七届中期代表会议明确提出,越南当前面临着"四大危机",即经济落后和国际竞争危机、偏离社会主义危机、官僚主义和腐败危机、"和平演变"危机。此后召开的越共八大、九大、十大都一再论述了这"四大危机"的严重性。越共认为,苏共垮台的一个重要原因,就是不注重民主建设,领导人独断专行,官僚主义、个人崇拜现象严重,造成了很大危害。推动党内民主,就是要加强党的领导,要坚持民主集中制。越共提出既要"在党的组织、生活、活动中执行好民主集中制原则",又要根据新的形势和条件对民主集中制原则进行完善,扩大其"民主"的内涵。这使得越共的党内民主和越南的人民民主,始终在党的领导下,在党组织的积极组织下有序进行。十一大政治报告对过去五年经验的总结指出了"扩大和发扬民主必须与加强纪律和纪纲相结合"等内容。

第二，以经济革新为主，走向政治革新，形成良性互动。苏东剧变之后，越共主张逐步、慎重、稳妥地进行政治体制改革。越共提出了全面革新路线，从以经济革新为主，走向政治、文化和社会革新；从思维、认识和思想革新走向党、国家和人民各阶层的实践活动革新，以及执政党要进行与其执政党的政治任务相适应的革新。经过二十年来的经济改革，越南已经由改革前的世界最贫困国家行列一跃成为经济增长率仅次于中国的国家，从改革前需要依靠国际援助才能解决吃饭问题的国家变成世界第二大稻米出口国。经济革新为包括党内民主在内的政治革新提供了物质条件，也激发了民众在实现自身利益过程中民主参与的积极性。这与民众没有获得改革利益，在民主化中情绪性的、批判性的运动是不一样的。以党内民主为前提的政治革新，围绕着经济革新的中心工作开展，在社会发展中体现了党内民主建设的绩效，使党内民主在全党和人民支持下有序而较快地发展。越共十一大提出的《2011年至2020年经济社会发展战略》草案中明确提出了政治改革："当经济改革已经获得了丰硕成果时……需要经济改革和政治改革并驾齐驱，以推进全面改革……政治改革的重点是完善和改革党领导方式，在党内和全社会上推广民主，旨在充分发挥各国家机构主动作用和人民创新能力，凝聚民族大团结力量，为建设和保护国家的事业作出贡献。"

第三，以"人民做主"为原则，推进党内民主建设。越共提出了"民知、民议、民做、民查"的实施民主的规程，以此来体现"党的领导，国家管理，人民做主"的原则。坚持党的领导，就是要领导人民掌握国情政务，参与国家管理，讨论大政方针，发挥工作的积极性，并让人民对党员、干部进行检查、监督。在党内民主的建设中，一是把基层党员作为党内民主主体，越共认为党员是党组织的"主人"，强调"党员有权决定党的工作"。二是让人民参与党内民主的建设。党代会代表和干部的基层直选，党代会政治报告的全党讨论和全民讨论，党代会质询制、对干部和腐败现象的群众监督和媒体的公开监督，党内民主的重大举措都是循着这一原则而展开。比如，在候选人的提名问题上，候选人推荐提名程序的变化、直接选举范围和差额选举比例的扩大提高了党员手中选票的重要性，改变了过去他们难以涉足政治生活的现象。在权力监督方面，除了投票这一有效监督途径外，领导干部在基层的表现由群众评估、提拔选用干部由群众进行信任投票等做法也极为有效。体现了对党员权利和人民主人翁地位的充分尊重,体现了社会主义民主的精神,提高了全党和人民的团结和积极性。

第四,基层与上层、党内与党外民主建设的相互交融和促进。在越共推行的政治革新首先是从党内民主开始的。在党内民主建设中,既重视基层民主的建设,以解决基层社会的矛盾问题,1998年开始加强了党的基层组织建设;又重视上层民主建设,以提高党的领导能力,如首先废除领导干部终生制,加强集体领导。随着党内民主的发展,以党的代表大会建设为核心,如开展了扩大党代表和干部的直选,党代会政治报告的讨论,党代会对领导的质询以及媒体对干部的监督等,发挥党的基层组织和党员在党内民主中的作用,把党的基层民主建设与党的上层组织民主建设联结进来。在党内民主发展过程中,又开始了人民民主的建设,党的基层组织成为基层社会民主建设的组织力量,发挥了重要作用;在国家政权层面,从2002年开始的国会质询制度及以后国会代表的直选制度,党内外民主成为一种相互促进的力量。此外,越共还重视祖国阵线等组织以及一些新的社会组织在党内民主建设和人民民主建设中的作用。

第五,把制度建设作为党内民主的基本建设。越共党内民主建设一开始就以制度化为基础。革新首先就是从制度层面开始的,如领导干部终身制的废除,政治局,中央委员会集体领导等;而实践中重要的创新,也很快提升到制度创新的层面,固定下来常态化,如党代会的质询制度,差额选举和直选制度等。目前已形成较完整的党内民主制度体系,如党的各级代表大会制、中央委员会工作制、集体领导制、党内选举制、党务和信息公开制、质询制、干部交流制、基层民主制、权力监督制等党内民主制度。这就使得越南党内民主的建设扎实有效,很少反复,稳步向前发展。

越共党内民主的做法,有许多是向我党学习的,但是,也形成了他们的特点,并且有些方面的步子迈得比较大,值得我们借鉴。同时,越南与我国的国情又是不一样的。相对来说,作为一个较小的国家,发展党内民主涉及的范围较小,层次简单,环节少,决策的出台和执行都比较容易,出现问题时也比较容易掉头转向;但另一方面也使他们抗御挤压和政治风浪的能力比较有限,回旋余地较小,在当前的国际国内环境下,他们所面临的政治压力比我们要大得多,一有风吹草动,就可能迅速波及到全党、全国。这也使越共步子有可能要大一些。当然,越共党内民主的发展也遇到了挑战,一是严重的腐败现象并没有有效遏制;二是在鼓励党内争论的同时,个别已退的党的领导人参与的要求多党制的势力有所抬头。在党内民主建设中,如何应对这两个挑战,摆在了阮富仲等新一届中央领导面前。

(二)古巴党内民主建设的特点。

古巴与越南的执政环境有很大的不同,由于古巴直接面临着美国政治军事干涉的严重威胁,特别在苏东剧变以后,古巴失去了苏联在政治经济上的支持,面临的形势更为严峻,所以,在一定意义上,古巴还处于革命的环境之中。正因为如此,古巴共产党的党内民主和人民民主的建设与越南、老挝有很大的不同,主要的不是体制性制度建设,而主要依靠领导层崇高的政治威望,党的领袖身体力行,以身作则,通过领袖的人格魅力,以形成全党的民主作风。在实体民主方面,古共的民主化程度还是很高的,也富有成效的。

第一,重视群众工作,积极开展党的基层民主,党的领导者、党员和群众建立了密切联系。古共坚持"四个一切"的原则:一切立足于群众,一切依靠群众,一切重大决定要广泛听取群众的意见,一切活动要由群众配合。党的领导人极强的民主作风,原古共中央第一书记菲德尔·卡斯特罗就经常深入基层倾听群众意见,政治局委员、省市级领导干部经常性深入基层生产第一线都有明确规定。群众与党的领导的直接联系,对于党群关系的密切至关重要。古共对党员要求很严,吸收新党员要经过群众推荐,选拔党的领导干部也要经过群众推荐,选拔党的领导干部最后召开基层党支部书记会议以无记名投票方式表决。从 1990 年开始,基层党支部书记与支委均以无记名投票、差额选举的方式产生。古共在制定和实行重大决策前,往往要开展全国性的、多层次的讨论,经常是六七百万人(古巴只有 1100 万人口)参加,这是它的一个传统。以往在要不要发展旅游业,在国防、教育、医疗领域要不要对外资开放等问题上,都曾经过全民大讨论,而且领导人很尊重人民的主流意见,这就使这种不投票的民意表达甚至拥有了比全民公决还要多的民主功能。从古共五大开始的政治文件都交由党内外讨论,广泛征求意见。古巴形成了密切的党群关系,群众参与热情比较高。

第二,古共不允许干部特殊化,对党的干部有很高的道德的要求,也有极严格的纪律规定,还设立了直属古共主管党务工作的政治局委员领导的全国群众举报委员会,形成了人民对党的领导人的民主监督。应该说,古共党员领导干部确实做到了与人民群众同甘共苦。

古共重视基层群众工作和干部廉政建设上值得学习,我们仍需要发挥革命时期形成的群众路线和充满理想精神的优良传统,这在今天仍然是不过时的。当然,古共的党内民主建设是存在制度化程度较低的问题,而古巴经济发展长期停滞对古共的执政也会产生消极的影响。当前是古共和古巴发展的一个关键时期,党的领导人开始交替,由劳尔·卡斯特罗取代了德高望重的长期作为党的领袖的菲德尔·卡斯特罗,这对倚重个人魅力的古共将会产生重大的影响。在党的六大上,新当选的古共第一书记劳尔·卡斯特罗提出了领导人任期制的规定,表明了古共党内民主制度化建设的开始,劳尔·卡斯特罗提出"芸豆和大炮一样重要,甚至更重要",表明了要加快经济改革的步伐,这就意味着古巴党内民主将面临新课题。

第四节　全球化、信息化背景下国外主要政党组织变革与发展趋势

新世纪以来,全球化、信息化更迅猛发展,不仅深刻地改变着人们的生产、生活和思维方式,而且对各国政党的组织结构和运行方式等带来前所未有的挑战,在西方国家,出现了所谓"政党危机"现象。为应对挑战,各国政党组织建设呈现新的发展趋势。在新的世界发展大势中,政党的发展趋势是什么?对政党内部的民主建设产生了什么影响?

一、全球化信息化对国外政党组织建设的冲击和影响

全球化信息化对政党的组织建设带来了广泛而深刻的影响。一方面,对政党的组织结构有巨大冲击,出现了政党的社会基础不稳定、党员数量锐减、党的组织不健全等一系列新问题;另一方面,又要求政党的运行和工作方式发生重大的变化。

(一)对政党组织建设的主要冲击。

第一,阶级、阶层和利益群体重新分化组合,各主要政党赖以存在的社会基础随之发生改变。全球化带来的重要后果之一,是社会分层的日益复杂化。20世纪70—80年代以来,在新产业革命的推动下,西方发达国家和新兴工业化国家中传统的资产阶级和工人阶级的规模逐渐缩小,而数量庞大、形式多样、分界模糊的各种新中间阶层迅速增加,社会结构由所谓"哑铃型"社会向"橄榄球型"社会转变。西方社会结构的深刻变化冲击了主流政党的选民基础。西方主要政党为了达到上台执政的目标,必须赢得日益庞大中间阶层的支持。中间阶层是人数众多,价值观念和生活方式迥异,且处在不断发展变化

的状态中的社会群体。政党社会基础的不稳定性,迫切要求各国政党淡化左右政治界限,扩大意识形态的包容性,反映广大中间阶层的利益和要求。由于经济全球化特别是全球性的产业结构调整,这种阶级阶层关系变化在发展中国家也陆续出现,并对其政党组织产生了重要影响。

第二,在网络媒体的作用下,各主要政党的传统运作方式和组织方式受到挑战。在一个通讯和媒体高度发达的时代,政党过去的那种层层叠叠的组织沟通和信息传递方式,不再适应党内民主和沟通、参与的需要。公众通过电视、因特网等多种渠道参与社会生活、感知政治,远比通过政党渠道更加直接和便捷,成为选民最主要的政治信息来源。在这一政党竞争新的平台上,政党成员人数多少不是决定性的,深谙媒体运作规律、成熟专业地制定媒体宣传战略成为政党取胜的必需条件。这就对过去严重依赖党员人数众多取胜的政党提出了严峻挑战。网络媒体作为"第四种权力"涉足政治,在相当程度上侵蚀着政党的传统领地,冲击着政党的传统组织结构和运作方式。

第三,随着社会政治多元化、生活方式多样化的不断发展,国外大多数政党的组织机构遭到不同程度的削弱。全球化信息化的迅猛发展带来的重要变化,就是社会政治多元化、公民的非意识形态化、利益多元化、生活方式多样化及个性化倾向日益显著,越来越多的人更重视自我价值的实现,对政治组织的选择呈现出超越阶级对抗、强调个人价值和个性化选择的新特点,政党的吸引力有所下降,许多社会精英远离政党和政治生活。特别是年轻人对政治冷淡的趋势尤其明显。一是表现为民众对政党的忠诚度降低。对某一政党的"从一而终"的逐渐减少,甚至出现将选票投给其他政党候选人的党员。二是党员人数不断减少,年龄构成明显老化。据统计,20世纪60年代西方发达国家的党员人数占选民人数的比例为15%左右;到80年代末期,这一比例下降为10%左右;而到90年代末,这一比例继续下滑至5%左右。三是党的组织机构涣散,专职人员大大减少。基层组织和党员的作用不断弱化,不少政党正在演变成选举机器。许多发展中国家、转型国家的政党也面临类似问题。

第四,新社会运动、各种利益集团及非政府组织在全球化信息化背景下发展迅速,对政党组织造成了冲击。一是以绿色生态运动、和平运动为代表的新社会运动取得了新中间阶层的广泛支持。新社会运动倡导去阶级化的"中性政治",强烈冲击了传统政党政治。二是欲借公共和外交政策求得自我实现的利益集团在数量、种类上大幅增加,独立性大为增强,他们不仅为候选人提供人力、物力、财力,还动员选民支持其候选人,与政党形成了竞争。三是大量涌现的"非政治党派"和非政府组织对传统政党组织的冲击加大,形形色色的非政府组织并不关心旧的政治,没有执政、参政的政治主张,而主要关注其他形式的政治努力和具体事务,开展诸如女权、环境保护、地方主义、公民权利、反全球化、反欧盟等运动。他们逐渐取得公民信任,成为公民和政治体制之间的中间人,在一定程度上替代了作为沟通民众与公共权力之间联系桥梁的政党组织的功能。此外,由于跨国公司、跨国集团、跨国机构对国际和地区性重大事务的影响急剧上升,以民族国家为基础的传统政党的政治影响力也受到严重冲击。

(二)对不同类别性质政党组织建设的不同影响。

第一,对发达资本主义国家的一些主要执政党组织建设的影响。主要表现在:党的组织动员、宣传和管理机制失调;党的政治形象降低,对支持群体的吸引力下降、党的政策对公众的影响力下滑,甚至出现党的信任危机;政党与选民和普通党员的联系日益松弛,转而依靠政府的力量和领导人个人的形象魅力,过去那种纲领比较完备、组织较为严密的政党组织形式从根本上发生了改变。这些政党能否调整传统的组织结构和政治运作方式,以便更好地克服和解决上述问题,将直接关系到其未来。

第二,对资本主义国家共产党组织建设的影响。影响主要表现在三个方面:一是阶级基础不断萎缩。目前,发达国家传统的工人阶级加上农业劳动者,不到总人口的10%。如果共产党仍然只代表不到人口10%的社会阶层的利益,很难发展壮大。二是领导体制机制不健全。一些国家的共产党没有形成新老交替正常机制,高层领导职位实行终身制,家长制、一言堂现象明显;一些国家的共产党的领导人非正常频繁更换,领导核心缺乏凝聚力;一些国家的共产党内部斗争激烈,组织分裂时有发生。三是党的代表性萎缩。党员人数持续减少,年轻党员流失严重、老龄化问题特别突出、职业结构过于单一。

第三,对社会主义国家执政党组织建设的影响。这种挑战是多方面的,既有全球化时代全球社会变化与国内社会变化互动带来的挑战,也有网络化时代社会交往方式和思想意识结构的深刻变化带来的挑战。主要表现在:当代社会主义国家都不同程度地推行经济调整和改革,经济结构调整的巨大压力冲击着党执政的经济基础;西方价值观念的渗透影响着党执政的政治思想文化基础;工人阶级结构的变化冲击着党执政的阶级基础;收入分配拉大冲击着党执政的群众基础。

第四,对发展中国家的一些主要执政党组织建设的影响。发展中国家主要是民族主义政党。一是党的社会基础既广泛又庞杂。许多政党实际上是各阶级、各阶层的民族统一战线组织,它的成员几乎包括社会的一切阶层,有的甚至宣布其全国所有公民都是该党的成员。如几内亚民主党规定,凡年满16岁公民都是民主党党员;加蓬民主党宣称自己是"代表全民族利益",是"全国的党";墨西哥革命制度党的组织成分包括大资产阶级、民族资产阶级,也包括小资产阶级、工农群众,全国最大的工会、农会均为该党的集体成员。除少数党组织严明、管理规范外,许多政党内部都是派系林立、斗争尖锐,党的分化、分裂甚至重建和解体都非常频繁。二是权威主义和强人治党现象仍比较突出。20世纪90年代以来,发展中国家大都实现了从军人政权、一党制或一党独大转向多党制,但各地区发展不平衡。尽管大部分政党努力实现民主治党,但某些政党由德高望重的人物或家族长期甚至终生掌握领导权的现象仍然十分突出,有的甚至利用党的执政地位和资源为自己的家族、亲信谋取各种私利,腐败问题时有发生。

二、国外政党组织建设的改革与发展趋势

在全球化信息化大潮的冲击和影响下,国外一些主要政党因应形势和环境发展变化,积极探寻新的时代条件下加强自身组织建设,创新组织运作机制,开拓新的发展空间。

(一)国外一些主要政党组织建设的新举措与发展趋势。

面对全球化信息化对政党的组织建设带来的冲击和影响,国外政党的对策各个不一,但其行动的大趋势基本相同,那就是适应环境变化,适时调整政党的组织结构和运作方式,充分利用媒介传播,以求获得更大的生存空间和发展契机。

第一,增强意识形态的包容性,努力扩大政党的社会基础。当前多数政党主动适应经济发展带来的社会阶级结构的新变化,适当调整党的社会基础和成员构成,大力吸纳各阶层新生力量和各方面精英分子,扩大党的群众基础,寻求最大限度的社会支持。为了顺应时代,争取民心,多数政党开始由"阶级党"向"全民党"或"人民党"的转变。以保守党和自由党为代表的右翼政党继续巩固和扩大在中间阶层中的影响;以社会党为代表的左翼政党则更加注意从中间阶层中吸收党员,扩大自己的群众基础,出现了"政党选民基础的中间化"趋势;而共产党也对此作出反应,注意在中间阶层吸收党员,特别是允许一些中小企业主入党。发展中国家一些主要政党也适应时代变迁,并迎合各种不同利益需求的民众,以最大限度地扩大其政治支持基础。

第二,重视发展党内民主,努力提升党的形象和吸引力。在多党竞争的情况下,党内民主是吸引党的支持者的一条重要途径。政党竞争的实质是对支持者的争夺。通过扩大党内民主来提高党的影响力,成为近年来政党政治发展的一个趋势。一些政党将自身改革称为"党的民主化",凸显了这个问题的重要性。西方政党认为,为了使党员结构能够反映社会组成,必须吸引足够的社会精英,整合游离于政党之外的政治资源,建立更为现代化的组织体系。一是更加分权,即进一步加强基层组织的权利,提高上级组织的服务意识。二是更加民主,特别是更加强调直接民主。比如德国社民党提出,由全体党员而不是党代会选举总理候选人;葡萄牙社会党主张,党员在信仰和思想上享有充分的自由选择权,提出"不怕分歧的立场,只怕迁就的沉默"。三是更加多元化,设立专题支部,引进"项目党员制",吸引更多的党员参与党内讨论和决策;四是更加开放,设置更多的论坛和对话平台,为社会精英参与党内工作铺设更多、更快捷的渠道。近年来,为了增强党的凝聚力和号召力,社会主义国家执政党也顺应民主这一世界潮流,加强党内民主建设,体现大多数人的意志,表达大多数人的主张,维护大多数人的利益,最大限度地把民众吸引到自己的周围。

第三,改革党的组织结构,便于党内的交流和党内外的沟通。国外多数政党的演进趋势是走向分权,组织结构日益开放,命令式、垂直式的运作模式日渐让位于引导式、扁平式运作。在全球化信息化背景下,特别是在社会结构发生很大变化的条件下,一些政党大力提高组织结构、组织形式的开放性,以进一步扩大其生存的社会基础。有的对党组织生活采取开放式的做法,鼓励、允许群众参加党的组织生活,加强与群众、工会和非政府组织及各种新社会运动联系,借助因特网等手段,加强与党员、公民的对话和沟通,提高党的向心力和群众基础。

第四,改革党的运行方式与组织制度,加强党与媒体的联系和互动。西方左翼政党为培养"适应媒体社会发展的沟通能力",与媒体的关系经历了四个转变:一是由直接占有到间接影响;二是由被动到主动;三是由业余到专业化;四是由封闭到开放。在加强与媒体的联系与互动的过程中,甚至形成了"媒体政党"、"网络政党"等新型政党组织模式。西方右翼政党善于利用各种媒体力量宣传政党理念,并引导社会主流价值,把媒体作为扩大政治资源的重要战略之一。西方右翼政党在组织网络的规模上不如左翼政党大,但右翼政党主导与操控社会舆论，显示出独特的政治优势。社会主义国家执政党也开始认识到媒体对党组织建设的积极意义，逐步从控制媒体转向与媒体密切合作，加强宣传和信息沟通。

（二）不同类别性质的政党组织建设的新举措与发展趋势。

许多政党都认识到，改变传统的组织机制和活动方式，才能使政党在全球化信息化背景下更好地发挥作用。当然，由于政党类别性质不同，组织革新的具体内容和要求也不同。

第一，发达资本主义国家一些主要政党的组织建设改革与实践。

一是建设全方位开放的党。在党员构成方面，由相对封闭的、排他性的、只允许特定阶级或阶层加入，转变为相对开放的、包容性的、容许那些认同于其政策主张的各种人加入。一些社会党普遍放弃了作为工人政党的立场，争取成为代表大多数选民的全民党。英国工党提出"新工党"不仅要成为"人民的党"，也要成为"商业界和企业界的党"。法国社会党制定了在被社会排斥者、平民阶层和中产阶级利益和愿望的基础上建设新型联盟的战略，即"多元左翼联盟"。德国社民党也强调必须得到多个社会群体的支持，组建"在社会和文化上更加复杂、多元化的公民联盟"。瑞典社民党表示要成为一个跨阶级与集团利益的多元化的"现代政党"。一些右翼政党也积极推动自身的组织体系向现代的"全民党"转变。比如，德国基民盟为树立"群众党的形象"，建立并支配着大量的外围组织，改变过去给人们留下来的纯粹的"干部党"和"精英党"的形象。日本自民党提出将自身从"议员党"发展成"国民政党"的目标等。值得注意的是，一些右翼因对左翼政党的理念和政策采取"拿来主义"态度，使左、右的政治分野不再明晰。如德国基民盟和社会民主党、英国的保守党同工党、西班牙的人民党同工社党在政策主张中就存在很多相似之处。甚至有评论认为许多国家的右翼政党同左翼政党都在"同一条街上做生意"。

二是实现组织沟通的信息化。在党内沟通方面，由党的干部严格依靠党内特有的组织渠道和传达方式自上而下地公布党的主张和要求，转变为党的最高领袖更多地依赖公共的和公开的传媒工具直接向普通党员发出号召。西方主要政党普遍重视利用先进的信息技术和传播媒介改善党的形象。现在许多政党比较流行的做法是，利用因特网作为党内沟通的"平台"，使党员能够在网上进行方便、快捷的大范围交流，许多信息的传递、沟通可以直接通过因特网，入党也可以在网上解决。20 世纪 90 年代中期，德国社民党提出要把党从"新闻报道的对象"变成"影响新闻报道的主体",把拥有"适合媒体社会的交流能力"视为党的工作的重要目标之一。德国社民党前干事长马赫尼希曾提出要建立一个现代网络政党,目的是利用现代化通讯工具迅速获得和传递信息,通过计算机形成共同的参与网络。为此,该党启动了"红色电脑"和"红色手机"计划,争取使本党一万多个基层组织全部联入内部信息网,通过手机向党的各级领导人和大部分党员发布消息。法国社会党利用因特网创建了全国所有省和总支部能共享的"法国社会党网络",以缩小党的中央机构与各省委、总支之间的距离。

目前,一些西方右翼政党开始尝试减少或者取消党的中间管理层次,压平组织机构,推行网络化的组织结构形式。比如,为了加强党员之间的联系,让普通党员更多地参与党的决策和管理,英国保守党计划创设全国党员基地,设立了"保守党论坛",便于政党领袖与党员之间的联系沟通,提供党员参与讨论党内政策的机会和平台。1999年4月,保守党还设立了一个"保守党网络",提供事件、信息和训练的社会和政治节目,鼓励年轻的职业人士进入保守党内。德国基督教民主联盟提出,要利用现代信息技术,通过"网络对话",密切党内领导与基层关系,增强党员的参与意识,畅通党内言路。"扁平化"的组织结构,加强了横向的联系、沟通与协作,使右翼政党的组织结构开始由"控制型"权力结构向部分的"参与型"权力结构转变,提高了组织运行效力。

三是增进党内活力。大多数资本主义国家主要政党都以推进民主手段增强党的活力和生命力,由过去金字塔式的集中型决策结构,转变为自下而上的多线平行式的直接民主体制。其主要做法有:其一,不断加大党内直接选举的力度。党内主要领导人以及国家公职的候选人由全体党员直接选举。比如,英国工党和德国社民党为吸引党员直接参与党的决策,对重大问题实行党内公决制。法国社会党在1997年的大选中,把党的第一书记由执行委员会选举改为全体党员直接选举。德国社民党也在酝酿由全体党员而不是党代会投票提名总理候选人。其二,重申严肃党内组织纪律。西方主要政党从传统的不重视党内组织纪律性逐步转向强调党内秩序的重要性,以维持政党在政治活动中足够的政治行动能力。德国社民党提出"纪律是民主的美德",强调为制定正确的政策而进行讨论甚至争论是好事,但党内一旦作出决定,就必须坚决执行。英国工党扩充了领袖办公室的重大决策权,并将党内控制延伸到基层,加强对地方党组织的监督管理。英国保守党成立了"保守党管理委员会",将原来各自为政的议会党团、中央党部和全国联合会合并起来,使保守党成为一个拥有一元化领导机构的统一的党。

第二,资本主义国家的共产党组织建设的革新与实践。资本主义国家共产党组织改革主要是以不断扩大党的影响、发展党的力量为着力点,努力扩大党的阶级基础,调整党内民主机制,创新党的组织活动方式,增强共产党的竞争力。

一是实行广泛而直接的民主。除叙利亚共产党以及希腊、葡萄牙、美国、英国、澳大利亚少数发达国家共产党坚持把民主集中制作为根本组织原则外,许多共产党放弃了民主集中制原则,更多地强调党内民主、自由和多样化,以增加党的吸引力。实行"开放"原则和更直接的党内民主原则,以建设现代共产党,是资本主义国家共产党的一个显著变化。

二是强调党的群众性。为适应形势发展、巩固和扩大社会基础,多数共产党在宣称自己是工人阶级政党的同时,还表明代表国民和其他社会阶层利益的性质。比如,葡共和希腊共在坚持自己是工人阶级先锋队的同时,也强调自己是所有劳动者的先锋队。有些共产党放弃了"先锋队"的提法,以扩大党的阶级基础和社会基础。法共、意重建共等声称,自己不再是阶级性政党,而是群众性政党。法共还强调要重塑党的形象,改变旧有存在模式,成为自由开放的政党组织。

三是创新党的活动方式。许多共产党认为党的传统活动方式已无法适应现代社会的需要,主张实现党的活动方式现代化。法国、意大利、葡萄牙、西班牙等发达国家共产党每年举办党报节,以灵活多样和群众喜闻乐见的手段发动群众、发展组织、筹集经费。美共和其他一些资本主义国家的共产党在现代通讯技术和媒体不断发展的情况下,自觉更新党的宣传和活动方式,通过报纸、电台、因特网、电话专线等形式宣传党的政策主张。

四是对党员入党条件作了放宽的调整。在吸收新党员的过程中,只要承认党的纲领、党章,不论其民族、种族、性别、信仰、出身、职业、阶级等,都可以成为共产党员。美国共产党的新党章在党员入党条件上删去了入党申请者至少有两名表现良好的党员介绍,申请者所在地区俱乐部多数党员同意后才能入党的条款。新党章规定,党的任何一个成员、俱乐部、地区和全国性组织,都可以接受申请者的申请书,并且应该迅速地把申请书转交给申请者所在的俱乐部、地区组织。该俱乐部和地区组织应该迅速地就此开展讨论,并尽可能地安排一个或多个党员同申请者谈话。除非俱乐部和地区组织得知申请是假的,或者接受该申请者可能危害党的组织和党的目标,否则应该迅速通知申请者已经被接纳为党的成员,并且安排到一个俱乐部参加党的活动。美共新党章的规定放宽了入党条件,简化了入党的手续和程序。

五是基层支部组织的松散化。应该承认,在社会主义运动低潮时期,资本主义各国共产党的基层组织——党支部或党小组的活动开展的情况极不平衡,有的比较好,有的则不好,有的则很不好,长期不开展工作,处于瘫痪的状态,形同虚设。这已经引起有关国家共产党的重视,并开始着手解决基层组织存在的问题,但难度很大。美国共产党干脆将党支部改成俱乐部,党的俱乐部与党的支部存在着一定的区别。党的支部主要是政治性的基层管理组织,旨在加强党员的政治思想教育,贯彻党的路线、方针和政策,密切党与群众的联系,并进行扩大党的社会和政治联盟的活动,并定期过组织生活,通常情况下,非党员群众一般是不能参加支部组织生活的。俱乐部的活动则更加具有多样性、灵活性和群众性,它集政治活动、社会活动、文化娱乐活动、教育活动、管理活动于一身,是党员交流思想和经验的中心,它欢迎一般的非党员群众参加俱乐部的组织活动。

第三,发展中国家的一些主要执政党组织建设的革新与实践。发展中国家的一些主要执政党为了进一步扩大党的社会基础,巩固党的执政地位,开始放弃阶级政党特性,逐渐向"全民党"过渡,并十分注重发展社会精英和青年学生入党。

一是努力塑造"大众政党"的形象,寻求跨阶级支持。近些年来,一些经济发展迅速的发展中国家的产业结构发生了变化,在就业结构中,知识型的劳动者迅猛增加,由这些受过良好教育的就业队伍所构成的中产阶层不断扩大,他们不仅在经济活动中起着日益重要的作用,而且在政治生活中也扮演着越来越重要的角色,是各国政党主要的选票来源。面对重新组合的社会基础,这些国家的执政党及时调整自己所依靠的选民基础和成员构成,大力吸纳包括中产阶级在内的各阶层的新生力量和精英入党,努力塑造大众政党的形象以寻求跨阶级支持。比如,马来西亚巫统为了扩大执政的社会基础,组建了"国民阵线",先后吸收马华公会、印度人民大党等13个代表不同民族利益的党派加入执政党联盟,增强了以巫统为主导的"国民阵线"的利益代表性。印度国大党在保证原有社会基础的条件下,尽可能广泛顾及中间阶层的利益和要求,努力寻求不同社会利益之间的协调。一些发展中国家的主要政党为了扩大社会基础,在向"全民党"过渡的同时,仍不忘强调政党的阶级性质。如土耳其工人党宣称自己是"土耳其工人阶级的先锋队组织";坦桑尼亚革命党宣布自己是"农民和工人的政党"；印度国大党代表印度民族资产阶级的利益；等等。

二是政党现代化进程加快。由于历史的原因，在发展中国家产生的民族主义政党处于执政地位，在相当长的一段时间内，在国内实行一党制，或者多党并存一党优先制，特别是在非洲，一党制更为普遍，持续的时间最长。就是在实行多党制比较普遍的拉丁美洲，在相当长时间内党的集权化倾向也比较明显，他们实行权威主义。从20世纪70年代起，拉丁美洲加快了民主化进程，80年代后期起，非洲大地也掀起了多党民主化浪潮，各国的一党制被多党制所取代，权威主义和集权制让位于民主自由化；党政合一变为党政分开。民族主义政党在政党制度、组织结构等方面，正在逐渐完善和走向法制化。比如，东亚、东南亚多数国家的政党政治正向成熟化迈进，政党在国家政治、经济和社会生活中发挥着越来越重要的作用。尽管这些国家政治上普遍存在着不稳定、不确定因素，但政党竞争基本在有序和可控的范围内进行。

非洲地区目前多党制已占主导地位，一些国家的政党政治进入相对稳定的发展阶段。拉美地区是发展中国家建立政党和实行政党政治最早的地区，迄今初步形成竞争性政党体制。但拉美政党功能比发达国家要弱得多，一些国家政治家个人权力过大，民主制的运作并不顺利，政治生活时常处于不正常、不稳定状态。一些发展中国家政党在顺应潮流扩大党内民主的同时，也更加重视高举民族特性，警惕西方的分化，致力于确保党的生存安全尤其是执政安全。

三是注重吸纳社会精英分子与青年学生入党。一些发展中国家执政党通过各种渠道在青年学生中宣传党的主张，解决他们的实际问题，借此增强党对青年学生的影响力吸引力。新加坡人民行动党在选拔干部方面形成了一套规范化、程序化的工作制度，其目的是将社会中最优秀的年轻人网罗在本党内。每次大选后，该党都通过种种渠道，从全国各行业中挑选出200—300名具有潜能的候选人，然后通过笔试、一般性考察、面试、中执委考察、心理测试、中执委裁决等程序，遴选出合格的候选人。通过这种机制人民行动党广泛吸纳精英，组成了一支无论是学识水平还是思想、道德方面都很突出的干部队伍，为其长期执政奠定了坚实的人才基础。马来西亚巫统设有巫统青年团，经常举办各种活动，不断扩大巫统在年轻人中的影响力。

第四，社会主义国家执政党组织建设的改革与实践。社会主义国家执政党着眼于提高党的领导能力、巩固党的执政地位。

一是坚持党的领导。在全球化信息化背景下,西方加大了西化和分化的力度,处于强势的西方价值观和民主模式,冲击处于转型期的社会主义国家。党必须坚持领导,善于领导,坚持社会主义的价值理想,以稳定为前提,把发展作为主题,积极推动社会主义的全面进步。

二是扩大党的阶级基础和社会基础,增强党对社会的包容性。2006年4月,越共十大对党的性质进行新的界定,修改为:"越南共产党是工人阶级的先锋队,同时又是劳动人民和越南民族的先锋队;忠实代表工人阶级、劳动人民和民族的利益。"越共十一大明确表示允许此前一直未被列入"劳动者阶级"的私营企业家入党。1991年古共四大修改了党章,首次允许宗教人士加入共产党。菲德尔·卡斯特罗明确指出:"我们有一个党,唯一的一个党,唯一的一个干革命的党,必须使所有爱国者、革命者、所有希望人民进步的人和所有捍卫我们革命的正义思想的人入党。"

三是加快了推进党内民主和人民民主的建设。在民主集中制原则下循序渐进扩大党内民主,并与人民民主结合起来,密切党群关系,整合社会利益,切实提高党员的主体性和人民当家作主的水平。

四是重视网络媒体作用。近年来,社会主义国家执政党开始关注信息化背景下如何对待和利用媒体、如何引导媒体、如何改变传统的信息传达模式、如何实现党务管理的网络化、信息公开化等新问题。越共就给予新闻媒体报道腐败事件较大的空间,发挥媒体的舆论监督功能。古共也把党的代表大会以直播的形式扩大影响。此外,越共古共等还特别重视群众组织和社会组织在群众工作中的积极作用。

三、全球化信息化对党内民主建设的影响

全球化信息化,对政党的组织建设普遍产生了巨大的冲击。马克思、恩格斯在《共产党宣言》中就揭示了人类社会发展,民族国家被卷入世界历史的趋势。在全球化信息化大潮中,我们要直面这个大势,顺应这个大势,发展自己。全球化信息化对于党的建设的冲击具有两面性:其一,在现有的社会历史阶段,特别在苏东剧变之后,资本主义处于强势,所以,全球化主要体现的仍然是资本的全球化,这使得共产党组织面临着极大的压力;其二,全球化信息化又体现了社会发展的进步,政治上出现了国家政治威权的减弱,社会力量的增强,民众直接参与的可能性增大。因此,我们可以得出以下的结论。

第一,扩大党内民主成为西方政党组织建设的主要趋势。

西方政党学者提出的"政党危机"所透出的消息,揭示西方资产阶级典型的政党政治在全球化信息化背景下的困境:体现了民众对以政党为中介,多党竞争型的间接民主的冷漠,出现了从间接性民主向直接性民主、选举性民主向参与性民主发展的趋势。西方政党以往重视政党外部的民主而对党内民主相对忽视,重视上层组织的工作而对基层组织相对忽视。在社会层面影响力增大,民众直接政治参与意愿增强的情况下,西方政党也加大了党内民主,以吸引党员,影响群众。发展党内民主成为政党组织变革的方向。

第二,西方共产党面临着与时俱进的重大课题。

西方发达国家共产党除希腊共产党等少数党仍主张进行革命,大都主张通过发展民主的道路来实现对现有资本主义社会的变革和改造,由体制外的革命型政党成为体制内的议会型政党。但是,共产党自我变革和创新能力普遍不足,难以应对全球化信息化发展要求。他们以反全球化为旗帜,对资本主义社会进行的具体批判,缺乏感召力。在传统工人阶级队伍萎缩,信息高度发展的社会之中,这些党面临着两难选择,不改革跟不上形势发展的需要,使党的社会支持日益减少;但调整的方向不明或过快过急,也将导致传统的社会基础丧失,甚至党的性质改变,显然缺乏社会的整合能力。这就出现了党员人数持续减少,年轻党员流失、老龄化严重、职业结构过于单一,党的代表性萎缩现象,而导致在政治生活中的边缘化。

第三,在全球化信息化背景下,个人在社会层面活动空间的增大与共产党推进社会进步的追求是一致的,并且为人民当家作主的新型民主提供着条件。马克思所追求的"真正的民主制",就是要循着"社会收回国家权力、人民真正成为社会主人"方向发展。知识经济的发展,社会结构的变化,劳动和阶级的内涵也发生着变化。立足于民主和执政的共产党人,党的群众工作从阶级的团结转向社会的整合。一是党必须坚定地站在时代潮流的前头,适应社会阶层结构的剧烈变动的要求,进一步增强整合社会各阶层利益的能力,关注和引导新的社会阶层的政治需求,把各个社会阶层紧密地团结起来,巩固党的执政基础。要坚持阶级性、先进性和群众性相统一。二是更加注重社会建设,创新社会管理方式,高度重视不同社会群体的现实利益需求。随着个人在社会层面活动空间的增大,党内民主和民主执政,所面临的新的课题是要特别重视与新的社会组织的耦合。三是特别重视网络与媒体的作用。网络与媒体大大提高了党员与群众民主参与的可能,也使执政党扩大了与民众沟通的渠道。应当掌握和运用现代信息技术,采用迅捷、高效、新颖、生动的信息化手段,创新工作方式方法,做好群众工作。由此推动党内民主的建设,实现社会主义的新型民主。

本章小结

党内民主,是马克思主义党的学说中的一个重大理论问题,又是在现实党的建设实践中迫切要解决的关键性问题。我们要从党的学说的重大创新的高度进行理论把握,同时要从提高党的执政能力和保持党的先进性的关键意义上努力推进党内民主建设,并要努力思考党内民主建设所存在的主要问题及其时代发展的新的要求。

一、强调党的民主制度建设,是马克思主义党的学说创新的核心内容

党的民主制度建设在马克思主义党的学说中由来有自,但是从来没有像今天这么强调。最重要的因素就是共产党处于执政、而且是长期执政的条件之下。马克思、恩格斯没有一个无产阶级革命胜利后党执政的这样一个理论预设,列宁、毛泽东等对于党执政也缺乏系统理论。以至于长时期以来,处于执政地位的共产党却缺少了执政的意识,仍以高度集中的革命的方式动员群众、领导社会主义建设;仍然处于一种阶级斗争的政治运动的思维。

执政以后,党的建设之所以必须以民主建设为核心内容,并通过党内民主实现民主执政,根本原因在于社会主义是实现人民真正当家作主的重要阶段,是社会收回国家权力,人民真正成为社会主人的重要过程。在实践中,在共产党长期执政的现实下,又总是存在着公权力扩张、脱离群众的危险。只有通过党内外民主的发展,特别是民主制度建设的发展,才能不断地保持党的先进性,并提高党的执政能力。新的时代背景下的执政党建设,只有在不断发展党的民主制度的坐标上,才能不断地向前进。所以,党内民主是党的生命,它所告诉我们的是,党的民主建设是马克思主义党的学说创新的核心内容,是执政党建设实践之纲。所谓要怀忧党之心,恪守兴党之责,就要牢牢抓住关系到党的生命的党的民主建设。

二、发展党内民主,在执政条件下绝非易事,需要艰苦努力

米歇尔斯的“寡头统治铁律”,认为政党有追求自身组织利益而官僚制化的趋势,在今天看来仍然是值得思考的。西方政党以多党竞争的民主方式解

决了这一问题。但是，多党竞争，这一当今典型的西方间接民主的方式，仍然体现了资本权力的本质，在政治上维持了社会的不平等。而且，西方的所谓民主，又建立在国际社会不民主的基础之上，才能有雄厚的物质基础，调节国内的劳资矛盾和其他社会矛盾。所以，多党竞争的民主方式，既为社会主义的价值所摒弃，又不具有现实的可能性。我们只能通过党内民主制度的建设和民主执政来解决这个问题。

马克思、恩格斯曾设想通过巴黎公社的原则，也就是通过人民权力的增大和对"官员"利益的限制，从而实现对仍然还存在的公共权力的限制。但是，在国际共运史上，执政的共产党却没有很好地解决这个问题。集中体现在党的民主建设的严重缺失。列宁在领导布尔什维克党进行俄国革命过程中，由于当时俄国处于专制社会，提出了民主集中制，强调了集中与纪律。俄国革命胜利后，列宁高度重视党内民主的建设，并进行了认真尝试。斯大林没有继承列宁的这一思想，片面地强调集中，甚至导向了专制，党内政治生活极不正常，日益挫伤了党员的积极性，拉大了与人民群众的距离，并为特权阶层的形成创造了条件。苏东剧变，这样的强大的庞然大物的颓然倒塌，绝不是某个领导的错误政策所能实现的，也不能简单地归结为意识形态的原因。当然，西方价值的冲击和政治改革的方向性错误，加速了这一过程。

在执政条件下，如何激发并形成党的民主建设的动力，遏制特殊利益群体的出现及排除各种阻力，这是需要着重思考和探索的。

三、适应新的时代背景，建立高度的社会主义民主

苏东剧变以后，越南、古巴等国共产党吸取了经验教训，坚持了党的领导，积极推进党内民主和人民民主，发挥了党员的积极性，密切了党群关系。越南共产党，根据自己的国情，在经济革新的基础上，重视基层民主化解矛盾，重视以党代会为重点的民主制度的建设，加大了基层党员的参与和监督力度；古巴共产党干部的平民化，保持着密切联系群众的民主作风，充分让群众参与民主生活（如全民投票等），有效地密切了党群关系。重视制度建设，重视基层民主，把党群关系作为民主建设的基本出发点，这些都是富有启示的。

在全球化信息化背景下，政党政治发展出现了新的趋势，扩大党内民主成为应对时代挑战的普遍做法。全球化一方面带来了西方价值的冲击，另一方面促进个人在社会层面活动空间的增大，"政党危机"现象的出现，也意味着对西方多党竞争政治模式的一定的价值怀疑，对我党的民主建设也是一个新

的课题。我们要坚持党员本位、人民主权的社会主义民主价值,在发展党内民主中,应对好社会结构的变化,社会组织的兴起和网络媒体作用,提高党整合社会的能力。

新的时代背景,也是一个新的机遇。中国共产党要致力走富有中国特色的政治发展之路,并要有超越金钱政治的价值理念,建设社会主义的高度民主。

第二章　党的基层民主建设的实践思考

1956 年，中国共产党的八大正式提出了执政党的民主建设问题，并作了具体的部署。但是，由于"左"的错误路线的干扰，党内民主并没有切实开展起来，甚至遭到了严重破坏。1978 年，改革开放以后，吸取了"文化大革命"的教训，党内民主逐步受到重视。从废除党的领导干部终身制开始，党内民主逐步地开展起来。中国是一个大国，中国共产党是一个大党。改革开放以来，党内民主的建设，重点还在党的基层民主建设。党的基层民主是党内民主建设的基础。党的基层民主建设既是中央的重要部署，也体现了党的基层的创造性。研究党的基层民主建设实践，对于我们推动党内民主建设是十分必要的。

第一节　党代会常任制的实践与思考

完善党的代表大会制度，是党内民主制度的最基本建设。因为它是党内民主权利运行的基本的制度安排。党代会常任制的实践，为推动党内民主的建设起到了重大作用。

一、党代会常任制的历史渊源

（一）党代会年会制的由来及与常任制的区别。

在马克思主义政党的建设史上，马克思、恩格斯首创了党代表大会年会制。马克思、恩格斯于 1847 年参与创建共产主义者同盟时，就强调指出了党代表大会是党的最高权力机关。《共产主义者同盟章程》规定，"总区部向最高权力机关——代表大会报告工作，在代表大会闭会期间则向中央委员会报告工作"，"代表大会是全盟的立法机关"，"中央委员会得出席代表大会，但无表决权"。为了保证党代表大会真正成为党的权力中心，马克思、恩格斯提出实行党代会年会制，"代表大会于每年 8 月举行，遇紧急情况中央委员会得召集非常代表大会"。① 国际工人协会同盟章程也规定,"每年召开由协会各分部选派代表组成的全协会工人代表大会","总委员会有权在必要时改变集会地点,但无权推迟集会时间","在紧急情况下,总委员会可以早于规定的一年期限召开全协会代表大会。"②德国社会民主党遵循了这个制度,"从 1869—1914 年 45 年中召开了 37 次党代表大会(只有 1878—1890 年非常法令时期未能按期召开)"③。列宁继承了党代表大会年会制。俄国社会民主工党,1903 年 7 月第二次党代表大会召开前夕提交的党章草案第二条规定:"党的最高机关是党代表大会,代表大会由中央委员会召开(尽可能至少每两年一次)。"④1905 年 4 月,布尔什维克党第三次代表大会通过的党章也规定:"党的最高机关是党代表大会。代表大会由党中央委员会召开,每年一次"⑤。1906 年 4 月,第四次党代表大会通过的新党章依旧坚持"定期代表大会由中央委员会召开,每年一次"⑥。但在沙皇的专制统治下,布尔什维克党处境艰难,党代会年会制实际无法实行。十月革命胜利后,布尔什维克党成为执政党。从 1918 年到 1923 年召开了六次党代会(从七大到十二大),即使在 1918年至 1920 年的内战时期也照常举行。改变年会制传统的是斯大林。在他主持党的工作的初期,还能坚持党代会年会制,比如十三大(1924 年)和十四大(1925 年)还照常召开,但此后代表大会就再也没有按期召开过。1927 年的十五大开始将党代会改为至少每两年召开一次,1934 年的十七大又改为每三年召开一次,实际上也未能坚持。此后,1939 年召开的十八大与十七大相隔了五年多,1952 年的十九大与十八大竟相隔 13 年之久。虽然中间经过了卫国战争,但也是在战争结束七年多之后才召开十九大的。

中国共产党在建党初期大体上坚持了党的代表大会年会制。中国共产党自 1921 年成立以后,在 1922 年 7 月的第二次全国代表大会上就明确规定:"全国代表大会每年由中央执行委员会定期召集一次。"⑦此后 1923 年—1928年历次通过的党章,也都明确规定每年召开一次党的全国代表大会。从实际

① 《马克思恩格斯全集》第 4 卷,人民出版社 1958 年版,第 575 页。
② 《马克思恩格斯文集》第 3 卷,人民出版社 2009 年版,第 227 页。
③ 高放:《中国政治体制改革的心声》,重庆出版社 2006 年版,第 157 页。
④ 《苏联共产党文件汇编》,求实出版社 1982 年版,第 1 页。
⑤ 《苏联共产党文件汇编》,求实出版社 1982 年版,第 7 页。
⑥ 《苏联共产党文件汇编》,求实出版社 1982 年版,第 11 页。
⑦ 《中国共产党党章汇编》,人民出版社 1979 年版,第 7 页。

执行的情况看,六大之前,大致上做到了一年召开一次党代会。但六大之后直至 1945 年七大之前,由于战争环境等原因,整整 17 年都没有能够按照党章规定召开党的代表大会。考虑到年会制难以贯彻,1945 年七大通过的党章将党的代表大会改为每隔三年召开一次,期间可举行党代表会议。

目前正在进行理论探讨和实践探索的常任制与历史上的年会制是有着很大区别的。无产阶级革命家所设想的年会制包括"9 月进行选举"、"区部委员会和中央委员会的委员任期为一年,连选得连任,选举者可以随时撤换"等特征。① 所谓党代会常任制,主要包括两方面内容:党代会年会制和党代表常任制,即每次党的代表大会完成换届选举后,在党的委员会的任期内每年举行一次代表会议,行使党的代表大会的职权,在这期间党代表的资格继续有效,继续行使代表的选举权、决策权、监督权等权限,不再重新进行选举。由此可以得出结论,年会制不等于常任制,但是实行常任制就必须实行年会制。

(二)中共八大党代会常任制的提出。

常任制提出的历史背景。从国际形势看,1956 年国际局势趋于缓和,世界各国利用科学技术恢复和发展饱受战争创伤的国民经济。国际共产主义阵营里也出了一件大事,在苏共二十大上,赫鲁晓夫作的秘密报告,彻底否定了斯大林,在世界上产生了巨大影响,也引起中共中央对发展党内民主、防止个人崇拜的反思。

从国内形势看,随着社会主义改造的基本完成,国内主要矛盾发生了变化,党的工作重心需要调整。但由于成为了执政党,一些党员干部滋生了官僚主义,导致一些地方出现学生罢课、工人罢工、少数人上访闹事等,因此,如何利用民主的方法正确处理人民内部矛盾,满足人民的民主要求,成为执政后的中国共产党必须面对的现实问题。

从党自身的情况看,到 1956 年 6 月底,全党共有党员 1073.4 万多名,比七大时增加八倍,比 1949 年也增加两倍。90% 以上的党员是七大后入党的,60% 以上是新中国成立后入党的。② 党已经执掌政权,在国家政治生活中居于领导核心地位。党必须要通过党内民主防止党员腐败、保持党的生机和活力。从得天下向治天下转变,从革命党向执政党转变。这种执政的合法性需求促使党进一步探索自身民主制度的建设途径,特别是反思七大以来党代会

---

① 《马克思恩格斯全集》第 4 卷,人民出版社 1958 年版,第 575 页。
② 《中国共产党组织史资料》第 5 卷,中共党史出版社 2005 年版,第 16 页。

长期没有召开对党内民主的影响。八大在进行总结时认为："党内民主没有因为党的代表大会和代表会议开得不经常而受到严重的影响,这是因为,从第七次代表大会以来的这些年份里,无论党的中央组织和地方组织,都召集了大量的干部会议,……在很大程度上起了党的代表会议以至代表大会的作用",但同时又指出:"当然,无论如何,召集这些会议在法律上究竟不能代替召集代表大会,不能弥补不经常召集代表大会的缺憾。"①概言之,上述这些背景是中央提出实行常任制的直接原因。

关于常任制的提出。1956年4月28日,毛泽东在中央召开的政治局扩大会议闭幕会上提出:是否可以仿照人民代表大会办法,设常任代表,我们有人民的"国会",有党的"国会",党的"国会"是党代表大会。他解释实行党代表常任的理由,常任代表就是一年开一次会,我们已经十年没有开代表大会了,有了这个制度就非开不可。他以商量的口气说,是否考虑这个办法,譬如五年一任。② 根据毛泽东的意见,在听取了省、市、自治区党委负责人的意见之后,邓小平主持党章修改小组对第二次修改稿又进行了修改,加写了从中央到县一级的党代表采用"常任制"等重要内容。同年5月,中央向各省、市、自治区和中央各部委党组、党委发出《关于讨论党章修改稿的通知》,其中提示需要"特别注意"的第一项内容便是:"草稿中规定全国代表大会和地方各级代表大会采用常任制度,并且规定各级代表大会每年开会一次,这是一个重大的改变,请你们考虑这种制度是否妥当。"③经过上上下下的反复讨论、修改,充分发扬民主,八大把常任制写进了党章。

关于常任制的内容。邓小平在党的八大上所作的《关于修改党的章程的报告》中,关于常任制的主要内容有以下几点:第一,实行常任制是一项根本改革。针对七大以来党代会召集不充分的缺点,报告认为:"为了彻底克服这个缺点,把党的民主生活提高到更高的水平,决定采取一项根本的改革。"与七大通过的党章相比,毛泽东认为实行常任制是"带有原则性的改变"。④ 第二,实行常任制的价值。报告认为:"代表大会常任制的最大好处,是使代表大会可以成为充分有效的最高决策机关和最高监督机关,它的效果,是几年开会一次和每次重新选举代表的原有制度所难达到的。"第三,党代会的职权。

---

① 《邓小平文选》第一卷,人民出版社1994年版,第232—233页。
② 《毛泽东文集》第七卷,人民出版社1999年版,第54页。
③ 石仲泉:《中共八大史》,人民出版社1998年版,第188—189,第194—195页。
④ 石仲泉:《中共八大史》,人民出版社1998年版,第188—189页。

报告指出:"按照新的制度,党的最重要的决定,都可以经过代表大会讨论。党的中央、省、县委员会每年必须向它报告工作,听取它的批评,答复它的询问。"第四,党代表的权利和职责。报告指出:"代表由于是常任的,要向选举他们的选举单位负责,就便于经常地集中下级组织的、党员群众的和人民群众的意见和经验,他们在代表大会会议上,就有了更大的代表性,而且在代表大会闭会期间,也可以按照适当的方式,监督党的机关的工作。"第五,取消代表会议制度。报告认为由于常任制的实行,"原有的党的各级代表会议制度就不需要了。党的代表大会的常任制,大大减轻了代表选举工作的负担,代表大会在任期届满以前,可以随时召集。由于每年开会,代表大会的会议也就可以开得简便一些。"①

根据八大的指导思想,1956 年 11 月,中央又作出了《关于党的第八次全国代表大会以后召开的地方各级党的代表大会实行常任制问题的规定》,1957 年 10 月,中央又作出了《关于党的地方各级代表大会代表名额和代表改选、补选问题的规定》。当时全国各省、市、自治区一级党的代表大会(除西藏外)和 1500 个左右的县(自治县、市)从这届起都实行了常任制。遗憾的是,党的八大关于党代会常任制的理论创新和制度创新基本上没有付诸实践。从1957 年起我们党的指导思想转向"左"的方面,八大第二次会议并没有于1957 年如期举行,而是推迟到 1958 年 5 月才召开。之后,就再也没有召开过。1969 年 4 月,党的九大通过的党章正式否定了八大实行的党的代表大会常任制,规定:"党的全国代表大会,每五年举行一次。在特殊情况下,可以提前或延期举行。"②这一规定沿用至今。建国后对党的代表大会常任制的探索就此中断。

二、党代会常任制的探索实践

(一)党代会常任制酝酿与第一轮试点。

20 世纪 80 年代初,随着改革的逐步深入和党内民主政治建设的不断发展,中央有关部门重新对党代表大会常任制作了研究,引起了党内外的关注。十一届五中全会通过了《关于党内政治生活的若干准则》,其中第八条规定,"各级党组织应按照党章规定,定期召开党员大会和代表大会。"1980 年中央

① 《邓小平文选》第一卷,人民出版社 1994 年版,第 233 页。
② 《中国共产党党章汇编》,人民出版社 1979 年版,第 210 页。

印发了中组部起草的《关于开好县、市、州党代表大会的几点意见》。尤其是在党的十三大提出"在新的历史条件下,在党的建设上走出一条不搞政治运动,而靠改革和制度建设的新路子"的思想后,如何进一步健全党的代表大会制度问题就被提到更高的位置上来了。

但是长期以来,党内在党代会常任制问题上一直存在着争论,关于这场争论最早可以追溯到20世纪80年代初。当时,"在十二大制定新党章的过程中,曾经考虑过实行党代会常任制的意见,但是经过多方面的考虑,最后还是没有做这样的规定。"①为什么十二大没有采纳年会制和常任制的意见呢? 当时主持修改党章工作的胡乔木在回答新华社记者提问时,讲了三点理由:一是"八大党章曾作了党的全国代表大会实行常任制的规定,结果只是在一九五八年开了八大的二次会议,以后再也没有召集过第三次会议,这就从实践上证明了这个规定是很难行得通的";二是"党的全国代表大会与全国人民代表大会有很大的不同,后者每年需要讨论通过许多年度性的重大议题,而前者的任务主要是确定党在一个阶段内的路线、方针和基本政策,产生比较稳定的领导机构,因而不需要也不可能每年都开会";三是"如果实行代表常任制,对代表应该有什么样的任务和职权,他们同各级党委是什么关系,都很难作出明确妥善的规定,甚至会使各级党委的工作不必要地复杂化。"②此后,有关党代会常任制问题上的争论一度归于沉寂,党代表大会常任制再次被搁置起来。但是随着党内民主的恢复、发展以及在党内政治生活制度化诉求的推动下,一些地方重新开始了党的代表大会常任制的试点工作。

从1988年起,浙江省台州市椒江区(县级)和绍兴市(地级),经中组部和省委的批准,率先在党的代表大会制度方面作了一些改革探索,其中特别是借鉴党的八大实行党代会常任制的做法,建立了地方党的代表大会常任制,开始进行党代会常任制的试点工作。此后,黑龙江省林甸县、肇东市,山西省大同市矿区、洪洞县、晋中市榆次区、和顺县,浙江省永嘉县、瑞安市,河北省辛集市,湖南省衡山县的试点工作也相继展开,上海工业系统也先后在金山石化公司等多家企业中实行党代会常任制。同时,理论界也再次讨论了党代会常任制的问题。高放针对胡乔木提出的三条理由谈了不同看法,他认为"第一,有人认为,八大有关常任制的规定,实践证明很难行得通。其实,没有行得通,并

①　卢先福:《当前党的建设的几个重大问题》,《理论动态》第1531期。
②　《胡乔木文集》第二卷,人民出版社1993年版,第198—199页。

不是客观上有什么困难,而是中央有些同志不想每年开党代会,没有决心执行代表大会的决定,全国人大也是年会制、常任制,规模比党代表大会还要大,为什么能开? 可见,是不为也,非不能也! 第二,有人说,党的全国代表大会同全国人大有很大的不同。全国人大每年开一次,那是因为每年需要审议一些年度性的重大议题,不能不每年开。党代表大会的任务主要是确定党在一个阶段的路线方针,因此不需要也不可能每年开年会。这个理由表面上似乎很有道理,只是深入研究,我看也成问题。因为实践证明,党的路线方针和基本政策,也需要在总结实践经验的基础上经常调整。如果事隔五年才总结经验,调整政策,为时太长。尤其是改革时期,必须要及时总结经验,及时调整政策。……既然全国人大每年都有很多年度性的重大议题要讨论决定,这些重大议题又需要党及时地给予正确的领导或引导,那么每年全国人大召开之前,先召开党的代表大会,把要提交全国人大讨论的重大议题先集中全党的智慧,由党代表大会作出原则性决定,提出原则性建议,提交全国人民代表大会,这样不是更充分地体现我们党的预见和对全国人大思想上政治上的领导吗? 第三,有的同志说,如果施行党代表大会常任制,那么对党代表应该有什么样的任务和职权,他们同各级党委是什么样的关系,很难作出明确妥善的规定,甚至会使各级党委的工作不必要的复杂化。其实这个问题不难解决。代表的职权和任务就是联系本地区的党员群众,收集并反映广大党员的意见和要求,参加党代表大会,参与决策的讨论和决定。党代表平时不干预当地党委的工作,党代表如果不是当地党委成员,他就不可能以代表的身份去干预当地党委的工作。如果他是当地党委委员,就以委员身份参与党委工作,不会使各级党委的工作复杂化。"[1]2000年9月,李忠杰向有关部门撰写了《有关党代会常任制的历史情况》的研究报告。这份研究报告全面回顾了历史上关于党代会召开的基本情况,介绍了十二大上胡乔木对党代会常任制问题所作的说明,特别是对这个说明进行了言之有理的推敲辨析。李忠杰认为,胡乔木所提出的十二大不实行党代会常任制的三条理由,其实难以成立。

从1988年开始的常任制第一轮试点,由于试点工作的具体组织者对国际共运史研究不够,对党的八大关于在县以上推行党代会常任制这"一项根本的改革"理解不深,对事隔三十多年进行党代会常任制试点的意图领会不多,致使所有试点都停留于每年一次会议的形式层面,最多对党代表个人的行权

① 高放:《中国政治体制改革的心声》,重庆出版社2006年版,第189—190页。

略有尝试,而没有向党代会常任机关的行权层面发展,导致大部分试点工作成效不大。到党的十六大召开前,全国这批首先开展党代会常任制的 12 个县、市,除浙江省的台州市椒江区、绍兴市、瑞安市和山西省的晋中市榆次区、和顺县等 5 个市县区还在试点外,其余均已停止试点。十六大召开前夕,广东省委组织部主办的《广东支部生活》杂志社以"能不能实行党代表常任制"为题举行了一个研讨会。在讨论会上,学者们争论得非常激烈,最终形成两派观点:王贵秀等一派极力主张实行党代会常任制;另一派则认为如果没有通盘的党政领导体制改革,仅仅搞一个党代会常任制没多少实际意义,因此认为党代会常任制不应是发展方向。分析其中原因,都有一个共性问题,就是"陷入了一种可能突破却未能突破的境地,在涉及科学分解党委权力,改革议行合一的领导体制,改变现行党内权力运行机制方面,没有实质性的进展"[①]。结果,试点的改革因失去动力而停滞不前,因缺乏方向而流于形式,从而也因党员干部群众对其失去兴趣和信心而自行中止。除此之外,在这期间,中央态度一直不很明确,实行党代会常任制试点的相关部门也一直没有获得明确指示,长期处于一种尴尬境地。所以,党的代表大会常任制试点虽然搞了 14 年,但总体上来说进展不大。尽管如此,14 年的探索还是取得了一些宝贵的经验。如浙江省台州市椒江区,在探索中形成了"椒江模式"。

(二)党代会常任制第二轮试点的理论探索和实践突破。

当历史进入 21 世纪后,中国共产党对自身所处的历史方位进行了新的判断,对当今世界政治文明成果有了更加全面的把握,因而对于通过党代表大会常任制促进党内民主的发展也就有了更大的决心。十六大政治报告提出:"党内民主是党的生命,对人民民主具有重要的示范和带动作用。要以保障党员民主权利为基础,以完善党的代表大会制度和党的委员会制度为重点,从改革体制机制入手,建立健全充分反映党员和党组织意愿的党内民主制度。扩大在市、县进行党的代表大会常任制的试点。积极探索党的代表大会闭会期间发挥代表作用的途径和形式。"党的十七大进一步提出"实行党的代表大会代表任期制,选择一些县(市、区)试行党代表大会常任制"。这些在党代会常任制问题上的重要论述,为党代会常任制的理论探索和实践探索提供了坚强的政治支持。

---

① 刘益飞:《建立党代会常任制的三个关键性问题》,《中国党政干部论坛》2003 年第 10 期。

在这一新精神的鼓舞下,十六大后实行党代会常任制的试点地区如雨后春笋般纷纷涌现。四川雅安市、眉山市、自贡市等近20个市(县、区)进行党代会常任制试点的工作。除了四川以外,山东乳山市、山西石楼县、广西象州县、广东惠州市、湖北宜都市、江苏射阳县、贵州普安县等加入了试点的行列。

上海的党代会常任制试点从2000年1月又从乡镇开始,当时金山区率先在干巷镇(现撤并为吕巷镇)试行党代会常任制,经过近三年的探索实践,党的十六大以后,从2003年开始扩大试点工作。金山区逐步扩大至亭林、朱行、兴塔、枫泾、朱泾等6个镇以及区卫生局、金山实业公司2家区属单位。2005年镇级行政区划调整后,继续推进常任制工作,到目前,全区9镇全面试行党代会常任制。青浦区从2003年来,在试点基础上广泛建立和推行村级党员代表议事会制度,开启了基层党内协商民主的先河。全区共有184个村,农村党员总数15365名。他们通过推选代表、明确职责、严格议事程序、完善运行机制和强化组织领导等五个方面,推行党员代表议事会制度,改以往单向"上情下达"的传导为"上下联通"的双管疏导,黏合了群众、党员、党员代表及党员干部的联系。浦东新区外高桥功能区域所属高桥、高东、高行三镇自2002年以来,一般每10—15人建立一个党员代表小组。代表团一般每半年活动一次,党员代表小组一般每季度活动一次。高行镇把当时全镇149名党代表按区域和工作性质划分为9个小组,明确了组长和联络员的工作职责。也都有些自己的特点。

现在有一半以上的省、自治区、直辖市都在积极开展党代会常任制试点的工作。短短几年间,党代会常任制的探索取得了较大的成果。党代会常任制运行的各种具体方案纷纷出台,其中较为典型的有以下几种模式。

一是椒江模式。椒江试行党代会常任制,已经二十多个年头,由最初的试验转为正式实行。并且椒江也是从十一届三中全会后,全国最早试行党代会常任制的单位中没有中断过试验的单位。椒江试行党代会常任制的基本做法可以概括为以下五项主要制度:

(1)党代表选举制度。包括减少代表名额、划小选区、改变候选人提名方式和实行竞争性差额选举。

(2)党代会年会制度。按照常任制的要求,椒江每五年召开一次换届的党代表大会,换届代表大会闭会期间每年召开一次代表大会年会。

(3)党代表常任制度。该区建立了常设机构———区委党员代表联络办公室,编制单列。代表在闭会期间,主要通过以下途径发挥作用:一是建立代表团制度。二是他们在党代会内设立了监督、党建研究和代表工作三个专门委员会,负责开展专题调研,为区委科学决策当好参谋。

(4)区委工作制度。包括取消常委和减少委员数额,委员会决策实行票决制,形成组织党员代表开展调查研究和建言献策制度以及区委向代表通报工作、事先征求意见制度和民主生活会制度。

(5)代表联系党员制度。包括党员当选党代表后,必须联系本选区或本系统的五名以上党员,每年党代表都要将自己一年来履行代表职责的情况向本选区的党员进行述职,以增强党员对代表的监督。

二是雅安模式。四川省雅安市雨城区、荥经县是在十六大以后第二批进行试点的单位。其实践突破和制度创新主要有以下几点:

(1)改革党代表选举。采取了党员登记制度;设计了党代表参选自愿报名和竞争承诺两个必经环节,并确定了全区(县)党代表选举日,使党代表由选举产生;采取了党代表席位制,以稳定代表的代表性。

(2)在党代表日常行权方面建立了一系列相关运行机制,诸如代表视察制度、代表提案质询制度、代表评议制度、代表联系群众制度、代表学习培训制度、代表考核制度、代表述职制度等。述职制度即每年每个党代表都要到所在选区向选区的全体党员述职,所有的区委委员在年会上向所有的党代表述职,同时区委常委也向全委述职,并接受测评。如果测评结果未达到30%,可以启动罢免程序。

(3)建立工作机构。荥经县设立了党代表联络办公室,挂靠在县委组织部。雨城区代表大会设立了三个委员会:一是代表工作委员会,其主任委员是党群书记;二是决策咨询委员会,其主任是政协常务副主席,减少决策失误,区委在具体重大决策之前要经过咨询;三是代表监督委员会,其主任是人大常务副主任,主要职能监督区委委员和区纪委委员,解决了谁监督纪委的问题;监督重点在于对两委委员的监督,而区纪委主要是对下一级党组织、个体的党员干部进行监督。今后党内改革要加大同级监督力度。

(4)明确三会关系。党代会、全委会、常委会("内三会")①的关系:党代会是党内最高权力机关;在闭会期间全委会是决策机关,常委会是执行机构。

————————

① "内三会"即党内党代会、全委会、常委会三会,也有党代会、全委会、纪委会的说法;与此相应有"外三会",指党代会、人代会和政协会的关系。雅安模式对外三会的关系也进行了思考,如荥经县政协会与党代会同时召开,政协委员列席党代会,为人代会作准备。

三是宜都模式。湖北省宜都市同样是十六大以后开始试点的地区。其主要做法有：

（1）党代表直选制。党代表全部通过自荐报名、竞选演说、差额直选产生，任期五年，党代表中，各级领导干部所占比例不得高于65%。

（2）加强代表的监督权。包括代表在审议市委报告时，可以向市委及工作部门提出询问，有关部门必须派负责人回答，并将参与重大问题的讨论和决策；向市委及其工作部门提出的工作议案、建议、批评和意见，有关组织必须研究处理并负责答复。代表每年对市委、市纪委委员进行测评。党代表有权向市委提交议案，如果对议案办理情况不满意，党代表有权提出质询，这在全国尚属首次。

（3）党代表向群众述职，接受评议。宜都在全国率先实行党代表向选区群众进行述职，并接受群众的评议。超过1/3不满意票要责令辞职。

这三种模式各有特点。"椒江模式"注重规范全委会的工作方式，"雅安模式"重在党代会作为最高权力机关的制度构建，"宜都模式"重在发挥代表的民主参与作用。三种模式在党内民主建设制度创新方面都取得了新的突破，如党代表的选举、党代表行权方式、党代会发挥作用的机制、全委会的工作方式等等。这些突破性的探索产生了广泛而热烈的反响。在实践深入进行的同时，理论界也在思考。多数人持支持性观点，认为党代会年会制和代表常任制对于坚持和落实民主集中制，对于"怎样建设党"这一核心问题，具有理论和实践意义。认为推进党内民主的制度建设，最关键是从党的代表大会抓起，首先要规范党的最高权力机关。[①] 在明确常任制发展方向的同时，必须深入研究常任制实行的范围，在当前党内权力架构下权力的重新分配，党的机构的重新设置，国家权力结构中党政的关系，以及常任制的作用发挥和价值实现与有形、无形成本之间的关系。

（三）推动了党代表常任制在党内的实行。

在党代会常任制试点的经验基础上，党的十七大第一次在党的工作报告中提出了"党代表任期制"的概念。2008年7月16日，《中国共产党全国代表大会和地方各级代表大会代表任期制暂行条例》（以下简称《暂行条例》）的发布是党的历史上第一部党代表任期制条例。党代表任期制在经过二十多年地方试点后，终于在全国层面破题。按照条例，党代表应邀可列席同级党的委员

---

① 王贵秀：《关于党内民主的制度建设问题》，《发展论坛》2002年第10期。

会全体会议并发表意见,这意味着党代表在五年一届的党代会闭会后,在五年任期内仍可继续行使职权。《暂行条例》明确规定代表的权利与职责。其中,第一至三项分别为参与审议权、参与决定权、选举权(选举权和被选举权),是对党章关于党员权利的重申;第六项为监督权,是党内监督条例关于代表权利的规定;第四、五、七、八项分别为知情权、建议权、参与权、接受委托权,这是对各地试点成功做法的总结。《暂行条例》在第三章规定了六项代表基本工作方式和代表工作的具体制度。即第七条明确提出了代表开展工作的组织主体,第八条提出要建立代表提案制度、第九条规定代表提议制度、第十条明确代表调查研究制度、第十一条规范代表联系基层党员群众制度、第十二条规定代表列席党内会议等有关制度、第十三条表明代表参与干部工作制度等。这些内容正是基层党代会常任制试点中已实践的。此次中央推出党代表任期制,其更重大的意义是有利于党内民主向纵深推进。

2008 年 7 月 18 日,中共上海市党代表列席市委九届四中全会,这不仅是上海市首次党代表列席市全委会,就全国省级党的委员会而言,也是第一次。9 月26 日,40 名浙江省党代表也列席了中共浙江省委第十二届四次全体(扩大)会议。按照党代会代表的权利与职责以及这次省委全会的议程安排,列席全会的40 名省党代会代表听取了省委书记赵洪祝代表省委常委会向全会所作的报告《转变经济发展方式,推进经济转型升级,积极探索具有浙江特色的科学发展之路》,并围绕报告和省委有关决定进行讨论,还提出自己的意见和建议。组织部门还将把本次会议党代表的意见和建议单独汇编成一期《情况反映》上报,使他们的建议和呼声能够在第一时间送到省委主要领导手中,供决策参考。

据浙江省委组织部介绍,列席本次省委全会的 40 名党代表是从全省 724名省第十二次党代会代表中,经过组织推荐安排,省委慎重研究后遴选出来的。除了根据本次全会"加快转变经济发展方式,促进经济又好又快发展"的议题,从与经济工作有关的省党代会代表中选取外,还综合考虑了代表所在的选举单位,全省 11 个地市和省直代表团都有一定比例的代表参加。此外,代表的选取还兼顾了领导干部和基层一线代表的比例。40 名列席代表中,领导干部代表 14 名,占 35%,基层一线代表 26 名,占 65%,均具有较强的参政议事能力。

为确保党代会代表在闭会期间充分发挥作用,代表列席省(市)委全会之后,还将开展代表提议、调研视察、联系党员群众、列席党内重要会议、参加干部民主推荐、民意调查和民主评议、学习培训等活动。也表明了党的基层民主逐渐向上一级党组织的民主建设扩展。

三、党代会常任制的意义与前景

(一)党代会常任制的积极意义。

党代会常任制直接从党内民主的最基本制度入手,以推进党内民主的建设。这是推进党内民主选举、民主决策、民主管理、民主监督的最基本的制度基础。事实上,党代全常任制试点取得了积极的效果。党代表在党员中的差额选举,全委会委员在党代全中推选,党代表有效的提案,对党委工作的审议、咨询,党代会的建章立制、全委会的票决制、对党的干部和党的机关工作的评议、质询等等,都有了制度基础。

更重要的是,党代会常任制的实践,能真正体现了党员在党内的主体地位,并密切了党群关系。党代表的直接选举,党代表在党代会上充分行使民主权利,党的委员、党代表和党员群众形成了直接联系的机制,密切党委与基层组织和普通党员的联系,激发了广大党员民主参与的积极性,也真正改善了党的干部作风。党代会常任制不仅仅提高了党的领导能力,推动了社会发展,而且密切了党在基层社会的党群关系。正是在党代会常任制的基础上,例如浙江椒江发展了民主恳谈会的形式。例如,上海青浦从 2003 年来,在试点基础上广泛建立和推行村级党员代表议事会制度,开启了基层党内协商民主的先河。全区共有 184 个村,农村党员总数 15365 名。他们通过推选代表、明确职责、严格议事程序、完善运行机制和强化组织领导等五个方面,推行党员代表议事会制度,改以往单向"上情下达"的传导为"上下联通"的双管疏导,黏合了群众、党员、党员代表及党员干部的联系。

(二)党代会常任制的发展现状。

党代会常任制在全国发展较快,但是发展的情况很不平衡,而且也面临着进一步发展的制度瓶颈。

一是试点总体还处在感性的层面。上海金山全区党代表问卷调查显示,把推行党代会常任制的最终目的当做加强党内民主和监督手段的 995 人,占调查总数的 65.6%;真正认为常任制的最终目标是落实党章规定的同级党代会的"党的最高决策机关和最高监督机关"的只有 244 人,占调查总数的 16.1%。① 折射出常任制实践的价值追求还有待被广大党代表所理解。这个

---

① 中共上海市金山区委组织部课题组:《党代表大会常任制的推广条件及配套制度研究》,2009 年。

问题具有普遍性。这与试点制度功效不强、宣传导向偏差以及党代表素质培训不力都有关系。

二是试点的进一步发展遇到了较大阻力。党代全常任制是在中央精神下发展的。党代会常任制的实践表明，党的基层组织和党员群众，有着极高的积极性，正是在他们的努力下，党代会常任制的实践取得了积极的效果。但是，在现有的党内传统权力利益格局中，事实上存在着党代会从属于党委会、党委会从属于常委会、书记办公会，甚至权力集中到主要领导人的现象。推行党代会常任制，则意味着"提升"党的代表大会的地位和作用，不可避免的需要让渡既定的部分权力甚至一些地方组织利益。地方党委主要负责同志的政治胸襟、党性原则和认识态度，决定了地方组织落实中央的初衷和常任制的价值目标的程度和深度。实际上，这是一些地方党代会常任制难以向纵深推进的重要原因。直接的表现是制度的冲突，党代会常任的运行是机制是自下而上的，而具有关键意义的干部问题上，现行干部任用制度还是自上而下，缺少上级党委支持很难突破。①

三是还有许多理论问题没有解决。诸如，党代会与人代会、政协会的关系，党代会是否有必要设立常设机构，党代会常任制的社会成本问题，甚至党代会常任制有无必要②，都存在着争论。这就需要在总结经验基础上加强理论的研究。但是，实践已经证明，党代会常任期是党内民主建设的制度基础，也是提高党的执政力，保持党的先进性的重要制度，对推动社会发展、促进社会和谐都有积极作用。一些具体的制度设计，还有待于实践中进一步创新和完善，这不是放慢党代会常任制实践的理由。党代表常任制的出台，正是党代会常任制实践的一个成果。

---

① 2006 年 10 月，笔者在雅安与张锦明副书记交谈，她说道，"现在最重要的是上级的支持"，令人印象深刻。

② 例如胡伟认为实行党的代表大会常任制的思路可放弃。让党代会真正发挥作用，并不是让党代表经常开展工作、多开一些会就能解决的，囿于决策人数越多效率越低这一普遍政治逻辑，如果过于强调发挥党代会的日常决策功能，实行党代会常任制，一方面可能降低我们的政治效率，削弱集中统一的优势；另一方面必然加大会议成本和日常开支，甚至造成严重的文山会海和官僚主义。胡伟：《发展党内民主：思路与权衡》，《学习时报》2002 年 4 月 8 日。

附录1:

椒江模式的调研报告

早在 1988 年底,椒江成为党的十一届三中全会后全国最早试行党代会常任制的地区之一。至 2003 年 1 月,试点转为正式实施,前后经历了十四年的时间。① 据了解,椒江是三中全会后,全国最早试行党代会常任制的单位中唯一没有中断过试验的单位,至今已坚持二十年。与当初椒江等单兵突进、分头探索的情况不同,如今,按照十七大的部署和《中国共产党全国代表大会和地方各级代表大会代表任期制暂行条例》的要求,越来越多的省、市、县都已实行了这一制度。

一、椒江区党代会常任制的基本制度规定

椒江试行党代会常任制的基本做法可以概括为五项主要制度:党代表选举制、党代会年会制、党代表常任制、区委工作制、党代表联系党员制度。这五项制度有机关联、相互配合,构成一个比较完整的制度体系。

(一)党代表选举制度。党代会常任后,对党代表的素质提出了更高的要求。当选的党代表既要有广泛的代表性,又要具备较高的参政议政能力。椒江在二十年的工作中,就改进党代表的产生方式进行了多方面的探索。(1)减少代表名额。椒江从 1988 年开始实施党代会常任制的第三次党代会起,为便于议事,适当减少了代表名额。第三次党代会共选出代表 198 名,比第二次党代会的 300 名代表减少了 34%。② 此后,随着党员数量的增长,代表数额采用以 120 名党员为基数,每增加 150 名党员增加一个代表数的计算方法,来确定代表名额总量。按照这个方法,第四、五、六次党代会的代表名额分别为

---

① 2002 年 7 月 22 日,中共台州市委向浙江省委报告,并经省委批准,在台州全市试行党代会常任制,同时椒江转为正式施行。2003 年 1 月,中组部批复同意。本文以中组部批复的时间为椒江正式施行党代会常任制的起始时间。台州市的报告参见中共台州市椒江区委员会:《中国共产党台州市椒江区代表大会常任制资料汇编(第四集)》,未公开出版,2002 年 11 月,第 1—3 页。中组部的批复时间为访谈所得。

② 中共椒江市委:《椒江市建立党代表制度(常任制)资料汇编》,未公开出版,1990 年,第 35 页。

230 名、230 名和 233 名。① （2）划小城市选区。在城区，一般将选区划小到基层党委、总支或支部，召开党员大会直接选举区党员代表。在农村，则仍以乡镇或街道为基本单位，召开党员代表大会（年会）或党员代表会议间接选举党员代表。椒江第三、四、五、六次代表大会的代表选举分别划分为 104 个、95个、93 个和 91 个选举单位，一般每个选举单位产生 1 至 2 名代表。② （3）三种候选人提名方式。一是区委直接提名。范围一般包括区委常委、区纪委副书记、区政府党员副区长、法院院长、检察长以及县处级离退休老干部。这部分同志直接作为区委建议的代表候选人进入有关单位选举，占差额基数；二是界别推荐。为了增强党代表的代表性，特别划出妇女、老干部、企业、科技等界别进行专项推荐，推荐人选由区委组织部平衡并写出推荐意见后，将名额分配到所在选举单位供党员酝酿时参考；三是选举单位党员提名。党员按照分配的名额酝酿提出差额名单，报上级审批后，提交正式选举。在上述三种方式中，党员提名是选举党员代表的主要方式。（4）实行竞争性差额选举。党员代表全部由竞争性差额选举产生。按规定，每个选区代表候选人数多于应选人数的 20%，不到 1 名差额的，则至少应有 1 名差额。由于划小了选举单位，这样做实际上扩大了代表的差额比例。椒江第三、四、五、六次党的代表大会代表差额面分别达 53.3%、49.7%、44.8% 和 42.49%。③

　　（二）党代会年会制度。"年会制"使党代会代表告别"一月选举、一周开会"的历史，使党代会作为党内最高权力机关、监督机关、决策机关的职能得到切实体现。按照常任制的要求，椒江每五年召开一次党代表大会，代表大会闭会期间每年召开一次代表大会年会。（1）代表大会的职权。代表大会由区委负责召集并主持，须有四分之三的代表到会方能举行。区纪委委员可以列席会议，其他需要列席会议的人员由本级党委决定。代表大会的职权主要包括：听取和审议区"两委"的工作报告，选举出席上级党代会的代表；听取人大、政府和政协党组的工作汇报，必要时听取党委职能部门和群众团体的工作汇报；审议和决定党委提出的涉及本地政治、经济、文化、社会发展的中长期战

---

① 中共台州市椒江区委：《椒江区试行党代会常任制情况汇报》，未公开出版，2003 年 1 月，第 5 页。

② 中共台州市椒江区委：《椒江区试行党代会常任制情况汇报》，未公开出版，2003 年 1 月，第 5 页。

③ 中共台州市椒江区委：《椒江区试行党代会常任制情况汇报》，未公开出版，2003 年 1 月，第 6 页。

略、指导方针和基本原则,就本区两个文明建设和党的建设等重大部署作出决策;修改或撤销区委已经作出的决议中不妥或错误的部分;审议并通过要求人大、政府、政协和群众团体中的党组织和党员保证贯彻区委主张的决议;听取和审议党委提交的其他重大问题;对区委委员进行信任投票。(2)年会议题的确定和议事的方式。年会的议题一般在大会召开前十天由本级党委提出。代表团或代表联名也可以提出议题,但需在会前报党委办公室。在会议期间临时提出的议题一般必须有两个以上代表团或十分之一代表联名提出,议题直接提交区委。其中五分之一以上代表联合提出和三个代表团同时提出的议题,必须列为会议的正式议题。正式议题应在会议举行前通知各位代表。会议期间,由议题主要提出人就议题作简要说明。会议上对议题进行讨论,由区委汇总,认为必要时提交代表表决,作出决议。代表大会决定重要问题时,按照少数服从多数的原则,实行一人一票的表决制度。表决以应到代表过半数为通过。(3)决议的效力。代表大会作出的决议或决定由党委组织实施,并向代表大会年会报告执行情况。代表大会的决议或决定未经代表讨论同意,原则上不得更改。如遇特殊情况需要变更的,由区委决定,但应及时向代表通报,并说明情况。重要的决议应形成书面文件,发至全体代表和区委职能部门。

(三)党代表常任制度。党员当选党代表之后,代表资格在任期内一直有效。为了更好地发挥党代表的作用,椒江区委对代表的权责和活动方式加以规范,形成了一套相应的制度。(1)代表的权责。椒江区明确规定:党代会代表具有优先知情权、参与决策权、批评质询权等10项职权。在会议召开期间,党代表的主要权责为听取和审议"两委"的工作报告;选举"两委"委员;参加地方重大问题的讨论和决策;按照程序提出需要代表大会、年会或代表团会议讨论的议题。在闭会期间,党代表仍以一定方式开展活动,履行代表的职责,主要是:带头宣传和贯彻执行代表大会、年会及市委的决定、决议,带头完成上级党组织布置的各项任务;联系自己所在的支部及本选举单位内若干个党组织,及时了解情况,向区委和有关党组织提出工作建议和意见;定期向本选举单位的党员汇报履行代表职责的情况,接受他们的监督,参加区委或代表团组织的其他活动。此外,椒江区委还规定,党代表可以对届内新增的区委委员、纪委委员票决追认,届中对区委、区纪委及区委委员、区纪委委员进行民主测评。届内新增的区委委员、区纪委委员在"年会"上票决追认时,如果应到会代表半数以上表示反对和弃权,要提请上级党组织重新考虑人选,或由区委重新安排。2004年以来,椒江区已对届内新增的6名区委委员、3名区纪委委员进行了票决追认。(2)代表团制度。代表团是代表参加党内事务的重要组织形式。椒江根据工作性质和地域将全区党代表划分为13个代表团,每个团设团长一人,副团长一至两人。团长、副团长候选人由区委推荐,经代表团会议选举产生。代表团在大会期间的活动主要是组织讨论,酝酿人事,形成提案等。在闭会期间,代表团活动以分散为主,不拘于形式。但每年集中活动必须安排1到2次。活动的内容大致包括:就全区党的建设,两个文明建设,以及社会发展规划等重大问题开展调研;讨论区委提交代表团审议的问题,提出批评建议;讨论代表团所在区域和工作系统内的有关问题;对各级党组织执行党代会决议的情况进行监督等。(3)建立代表联系机构和工作刊物。椒江区委专门设立了代表联系机构——党员代表联络办公室(简称"党联办")。2003年,更名为"党代会常任制工作办公室"(简称"区常任办")。对外为挂牌单位,对内划归区委组织部代管,由一名副部长兼任主任。党联办负责组织协调党代表的日常事务,如:接待党员代表来信来访,收集代表意见、建议,受理代表议案等,在代表与代表团、代表与区委之间起桥梁和纽带作用。另外,椒江区还创办了党员代表工作刊物——《党员代表通讯》,由党联办负责管理。(4)建立党代表考核评价制度。2008年,区委常委会通过了《关于开展区党代会代表考核评价工作的实施意见》,要求所有代表在开展调研、联系党员群众或参加代表团活动等履职活动时,如实做好记录,并由组织者签字证明,这一记录将作为考核评价代表和评选优秀代表的主要依据。这是椒江在党的十七大后推出的又一项深化党代表常任制工作的制度。

(四)区委工作制度。这里是指与常任制相适应的椒江区党委工作制度。(1)委员制。为了减少行政层级,提升党内民主化的程度,作为常任制改革的配套制度,椒江从第三次党代会开始,取消了常委建制,市委只采用委员制,只设书记、副书记和委员。委员的构成坚持"精干、高效、结构合理"的原则,职数由原来的30多名减为13到15名,不设候补委员。2006年9月,经椒江区委建议,浙江省委批准,中组部同意,椒江恢复了区委常委会制度。重新设立常委会主要原因:一是实践表明,委员制也并不是发扬民主的关键因素;二是委员制与党章相关规定有抵触;三是有利于对外交往。(2)票决制。椒江从1988年试行党代会常任制起,区委讨论、任免区管干部,就由区委全体委员参加,并实行无记名投票表决。具体程序有以下三个环节:一是会前充分酝酿,由组织部门对拟任命人员进行全面考察,广泛征求区委、人大、政府、政协等有关领导以及拟任免人选分管领导、纪检、监察等部门的意见,由组织部长会议提出干部任免的初步方案,提交区委会讨论;二是会上充分讨论,在区委会上,与会委员对拟任免的人选逐个进行讨论,发表同意、不同意或缓议的明确意见。对于意见分歧较大的人,经多数委员同意形成缓议决议,缓议决议不列入投票表决方案;三是当场投票表决,表决时,每位委员一人一票,对干部任免方案中拟任免人选作出赞成、不赞成和弃权的选择,当场公布计票结果,得票超过应到会委员的二分之一为通过。20年来,椒江区委先后进行了上百次干部任免讨论,在讨论过程中被缓议的有90人次,因未超过规定票数被否决的有6人次。(3)组织党员代表开展调查研究和建言献策制度。试行党代会常任制之后,区委仍是日常的决策机构。但区委的决策并不只来源于区委的十几位委员,而是要求代表以代表团为单位,就本区党的建设、两个文明建设、社会各项事业等方方面面的工作开展专题调研。调查报告提交区委,作为区委决策的依据。(4)向代表通报工作、事先征求意见制度。区委就重大问题进行决策时,坚持事先向代表发送征询意见书,综合代表的意见后再进行决策。例如,在代表大会年会召开的前十天,区委提前向代表通报大会内容,包括大会的主要议题和议程,"两委"的工作报告和"两委"候选人建议名单的意见等。然后,代表以代表团为单位进行活动,就相关议题展开讨论和议决。

(五)民主生活会制度。区委于每年的七一和元旦召开两次党员干部民主生活会。在会议召开前的一个月,区委就向党代表发送"征询意见书",然后收集汇总,分别发给相关的区委委员,作为会上对照检查的内容之一。生活会结束后,区委将各位委员提出的整改措施向党代表以书面方式进行反馈。

(六)常委接待党代表制度。自2006年9月重新设立常委会后,为加强区委常委与党代表的联系,设立了此项制度。接待活动前,党代表及时了解民情,搜集民意,把群众的呼声、党员的心声、社会的热点等问题及时汇总梳理,反映给区委常委,供常委们作为决策参考。这项活动,为区委常委和代表开展沟通和交流创建了一个新平台。

(七)代表联系党员制度。党员当选党代表后,必须联系本选区或本系统的5名以上党员,参加所在党组织的活动,通报区委的重大决策和重要活动,收集党员对区党代会或区委工作部署的意见或建议,关心普通党员的学习、工作和生活,积极帮助他们解决一些实际问题。每年,党代表都要将自己一年来履行代表职责的情况向本选区的党员进行述职,以增强党员对代表的监督。

二、椒江党代会常任制二十多年的试点实践取得的主要成效

（一）有利于更好地发挥地方党代表大会的作用。党章规定，党代表大会是各级党组织的最高权力机关。通常，最高权力具体表现为最高决策权和最高监督权。但是过去党代表大会的这两项权力却难以在实际中得到体现，因为党代会不常任，一届党代会只召开一次会议，会议结束后这届党代会的使命也就完成了，这就严重地制约了党代会决策功能的发挥；另外，由于党代会不常任，党内权力在运行机制的设置上存在着严重的缺陷，即授权者无法对权力的行使者进行监督，各级党委在同级层面上难以受到及时有效的监督。椒江经过二十年的试点，认为党代会常任制的实行实现了三个根本改变："一是根本改变了（以往）党代会的代表只能在有限的几天内发挥作用的状况；二是根本改变了目前两届党代表大会之间相隔时间太长，应当由代表大会讨论的一些重大问题难以及时开会讨论的不足；三是根本改变了代表大会选举产生的委员会，无法向选举它的本届代表大会报告（工作）、接受监督的不足"。① 这三个根本改变，大大增强了地方党代表大会的功能。进一步完善了党代表大会制度，使党代表大会成为名副其实的同级党组织的最高决策机关和最高监督机关。

（二）扩大了党员对地方党组织内部事务的参与度。无产阶级政党的党内事务应该由广大党员直接或通过代表来处理。党员大会和党代表大会为党员直接或通过代表处理党内事务提供了制度渠道。但是，过去由于党代会不常任，它的作用得不到充分有效的发挥，使广大党员难以参与党内事务的讨论和处理，产生了漠视党代会、冷淡党代表的心理。调查发现，实施常任制之前，椒江普遍存在当选党代表积极性不高的现象。② 试行常任制后，这种现象很快得到改变。年会制保证了代表们能够经常讨论党内的重大问题，并将党员的意志融入大会的决议中。而且，闭会期间，还设有一整套制度保障党代表参与党内事务，为他们发挥作用提供舞台。其中特别是党代表联系党员制度，使区委的重大决策和活动可以通过代表传达给广大党员，广大党员的意见和建议也可以通过代表反映上来，这样就在上级党组织和广大党员之间形成了有

---

① 中共台州市椒江区委：《椒江区试行党代会常任制情况汇报》未公开出版，2003 年 1 月，第 11 页。

② 2003 年 7 月 18 日，与椒江区前所街道基层党员代表的座谈记录。

效的互动机制。根据椒江区委的一份调查显示,全体党代表中认为作为党员代表有责任感和压力感的占了80.58%。① 试行党代会常任制后,有大专以上文化程度的代表,一般都占代表总数的四分之三左右。② 可见,椒江实施党代会常任制后,党员参与党内事务的水平在广度和深度上都有了很大的提高。实践证明,椒江区推行党代会常任制,使党员主体地位得到了发挥,增强了党内和谐程度,实现了党的领导方式和执政方式的新突破。

(三)改进了地方党委的领导方式,提高了执政水平。党代会领导作用的加强与广大党员对党内事务参与度的提高,要求党委的领导方式和工作方式也必须作出相应的调整。常任制试行之初,椒江区委就取消了常委会,重大问题的决策一般都交由党的代表大会或年会,这对克服党内权力过分集中的弊端产生了重要作用;干部任命采用"票决制",区委委员一人一票,权利平等,遏制了"跑官、要官"等腐败现象的出现,为从制度上保证党委选准人、用好人奠定了重要基础。③ 同时,区委在日常工作中执行事先征求意见、组织代表专题调研、建言献策等一系列制度,使代表们可以有更多的机会和渠道参与党的领导工作。据区委的统计:至2008年底,区委组织代表团或部分代表共进行了141个专题调研,党代表累计撰写了146篇调查报告;在党代表中开展了5次"我为发展椒江献金点子"活动,共提出"金点子"126个;区委前后40次向代表发送征询意见书7865份,收集意见、建议3043条。④ 这就使得区委的日常决策和工作更能贴近民意,反映民情,从而减少了决策和工作的失误,提高了执政水平。

(四)完善了权力制约机制,加强了党内监督。党的领导机关的权力来源于全体党员的授权。授权者必须对权力的行使者进行监督,才能保证权力不被滥用。然而长期以来,党内权力过分集中于党的常委会和几个书记甚至是第一书记一人手中,广大党员难以介入到权力运行过程中去。在权力的行使者素质不高的情况下,仅凭党代会几年听一次"两委"的报告,以及从属于党

---

① 中共台州市椒江区委:《中国共产党台州市椒江区代表大会常任制资料汇编(第三集)》,1998年,第178页。

② 参见中共台州市椒江区委组织部课题组:《建立和完善党的代表大会常任制工作的实践与思考》,内部稿。

③ 2003年7月16日,与椒江区委书记黄志平的座谈记录。

④ 中共台州市椒江区委:《椒江区试行党代会常任制情况汇报》,未公开出版,2003年1月,第9页。

委的纪委进行监督,难以充分有效地防范滥用权力现象的出现。椒江实施常任制改革后,党代表每年都要听一次区"两委"的工作报告,强化了党代会的监督职能。在实践中,椒江逐渐形成了一套发挥代表监督作用的有效制度,如区委向党代表通报工作征询意见制度、民主生活会制度、党代表视察调研制度等,让党代表能够介入从决策到执行的权力运行的全过程中去,即时对区委和区委领导的行为进行监督,较为有效地防止了滥用权力现象的发生。从1988年实行常任制至今,椒江区区级领导干部没有一位因违纪或违法而被处理。椒江的党员干部把这归功于常任制的实施。① 椒江党代会常任制,确实是扩大党内民主、加强党内监督的好机制。

（五）丰富了基层民主的实现形式,促进了人民民主的开展。党的十六大提出了:"党内民主是党的生命,对人民民主具有重要的示范和带动作用。"十七大进一步指出:"要以扩大党内民主带动人民民主。"②中国共产党执政的合法性来源于党的先进性,但是如果党内民主的发展水平滞后于人民民主,那么党的先进性将难以充分体现。椒江是一个县级单位,因此椒江党代会常任制改革也是从属于基层民主实践的范畴。在椒江,党代会常任制的施行,增强了党代会的领导作用,扩大了党员对党内事务的参与度,改革了区委的领导方式,完善了党内监督,推动了党内民主的发展,从一个重要方面拓展了基层民主的范围,丰富了基层民主的内容,提升了基层民主的层次。同时,党代会常任制的施行,也推动了人民民主的开展。在椒江,不仅村民自治和居民自治普遍开展,广大村民和居民代表直接参与乡镇街道范围内的公共事务治理的做法也相当普遍。当人民代表光荣的心态十分明显。

（六）推动了《中国共产党全国代表大会和地方各级代表大会代表任期制暂行条例》的颁布与施行。有报道称:"此次中组部公布的条例,是明显依照浙江台州椒江区的试点。"③椒江党代会常任制的探索与实践,对于《中国共产党全国代表大会和地方各级代表大会代表任期制暂行条例》的制定与施行,

---

① 2003年7月17日,与椒江区区直机关党员干部的座谈记录。
② 胡锦涛:《高举中国特色社会主义伟大旗帜　为夺取全面建设小康社会新胜利而奋斗》,人民出版社2007年版,第51页。
③ 马晖:《党代表任期制条例出台党内民主向前一步》,《21世纪经济报道》2008年7月19日。

的确作出了一定的先行探索的贡献①,而条例的颁布,对于椒江乃至全国各级党组织进一步明确党代表权利,规范党代表工作方式,履行党代表职责,充分发挥党代表的作用,都起到了很好的规范和推动作用。(黄宇)

附录2:

关于上海市青浦区赵巷镇党代会常任制的研究报告

党的代表大会常任制是一项扩大党内民主、加强党内监督的党内组织制度,是指每次党的代表大会完成换届选举任务后在党的委员会任期内,每年举行一次代表会议行使党的代表大会的职权,这期间党代表的资格继续有效不再重新进行选举而且在党代会闭会期间也有其常设机构来行使党代会职权的党代会制度模式。党代表大会常任制试点工作在中组部的支持下自1988年开始在全国12个县(市、区)陆续展开。2002年11月党的十六大报告之后又进一步扩大在市、县进行党的代表大会常任制的试点。上海市从2000年初开始在金山区干巷镇、徐汇区华泾镇、杨浦区五角场镇、浦东新区高行镇、北蔡镇、闵行区七宝镇、松江区同泾镇、柳港镇、青浦区赵巷镇、南汇区六灶镇等十个单位开展了党代会常任制的试点工作。从2004年下半年起又陆续在宝山区的高境镇、月浦镇、嘉定区的安亭镇、奉贤区的青村镇、崇明县的港西镇开展试点工作。目前上海有十五个乡镇共同试行这项工作。本文以上海青浦区赵巷镇党代会常任制的试点工作为例对党代表大会常任制的实践进行考察与研究。

一、主要制度及做法

上海市青浦区赵巷镇区域面积36.36平方公里。全镇居住总人口6万人,其中,户籍人口2.2万人,外来人口3.8万人,属于经济比较发达的城镇,2008年实现财政税收9.9亿元。2003年上海市委组织部决定赵巷镇作为党代会常任制试点地区。由于党代会常任制没有普遍适用的统一的模式,一切全靠试点地区的党员群众和干部结合各地实际"大胆地试、大胆地闯"。因此

---

① 2008年7月27日,中央党校党建教研部主任王长江教授在接受电话采访时说,台州市椒江区二十年的党代表任期制探索成果和探索经验,为条例出台奠定了实践基础。

在镇党委的领导下成立了试点工作领导小组，经过反复研究制定了《中国共产党青浦区赵巷镇代表大会代表常任制试行办法》和《中国共产党赵巷镇代表大会常任制工作有关规定》等试行制度，该制度对常任制代表的权利义务、党代会常任制的组织运作方式均作出具体规定，制定了 11 项具体制度。

（一）党代会年会制。它是指在镇党委的领导下，由常任制领导小组负责组织实施，在届期内原则上每年召开一次年会。年会的主要内容有六个方面：(1) 听取和审议党委工作报告；(2) 听取和审议纪委工作报告；(3) 审议年度党费收缴、管理和使用情况；(4) 审议经镇党委研究后提交年会讨论的"三重一大"（重大事项决策、重要干部任免、重要项目安排、大额资金的使用）事项并作出决议；(5) 在届期内区委对本镇党委委员进行调整的提交年会追认；(6) 应提交年会讨论通过的其他事项。但是，年会没有对党委委员进行评议，未起到应有的监督作用。

（二）党代会代表联系制度。赵巷镇有 102 名党代表，代表着 1459 名党员，建立了三种联系方式：(1) 镇领导联系代表。镇党委成员和镇人大、政府党员领导按照联村挂厂的分工联系所在单位的党代表，与他们进行定期或不定期地沟通联系，听取代表的意见和建议，指导代表小组开展活动；(2) 代表联系非公企业。按照代表分布和结构情况，由 2 名或以上代表联系本镇 1 家或几家非公企业，代表与所联系企业保持经常联系，做好流动党员的调查摸底工作，并把情况及时反馈给镇党委职能部门。同时协调政府与企业间的关系，帮助和解决企业在经营中遇到的困难和问题，主动为企业排忧解难，巩固工作成果，做好未建党组织的建立支部工作，不断扩大党建工作的覆盖面；(3) 代表联系党员。每位代表联系所在村或单位 2 名以上党员，重点联系本村或本单位的困难党员、业务骨干。要关心党员的学习、工作和生活，消除党员的思想疑虑，帮助解决在工作和生活中的实际困难及问题，同时还要自觉接受党员的监督、评议。三种党代表联系方式架设起党委和党代表、党代表与党员群众之间的联系桥梁。

（三）党代会代表述职评议制度。每位代表在任期内，要向本选举单位党组织全体党员进行述职并接受党员评议。代表的述职工作在镇党代会常任制领导小组指导下，由各党组织负责组织实施。述职内容主要是向本单位本部门党员传达、汇报党代会情况，参加日常工作小组或专题工作小组活动及考察视察调研情况，参与对镇党委重大问题讨论、决策情况，联系党员、企业情况，完成本职工作情况等。述职方式主要是在任期内采用召开述职评议会，向所在单位党组织和党员进行述职并接受党员(必要时可吸收部分群众参加)的评议,领导干部代表的述职报告和评议结果要报镇党代会常任制领导小组办公室备案。

(四)党代会代表提案、意见处理回复制度。代表提案是指在召开党代会或年会期间由代表5人以上联名并有领衔代表在规定时间内向大会提出的职权范围内的提案。代表提出提案应当预先进行调查研究,写明提案题目,要求解决的问题和理由,并用统一印发的代表提案用纸书写,做到一事一案。提案应以党的建设为侧重,以提高党员和党员干部整体素质为目标,对提出的意见、事实要准确,建议要具体。镇党委及常任制领导小组对代表提出的意见或建议应认真听取,对提案人拟办方案的意见加以研究,抓紧办理。并将处理结果书面回复提出提案、意见或建议的代表。

(五)党代会代表信访接待制度。代表参与信访接待能直接了解掌握全镇在改革发展过程中出现的新情况和新问题,提高代表解决和处理问题的能力。党代表参与镇政府每周四的信访接待工作。代表在参与信访接待中,坚持摆事实、讲道理正确引导每位(批)来访人员,做到不摆架子、不耍态度热情宣传党和政府的有关政策和规定,镇党委的决策、措施及有关文件精神,能真正起到为镇党委政府分忧的作用。

(六)党代会代表工作活动制度。全镇102个代表按照“行业相近”原则划分设立了党的建设、精神文明建设、经济、农业、集镇管理和社会治安六个专题工作小组。各小组原则上每季度活动一次,开展代表活动和专题工作调研。活动内容要突出涉及党建和精神文明建设,本镇经济和社会发展规划、重大方针政策、工作总体部署以及关系全局性的问题。各小组要根据各自的专题及行业,针对新形势下出现的新情况、新问题,切实认真开展调研。要深入农村、家庭了解社情民意,开展座谈讨论,形成调研材料。每年形成专题工作年度调研报告,充分发挥党代会代表在闭会期间的作用,为镇党委、政府决策提供重要参考依据。使党代表成为民主决策的参谋员,使镇党委的决策更科学更贴近实际。

(七)党代会代表学习、培训、考察制度。围绕“多样性、针对性和实效性”的要求,切实组织开展好代表的学习、培训、考察活动。定期向代表布置学习任务,强化代表对党的路线方针政策、政治理论和有关文件的学习。每年对代表进行不少于一次的集中培训或通过以会代训等形式,不断提高代表的整体素质。适时组织代表参观本区、本镇重点建设项目以及农村、社区、企业、“两新"组织党建工作等,必要时组织代表分期分批外出考察学习,汲取外省市先进单位党代会常任制工作的先进经验和做法。

(八)党代会工作活动保障制度。建立了四个工作活动保障制度:(1)建立党代表履职的权益保障机制。在开展党建和联系非公企业中,镇常任制领导小组和办公室为农村一线代表的工作和生活提供条件和方便,解决他们的后顾之忧,让他们能集中精力参与党代表各项活动;(2)落实党代会及代表活动经费保障机制。推行党代会常任制工作,每年要召开年会,组织代表开展各种调研和考察、视察活动,组织代表开展培训学习,每年为党代表体检,都要有固定的经费作保障。镇政府通过财政拨款每年提供20万元,用于保障党代会常任制试点工作的开展;(3)健全代表提案、意见或建议督促办理机制。对代表的提案、意见或建议,常任制领导小组和办公室要会同党委及政府有关职能部门,能办结的尽快办结,暂时不能办结的要与代表解释清楚。

(九)党代会常任制监督制度。党代会常任制常设机构设在镇党委组织科里,称之为"常任制领导小组办公室",由组织科长具体负责开展各项工作。在此基础上还建立了主要由纪检监察、组织人事参与的监督委员会,负责对党代表的日常监督工作。党代表要严格履职,做遵纪守法的模范。代表在任期内不履行代表义务,违反党的政治纪律、行政法规,受到党纪、政纪处分的,按照《赵巷镇党代会代表常任制试行办法》第二章第九条之规定撤销其代表资格。

(十)党委会议事制度。为认真贯彻执行党的民主集中制,建立健全集体领导和个人分工负责相结合的制度,进一步加强领导班子的思想作风和工作制度建设,提高党委会民主决策和科学决策水平,切实做到重要事项集体讨论决定,依据《中国共产党党内监督条例(试行)》,结合赵巷镇的实际情况,2008年1月召开的党代会通过了《赵巷镇党委议事规则》。《规则》对党委会议事的原则、议事的基本形式及要求、议事范围和议事纪律均作出了具体规定,由党代会表决通过,具有权威性。

(十一)党代会议事决策制度。党代会如何议事和决策,既是一个党内民主的问题,也直接影响着党代会的作用。2008年1月召开的党代会通过了《赵巷镇党代会常任制议事规则》,规定了党代会的议题、议程。除了常规议题、议程之外,每个党代表都有权提出议题、议程建议案,经党代会讨论后,按照多数原则决定是否列为正式议题、议程。党代会"年会"还要讨论和决定涉及赵巷镇政治、经济、文化、社会发展的重大问题,并作出决定和决议。党委会是党代会的执行机构,按照《赵巷镇党委议事规则》,在党委会上通过的重大事项也必须经过党代会表决通过。

二、取得的成效

赵巷镇党代会常任制经过五年半的试点初见成效。调动了广大党员的积极性和创造性,增强了广大党员的荣誉感和责任感,有力地加强了党的建设,党内民主氛围不断增强,领导干部的民主作风和民主意识普遍加强,与人民群众的关系更加密切,促进了赵巷镇政治、经济、文化和社会建设各方面的工作。具体来讲主要体现在以下几个方面:

(一)增强了党代表的"代表意识"。试行常任制以后,《赵巷镇代表大会代表常任制试行办法》第三章对党代表的职责、权利和义务作了专门的具体规定,党代表成了常任代表,还组成了三种联系党员与群众的方式,在党代会年会期间审议镇党委的重大问题的讨论和决策。闭会期间,102个党代表分六个小组参加各代表小组的活动,对有关问题积极开展调研,对镇党委的工作提出建议,镇党委也广泛开展向党代表征求意见、建议,组织党代表视察等活动,使代表们有更多的机会参与党内外事务,参与赵巷镇党的领导。这些为党代表作用发挥提供了舞台,激发党代表参与党内事务的热情,大大增强了党代表的"代表意识"。正如镇党委组织委员所说,党代表成了常任代表以后,党代表就有了身份的认同感、履职的责任感和代表的成就感,使党代表时时刻刻都能够在思想上记起自己是一名由党员选举,代表党员利益的党代表,不再是过去那种开会时"举举手,拍拍手,挥挥手"形式主义的一次性代表。因此,实行常任制以后,有利于增强代表的荣誉感、责任感和使命感,保证代表作用的充分发挥。

(二)促进了党委决策的民主化、科学化。赵巷镇在2008年初的党代会上通过的《赵巷镇党委议事规则》和《赵巷镇党代会常任制议事规则》规定:镇党委重要决策形成前需听取党代表和党员的意见,从制度层面上保证了实行党委民主决策。首先,党代表来自于基层,分散在本镇的各条战线和各村落,对各方面的情况和群众的需求比较了解,能提出许多合理性的意见和建议,使决策具有较强的针对性,减少了决策的盲目性和决策失误,提高了决策的准确性和科学性。其次,实行常任制就使党代会真正成为一级党组织的最高决策机关和监督机关,党组织的最重要的决议都要经过党的代表大会讨论决定,将过去少数人决策变成多数人决策,通过党代会这一党内代议机构的形式,增加了决策的民主性、合法性和群众性,使党的决策在广大党员群众中具有强烈的影响力和号召力,更容易为人们所接受和认同。这一切正如赵巷镇党委的同志所说,镇党委书记是"班长",但这个"班长"搞不好会成为"家长","决策拍脑袋,执行拍胸脯,出了问题拍屁股"在实行党代会常任制的条件下镇党委联系党代表、党代表联系党员、党员联系群众,双向交流、沟通,拓宽了民主渠道,避免了重大决策少数人说了算,使党委决策有了深厚的群众基础,确保了党委的决策更民主、更科学、更正确。

(三)强化了对党员领导干部的监督制约,推动了党风廉政建设。赵巷镇试行党代会常任制后规定党代表每年要定期向选举单位的党员汇报自己履行代表职责的情况,听取党员的意见和建议,接受党员的监督。这就把长期以来被忽视的授权者对行权者的监督问题有了解决的办法。试行党代会常任制后增加了党员代表参与党内事务的途径,进一步拓宽了党内信息传递和反馈的渠道,保障了党员代表和党员对党内重大问题的知情权和参与权;党员代表大会的每一名代表都是党内监督员,这就进一步完善了党内监督约束机制。赵巷镇的常任制有效发挥了党代表对党委的监督、党员对党代表的监督,促进了党内监督制约机制的建设和完善。推行常任制后,努力在强化监督上下工夫,重点加强对领导干部的监督,加强对人财物的管理使用和关键岗位的监督,凡属重大决策、主要干部任免、重大项目安排和大额资金使用等重大问题一律公开并经党代表大会集体讨论决定,由有关部门组织实施,纪委监督。使决策权、执行权和监督权相互制约、相互协调,形成结构合理、配制科学、程序严密、制约有效的权力运行机制,让权力在阳光下运行。

(四)增强了基层党组织的凝聚力、战斗力,密切了党群干群关系。赵巷镇试行党代会常任制后,一是通过建立镇领导联系代表、代表联系非公企业、代表联系党员的三种联系方式,畅通了广大党员和群众表达意见和建议的渠道,党组织能更广泛地听取党代表和党员的意见,加强了党与人民群众的联系,及时改进工作中的缺陷和不足,使党群关系、干群关系都得到了明显的改善,也提高了党组织自身的创造力、凝聚力和战斗力。二是召开党代会年会,能够经常地集中下级组织、党员群众和人民群众的意见和建议,使年会成为党的领导机关经常联系广大党员和人民群众的基本形式。三是由于代表资格是常任的,党委的重大决策和活动,可以通过代表传达到广大党员群众中,广大党员群众的意见和建议又能通过代表反映上来并及时得到解决,所以党代表能够经常地集中下级组织、党员群众和人民群众的意见和建议,成为党的领导

92　党内民主：党的建设与工作的生命线

机关经常联系广大党员和各方面人民群众的桥梁和纽带。这样，党组织与群众之间、干部群众之间更加容易沟通和理解，许多矛盾更加容易得到解决，党的执政基础不断得到巩固和加强。

（五）有利于更好地发挥代表大会的领导作用。党的代表大会制度是党的基本制度，党的代表大会是党的最高领导机关，党的代表大会常任制是完善党代会体制的重要制度之一。实行党的代表大会常任制，首先从形式上体现了党内民主生活的经常化、规范化；其次从制度上肯定和强调了党员代表对党内事务的决定权，显示出对党员代表民主权利的尊重。赵巷镇试行党代会常任制后，做到了三个根本改变：一是根本改变了（以往）党代会的代表只能在有限的1天内发挥作用的状况；二是根本改变了由于两届党代表大会之间相隔时间太长，应当由代表大会讨论的一些重大问题难以及时开会讨论的不足；三是根本改变了代表大会选举产生的委员会，无法向选举它的本届代表大会报告（工作）、接受监督的不足。因此，实行党的代表大会常任制可以使代表大会成为充分有效的最高决策机关和最高监督机关，党委每年必须向它报告工作，听取它的批评，答复它的询问，这样可以更好地树立党的代表大会的权威，使之充分发挥作为地方党的最高权力机关的作用。这就使党代会应有的功能和作用得到充分发挥，使其成为名副其实的党的最高决策机关和监督机关。

三、存在的问题和对策

青浦赵巷镇党代会常任制经过五年半的试点，虽然取得了较大的成效，提高了党组织自身的创造力、凝聚力和战斗力，巩固了党在基层政权的执政地位，但在试行过程中也遇到了瓶颈，存在一些难点问题需要我们加以研究和解决

（一）党代表的素质有待提高，职责有待明确，普通党员和领导干部的结构比例有待重新调整。赵巷镇的许多党代表政治理论和科学文化素质不高，尽管每年都对党代表进行履职的培训，但是，党代表对如何调研分析、参与决策、组织协调及做群众工作等功能的发挥还是欠佳；还有的党代表对闭会期间党代表的职责，如何发挥代表的作用并不清楚，党员意识和代表意识不强，缺乏主动性和使命感，也影响了党代表作用的发挥。另外，代表结构不尽合理，赵巷镇党员代表的产生是按党员名额比例分配，基层由党组织推荐产生，在机关则基本上是指定的。这样，领导干部的比例占了绝大多数，在102名党代

中80%是领导干部,只有20%是普通党员,领导干部的比例太高,导致党员代表大会变成党员领导干部大会,这既不利于普通党员民主权利的实现,也不利于党代表代表性的体现。在现实生活中,党员是分散在各个社会群体中的,随着市场经济的发展,党员的社会身份也日趋多样化,除了工、农、兵、学、知识分子等基本队伍外,还包括个体工商户、私营企业主等群体,这就要充分考虑到党代表的代表性和覆盖面问题,即处理好党代表的先进性和广泛性问题,应当适当增加非公经济组织党员比例。

（二）党代表发挥作用的党内规章需进一步完善。从赵巷镇常任制试点来看,对党代表履职的四项制度保障和基本权利是借鉴了人大代表和政协委员的一些做法,比如视察权、调研权、提案权等,多年来一直是"摸着石头过河",因为常任制试点前无古人经验,中央也没有出台专门的针对常任制试点和改革的规范性文件,全国各区、县、镇的试点没有统一模式,做得如何也无可比性,心中没底,正如镇党委组织委员所说:"常任制试点遇到最大的瓶颈就是缺少方向感,下一步不知如何搞,感觉自己是个孤岛,周围又没有辐射效应,存在着的无法可依的问题。"因此,实行党代会常任制迫切需要党内统一的法规定位和权威的制度支持,即需要在党规党法的层面上予以支持和确认,特别是要在"党内宪法"——党章中写入有关常任制的条款。过去的党章只规定了党员的权利和义务,但从未规定党代表的职权,十七大修正后的党章,虽然没有专门规定党代表的职权,但明确提出了实行党代表任期制。为了深入贯彻党的十七大精神,建立健全各级党代表大会代表履行职责的制度和机制,保障代表权利,为充分发挥代表作用创造必要条件,在认真总结各地做法和经验的基础上,中组部组织起草了《中国共产党全国代表大会和地方各级代表大会代表任期制暂行条例》。经中央研究决定,于2008年5月5日正式印发全党执行。《暂行条例》明确了党代表的8项权利与职责,它的出台有助于党代会常任制试点和改革走上"法制化、制度化、规范化"的发展道路,但《暂行条例》还是没有对党代表的提名权、提案权、质询罢免权及评议权作出具体明确的规定,党代表还应该享有哪些权益,以及通过哪些途径来实现闭会期间党代表的权益都还不是十分明确具体,还需要加快党内立法,完善《暂行条例》,将党员和党代表的提名权、知情权、议事权和监督权写进党章和有关政策文件中,使党员能够依法行使自己的民主权利。

（三）党代会常任制的功能定位需要明确。按照党章规定,党的代表大会是党内最高的权力机关,是最高决策和监督机构,有权决定党内一切事务。在未实行常任制时两届党代会之间间隔太长,在党代会闭会期间,党代会的权力处于一种"虚置"状态,党代表的权利也仅仅体现在开党代会的几天,闭会以后党代表则失去了活动的依据和载体,难以对党代会决议的实施情况和选举产生的党委和纪委班子进行有效的监督。党代会常任制,它的功能就是要保证使"党的代表大会成为党的充分有效的最高决策和监督机关"。因此,进行常任制改革试点的县市镇也应该努力把党代会的功能定位在党的最高决策和监督机关上。但实际上这样一种功能定位在目前的常任制试点中远没有达到。赵巷镇把党代会常任制仅仅当做是对党委制度的完善和补充,把党代会定位为镇党委的"参谋"和"耳舌"。因为党代会常任制是在镇党委领导下运作的,由此决定了它不可能成为本级党组织最高的领导机关、决策机关和监督机关。由于党代会的功能定位不明确,赵巷镇的党代表提案时虽然要求围绕"党的建设和精神文明建设"的内容提建议,避免与人大代表提案雷同,但是最终还是与人大代表的提案差不多,党代表的提案就没有多少实际意义了。

(四)设立党代会的常设机构未提上日程。赵巷镇的党代会年会制只能一年召开一次,每次开会时间为一天,主要是听取党委和纪委的工作报告,讨论并提出意见建议。不可能一年到头都在开会。因此,在会期外,没有行使大会职权的组织载体,致使党代会的功能定位不明确,无法发挥其作为最高领导机关、决策机关、监督机关的职能和作用,党代表开展活动受到诸多限制。这就要求党代会也像人大一样在闭会期间有一个机构负责管理、组织党代会的日常工作。试行中的赵巷镇党代会常任制缺乏这样的工作机构。赵巷镇党代会常任制的日常工作由镇党委书记负责、党委组织部门管辖,设立了党代会常任制工作领导小组,党委书记任组长,分管副书记任副组长,组织委员、宣传委员、纪委书记任组员。领导小组下设办公室,设在组织科,由组织科派专人具体实施。常任制工作领导小组的职权有六项,主要是领导和指导开展常任制工作,负责党代表的日常管理和服务工作。这样的管理体制实际上形成了党代会是党委领导下开展工作的机构,在代表大会闭会期间并不具备代表大会的职能,只是党委的一个职能部门和附属机构,对党委的工作只能建议不能监督,起不到代表大会应有的领导、决策和监督作用,只不过是给党委或者给党委组织部门增加一个办事机构,增加行政成本,这有悖于党代会常任制的宗旨。党代会常任制的运行应有一专门机构负责,使党代会闭会期间有一个继续行使职权的载体。这就要求党代会选举产生类似于人大常委会那样的常设机构,其主要职能就是在党代会闭会期间行使党代会的重要职能,其规格和地位应该比党委要高,对党委负有领导职能,是党代会闭会期间的权力机关。不能设立这样的机构,党代会常任制就只能停留在表面,而不能向党内分权的纵深推进。但这样的机构在目前的试点地区均没有建立的尝试。

(五)没有实行弹劾和罢免的程序。党内民主建设的方向,应该是建立一个保证全体党员在有关党的一切重大问题上有最终决策权的运行机制。这是党内民主建设的依据,也是党内民主建设的最终目标。要达到该目标就必须健全干部的选举、招考、任免、考核、弹劾、轮换制度。赵巷镇通过的《中国共产党青浦区赵巷镇代表大会代表常任制试行办法》和《中国共产党赵巷镇代表大会常任制工作有关规定》对弹劾和罢免的程序没有作出任何明确的规定。我们知道,在民主制度安排中,权力的授予者对权力接受者的约束和监督的最具威慑的力量就是弹劾和罢免,委托方有权收回先前基于错误信任而授予的权力。然后,基于新的信任,以民主选举和党内竞选的方式,重新确立权力的受托方。因此,弹劾和罢免是党员群众监督党代表,党代表监督党委会委员及书记、副书记的重要手段和制度保障。加强党内民主建设就必须建立弹劾和罢免的运行程序。

(六)没有建立健全合理的权力结构和运行机制。理顺和正确处理好党代会、党委和纪委之间权力关系的核心是党内的合理授权与制衡。党代会常任制的价值取向,决定了党代会常任制不能仅仅停留在建立党内民意机构层面,而应通过改革使之真正成为各级党的最高领导机关、权力机关、决策机关和监督机关。但赵巷镇的试点离这一要求还有距离。由于现行党章的规定和实际运作中形成的模式,党的委员会仍然集决策、执行、监督于一身,使得党内"结构合理、配置科学、程序严密、制约有效"的权力运行机制难以建立起来,这就与实行常任制的要求相违背。因此,实行党代会常任制必须正确处理好党代会、党委和纪委之间的权力关系,合理配置党的权力。

赵巷镇党代会常任制的试点存在的上述六个方面的问题,根本的原因不在赵巷镇党组织是否敢于冲破"禁区",而在于党的传统习惯和已有制度体系的格局。全国其他地区的试点大多存在类似的问题。要改变这样的传统与格局,涉及到党内权力资源和利益的重新分配,所以是困难重重。但党代会常任制作为党内民主建设的努力方向,只有前进才有出路。如果依然停留在已有传统的窠臼里,搞形式主义的花架子,不仅没有意义,不仅是"劳民伤财",而且会伤害广大党员的感情和信仰,甚至会导致组织的病态以致解体。

(吴其良、邬沈青、张蕾蕾)

第二节　党务公开的实践思考

在党的民主建设中,除了在党代会基本制度建设的推进之外,在党内民主建设上具有重要意义的党务公开和党内选举方面,也加大了推进力度。

一、党务公开是党内民主建设的首要条件和前提

党务公开是指按照党内规章制度,依据民主、透明的原则,在不违背党的保密纪律的前提下,将党的工作和党内事务的内容、程序、结果等通过合适的形式和手段,适时向一定范围的党员和人民群众公布并接受监督,使党员群众更好地了解和参与党内事务,增强党的工作的开放度和透明度的党内民主制度。基层党组织党务公开是切实保障党员的知情权、参与权、表达权、监督权,实现党内民主监督的首要条件和前提。

民主的重要表征是公开。列宁说过:"每一个人大概都会同意'广泛民主原则'要包含以下两个必要条件:第一,完全的公开性;第二,一切职务经过选举。没有公开性而谈民主制是很可笑的,并且这种公开性还要不仅限于对本组织的成员。我们称德国社会党组织为民主的组织,因为在德国社会党内一切都是公开进行的,甚至党代表大会的会议也是公开的,然而一个对所有非组织以内的人严守秘密的组织,谁也不会称之为民主的组织。"①公开是民主的前提,这是无疑的,虽然列宁在当时处于沙皇专制体制下不主张党实行"广泛的民主制"。列宁在谈到新政权与旧政权的区别时则明确指出:"新政权是大多数人的专政,它完全是靠广大群众的信任,完全是靠不加任何限制、最广泛、最有力地吸引全体群众参加政权来维持的。丝毫没有什么隐私和秘密,……这个政权对大家都是公开的,它办理一切事情都不回避群众,群众很容易接近它。"②

党务公开对加强党内权力监督有特别重要的意义。目前,党内权力运行机制比较封闭,权力主要集中于党委,党委的权力又往往集中于书记,党内重大事项的决策,重大工作任务的部署,重要干部的任免、调动和处理,往往是"一把手"决定,谈不上由党代会决策,这就使"一把"手实际上成为游离于党

---

① 《列宁全集》第 6 卷,人民出版社 1986 年版,第 131 页。
② 《列宁全集》第 12 卷,人民出版社 1987 年版,第 287 页。

内监督之外的特殊群体,得不到有效监督。2004 年,四川省党建研究会完成的一项调查《当前党内监督的现状及对策》显示:有 56.14% 的被访者认为党内权力运行没有公开,29.18% 的被访者认为是表面公开而实质未公开,这种状况削弱了党内监督的力度。① 实行党务公开,公开党内一些重大事项,公开重要干部的任命和程序,使党内的权力运行由封闭和半封闭变为公开,由不透明变为透明,让党员在公开中监督,在监督中选择,才会打破"暗箱操作",把一切权力运作呈现在公平、公开、透明的阳光之下,从而降低腐败产生的几率。"对于党员在政治舞台上的一举一动进行普遍的(真正普遍的)监督,就可以造成一种能起生物学上所谓'适者生存'作用的自动机制。完全公开、选举制和普遍监督的'自然选择'作用,能保证每个活动家最后都'各得其所',担负最适合他的能力的工作,亲身尝到自己的错误的一切后果,并在大家面前证明自己能够认识错误和避免错误。"②

党务公开是保障党员民主权利的内在要求。通过这个制度化渠道来引导广大党员树立正确的主体意识,提高主体素质,增强发挥主体作用的能力,来保障广大党员在党内应有的知情权、参与权、选择权、被选举权和监督权。

党务公开是开发党内民主动力的有效途径。党内民主的动力分为内部动力和外部动力,内部动力主要来自党员对党内事务的广泛参与,外部动力主要来源于广大群众的政治参与。一个党员只有在事实上感受和体会到自己是党内政治生活的主人,能够了解党内的重大情况,能够参与党内重大问题讨论和决策,发表自己的意见,体现自己的意志的时候,他作为党员的认同感、责任感和使命感才能被激发出来;一个党员只有有了高度的认同感、责任感和使命感的时候,他才能够具体地、感性地把自己的利益、前途与党的利益、前途紧密地联系起来。同时,一个党员只有感到党务公开的民主环境,能够为他追求理想信念和实现自我价值提供广阔的自由空间时,他才能始终把实现好、维护好、发展好最广大人民的根本利益作为自己一切工作的出发点和落脚点。因此,党员对党内事务的了解和参与程度,直接决定着党组织的创造力、凝聚力和战斗力。党内如果缺乏党务公开的民主环境,党员主体地位就无法得到保证,党员就缺乏发挥主体作用的内在动力,也就缺乏发展党内民主的内在动力。

党务公开也是全球化信息化条件下党的建设的必然选择。在网络和媒体

---

① 闵捷:《党内权力运行不够公开,削弱了监督力度》,《中国青年报》2004 年 11 月 3 日。
② 《列宁全集》第 6 卷,人民出版社 1986 年版,第 132 页。

高度发达的今天,党务公开活动使执政党和社会民众建立良好的信息渠道,就能大大深化社会民众对党务的了解,减少社会民众对执政党权力运作的盲点,这样可以化解矛盾,改善其党建方式和执政方式。党务公开为广大党员和人民群众了解和参与党内政治生活提供了一种制度化的渠道。

二、党务公开的历史回顾与实践

如前所述,在黑暗的专制制度下,列宁不主张在党内实行"广泛民主制"和"完全的公开性",他认为在当时的社会环境中,"只是一种毫无意思而且有害的儿戏"。之所以"说它是一种毫无意思的儿戏,是因为实际上任何一个革命组织从来也没有实行过什么广泛民主制,而且无论它自己多么愿意这样做,也是做不到的。说它是一种有害的儿戏,是因为贯彻'广泛民主原则'的尝试,只会便于警察进行广泛的破坏……"①中国共产党是按照马克思列宁主义的建党理论创建的共产主义组织,在新民主主义革命时期,由于战争环境所限,党面临着反动国家机器与帝国主义势力的残酷围剿和打压,不得不处于秘密状态,不得不把保密作为一项基本原则,使推行党务公开受到了客观环境限制。尽管如此,在白色恐怖条件下和秘密时期,党还是注意到了党内的民主。1927年11月14日,中共中央临时政治局扩大会议通过的《最近组织问题的重要任务议决案》就指出:"现在很严重的秘密时期固然不能实现完完全全的党内民主主义(党部机关自上而下全属选举、重要问题由全党党员讨论等),但是就在这种严重条件下,引进党的下属群众,使他们参加党的一切工作与政策的决定,仍旧是非常重要的,应当以比以前更加百倍的努力去实现。"②新中国成立后,党虽然已经成为公开合法的执政党,但由于我国长期处于计划经济体制,实行的是高度的集权领导。十一届三中全会后,虽然通过改革取得了一些可喜成果,但是党内权力过分集中于常委会,而在日常事务处理上又往往变相集中于党委书记一人的现象尚未解决。因此,党内民主发展的历史性制约,阻碍了党务公开的全面推行,导致了党务公开试点工作中政策支持、内在制度及工作机制等不完善。

如果说在社会结构简单、社会分化程度较低、社会流动较少的计划经济时代或带有较明显计划经济特征的社会,党务公开对政治参与的推动力较弱的

---

① 《列宁全集》第6卷,人民出版社1986年版,第131—133页。
② 《中国共产党党风廉政建设文献选编》第3卷,中国方正出版社2001年版,第23页。

话,那么在社会结构日趋复杂、社会分化越来越明显、社会流动越来越频繁的转型时期的我国社会,过分的封闭保密对党整合社会的保护作用将会越来越弱,而抑制作用将会越来越强。社会转型期的中国,经济体制深刻变革,社会结构深刻变动,思想观念深刻变化,利益格局深刻调整,呈现出多样化趋势,即社会经济成分、组织形式、就业方式、利益关系和分配方式日趋多样化,人们的思想观念日益活跃,利益表达、政治参与的愿望和热情与日俱增。这种趋势同样地反映在党内则表现为党员民主意识明显增长,民主权利要求的呼声越来越高。党员、群众民主意识的增强是社会进步的标志,应当重视、尊重并积极引导党员、群众的政治参与愿望和要求。通过党务公开开发党内民主的内外动力,将有助于开辟党员和群众直接参与权力运作的新渠道,一方面,能有效地从根本上消除权力的异化,有助于构建惩防并举的反腐败体系,使权力运行的监督关卡上移,从而能大大压缩权力寻租的制度性空间,改变党员干部只对上负责,不对下负责、不对党员与群众负责的做法;另一方面,增强了党员对自己角色的认同感,加强了党员的主人翁地位,最大可能地把群众吸引到组织周围,扩大党的阶级基础和群众基础,集中党员和党的支持者的智慧,进而改进党的领导方式和执政方式,提高决策民主化、科学化的程度和决策执行的效率。

随着我国社会主义市场经济的发展,20 世纪 90 年代开始,村务公开、厂务公开和政务公开,在全国各地广泛铺开,几乎每个村、单位和工厂都设立了公开栏,群众可以从上面读到许多关系到本村、本单位的人、财、物的信息。同时,以党代会党任制试点为标志的党内民主也在发展,而且,党内反腐倡廉建设的形势也日益严峻。这就有了对党务公开的迫切要求。

中共推进党务公开的最初动议可追溯至 2004 年 2 月。当年,中共中央颁行的《中国共产党党内监督条例(试行)》提出:"中央委员会作出决议、决定和中央政治局会议内容,根据需要可以适当方式在一定范围通报或向全党通报。地方各级党委全会作出决议、决定,一般应当向下属党组织和党员通报,根据实际情况,以适当方式向社会公开。"2004 年 9 月,党的十六届四中全会,通过的《中共中央关于加强党的执政能力建设的决定》提出"要逐步推进党务公开,增强党组织工作的透明度,使党员更好地了解和参与党内的事务"。以及《中央关于决定重要举措分工方案》,对推进党务公开作出了进一步的部署。党务公开在各地逐渐发展起来,并与村务公开、厂务公开和政务公开相结合。

浙江省绍兴县是在全省率先进行村务公开的,在村务公开的推动下,从

2001年开始试行村级党务公开,以党务促村务,以公开促公正。至2005年,村级党务公开在全县全面实施。绍兴县村级党务公开的内容主要包括经济社会发展、精神文明建设、实事工程和基层组织建设等目标、党员参加组织活动、党员民主评议、党员发展事前公示、先进评比公告、村级后备干部情况等。以党务公开栏和党员大会为主要形式,每个村党组织都按要求建立《党务公开登记簿》,指定专人负责记录归档。在此基础上,统一组建党务公开监督小组。实行村级党务公开后,农村基层党组织的公信力增强了,党员的先进性也增加了,促进了农村社会的和谐。如绍兴市平水镇五星村在村口竖起公开栏,党务公开使党员从中感到压力。平水镇五星村党员章某曾一度既不交应交款,又不赡养老人,党组织多次找他谈话都无效。2005年党务公开栏公布党员评议结果,看到自己排名倒数第一,触动很大,不仅改掉了老毛病,而且在村道拓宽时率先拆除自家的围墙,被村民戏称为"以前找麻烦,现在做模范"。[1]

杭州市余杭区委在广泛调研和征求党内外意见的基础上,制定下发了《区委关于开展党务公开工作的实施意见》,同时成立区党务公开工作领导小组。针对党务工作的特殊性,余杭区明确提出了党务公开全面真实、科学规范、积极稳妥、相互促进的四项原则。统一规范了十项公开内容,即"工作目标、重大决策、党内制度、履职考核、党内奖惩、干部调整、后备干部、公务活动、发展党员以及党费管理"。在公开方式上,除了传统的召开会议、下发文件外,新设了固定的党务公开栏、党务公开电子触摸屏,在区政府门户网站、单位内部局域网开设党务公开专栏。同时要求各级党组织在党务公开过程中,做到固定内容长期公开,常规工作定期公开,阶段性工作逐段公开,热点问题、重点事项及时公开。2006年1月,余杭区区委常委会将2005年全年党务工作进行梳理,分7大块32项内容,以全年党务公开工作盘点的形式通过区级新闻媒体《城乡导报》等向全区党员群众进行公开,迈出了余杭党务公开工作的第一步。2008年,全区15个乡镇党委、4个街道党工委、区级各部门党组织和240个村、79个社区及部分非公企业党组织均开展了党务公开,基本实现了100%的党组织都要开展党务公开;100%需要公开的内容全部公开;100%按程序和规定的形式进行公开的"三个100%"工作要求。2007年1月,应广大党员群众的要求,余杭区委在对全年党务工作进行公开的基础上突出决策过

①　李华、毛东辉、沈建波:《绍兴县全面实施村级党务公开》,载《浙江日报》2006年6月30日。

程公开。① 浙江省各地还结合实际情况,制定《党务公开情况反馈制度》,对群众就公开的党务工作反映的意见和建议,进行认真研究并加以回复;制定了《党务公开责任追究制》,对党务公开中出现的违规行为进行责任追究逐步使党务公开走上制度化、规范化的轨道。并加强了电子党务的建设。

2009 年,中央加大了党务公开的推选力度,并且把党务公开的重点放在了县委这一个关键的层级上。这年 5 月,成立了由中央书记处书记、中央纪委副书记何勇任组长,中央纪委、中央办公厅、中央组织部、中央宣传部、中央政策研究室、中央直属机关工委、中央国家机关工委等部门有关负责同志参加的中央党务公开工作领导小组,并明确由中央纪委负责牵头工作。领导小组认真贯彻中央要求和部署,确定了党务公开先从党的基层组织抓起,自下而上,循序渐进,稳步实施的基本思路,从全国选择了 50 个不同领域、不同类型,工作基础较好的党的基层组织,作为党务公开工作的联系点,先行先试。各级党组织紧密结合实际,积极开展了党务公开的实践和探索。在深入调查研究、广泛征求意见、总结实践经验的基础上,研究制定并经中央审批同意,2010 年 9 月,中央办公厅印发了《关于党的基层组织实行党务公开的意见》。自 2009 年 3 月,中央纪委、中央组织部选取河北省成安县、江苏省睢宁县、四川省成都市武侯区等 3 个县(区)开展县委权力公开透明运行试点。在试点基础上,2010 年 11 月 9 日,中央纪委、中央组织部印发了《关于开展县委权力公开透明运行试点工作的意见》,要求每个省(区、市)选择一个试点县,旨在逐步推广。

由于中央的高度重视,基层党务公开发展很快。根据中央的要求,各地基层党组织开始向党员和群众公开党委工作的重大事项,并建立了一套程序。各地基层组织都普遍地建立了工作网站,重视网络媒体的工作。在各地试点中,一些党委还邀请党员列席党委会和常委会,一些地区还公布了领导者的手机号码等,对于推动党内民主,密切党群关系,都起到了积极的效果。

三、经验与启示

中国共产党的党务公开与戈尔巴乔夫所谓的"公开性"是完全不同的。戈尔巴乔夫所谓的"公开性"就是开放媒体,不是针对苏共的腐败和特权的监

---

① 《浙江省杭州市余杭区大胆探索党务公开新途径》,《中国纪检监察报》2008 年 10 月 22 日。

督,建设性地消除国家现行政策错误以推动经济和政治改革,却引导媒体关注苏共历史上的阴暗面,成为所谓民主派全面攻击苏共合法性的政治工具,并造成了无序的政治批判运动。中国共产党推进党务公开,对于端正干部作风,遏制腐败势头,密切党群关系都将起到积极的作用。

(一)要紧紧抓住反腐倡廉这个焦点问题。

中国共产党的党务公开,中央较大的推进力度,首先是为了解决党的建设当前的焦点问题——反腐倡廉的基本的制度建设,所以,这项工作的推进由党的纪委来牵头的。党的干部腐败问题居高不下,已经严重地影响了党的形象,严重地影响了党群关系,遏制腐败发展的势头,已经作为一个重大而迫切的问题放在党的建设的十分重要的位置。党的十七大把反腐倡廉建设作为一个基本建设,与思想建设、组织建设、作风建设、制度建设并列,表明了党对反腐倡廉的高度重视。从解决现实中广大群众最关心、迫切要解决的问题出发,这是发展党内民主的基本路径,也是党内民主建设获得支持和动力的重要条件。

(二)要以保障党员的民主权利为根本。

一方面,对于反腐倡廉来说,只有保障党员的民主权利,让权力在阳光下运行,才能实现民主监督,才能形成遏制腐败的党内环境;另一方面,对于发展党内民主来说,党务公开又是最基本的前提条件,是党执政条件下的基本的工作方式。长期以来,党内权力运行高度集中,并长期处于缺少规范性、程序性的状态。党务公开本身是党内民主建设的一项制度,同时,又是制度建设程序化的重要体现。党务公开的推行,保障党员的民主权利,对于反腐倡廉和党内民主建设都是重要的条件。

(三)要提高信息化条件下的领导能力。

党务公开也是应对信息化条件下党的建设的重要举措。全球化信息化背景下,网络和媒体的高度发展,深深影响着人们的政治生活。在这样一个基本的执政环境中,不仅要求党务公开,而且要求我们的党组织和领导人善于运用并应对网络与媒体进行党务公开,实现与党员、民众的沟通,化解矛盾,促进和谐。

党中央对党务公开的高度重视,特别是抓住县委权力公开透明这个关键,显示了中央的决心。在这样的形势下,党务公开在全国快速发展,并取得了积极的效果。但是,毕竟这是一场重大变革,党内还普遍存在着准备不足的问题。村务公开、厂务公开、政务公开已经推行了十多年了,仍然存在着形式主义的现象。党务公开比政务公开更复杂,在党务公开推进中,如何避免形式主义,这是一个还有待于全党,特别是党员和党的基层组织在实践中长期努力的过程。

附录3:

上海市闵行区党务公开的实践与探索

上海市闵行区自 2006 年以来,区党委遵照市委大力加强党的建设的基本精神,敢于创新,善于创新,推动和指导党务公开的实践和探索,全力推进党组织的民主建设,得到了广大党员和群众的热烈响应和支持,取得了明显的成效,形成了具有自身特色的一些做法。闵行的这些做法在 2009 年先后得到了习近平、贺国强、李源潮等中央领导同志的肯定和批示。

一、闵行区党务公开的特点

(一)载体多样化。

按照"灵活多样、简便实用"的要求,依据公开的具体内容,设计具体形式和载体。闵行着力打造"一会、一网、一栏",切实拓宽公开的传播渠道。"一会":改革全委会运行机制,突出公开的参与性。决策前,议题的形成公开征集;决策中,领导、党代表参与调研,专家学者公开论证;决策后,执行情况公开监督,并接受区委委员、党代表询问与质询。各镇、委局党委党员代表大会常任制年会成为基层党委决策公开的重要载体。"一网":打造党务公开网络平台,突出公开的及时性与辐射面。全国首创的闵行区委党务公开网,自从 2007 年初开通以来,已先后三次改版,设计有"区委工作、部门工作、基层动态、党员中心"等栏目,将区委决策的预告、内容、纪要和决议以及常委的每周工作安排等都及时在网上公布。特别是"党员中心"突出了互动交流功能,党员可以对区委决策和公开事项发表意见和建议,是点击率很高的栏目之一。"一栏":完善基层党务公开阵地,突出公开的广泛性。各基层党组织,特别是村(居民区)党组织统一建立标准化的党务公开专栏,着重对党员发展、党费管理、涉及群众利益的重大问题决策等进行公开。全区 118 个村党组织、300个居民区党组织已完成党务公开栏建设,分别占村党组织总数的 87.4% 和居民区党组织总数的 91.2%。

(二)运行规范化。

闵行在推进党务公开的实践中，设计出完整明确的运作流程和规范。首先是责任主体明确。规定建立党务公开责任制，区委各部门主要负责同志为本部门党务公开工作总责任人，分管党务的负责同志为直接责任人，同时明确本部门党务公开各个环节的具体责任人，负责党务公开的事务性工作，各司其职，各尽其责。其次是监督主体明确。建立党务公开检查考核机制，由区纪委负责对区委各部门党务公开工作进行监督、检查，并组织实施检查考核，检查考核一般每年进行一次，检查结果要以通报等形式进行公开，并作为落实党风廉政建设责任制和领导干部年度工作考核的重要内容。建立党务公开责任追究制，对工作不力的，批评教育、限期整改，对造成严重后果的，严肃追究有关责任人的责任。

（三）公开全程化。

闵行积极探索从决策酝酿、讨论、制定，到实施、结果的全程公开，坚持"事前公开、征求意见，决策公开、民主讨论，结果公开、接受监督"的程序规定，促进决策的科学化与民主化。在决策酝酿阶段，区委通过内外网络广泛征求意见，区委委员则联系区党代表专题征询看法。2008年，29名区委委员共联系党代表294人次，就常委会年度重要议题、全会专题等征求基层意见和建议53条。在决策讨论阶段，闵行区探索了党代表参与常委会重要议题调查研究、党代表列席区委全会、党代表审议询问全会议题和表决事项等做法。在决策形成后，闵行区则坚持对决策的执行情况进行公开，接受监督评议。对于区内重大事件的处置，区里建立了区委、区政府新闻发布制度，通过新闻媒体定期向社会公开。在决策过程中，探索党代表参与区委常委会重要议题调查研究、党代表列席区委全委会和基层党委会等做法，更大限度地公开决策的全过程，让广大党员、党代表知晓、参与和评价。关于决策结果，区委积极完善评议报告渠道，通过建立监督小组、会议报告制等形式，公开决策结果。在区委重要议题推进中，成立党的建设、经济发展、社会事业和管理等三个监督小组，全程评议重要议题推进，并提出评估意见向全委会报告。对党内重要制度的落实，区委始终坚持对各项决议、决定以及各项工作制度的执行情况进行公开，广泛接受监督评议。

二、闵行区党务公开的经验

（一）注重突出重点。

推进党务公开，尤其是在探索阶段，要重点先行。闵行按照"一个原则、三个必须"的基本要求,做好党务公开,即只要不涉及党内秘密就要进行最大限度公开的原则,以及群众关心的必须公开,群众询问的必须公开,涉及群众利益的必须公开。一是党内重大事项主动公开。对区委重大决策、决定、决议等以"党务公开网"为主要平台定期进行公布;对于"三重一大"的问题,将决策的征求意见、决策的形成过程和决策的执行结果等及时进行公开;对全区处级以上干部选拔、任用、考核、奖惩的情况通过网络和新闻媒体主动进行公示;对全区各级党组织换届选举情况、班子建设情况、党费收缴使用情况等组织建设情况和领导干部作风建设、党风廉政建设的情况通过会议、文件等形式按时进行公开。二是社会关注事项重点公开。区委逐步将社会关注度高、群众涉及面广、时间跨度长的重大工程建设、重点项目推进、重要工作部署等情况进行重点公开。如将"深入学习实践科学发展观活动"、"暖冬行动"、"党员干部大走访"等社会关注的重点、热点、难点问题通过党务公开网以及闵行门户网站,专门设计网页进行公开,及时更新政策要求、工作进展等信息,使社会关注的重要工作公开化、透明化。三是涉及群众利益问题及时公开。在深入推进政务公开、村务公开、厂务公开的基础上,着重将区委、区政府推动的40项民生指标进行公开。通过党务公开网的整合,将各街镇、委局在保障民生、推进民生工作方面的信息进行公开。各基层党委(党工委)将本地区党员群众关注的重要事项通过社区报等载体进行公开。

(二)注重制度保障。

推进党务公开,要靠刚性制度作保证。闵行区委于2006年7月出台《关于进一步推进党务公开工作的意见》,明确规定党务公开的主要内容,对有关区委全局和中心工作、有关区委党的建设情况、有关区委常委会班子自身建设情况、有关区委工作制度等方面应当公开的内容进行了详细规定。并根据党务公开不同的内容,确定公开范围和公开形式,向党内公开的内容,通过党内会议、文件、通报等形式进行公开,并积极探索通过公务网、政务网、党务公开网等形式进行公开;向民主党派公开的内容,通过双月座谈会、民主协商会、学习交流、联系交友、"特约四大员"等方式进行公开;向社会公开的内容,可以通过电视、广播、报纸等渠道以及闵行门户网站等形式进行公开。规定公开要按照提出、审核、公开和反馈的程序进行,公开的时限要与公开的内容相适应,要充分体现党务公开的及时性和有效性。政策措施、文件规定、工作程序以及办事机构等具有稳定性的内容,要长期公开;一定时间内相对稳定的常规性工作,要定期公开;动态性、阶段性工作,要逐段公开;临时性的工作,要随时公开。建立健全党务公开的领导体制和工作机制，区委设立党务公开工作联席会议，由区纪委书记、区委组织部部长任召集人，成员由区委办公室、区纪委、区委组织部、区委宣传部、区委统战部、区信息委等部门负责人组成，区委办公室、区纪委、区委组织部、区委宣传部、区委统战部、区信息委各司其责。2008年4月出台的《关于进一步深入推进本区各级党组织党务公开工作的实施意见》，则细化了党务公开的内容、形式，以及严格落实推进党务公开的工作要求，进一步健全了相关制度。

（三）注重加强领导。

闵行区特别重视加强领导制度建设，确保党务公开持续深入。实行党务公开责任制。在区委层面建立区委党务公开工作联席会议，联席会议由区委副书记任组长，区委常委、组织部长任副组长，组员由相关职能部门负责人组成。基层党委（党工委）也相应建立了党务公开工作领导小组，形成了党组织主要负责同志对党务公开工作负总责，分管领导具体负责的责任体系。区委还细分了三个层面的领导责任，明确了区委、基层党委和基层党（总）支部三级党务公开的内容，根据不同层次的党组织和各自的职责，区别对待，各有侧重，具体领导和确定党务公开的内容和形式，从而构建起各级党组织之间上下联动、左右贯通的领导格局和全方位的党务公开格局。对于领导制度，闵行还注重加强配套机制与机构的建设。逐步建立党务公开工作开放式评价体系，采取民意调查满意度测评等方式对党务公开工作进行科学评价。2010年3月，成立区新闻办公室，健全了党务公开后网络舆情收集和处置机制，积极回应和正确引导社会舆论。

三、闵行区党务公开进一步深化的展望

（一）激发主动性。

党务公开是新形势下推进党内民主的新探索，其工作成效更多地取决于自上而下的党组织的自觉性和主动性。在闵行党务公开的实践中，一些干部特别是领导干部对党务公开还存在一些模糊认识，如有的认为，有政务公开就行了，党务工作主要是党内的事情，没必要公开。有的认为公开就是限制自由，思想上有顾虑，不愿、不敢公开。今后，一要转变观念，采取多种措施，强化党务公开工作观念的转变，加大宣传力度，营造良好氛围，把开展好党务公开作为一项政治任务，严肃认真，抓出成效。二要强化监督，加大党务公开满意度测评等监督考核力度，把党务公开工作的考核结果列为党建责任制的重要

内容,做到同部署、同检查,督促各级党组织多创特色,多出经验。

（二）增强互动性。

群众的参与度决定党务公开的生命力。党务公开,尤其是网络公开,应当是一个互动的平台,如果只有公开,没有信息互动,则很难及时把握和评价公开的效果,很难充分调动广大党员和群众的参与热情。闵行党务公开工作中体现了一定的互动性,但为了适应广大党员群众日益增长的关注度,还需要努力。今后,一是在发挥好党务公开的"窗口"功能的同时,注重开发党务公开的表达意见的"平台"功能,为广大党员和群众搭建一个表达政治诉求、主张、意见和建议的平台,此举将极大地激活党组织和党员的主体意识,调动他们参与党内政治生活的热情,从而有效提升党的建设水平。二是建立群众参与制度。党的十六大报告指出:各级决策机关要完善重大决策的规则和程序,除了建立健全党内情况和社情民意反映制度外,还要建立和群众利益密切相关的重大事项社会公示制度和社会听证制度。社会公示和社会听证,是双向互动过程,是群众了解和参与到与切身利益密切相关的重大事项的决策的有效形式,也应当成为党务向社会公开的一种重要途径和形式。

（三）提高针对性。

党务公开不是"公开什么,群众就看什么",而必须是"群众关注什么,就公开什么",针对性和有效性是党务公开工作取得成功的重要因素。闵行的党务公开实践,已在党员和群众中树立起品牌形象,但在拓展公开内容的深度、广度,加强公开内容的针对性和有效性方面,还有许多工作要做。今后,一是聚焦敏感点,建立有效渠道,及时、经常地了解和把握群众的意见和反映,把群众关注的热点难点问题作为公开的重要内容,确保群众对党组织在处理和解决这些问题上的知情权、参与权和监督权。始终把群众满意不满意作为衡量党务公开成效的标准,不回避矛盾、不避重就轻、不流于形式。二是找准着力点,对容易滋生权力腐败的环节加大公开力度。其中,对干部选任、调动情况的公开是重中之重。要逐步扩大范围,对干部选举中候选人的资料以及候选人的提名范围、方式、选举程序、过程、结果等都应向党员和群众公开,接受监督。

（四）把握前沿性。

闵行的党务公开实践,虽然对区级层面的全委会权力运行机制已经着手进行改革并取得了不小的成绩,主要体现在突出公开性和参与性,对于"三重一大"的问题,将决策的征求意见、决策的形成过程和决策的执行结果等及时进行公开,然而比照中纪委、中组部选定的部分地方(河北省成安县、江苏省睢宁县、成都市武侯区)的县委(区委)权力公开透明运行试点获得的成果,遵照中纪委、中组部 2010 年联合出台的《关于开展县委权力公开透明运行试点工作的意见》的要求,仍需进一步深化和拓展。该意见明确提出"开展县委权力公开透明运行试点工作,要按照党内有关法规文件,明确划分县党代会,县委全委会、常委会及其成员,县委各职能部门的职责和权限,编制职权目录,尤其要加强对县委书记职权的规范"。可见,这是在党务公开中列出权力清单,为阳光照射提供聚焦的方向,不让权力有所谓的"朦胧美"。尽管在行政等级上闵行区属于地厅级,但区委和县委在党组织权力架构和职责功能方面基本上是类似的,况且上海市的闵行区与成都市的武侯区更是差不多。从发展的眼光看,党委权力的公开透明运行由县级上升到地级市和区也是顺理成章的事情。我们要敏锐而准确地把握党内权力运行体制改革的前沿问题和发展趋势,积极进行闵行区级层面规范区委权力公开透明运行的探索与试点,把着力点放在划清和公开"四会"(党代会、全委会、常委会、纪委会)及党委职能部门的职责与权限上,理清与编制职权目录清单,规范好区委书记职权运用的类别与范围,为党内民主的巩固和发展积累新经验。(吴其良、张永斌)

第三节　公推直选的实践与思考

民主选举,是党内民主的另一个必要条件,又是党内民主的核心问题。在党内民主建设的过程中,选举也是党的基层民主长期探索的课题。按照党章规定,党的基层委员会由党员大会或代表大会选举产生,总支部委员会和支部委员会由党员大会选举产生,但相当长的时间里基层党组织领导班子几乎都是由上级党组织"指选"或任命。从 20 世纪 90 年代初开始,伴随着基层治理的变革和基层群众自治的发展,基层党组织领导班子选举有了实质性变化。

一、"两票制"：适应村委会直选的农村党支部选举机制创新

1988 年村委会直选的广泛实行,对村党支部的授权方式与实际地位提出了挑战,农村干群矛盾的焦点往往集中于村党支部权力的有效性与合法性上。在这一背景下,1991 年初,山西省河曲县城关镇岱狱殿村改变过去由上级党委确定村党支部书记候选人再让党员选举的做法,首创了"两票制"方法选举村党支部书记,即首先让全村各户代表从全村党员中推荐村党支部书记候选

人,得票最多者为正式候选人。然后召开村党员大会选举产生村党支部书记。借鉴岱狱殿村的成功经验,与城关镇相临、干群矛盾相对突出的旧县乡在县委的支持下首先在全乡范围内推行了"两票制"。1992年上半年,城关镇也对所属村庄党支部进行了"两票制"改选。根据城关镇和旧县乡的实践,1992年3月,河曲县委组织部决定在全县范围内推行"两票制"。至当年8月,全县309个村都以"两票制"的方式改选了村党支部。此后,在山西省委组织部的肯定和推介下,到1997年9月,山西省境内共有晋城、朔州、长治、忻州、晋中和吕梁等六个行政地区推行了"两票制"。① "两票制"将村委会直选的制度机制引入到村党支部的选举中来,其目的是在不改变农村二元权力结构的前提下增强农村党支部的民意基础,解决农村治理危机。

1999年4月,山西省临猗县委将村党支部"两票制"变通为"两票选任制",选举产生了卓里镇党委书记。"两票选任制"的第一票是民意调查票,参加民意调查投票的是全镇机关、单位和农村18周岁以上有选举权的干部、职工和村民。投票者以无记名投票方式,按照信任、基本信任、不信任三种选择对现任镇党委书记进行评价。第二票是在民意调查之后召开党代会,现任镇党委书记只要获得民意调查投票60%以上的信任票,即可作为镇党委书记候选人,在党代会上按照原有的选举程序连选连任。② 与"两票制"原型中村民自由提名和差额选举不同,卓里镇所试行的"两票选任制",选民不能参与提名,也没有公开推荐、自由报名和差额选举,其目的是上级党委希望通过民意调查了解公众对镇主要领导的意见和看法,因此其制度创新的意义不及"两票制",但通过投信任票的方式检验了乡镇党委书记的公信力,这对于乡镇党委结合民意改进工作、加强自身建设、优化基层干部形象很有意义。

二、"两推一选":"两票制"程序的改进

相对于传统的党支部选举程序,"两票制"的第一票亦即民意票是制度创新的核心,但吸纳民意应该与尊重党员民主权利结合起来,因此,"两票制"在扩散过程中,各地又根据不同的情况进行了改进,"两推一选"便是其中之一。

1999年3月,安徽省凤阳县在新一届农村党支部选举中,实行"党员推

---

① 见景跃进:《当代中国农村"两委关系"的微观解析与宏观透视》,中央文献出版社2004年版,第82—87页。

② 参见李凡等:《创新与发展:乡镇长选举制度改革》,东方出版社2000年版,第73—77页。

荐,群众推荐,党内选举",即"两推一选"。其具体操作过程分三个阶段:第一步,各村党支部召开党员大会,吸收非党的村委会成员、村民组长和村民代表参加,在听取上一届党支部委员述职后进行民主评议,并以无记名投票方式推荐新一届党支部成员的初步候选人,党内、党外的推荐票分别统计,"称职票"未过半数的原支部委员不再列入下届支委的初步候选人名单,乡镇党委根据得票多少按照比村党支部成员职数至少多一倍的人数确定初步候选人。第二步,各村召开有80%以上成人村民参加的会议,对新一届党支部成员初步候选人进行信任投票,乡镇党委对过半数以上群众信任的初步候选人进行考察,确定正式候选人。第三步,各村党支部召开党员大会,对正式候选人进行无记名差额选举,产生新一届村党支部领导班子,再由支部委员会通过无记名投票方式选举产生书记和副书记。① 与"两票制"相比,凤阳县农村党支部"两推一选"将村民推荐支部候选人改为党内推荐支部候选人,再由村民对党内产生的支部初步候选人投信任票,这一程序上的调整体现了党组织的相对独立性。由于"两推一选"将民意与体制内做法结合了起来,因而一开始就引起中央有关部门的重视。2000年11月30日,中共中央办公厅下发《关于在农村开展"三个代表"重要思想学习教育活动的意见》,明确要求"大力推进村党支部领导班子成员选拔任用制度的改革,实行'两推一选'"。到2000年底,全国有20多个省区市实行了"两推一选"试点,四川省、重庆市推行面更是达到95%以上,山东省在22000个村实行了"两推一选",公开选拔村党支部成员31700多人,其中村党支部书记10100多名。②

受村党支部"两推一选"改革的直接影响,乡镇党委也进行了"两推一选"的试点。按照传统的党管干部原则,乡镇党委领导班子一般由县委任命罢免,乡镇党委换届选举时,县委事先考察新一届乡镇党委组成人员,并提交县委常委会讨论确定,然后交由乡镇党代表大会通过,乡镇党委书记、副书记不是由乡镇党代表大会直接选举产生,而是在新一届乡镇党委会议上通过"组织分工"产生。换言之,乡镇党委成员在党委内的职位不取决于其在乡镇党代表大会上得票率的多少,而取决于上级党委的意志。这种状况在湖北省11个乡镇党委"两推一选"的试点中得到了改变,而其中最具代表性的试点是杨集模

---

① 林文森:《"两推一选"是加强农村党组织建设的好办法》,《党建研究》2000年第11期。
② 虞云耀:《充分发挥村党支部的领导核心作用　推动村民自治健康有序地发展》,《组织人事报》2000年12月28日。

式和咸安模式。

2002年8—9月,湖北省京山县杨集镇党委书记"两推一选"是与镇长"两推一选"结合进行。出于提高效率的考虑,杨集镇推荐党委书记与镇长初步候选人的工作被糅合在同一个程序中。其第一步是先召开全镇选民大会,采取无记名投票方式,推荐镇党委书记、镇长初步候选人,对选民提名的候选人,严格按得票多少,取其前三名为镇党委书记、镇长初步候选人。这是将村委会"海选"方式应用于乡镇领导人候选人的提名上。第二步,分别召开全镇党员大会、村(居)民代表大会,对前三名投票,按得票多少,取前两名为党委书记、镇长正式候选人。第三步,分别召开党代会和人代会,在候选人发表竞职演说和接受代表质询后,对两名正式候选人投票,直接差额选举产生镇党委书记和镇长。①

而2003年1—2月湖北省咸宁市咸安区乡镇党委领导班子的"两票推选"则是与乡镇机构改革同步推进。该区首先在横沟桥、贺胜桥两镇试点,试点成功之后,开始在所有乡镇推行。其具体程序是:候选人通过自荐报名、资格审查后,由乡镇全体中共党员、非党员村组干部及居委会干部、非党员四级(省、市、区、乡)人大代表、非党员的村民和居民代表(每15户农户或居民户选1名代表)、非党员乡镇企事业单位班子成员、非党员乡镇机关干部"海选"推荐,确定12名候选人。然后,召开镇党代表大会,在12名候选人发表竞职演讲后,由全体党代表以无记名投票方式选举产生9名党委成员,并当场唱票、公布结果;在新的党委产生后,两名党委书记正式候选人发表竞职演讲,由全体党代表以无记名投票方式差额选举产生党委书记;全体党代表再从落选的党委书记候选人和3名党委副书记候选人中投票选举产生3名党委副书记。随后,各乡镇召开人代会,将9名党委委员推荐到人代会上作为乡镇政府班子成员候选人。其中,党委书记等额推荐为乡镇长候选人,3名副书记推荐为常务副镇长候选人,其余5名党委委员作为3名副乡镇长的差额候选人,由人大代表差额选举产生。"两票推选、交叉任职"改革的结果就将原来党委、政府、人大、政协四套班子整合为一套班子,即党委书记兼乡镇长,1名副书记兼人大主席团主席和纪委书记,1名副书记兼常务副乡镇长,1名副书记兼政协工作委员会主任,3名党委委员兼任副乡镇长,其他委员兼任群团正职或其他职务(一般是组织委员和宣统委员)。① 由于咸安模式既满足了国家对乡村社会的治理,又满足了基层民主发展的需要,因此很快得到了湖北省委、省政府的肯定,2003 年 11 月,湖北省以咸安模式为蓝本选择了 7 个县(市、区)进行试点,2005 年又在全省推行。②

上述两种乡镇党委选举改革模式的共同之处在于变上级党委直接提名候选人为党员、群众提名并按得票多少确定候选人,变党委书记在党委会上等额选举为全体党代表直接差额选举,且党委书记差额均达到 50%;其不同之处在于候选人产生的程序上,杨集模式经过了全镇选民和党员的两次推选,比咸安模式的一次公推更加广泛、民主。不过,无论是"两推一选"的杨集模式,还是"两票推选"的咸安模式,由于乡镇党政领导兼职,特别是党委书记兼乡镇长,工作权限增大,而乡镇党代会、人代会、党委会、纪委的监督事实上难以到位,因此进一步强化了书记权力的集中程度。

三、"公推公选":公开选拔乡镇党委书记的有益尝试

"公推公选"是四川省发展起来的一种干部选拔任用方式,其目的是要通过引入民主参与和竞争机制,扭转干部任用过程中的不正之风,实现公开、公正和公平的目的。

1997 年 8 月,四川省巴中地区打破身份、地域界限,按照"公开、平等、竞争、择优"的原则,面向社会公开选拔村干部,以加强村干部队伍建设。这一做法得到四川省委的肯定并加以推广。1998 年 3 月,四川省委在巴中地区召开现场会,提出全省要把村干部"公推公选"的做法扩大到选拔乡镇领导干部上来。1998 年 9 月至 11 月,四川省遂宁市市中区东禅镇和莲花乡便开始进行党委书记"公推公选",具体分笔试、面试和选举三个阶段。首先,由公选领导小组和组织部门组织笔试确定初步候选人。然后,区一级党委、政府、人大、政协的主要领导,公选领导小组成员,乡镇机关党员干部,村干部中的党员和群众党员代表,区直机关单位负责人等,参加面试大会,由区委副书记和组织部长、人事局长负责提问。面试答辩结束后,由参加面试的区、镇干部和党员代表投民主推荐票,得推荐总票数前 2 名者为提交区委常委会审议人选。同

① 白钢主编:《乡镇改革:乡镇选举、体制创新与乡镇治理研究》,中国社会科学出版社 2008 年版,第 472—476 页。

② 吴理财:《农村税费改革:逼出来的"乡派"式改革》,《决策》2005 年第 4 期。

时规定,最高票获参会人员过半数始得当选。如参加面试者均未获得参加人员过半数推荐,则重新推荐或宣布该职位公选失败。区委常委扩大会议在投票结束后现场进行,获得选票最多的候选人被任命为乡镇党委书记并当场宣布。① 这次"公推公选"相对于传统的干部选拔方式具有一定的透明度和竞争性,但整个"公推公选"过程党员、群众的参与十分有限,无论是规则的制定、候选人的提名和面试,还是确定最终人选,上级党委和公选领导小组的意志都发挥着主导作用。

2002年7月,中共中央正式颁布实施《党政领导干部选拔任用工作条例》,其中公开选拔、竞争上岗成为党政领导干部选拔任用的方式之一。2003年4月,江苏省宿迁市宿豫县(现改为宿豫区)首先面向全县"公推竞选"②曹集乡党委书记。其程序分四个阶段:第一阶段,公开推荐。采取民主推荐、组织推荐、领导干部推荐和个人推荐相结合的办法,即分别由乡镇基层党委——乡科级领导干部——县级领导班子成员和领导干部、县四套班子领导成员——县常委会四轮推荐、筛选,产生候选人初步人选。第二阶段,竞选。按照驻点调研、演说答辩、民意测验、大会选举的步骤进行。第三阶段,评分。由有关领导和专家组成的考官对初步人选的演说答辩当场评分。与此同时,当地各方代表对初步人选的民意测验也在现场进行并当场计分,最后将先前的驻点调研报告评分、考官评分和民意测验得分综合起来,择优确定候选人。第四阶段,选举。由乡镇党代表大会直接差额选举产生乡镇党委书记。③

显然,宿豫县"公推竞选"乡党委书记较之于东禅镇、莲花乡党委书记的"公推公选",其民主性、公开性和竞争性都大为增强,而在改变乡镇党委书记由上级党委直接提名、任命而为党员、群众提名和党代表差额直选方面,又与杨集镇"两推一选"、咸宁区"两票推选"殊途同归,所不同的是,宿豫县的"公推竞选"先后进行了四轮推荐,因而民主程度和选举成本都更高。

四、"公推直选":尊重党员主体地位的重大突破

在"两票制"演变为"两推一选"的同时,还出现了另一个变体,即"公推直

① 中共四川省委组织部课题组:《关于公选、直选乡镇领导干部与党的领导问题的调查与思考》,《马克思主义与现实》2003年第2期。

② 2003年10月2日,中央电视台"焦点访谈"播出了"'公推公选'择乡官",将"公推竞选"改为"公推公选"。

③ 金伟忻、郁芬、徐明泽、李士禄、吕晓露:《制度创新:激发干部队伍的活力之源——宿豫县公推竞选乡镇党政正职干部追踪》,《新华日报》2003年7月14日。

选"。1998 年初至 1999 年 2 月，四川省开始尝试以"公推直选"的方式选举产生村党支部书记，其突破之处在于村党支部书记由党员直选。这种选举方式不只是注重了党外群众的意见，还强化了全体党员对书记的决定权。2000 年前后，这种开放式提名、差额直选方式又从村党支部延伸至乡镇党委。1998年 11—12 月，四川省眉山市青神县南城乡以全体党员直接投票方式选举产生了乡党委领导班子成员。① 2001 年，四川省平昌县灵山乡也以换届选举为契机进行了乡党委领导班子"公推直选"。② 不过，由于党员直选书记，特别是由群众投票来决定书记候选人与既有的党规党法相悖，因此试点具有不稳定性。

2002 年 11 月，党的十六大明确提出了"改革和完善党内选举制度"的要求，从而为基层党组织领导班子选举改革提供了依据。此后，"公推直选"不仅在村党支部选举过程中得到普遍实践，而且在乡镇一级党委也获得了更大范围的试点，并创造出多种选举模式。

一是乡镇党委书记"领选组阁"模式。2003 年 12 月，四川省成都市新都区木兰镇进行了"公推直选"镇党委书记的试点。2004 年 3 月，新都区又规定只要是"条件成熟的镇"都可以直选镇党委书记，并明确其基本程序和方法是：在公开报名和资格审查的基础上，由区委组织部、区纪委组成的考察组对候选人初步人选进行考察，初步人选同时在区内电视、报纸、网络等媒体上公示；候选人初步人选用 5—10 天时间进行实地调研；然后召开公开推荐大会，参会人员包括机关全体干部、村(社区)党组织书记、村(居)委会主任、各级党代表、各级人大代表、各级政协委员、驻镇单位负责人、企业负责人代表、党外人士代表、村民小组长和普通群众代表，候选人初步人选按抽签确定的顺序依次进行演讲，再由参会人员以无记名投票方式填写推荐票，当场公布推荐结果，以获得赞成票多少为序取前两名为镇党委书记候选人预备人选；最后召开党员大会，无记名投票直接差额选举产生镇党委书记，党员大会必须有 4/5 有选举权的党员到会且经半数以上有选举权的党员同意通过方能有效。当选的镇党委书记有组阁权，负责向区委提出本镇党政领导班子成员的建议人选，经区委组织部、区纪委考察后报区委按组织程序任免。当选的镇党委书记每半年要向上级党委报告一次本级党委及本人的工作，同时还要向党代表大会或

---

① 中共四川省委组织部课题组：《关于公选、直选乡镇领导干部与党的领导问题的调查与思考》，《马克思主义与现实》2003 年第 2 期。

② 刘谦祥：《四川平昌公推直选乡镇党委班子的探索》，《学习时报》2006 年 3 月 6 日。

党员大会述职一次。每年对当选的镇党委书记进行民主评议,不称职票超过三分之一且被认定为不称职的,按照有关规定免职。本镇10名以上有选举权的党员提议、20%以上有选举权的党员附议,也可以向区委书面提出罢免要求。① 2004年7月,成都市委组织部又在总结新都试点经验的基础上,下发了《关于开展乡镇党委书记公推直选试点工作的指导意见》,开始在全市范围内推行乡镇党委书记"公推直选"。

二是乡镇党委领导班子"倒选"模式。2004年1月,四川省平昌县在实行乡镇综合改革的基础上,将"公推直选"的试点扩大到全县三分之一共9个乡镇试行。其基本做法是:由符合条件的人自愿报名参选,县委负责资格审查,符合资格条件的人选予以公示;然后,符合资格条件的人选到直选乡镇调研,并在推荐大会上进行演讲答辩,由党员和部分非党群众代表进行无记名投票,确定正式候选人:党委书记正式候选人2人,党委副书记正式候选人4人,党委委员候选人比应选职数多1—2人;最后由不低于辖区党员总数4/5的党员直选,以到会党员过半赞成当选。正式选举采取"三轮选",即第一轮选举党委书记,落选者可参加党委副书记竞选;第二轮选举党委副书记,落选者可参加党委委员选举;第三轮选举党委委员,当选的党委书记、副书记直接确定为党委委员,不再参加委员选举。当选的党委领导班子成员每年向党员大会述职,接受党员评议,在年度工作考核民主测评中不称职票超过30%,经县委确认为不称职的,责其辞职或免职。②

与平昌模式相似,2004年7—9月,云南省红河州泸西县在全县10个乡镇和四川省雅安市芦山县飞仙关镇、凤禾乡也分别以"倒选"方式选举产生了乡镇党委领导班子,只不过在候选人产生、确认的环节上,泸西县各乡镇采取的是"两推"办法,即"一推"是在党内以党总支为单位组织党员民主推荐,另"一推"是在党外由群众30人以上自由联名推荐,在此基础上,由乡镇选举委员会对推荐出的党委班子成员的初步候选人进行资格审查,然后在党群联席会议上以无记名投票方式选举产生乡镇党委书记、副书记、委员正式候选人,最后由党员大会以"倒选"方式直选产生乡镇党委领导班子。③ 而四川省雅安

---

① 《新都区关于镇党委书记公推直选的实施意见(试行)》2004年3月3日,上海市委党校图书馆网:http://db.sdxlib.gov.cn/detail? record=2397&channelid=17371。
② 见王勇兵:《四川省平昌县乡镇党委公推直选调查》一文的资料链接《平昌县公推直选全过程》,《中国改革》2007年第10期。
③ 见周平:《云南省红河州大规模的乡镇直选研究》,《学术探索》2005年第2期。

市芦山县飞仙关镇和凤禾乡虽然也采取了"两推",但其"第一推"是由18岁以上的选民推荐,县委根据群众推荐的结果,按职数1/3—1倍的比例差额确定考察对象;"第二推"则由县委常委会差额票决产生3名党委副书记初步候选人,县委全委会差额票决产生1名镇党委书记初步候选人,再由党员大会以"倒选"方式产生乡镇党委领导班子。①

三是乡镇党委书记"三票制"模式。2004年2—3月,江苏省宿迁市在宿豫县(2004年3月改为宿豫区)黄墩镇进行了党委书记"公推直选"。其创新之处有两点:(1)提名候选人采用"两推一票决"方式,即以基层党委为单位组织干部、党员、群众参与推荐,推出得票较为集中的前12名人选进行公示;再以党支部为单位组织全体党员进行第二轮推荐,筛选出得票前4名人选进行资格审查和组织考察,提出3名候选人初步人选,提交县委全委会差额票决,确定2名正式候选人参加试点乡镇全体党员的差额直选。(2)正式选举设秘密写票处,并要求参会党员应到秘密写票处填写选票。② 同年3—4月,宿豫区的蔡集镇也以同样的方式选出了该镇的党委书记。

2004年8—9月,四川省遂宁市船山区桂花镇也以"三票制"的方式进行了党委书记"公推直选",但在选举规则上又有创新,主要表现为"结构推荐"。即在自愿报名、资格审查基础上确定的初步人选必须先在其所在单位全体职工进行信任度测评,获信任票达50%以上方能参加结构推荐。同时,"信任度"测评结果按10%的权重纳入结构推荐的计算结果中。计算方法是:参加结构推荐的代表分A、B、C、D四个层面,A层面为本镇的区及以上党代表(权重30%)、B层面为镇机关干部(权重20%)、C层面为村民代表(权重20%)、D层面为区委公推直选工作领导小组成员(权重20%)。按候选人初步人选结构推荐得分情况,取前5名作为镇党委书记候选人预备人选。预备人选经实地调研后在区全委会上分别作竞职演说,由全体委员差额票决推荐2人作为正式候选人。正式候选人在全镇党员大会上就桂花镇各项工作回答党员提问后,与会党员以无记名投票方式直接差额选举镇党委书记。③

① 肖立辉:《基层党内选举制度改革研究——以成都、雅安乡镇党委直选为例》,《毛泽东邓小平理论研究》2008年第9期。

② 见白钢主编:《乡镇改革:乡镇选举、体制创新与乡镇治理研究》,中国社会科学出版社2008年版,第369—377页。

③ 任中平、胡振亚、熊高仲:《党内基层民主建设的又一制度创新实践——遂宁市船山区桂花镇"三票制"公推直选镇党委书记的启示与思考》,《社会主义研究》2005年第5期。

上述试点虽然直选范围不同,但体现了共同的价值取向,即改变了过去单一由上级党组织提名的做法,将可量化的民意引入到候选人的提名过程,将党委书记或党委班子的间接选举转变为全体党员直选。当然,不同选举模式各有其优势和不足。新都"书记组阁"模式有利于减少班子内耗,提高班子的团结协作能力,也有利于平衡权责关系,形成被提名的镇党委班子成员向镇党委书记负责、镇党委书记向选举他的党员和群众负责的权力制约链。但是,新都模式在党委书记产生方式更民主的同时,也把应该选任的党委班子变成了党委书记委任,这不仅与现行党规党法关于选举程序的规定有矛盾,而且进一步强化了书记集权。平昌、芦山、泸西"倒选"模式优点在于被选举人在竞岗过程中有更多的机会,但"倒选"意味着把书记、副书记候选人当做了委员的当然人选,而在实践中书记、副书记候选人未必一定能够在委员选举中当选,而选不上委员就不可能有书记、副书记候选人的资格。船山区的"结构推荐"以程序设计的缜密和精细取胜,使"群众公认"原则得到了优化,但相对其他选举模式成本较高、时间过长,因而难以在面上推广。

五、"公推直选"在与"公推公选"的交织推进中获得法理依据

2004 年 9 月 19 日,党的十六届四中全会根据基层探索的实践,首次写入了"逐步扩大基层党组织领导班子成员直接选举的范围"的内容。此后,"公推直选"改革进入了"提速期"。从 2004 年开始,江苏省宿迁市在所属区、县展开了较大规模的乡镇党委领导班子直接选举试点。[①] 2005 年 8 月 25 日,四川省委组织部决定,"除民族地区外,乡(镇)、村和街道、社区党组织负责人的产生,原则上要实行公推直选,并逐步扩大基层党组织领导班子成员直接选举的范围;县(市、区)所辖的中小学校、医院等事业单位,要把公推直选作为选拔产生基层党组织负责人的重要方式。各级机关及各类企业等单位,在党的基层组织换届或党组织负责人空缺时,要积极尝试公推直选方式。"[②]这是在一省范围内大规模推行"公推直选"改革。与此同时,"公推直选"配套措施的完善也取得重大进展。2005 年 6 月,成都市委组织部下发了《成都市乡镇党委书记公开推荐直接选举试行办法》及 13 项与之相配套的管理和监督办法,

---

① 史卫民:《积跬步以致千里——2000—2005 年中国基层民主政治建设回顾》,《中国改革》2005 年第 9 期。

② 李伟:《乡镇党委书记公推直选全面推开》,《四川日报》2005 年 8 月 26 日。

对因违法违纪、长期履职不到位、严重伤害群众利益、管理决策出现严重失误、造成重大损失的乡镇党委书记，可以提出罢免，提交党员大会审议；党员也有权对本乡镇党委书记提出罢免动议，并由区（市）县委责成区（市）县委组织部负责受理。① 这就初步形成了以民主选举为起点，从"授权"到"收权"的制度框架。

但值得注意的是，在2006年到2007年的乡镇党委换届选举中，四川、江苏两省的"公推直选"并没有推开，而是进行了大面积的"公推公选"。究其原因，一方面是"公推直选"在《党章》中缺乏依据；另一方面则在于中组部虽然明确支持公推产生候选人的做法，但并不主张"公推直选"全面推开，而是要求结合换届继续扩大试点，积累相关经验。② 这样，截至2006年10月，四川省除民族地区外，有2772个乡镇完成了"公推公选"工作，占全省乡镇总数的63%。③ 2006年上半年，江苏省893个乡镇党委换届，也有625个推广使用了"公推"模式，占70%。④

与此同时，基层党组织领导班子"公推直选"也未停步。2006年，江苏省选择了包括南京市高淳县在内的73个乡镇进行了不同类型的"公推直选"。⑤ 同年初，云南省红河哈尼族彝族自治州在全州范围内进行了大规模的乡镇党委领导班子换届直选。⑥ 截至2007年10月，全国已有300多个乡镇开展了"公推直选"的试点。⑦

经过实践和比较，2007年10月，党的十七大不仅肯定了"逐步扩大基层党组织领导班子直接选举范围"的走向，而且在党章中将"基层委员会、总支部委员会、支部委员会选出的书记、副书记，应报上级党组织批准"修改为"基层委员会、总支部委员会、支部委员会的书记、副书记选举产生后，应报上级党组织批准"⑧。从而最终为基层党组织领导班子"公推直选"提供了法理依据。党的十七大后，尽管仍有部分省份实行乡镇党委书记"公推公选"，但"公

---

① 本刊县域经济观察员：《成都全面推进乡镇党委书记公推直选》，《领导决策信息》2007年第40期。

② 郭奔胜：《高层聚焦的选拔民主："公推直选"》，《决策探索》2009年第12期。

③ 《四川大面积公推公选乡镇领导班子成员候选人》，《新华日报》2006年10月3日。

④ 苏组：《江苏乡镇党委换届大面积"公推"》，《中国人事报》2006年9月13日。

⑤ 郭奔胜：《高层聚焦的选拔民主："公推直选"》，《决策探索》2009年第12期。

⑥ 周梅燕：《2006云南省红河乡镇党委换届直选报告》，《今日中国论坛》2006年第5期。

⑦ 盛若蔚、曲昌荣：《党的建设新的伟大工程扎实推进》，《人民日报》2007年10月18日。

⑧ 《中国共产党第十七次全国代表大会文件汇编》，人民出版社2007年版，第82页。

推公选"的侧重点已逐步转向行政领导干部的推荐,且职级也越来越高,而"公推直选"作为基层党内选举改革的重要成果开始在全国范围内推行。

六、经验与启示

基层党组织领导班子选举通过"两票制"、"两推一选"、"公推公选"和"公推直选"的递进式改革,实现了由上级党组织提名候选人并采取多层次间接选举向党员、群众推荐并由党员直接选举转变。这既是基层社会深层变革所致,也是党的各级组织适应新的社会生态环境而积极改革的结果。

(一)要善于在与社会基层民主的互动中获得党内民主改革的动力。

综上所述,我们可以看到一个很有意思的现象:党内基层民主选举,与党代会常任制、党务公开都有很大的不同。党代会常任制是在中央部署之下,由党的基层组织积极推动的;党务公开,可以感受到近年来,中央较大的推动力度。党的基层民主选举,则源于中国基层社会民主发展的推动。"公推直选"一个最大的特点,就是在党内的选举中,纳入了非党群众的参与这个环节,这是很有意思的,体现了党内民主与人民民主的内在共生关系,这是我们在党内民主建设中要特别注意的。

基层党组织领导班子选举改革之所以从农村开始,从根本上说,是为了协调与村民自治的关系、化解干群和社会矛盾而作出的适应性变革,而与选举改革相适应的基层党组织领导班子的公开承诺、公开述职、民评官、质询、罢免等机制的建立,不只是从源头上理清了基层党组织领导班子权力的"上游"和"流向"问题,改变了基层党组织原有的"自上而下"的权威结构和权力逻辑,以及在现实政治实践中的"对上不对下"问题,更重要的是,实现了基层党组织领导班子角色定位的转变,使得基层社会的冲突和干群矛盾得到缓解,改善了党对基层社会的领导。而将基层党组织领导班子选举改革与基层党政领导体制改革联动推进,又为改善基层社会治理,实现基层党政权力结构优化和职责的科学界定,提供了新的探索空间。在基层党组织领导班子选举改革过程中,无论是采取"党政一把手兼任制"或"书记组阁制",都必然要求规范基层民主决策程序和集体领导制度,明确党政角色定位和岗位职责要求,建立党政组织的工作协调机制,以实现党政之间的良性互动。基层党组织选举改革一旦与基层党政关系的转型结合起来,不仅有助于自身的可持续发展,实现基层党组织政治资源和价值权威的再造,而且可以保持基层党政职能各自的相对独立以及在此基础上的互补、协调和统一。

（二）要善于在实践的基础上，不断推进相关制度的完善。

基层党组织领导班子选举改革的演进，就是一个不断通过程序和技术的改革以扩大群众参与、体现党员主体地位的过程。当单向、封闭的选举方式改为民主、开放的选举方式后，就必然要求打破不合理的干部任职门槛，打破干部身份和行政级别的限制，形成按德才和实绩用干部的机制；必然要求对《党章》、《公务员法》、《中国共产党基层组织选举工作暂行条例》等法规制度作出相应的修改，以实现政治合法性与法规合法性的动态统一；也必然要求尊重直选所形成的基层党组织领导班子与党员权力委托代理关系，规范干部任期内的调动，保持其任期的相对稳定性，以维护党内民主授权的严肃性。而相关制度的过程，又是要通过上下之间的良性互动而实现的。面对基层改革，来自中央的肯定、支持和鼓励，以及根据基层党内选举改革的成功经验所进行的制度调整，不仅给地方和基层的创新者以正面激励，而且营造了更为宽松的改革氛围，形成了良性的中央、地方与基层互动改革的局面。

（三）要善于通过理论的创新，为制度创新提供支持。

党内民主选举的变革实践，提出了许多新的理论问题。有实践与现有制度的冲突问题，党内民主与民主集中制的关系问题，党内民主与人民民主在权力体制上的整合问题，基层实践与上级推动的关系问题，等等。

例如"公推直选"包含着对原有的基层党组织内一些重要关系的冲击。从授权和责任关系的角度看，党内现有条例明文规定了党员大会与党代表，党代会与党委会，党委会与书记、副书记之间的授权关系，由此也形成了后者对前者的负责关系。但"公推直选"改变了原有的授权关系，不仅书记、副书记与党员大会之间具有选举授权的直接关系，而且由于党委成员也由党员大会选举产生，因而必然逻辑地产生书记、副书记到底是向党员大会负责还是向党委会、党代会负责，党委会是向党员大会负责还是向党代会负责的问题。相应地，基层党代会的作用及其去留、基层党组织集体领导原则的实行，便成为一个不得不面对的现实问题。由于目前"公推直选"的一部分基层党组织同时也是党代会常任制的试点单位，两者的分头并进已经引起组织内部的冲突，因此有必要将两者统筹起来寻找解决问题的方案。可以把基层党组织"公推直选"与直选党代表并发挥其作用结合起来，让普通党员拥有直选书记、副书记、委员和党代表的权力，党代表在联系党员、群众的基础上参与党委决策，评议甚至罢免基层党委班子成员，党委向党代会报告工作，并接受其质询和询问。就较好地利用了体制空间，把"公推直选"与逐步完善党代会制度结合起来,既便捷,也能够比较好地贯彻集体领导原则。

这里还要强调指出的是,关于党员意愿和组织意图的关系,或者说是民主选举与"党管干部原则"的关系。必须在理论上说清楚,党管干部并不是党委管干部,恰恰指的是在党员主体性基础上的党对干部的管理,正如古巴共产党的说法,"干部与每个党员相关",组织意图应该是党员意愿的体现。指出这一点十分重要,正是在这样的观念下,一些所谓的公推直选就变味了。

附录4:

浙江省关于党内直选做法的基本情况

党内民主选举是党内民主建设与制度创新的一个重要方面。党员的选举权和被选举权能否充分体现,是党内民主发展程度的重要标志。党的十七大提出"改革党内选举制度,改进候选人提名制度和选举方式。推广基层党组织领导班子成员由党员和群众公开推荐与上级党组织推荐相结合的办法,逐步扩大基层党组织班子直接选举范围。"浙江省对党内民主选举进行了积极探索。

(一)党代表直选。党代表大会常任制要深入推进,进行党代表直选是重要的一环。因为常任制是为党的代表大会服务的,而党代表直选又是为常任制服务的。根据浙江省委和台州市委的统一部署安排,我省党代表直选工作的两个试点将于2004年11月23日前后在台州的路桥区和台州的工商系统启动。在台州市委组织部的指导下,台州市路桥区委于2004年11月至2005年3月份,在区第三次党的代表大会上正式启动和实施党代表直选工作。路桥区积极借鉴各地的成功经验,探索县级党代表的直选工作,取得了成效。主要做法:一是合理确定名额,科学划分选区。按照有利于充分发扬民主、有利于议事决策和代表广泛性的原则,确定代表名额和比例,全区有1600多名党员,确定党代表名额为262名。适当降低领导干部的比例(55%左右),扩大一线代表的比例,适当增加非公企业(6%左右)和外来务工人员代表的名额。科学划分选区,原则上以党委建制的党组织作为一个选举单位,镇、街道按行业、地域相近和大小适中的原则划分选区。二是民主推荐,差额直选。以组织推荐、个人自荐、界别推荐、10名党员联名推荐等四种途径预选候选人,保证每位有选举权的普通党员都能够平等地参选;严格进行资格审查,党委进行复审不是党组织的同志凭主观意志或只看上报材料,而是指定专人负责并成立专门审查组,到报名人所在单位和有关部门进行调查,比如调查党员依法纳税的情况,有无违法、违纪情况,最后由党委票决制决定是否通过资格审查,并进行三天的公示;由选区全体党员在报名的对象中按不低于30%的差额比例无记名投票推选候选人,选举单位根据得票数确定初步人选名单,经考察公示后报区委组织部审批;按不低于应选人数20%的差额比例确定代表候选人,确定选举日,组织候选人与党员见面并作表态发言,召开选举单位(选区)党员大会直接选举产生党代表。三是创造条件,健全配套措施。通过采取上门登记、电话联系、书信联络和提前寄发选举通知书等,使党员做到100%知晓;设立秘密写票间,公开唱票计票,当场公布选举结果。探索工作取得了良好成效,党员积极参与,试点单位党员平均到会率达95%左右。实行党代表直选,在制度层面上充分尊重党员在党内的主体地位和民主权利,保障了党员的权利,保证了党代表的质量和素质,对于加强党的执政能力建设,发展党内民主,推动社会民主政治建设,都有重要的意义和作用。①

该制度的创新核心点有三点:一是基层党员可直选区的党代表,打破过去基层党员不了解上面党代表的情况,做到心中有数;二是选举党代表时,不再由上面提供候选人名单,基层党员可自己报名当党代表,也可联络10个以上党员推举谁来当党代表;三是被提名的候选人还需和基层党员面对面交流和接受质询。

这次"党代表直选"改革探索的效果,一是为推进基层民主政治建设,在充分尊重和不侵犯党员民主权利的前提下,进行"党代表直选"改革,符合《党章》的有关创新精神。二是有利于扩大党内民主、推进基层党员民主权利的重大举措;党的执政能力归根到底是获得广大人民群众的认同,正视群众的正当愿望和民主诉求,做到既为民执政,又依靠人民执政,已经显得十分紧迫。三是有利于推进基层民主政治建设,提高党的执政能力,关键是要在实践中把握好平等性原则,注重广泛性、实效性;通过民主对话、相互沟通、知情选择,实现群众对基层事务的民主决策、民主管理和民主监督。

(二)"公推直选"乡镇党委书记。2004年,浙江常山县和诸暨市按照中央《关于加强党的执政能力建设的决定》提出的"逐步扩大基层党组织领导班

---

① 张建明:《浙江发展党内民主的实践和展望》,《2006年浙江发展报告(法治卷)》,浙江人民出版社2006年版,第150页。

子成员直接选举的范围"的精神,积极探索乡镇党委书记的"公推直选"、"公推竞选"即"公开推荐候选人,直接选举党委书记"。有代表性的是常山县和诸暨市的乡镇党委书记的"公推直选"探索。其基本做法为:一是进行两轮民主推荐,第一轮推荐由全县具有一定代表性的不同层面干部群众参加,每职位确定 8 或 10 名人选;第二轮由全委会扩大会议推荐,每职位确定 4 名人选。二是对 4 名人选进行组织考察。三是进行常委会、全委会差额票决,最终每职位产生 2 名候选人初步人选。初步人选要经公示。四是组织 2 名正式候选人到有关乡镇进行调查研究、民情走访。五是在乡镇党员大会上,候选人进行 15 分钟的竞争演说。六是乡镇全体党员大会正式选举,直接差额投票产生乡镇党委书记。① 2008 年长兴县实行差额直选乡镇党委书记。10 月 16 日,夹浦镇、和平镇分别召开镇党代会第三次会议,在各自公推出 2 名候选人的基础上,通过差额选举产生镇党委书记。这次产生的 2 名乡镇党委书记,经历了发布公告、"公推"提名、公开民主推荐、全委会表决和常委会票决,广泛推荐,层层筛选,真正把乡镇党委书记人选的提名权交给党员群众。确定两个镇各 2 名党委书记候选人预备人选后,4 名候选人又通过了驻点调研、组织竞职演讲、现场答辩三关,最后经过镇党代会代表选举产生。这样,这次公推直选就改组织提名为党员群众推荐,改等额选举为差额选举,改党委委员投票选举为党代表直接选举,变"伯乐相马"为"赛场选将",变"少数人选人,在少数人中选人"为干部群众广泛参与的开放竞争式选人,把选人用人的推荐权交给群众、决定权交给代表。

乡镇党委书记的"公推直选"是开展基层党组织领导班子成员直接选举的一项有益探索,对于扩大党员民主权利、落实党员选举权,推进党内民主发展意义重大。

公推直选乡镇党委书记,是推进党内民主的制度性探索。十六大以后,浙江省在推进党内民主的制度性建设方面进行了许多探索和试验,特别是改革和完善党内选举制度,切实体现选举人的意志。浙江省从 2004 年开始在部分县市推行"公推公选",并把"公推公选"的范围扩大。目前在常山县和诸暨市的做法,则是在党内干部选举制度改革方面一次大的跨越,把过去"少数人从看中的少数人中选择少数人"变成"多数人从较多的候选人中选择少数人",

---

① 张建明:《浙江发展党内民主的实践和展望》,《2006 年浙江发展报告(法治卷)》,浙江人民出版社 2006 年版,第 151 页。

扩大了基层直接民主，并形成带有根本性、稳定性、全局性和长期性的干部选拔任用制度，其意义不可低估。

常山县和诸暨市的"公推直选"需要进一步完善的地方，除了在程序上需要完善外，暴露出的显著问题就是基层党员的选民意识不强，24个乡镇党委书记参加选举，只有一名落选，原因是许多党员还有惯性思维，认为"选举是个形式，不管怎么选，还是上面安排的党委书记当选"。我们不能仅仅批评这些党员民主素质差，而正说明我们长期不民主的后遗症一时很难消除，需要在民主的实践中培养起民主习惯，而首先需要培养民主习惯的恰恰是领导。

（三）村党组织成员"两推一选"。在20世纪末，浙江就在全省农村基层党组织换届选举中推行了"两推一选"。"两推一选"即在村级党组织换届选举时实行"党员民主推荐、群众推荐测评、党内民主选举"的选举方法。"两推一选"以全体党员推荐和自荐、村民代表推荐、党（总）支部提名等形式推荐候选人初步人选，由全体党员和村民代表分别对候选人初步人选进行无记名投票的民意测评来确定正式候选人。这种以无记名投票的形式，把党内选举的推荐权扩大到党员和群众的做法，最大限度地选出了能代表民意，受到村民和党员信任的、"靠得住，有本事"的人担任党支部书记和支委，农村基层党组织在农村各项事业中的领导核心得到了更为充分的发挥。

2005年上半年，为了搞好换届选举工作，中共浙江省委下发了浙委〔2004〕24号文件《中共浙江省委、浙江省人民政府批转〈省委组织部、省民政厅关于认真做好2005年村党组织村民委员会换届选举工作的意见〉的通知》。《通知》指出，村党组织是村级组织和村各项工作的领导核心。为加强对村民委员会换届选举的领导，村级组织换届选举时，一般应按照先村党组织换届选举、后村民委员会换届选举的顺序进行。一要全面实行"两推一选"的村党组织换届选举制度，切实保障党员民主权利，充分尊重群众意愿。在群众推荐时，可以由村民代表、村民小组长等推荐，村规模比较小的；也可以以户为单位组织推荐；经"两推"产生的候选人，预备人选名单由上届村党组织上报乡镇（街道）党委；经批准后提交村党员大会选举。多数群众不同意的，不能提名为村党组织班子成员候选人。对一时无合适人选的，上级党组织要及时选派得力的党员干部到村任职。二要按照十六届四中全会《关于加强党的执政能力建设的决定》中"逐步扩大基层党组织领导班子成员直接选举的范围"的精神，选择条件具备的村，积极稳妥地开展村党组织班子成员党内直选、无候选人党内直选、候选人岗位承诺和任职演说等选举制度改革的试点扩要通过党内民主选举,切实把那些觉悟高、有本事、作风好、"双带"能力强的党员选进村党组织班子。三要加强党员教育,严肃党内纪律。每个党员都应自觉坚持个人服从组织、少数服从多数、下级组织服从上级组织的原则,增强党性观念,按照党章的要求,行使好民主权利,履行好应尽义务。对无故不参加村党组织换届选举活动或有其他各种干扰选举行为的,要加强教育,教育无效的,要依照有关规定作出严肃处理。

全省农村3.8万个村的党组织进行换届选举时,全面实行"两推一选"。多数群众不同意的,不能提名为村党组织班子成员候选人;在选举中,提倡让尽量多的党员通过法定程序推选为村民代表,提倡让尽量多的党员通过法定程序推选为村委会成员候选人,提倡让尽量多的党组织班子成员通过选举成为村委会班子成员,提倡让尽量多的村委会党员主任通过选举成为村党组织班子成员。此外,余姚、义乌、绍兴、新昌等一些市(县)基层结合本地情况,还实行了"两推两选"、"三推三选"的选举制度,对"两推一选"进行补充和完善。"两推两选"基本含义是采取"群众推荐、党员推荐"、"群众选举、党员选举"两结合,即全村采取"一户一票"的办法,在符合任职条件的党员中,按支部委员职数推荐新一届支部委员会初步人选,经资格认定、考察、公示后确定初步人选,召开支部党员大会投票推荐支部委员会正式候选人,再召开支部党员大会分别进行支部委员和支部书记的直接选举。"三推三选"就是党员自推、党员互推、组织补推确定候选人初步人选,群众测评票确定候选人预备人选,党委提名票确定候选人建议人选,党员选举票确定支委会当选。这些举措积极探索扩大了基层选人用人民主的有效方法。① (黄宇)

附录5:

上海市基层党组织领导班子成员直选工作调研报告

上海对基层党组织领导班子成员直选的初步探索始于1999年农村党支部换届选举时的"两推一选"(党员推荐、群众推荐,党内选举)。与以前村党支部选举相比,"两推一选"通过改进村党组织领导班子成员候选人提名方

---

① 张建明:《浙江发展党内民主的实践和展望》,《2006年浙江发展报告(法治卷)》,浙江人民出版社2006年版,第152页。

式,增强选举过程的透明度,扩大了村党组织的群众基础,提升了村干部的整体素质,也使党员群众的民主意识在实践中得到了锻炼和加强。十六大以来,为了全面贯彻党中央精神,进一步扩大党内民主,上海对基层党组织领导班子成员直选又进行了的探索,上海市政工程管理局、上海市委党史研究室、长宁区新华街道泰安居民区先后在党组织领导班子成员换届选举中尝试了不同模式的直选创新。

一、关于直选的理解

目前党内选举有两种方式:一种是直接选举,即党员通过投票或其他形式直接表达自己的选举意愿;另一种是间接选举,即党员通过选举党代表,由党代表代行党员的权利。《党组织选举工作手册》(中组部组织局编著,2001年出版,第294页)规定:党内的直接选举,一般是在党的基层组织进行,即召开党员大会由党员直接投票选举党的支部委员会、党的总支部委员会、党的基层委员会或出席上级党的代表大会的代表。《中国共产党基层党组织选举工作暂行条例》第一章规定:党的基层组织设立的委员会由党员大会选举产生。党员人数在500名以上或所辖党组织驻地分散的,经上级党组织批准,可以召开党员代表大会进行选举。通过归纳以上党内章程的约定,我们可以理解:直选是党的基层组织(党员一般在500人以下)召开党员大会由党员直接投票选举党的支部委员会、党的总支部委员会、党的基层委员会或出席上级党的代表大会的代表。

按照党的十六届四中全会提出的"完善党内选举制度,改进候选人提名方式,适当扩大差额选举的范围和比例,逐步扩大基层党组织领导班子成员直接选举的范围"的要求,基层党组织直选工作试点在选举内容、选举程序和选举范围等方面都有了较大的突破与发展。一是直选范围不断扩大,在江苏省常州溧阳市埭头镇新一届党委班子选举中,全镇召开了989名党员的党员大会,由989名党员在候选人中直接选举镇党委委员,改变了以往由党代表进行选举的惯例;二是选举对象有所改变,在四川省广汉市新平镇新一届党委领导班子换届选举中,437名党员通过党员大会,在两名候选人当中直接选举出了该镇党委书记,改变了以往党员选委员,再由委员会酝酿并选书记的做法;三是选举程序有了较大的改进,特别是在候选人提名方式上有了较大的变动,同时在选举中不断扩大差额比例,引入竞争机制,动员群众广泛参与,使选举的吸引力不断增强。

我们认为对的直选全面理解与正确把握必须要遵循两个基本原则：一是要严格按照党内有关章程的规定，掌握好直选最基本原则与界限，即直选必须是党员直接行使选举权，而不是授权党代表；直选必须要设立候选人，而不是'海选'。二是要与时俱进，全面理解党中央关于逐步扩大基层党组织领导班子成员直接选举范围的精神，党中央在文字表述上是将直选与改革候选人提名方式，扩大候选人差额比例等举措紧密联系在一起，其目的是希望通过直选来克服以往党内选举中存在的种种弊病，以党内选举制度的改革与创新带动党内民主的整体发展，切实解决好保障党员民主权利这个发展党内民主的核心问题。

二、上海市基层党组织领导班子成员直选的几种主要模式

"传统"式直选——此种选举模式是完全按照传统的制度范式和解释而操作的，也是当前基层党组织换届选举的基本模式，即由党员从候选人中差额选举出党的基层委员会委员，再由新一届委员会酝酿产生书记、副书记。目前，农村的"两推一选"、"两票制"、长宁区新华街道泰安居委会、市政工程管理局下属部分单位在选举中都是按照此模式进行的，虽然这种模式在选举中仍秉承了党员选委员，委员酝酿书记的方式，但针对以往选举中出现的"上面定人头，下面划圈圈"等现象，都对选举程序作出了一定程度的改革和完善，如在候选人提名方式上，采取公开候选人条件、党员以及群众投票推荐候选人、候选人选举前的责任承诺等，使选举尽可能真实地反映党员以及群众的意愿，体现出选举公平、公正、公开的原则，因此当前试点单位的"传统"式直选应称为"改革和完善后的'传统'式直选"似更为恰当。

"一票两选"式直选——"一票两选"即党员在正式选举过程中只投一次票，同时选举出委员会委员、书记和副书记。市委党史研究室机关党委、长宁区新华路街道陈家巷党总支在新一届委员会正式换届选举时即采用了这种模式。但在操作中，两家单位在具体程序上有所不同，市委党史研究室机关党委采取"委员差额选举，书记、副书记等额选举"的基本原则，在正式选举前，曾以全体党员为初步候选人进行了一次预选，以简单多数（按票数多少确定）选举出了6名委员会正式候选人、1名书记正式候选人、1名副书记正式候选人，并在正式选举中将委员候选人名单和正、副书记候选人名单列在同一张选票上，由党员一次性同时选举出党委委员与书记、副书记；陈家巷党总支则采取"委员、书记、副书记同时差额选举"的基本原则，在预选中，以简单多数（按票

数多少确定)的方式,选举出了9名委员会正式候选人,但9名正式候选人不分委员候选人与书记、副书记候选人,并在正式选举中由党员从这9名候选人中,按照票数多少同时选举出党总支委员会委员与书记、副书记。与"传统"式直选相比较,"一票两选"式直选改变了以往由委员会酝酿产生书记的做法,使党员拥有了对委员会书记、副书记的直接选择权与决定权。但在实际的操作过程中,这种选举模式存在一定的风险,如果选举前的准备工作不充分,可能会出现"书记候选人落选",且此种选举模式在选票填写、选票统计等方面也存在一定的难度,操作较其他模式相对复杂。

"两票两选"式直选——"两票两选"即党员在正式选举过程中先后投两次选票。上海宝钢集团宝钢股份有限公司下属二级党委部分直属党支部(总支)的直选就属于此种模式,即党员在初步候选人中分别推荐出新一届委员会委员候选人和书记候选人(书记候选人既有等额也有差额),然后在正式选举过程中先从委员候选人中选举出委员会委员,再从书记候选人中选举出书记,在书记等额选举中,如果出现书记候选人没进入支委会(总支委员会)或直选时赞成票数没有超过半数,则终止直选,并由支委(总支委)第一次会议选举产生书记和副书记;在书记差额选举中,如果出现书记第一候选人没进入支委会或直选时赞成票数没有超过半数,则对第二候选人进行直选。与其他直选方式相比,宝钢的"两票两选"式直选针对"一票两选"式直选过程中可能出现的"书记候选人落选"问题,作了较充分的准备和制度设计,基本上能保证选举的顺利进行。

"海选"式直选——"海选"式直选是基层党组织在换届选举时不经过预选阶段,而是以全体党员直接为正式候选人,通过召开党员大会,由党员在全体有被选举权的党员中按得票多少直接选举出委员会委员和书记、副书记。我市长宁区华阳街道华四居民区党总支即采取"海选"方式,产生了新一届居民区党的总支委员会。"海选"式直选的优点在于其程序较为简单,能最大限度地表达党员的选举意愿,较其他选举模式相比,进一步扩大了选举人的选择范围,党员也在选举过程中表现出了较强的参与热情,但"海选"的弊端也是显而易见的,如选举过程缺乏严密完善的程序和正确的引导,则极会出现选票分散、选举过程失控、选举结果的随意性等问题,并最终导致选举的失败。

以上四种模式是对上海近几年基层党组织直接选举方式的归纳与总结,从调研分析来看,四种模式各有特点,"传统"式直选较为稳妥,在程序上各级党务干部比较熟悉,易操作,但对党员来说仍有些"不解渴",在试点单位调研中一些党员表示这种选举方式离终点只差一步了，希望能直接选举书记。"一票两选"式直选、"两票两选"式直选在形式上都实现了党员对书记人选的最终决定权，并且在试点单位中都获得了较大的成功，但从目前的情况来看，"一票两选"式直选、"两票两选"式直选在试点过程中仍存在着以下两个瓶颈：一是制度瓶颈。按照党章和《中国共产党基层党组织选举暂行条例》的要求，基层党的委员会书记与副书记必须由委员会在全体委员中酝酿产生（上级任命的不包含在内），以此来体现党员、委员会、书记三者之间的权力受托关系，而由党员直接选举书记虽然在实践中得到了中组部领导的肯定，但在党内规章中仍缺乏应有的制度支撑；二是操作瓶颈。由于在预选中同时产生委员候选人与书记、副书记候选人，因此在正式选举中不确定因素会相对增多，假如书记、副书记候选人在正式选举中票数未过半，最终落选，那么这个候选人不仅不能当选为书记、副书记，而且也会因此失去了当选委员的机会，甚至会使整个选举中断或失败，宝钢股份有限公司技术中心党委下属情报所党支部在选举中就曾出现过由党员推荐的书记第一候选人落选的情况；再者在预选中，由于同时推荐委员、书记、副书记的正式候选人，因此在试点单位中就出现了许多同志既被推荐为委员候选人，同时也被推荐为书记或副书记候选人的情况，使得选票分散，且在最终的选票统计中也存在较大的争议。"海选"式直选，在四种直选方式中风险最大，结果比较难预测，对党组织平时的工作基础、单位的人际氛围以及外部的环境要求也最高，目前看来并不适宜在党内大范围推广。调研中，华阳街道党工委有关负责人也介绍，当初选择华四居民区进行海选是经过精心考虑的，心中有底，因为平时工作基础非常好，支委威信高，书记威信高，相信一定不会失败。

三、当前上海基层党组织领导班子成员直接选举的主要创新点

（一）候选人提名方式的多样化。

以往，基层党组织班子成员（委员、书记和副书记）的候选人是由本届党的委员会或上级党组织推荐产生的，而在直选试点单位中，党组织以"公开、公平、公正"的原则向党员公开候选人推荐条件、推荐报名办法及程序，采取党员自荐、党员联名举荐、党小组推荐、党支部推荐、上级党组织推荐等多种方式产生初步候选人，并在此基础上，由选举领导（或工作）小组进行资格审查，按照推荐票数的多少或民主测评、群众投信任票的结果，最终确定正式候选人名单。

（二）候选人差额比例的扩大化。

与以往党的基层委员会（总支、支部）委员候选人的差额比例不少于百分之二十，书记和副书记经新一届委员会等额选举产生不同，在直选试点单位中，委员会委员候选人的差额比例都不同程度地有了扩大，部分试点单位的书记和副书记在正式选举中也从等额选举发展为差额选举，同时试点单位在正式选举前增加了候选人与党员面对面交流，接受党员提问，发表竞选承诺等环节，使选举人能更加直接、全面地了解候选人，不仅有助于避免正式选举中投票的随意性，同时也真正增强了选举的竞争性与真实性。

（三）党员对党组织负责人选择的直接化。

以往，基层党组织的书记、副书记候选人是由上届委员会提名，交当选委员会等额选举产生，党员群众对书记、副书记人选没有任何影响力，但在我市直选试点单位中，书记和副书记的人选从最初的提名到最终的正式当选，党员有了更大的发言权，特别是在个别试点单位中，书记、副书记已经实现了由党员直接投票产生。虽然这个做法目前因违背党内有关章程而一直存在较大争论，但基层试点单位正在努力对此予以完善，比如在我市正在进行的村党组织换届选举中，许多村党组织采取了新的"两票两选"法，即先由党员从候选人中选委员，再从当选委员中选举书记、副书记。

（四）党内民主与人民民主的有机结合。

以往基层党组织领导班子成员选举时，只有党员才能有权力参与候选人的提名与投票，党外群众缺乏参与和了解党内事务的有效途径与方式，在农村党组织直选中通过"两票制"、"两推一选"等候选人产生方式，将党外群众对党的干部的预先表决结果作为党内选举的基础，这样不仅将党内民主与人民民主进行了有机的结合，而且也为密切基层党组织与群众之间的联系，提高和保障党在群众中的政治威信和领导权威提供了有效的民主途径。

四、直选在实践中的经验总结

扩大基层党组织领导班子成员直接选举的范围是党内民主在基层的推进与发展，虽然目前仍处于逐步探索阶段，但在调研中我们发现，有几个成功的经验还是得到了试点单位党组织的一致认可，对今后直选工作的进一步推进也有着积极的借鉴作用。

（一）重视群众基础。

直选不仅是党员意志的直接体现，而且也是党员、群众对党组织、书记一届任期内工作情况的直接评价,特别是在农村的党组织换届选举中,由于群众有对党员推荐出来的初步候选人投信任票权利,因此直选能否顺利开展,并取得上下都满意的选举结果,在很大程度上是取决于党组织平时的工作是否真正地把党员和群众团结好、凝聚好,是否真正地得到群众的真心拥戴,在几家试点单位的调研中,当选书记都谈到党群关系是否融洽是决定直选成败的一个重要因素,如果党员、群众对党组织平时的工作就不满意、意见大,那么选举失败的可能性会比较大,例如不久前在我市某郊区一农村党支部换届选举中,由于村党支部在群众中的基础不够坚实牢固,因此在群众对党员推荐的9位初步候选人投信任票时,只有2名同志获得实际到会人半数以上的信任票,群众信任投票以失败告终(该村选举使用的是"两票制"的选举方式,即群众投信任票、党员投选举票,其特点是改进候选人产生方式,由群众对党内推荐的初步候选人投信任票,信任票票数过半才有资格成为预备候选人)。

(二)做好选举宣传动员。

成功的选举必须以选民的有效参与为基础,《中国共产党基层组织选举工作暂行条例》第十九条规定,"进行选举时,有选举权的到会人数超过应到会人数的五分之四,会议有效"。但由于长期以来党员在党内主体地位的缺失和民主权利意识的淡薄,以及党内民主制度建设的滞后,使广大党员对直接选举缺乏正确、全面的理解,认为"如何选举,选举谁都与自己无关",在思想上对直选不重视、不关心。同时在农村和社区,由于人口较多,居住分散,以及"人户分离"等现象,使党员之间缺乏相互了解,党组织也难以在短时间内联系到所有党员,因此做好选举前的宣传发动工作,让党员充分了解直选的目的和意义,积极调动党员的参与热情,就成为保证选举成功的重要举措,在调研中,试点单位的党组织也都对选举前期的宣传发动工作予以特别的强调。长宁区泰安居委会党总支在投票选举前做了长达三个月的准备工作,先后召开四次集中学习动员大会,组织党员学习《党章》和《中国共产党党员权利保障条例》等党内规章制度,并通过发邮件、上门讲解等方式,广泛宣传直选的意义和作用,在社区内营造了浓厚的选举氛围,保证了正式选举时高达97%的参选率。相反在郊区某农村的村党支部换届选举中,由于事前准备工作的不充分,在群众投信任票时,1607位有投票权的村民实际到会1025人,出席率仅为63.8%,给选举工作带来了很大被动。

(三)全程公开,确保知情权。

选举中选民的有效参与是建立在选民享有充分的知情权与选择权基础之

上的。长期以来在基层党组织换届选举中,"候选人内定"的现象使选举丧失了其应有的公平性,在选谁或者不选谁的问题上,上级意图代替了党员的自主选择,党内民主成为少数领导干部的权力,党员对党内选举结果往往抱有一定的怀疑态度和否定心理。因此,在基层党组织班子成员直选试点中,各试点单位都将选举过程全公开、全透明作为其程序设计的基本理念,用充足的信息保证了选举的透明性,从直选的方式方法、基本要求、具体程序,到候选人的任职条件、资格设置、报名方式等等全部向党员群众公开,并在选举中公开唱票、计票、当场公布选举结果,随时向党员通报选举进程,同时设立意见箱、举报电话等主动接受广大党员和群众的监督,"使选举的整个过程处在数百双雪亮的眼睛之下",较好地落实了广大党员群众对选举的知情权、参与权、选择权与监督权,也使选举结果在党员群众中具有了较高的公认度,为当选班子成员奠定了坚实的群众基础。

(四)完善程序,注重细节。

民主是一套完备、严谨的制度和程序。当前党内规章关于基层党组织选举的规定总的来看是原则性较强,操作性欠缺,这使得基层党组织选举常常被一些"潜规则"所左右,党员的民主权利难以真正得到维护。在直选试点中,试点单位将民主的原则与理念转化为具有现实操作性的程序规则,使选举中的各个环节不断规范、细化,保障了党员各项民主权利在选举中的真正体现,如候选人与党员见面,接受党员询问这一环节,《中国共产党基层组织选举工作暂行条例》规定:"根据选举人的要求,可以组织候选人与选举人见面,由候选人做自我介绍,回答选举人提出的问题",而直选部分试点单位则在选举程序中明确规定了预备候选人必须与选民见面,并发表演说,接受党员的询问,这一程序设计一方面加深了党员对候选人的了解,另一方面也切实提高了选举的竞争性和吸引力,在无形中使候选人在思想意识上从"要我当选"转变为"我要当选"。

特别是在目前直选还处于逐步探索阶段,广大基层党务干部对直选还不熟悉,因此程序上的精细与完备更关系到直选的质量与成败。在调研中我们发现党组织在选举程序设计中的任何一个微小的纰漏或疏忽,都会使党员群众对选举的公平、公正、公开产生怀疑。例如在直选中一些党组织为方便党员填写选票,将几个有可能当选的候选人的名字直接写在了黑板上,这引起党员群众很大的猜疑,认为党组织是在向大家进行某种暗示,使选举工作陷于被动,后来选举领导小组及时改进工作方式,向党员群众进行了解释,并决定在以后写名字前必须征求全体党员的意见。

五、直选在实践中的一些现实困惑

（一）党员群众的选举冷漠问题。

直选的主要目的之一是保障党员民主权利，将党员群众信赖的人选推到基层党的领导岗位上，从而构建有利于体现党员意志，有利于吸引党员参与党内事务的选举新机制。但在部分直选试点单位中，党员、群众对直选始终缺乏足够的参与热情和关注，对选谁当书记也并不在意，借用当时一位在农村观摩村党支部直选的观察员的话来说，"不少群众只是冲着10元选举费来的，他们一只手投信任票另一只手从村干部手里拿10元选举费，似乎这10元钱比享受民主权利更重要"。同时在我市农村当前的"两推一选"中，贿选在极个别地区已经发生，部分党员群众为一瓶油、一箱肥皂，亵渎了选举权利。选民的选举冷漠使直选在很大程度上成为基层党组织的工作"自转"，虽然在各方的大力宣传、积极推动下，试点单位的直选基本都取得了成功，但以直选来激发党员参与党内事务的主动性与积极性，增强基层党组织活力的目的似乎并没有达到。

（二）照顾老同志问题。

直选是选拔基层优秀干部的一个有效途径，当前虽然机关、企事业单位的支部书记大多是由单位或部门行政负责人兼任，但仍有一批十多年来长期从事党的工作的专职书记，这些人年纪普遍较大，业务技能相对较弱，一旦落选很难进行转岗。因此在直接选举中，虽然党员群众在主观上都希望有能力的同志当选，但在实际操作中，考虑到落选后的人员安置问题以及个人感情因素等，党组织往往会事前做好党员群众的思想工作，保证专职党务干部当选，所以某一试点单位在直选中就出现了兼职支部书记中三分之二在直选后发生了人员变化，而专职支部书记在直选后都没有发生人员变化的情况。同样在我市郊区某村党支部"两推一选"换届选举中，老班子成员中有六位年纪较大的成员落选，上级党组织为维护队伍稳定，采用"买断"的方式，一次性付给每位落选人员4万—5万元安置金，保证了新老班子的顺利过渡。

（三）体现组织意图的问题。

这个问题有两种情况：一是我们通常所说的上级组织不尊重基层选举结果，在任期内随意调动当选干部；二是在直选中，由于上级党组织对选举过程的直接影响力与控制力在趋于弱化，各种不确定因素增加，特别是在一些农村宗族势力比较强盛的地区，选举往往成为几个大家族的相互博弈，有的甚至变相贿选，私下拉取选票，使选举结果与组织意向相去甚远，并有可能影响到一方地区的发展稳定，而在选举程序合法，符合党内规章的前提下，上级党组织即使对选举结果不满但也别无选择，因此就出现了在个别单位或地区，上级党组织在宣布承认选举结果的同时，又不得不考虑如何将当选书记尽快调离的情况，党组织在这一境况下其实是非常被动的，因为这一做法虽然不违背党内干部管理有关条例，也在一定程度上有利于今后工作的开展，但其对党组织和直选公信力的影响确是毋庸置疑的。

六、关于直接选举的一些思考

（一）关于基层党组织直选的价值目标。

直选最基本的价值指向是坚持党员在党内的主体地位，切实保障党员的民主权利，而这一点也始终是党内政治生活中的首要和根本问题。在直选中，全体党员平等地参与和决定党内事务，推荐候选人、票选候选人、直接选举党组织负责人，党员有了充分表达自身民主权利的空间，不仅成为党内事务的直接参与者，同时更是最终的决定者，将以往上级"选拔式"或变相操纵、包办选举的"自上而下"的权力授权关系转变为基层党员"自下而上"的选票授权方式。通过党内选举制度改革对党员在党内的各项权力进行了强化和落实，党员在基层党组织的权力配置系统中不再居于从属地位，正如调研中一些基层同志所说的那样："以往在候选人产生上，党员基本没有什么权利，也很难对党组织负责人的产生、变化发生实质性的影响，现在直选使党员对党内干部任免都有了发言权和决定权，这是党内民主的一大进步，也是对当选干部的巨大压力和动力。"

因此，这就给我们在今后的直选试点工作明确了这样一个基本原则，即必须将是否真正实现党员在党内选举中的各项民主权利作为衡量直选成败的根本标准，坚决克服各种力量、各类组织对选举的干涉和操纵，通过直选来切实加强党员对党内事务的知情权、参与权、监督权和选择权，不断推进党内民主的发展，而这不仅进一步印证了我们在文章第一部分对直选含义的理解，同时也从根本上否定了党内某些传统观点所认为的那样，"没有实现上级组织意图就意味着选举的失败"。

（二）关于直选与党内民主制度建设。

直选是党内权力的委托，而不是权力的完全让渡，直选虽然在理论上解决了基层党组织的权力委托授权问题,但再好的制度也不可能没有缺陷,直选能够选出比较好的领导人,但不一定是最好的领导人,能够选出少犯错误的领导人,但不一定是不犯错误的领导人,因此能否让权力的代理者在其任期内实现委托者的意志和利益,不仅要取决于代理者的信用,更重要的是要在委托者与代理者之间建立一整套强有力的制衡性制度,作为保持直选成果的必备措施,也只有这样才能使权力的委托者做到对权力资源的控制、保持和发展。正如在调研中,当问及在直选中遇到的主要困难时,某试点单位当选支部书记说:"困难并不在于直选,而在于直选以后的配套制度建设问题,不能让党员感到直选一结束,一切又回到了从前。"因此对于直选我们必须从党内民主政治建设的整体出发,加快党内民主制度的系统化、程序化建设,尽快建立健全与直选相配套的党务公开制度、党内监督制度、责任追究制度、领导班子成员弹劾罢免制度及辞职制度等,形成一套坚强有力的党内纠错机制,从而保证直选结束后广大党员仍然是党内权力的最终拥有者和行使者。

(三)关于选举中党员的选举冷漠问题。

当前党员在选举中表现出的冷漠,除了党内长期对党员重义务、轻权利,党员缺乏民主生活锻炼,民主意识、权利意识淡薄等原因以外,选举与党员的切身利益缺乏直接的关联也是造成党员选举冷漠的重要原因。民主要求的内在基础和动力是利益,竞争性的选举之所以激烈,引起选民的高度关注,其根本原因在于选举的结果直接与选民的切身利益不可分割,会给选民的生活、工作带来直接的影响,若选举对选民的现实利益不会带来明显的变化,候选人从素质、能力以及竞选纲领方面也没有什么大的差异的话,那么对选民来说,选谁或不选谁也就失去了实际的意义。自从20世纪80年代我国经济政治体制改革以来,经济社会各方面的快速变化给基层党组织自身建设及其工作开展带来了许多新的挑战和问题,"重经济、重业务、轻党建"的现象使许多领域党的工作和党务干部的地位受到明显影响,在某些部门和单位甚至出现党组织被"边缘化"的态势,党组织很难在事关党员群众的切身利益问题上有所作为,如行政首长负责制的推行曾一度使企业、科研院所等领域基层党组织在党员群众中的凝聚力、影响力不断弱化(目前正在推行的"双肩挑"使这种状况有所改观);农村城镇化进程的加快、农村外出劳动力的增加,村民自治的发展以及20世纪90年代以来乡镇企业和村级经济发展步伐的整体减慢,使村民与村集体之间的联系纽带与以往相比大大减少,目前农村党员普遍老龄化的态势更使村党组织组织群众、带领群众的能力显得十分不足;同样在城市社区,社区党组织传统的工作方式方法正在受到新的挑战,特别是在当前正在大量兴起的现代化新型社区中,业委会在维护业主权利,加强社区建设等方面的功能正在不断强化,网络上"业主论坛"、"社区BBS"的火暴也正表明业主对业委会在情感上更具有符合现代人意识的认同度与归属感。这些都在很大程度上弱化了党员群众参与党内事务的热情与动力。

(四)关于直选与干部任命制的问题。

在直选的调研中,如何处理其与现在干部选拔、任命制度之间的关系一直是各方议论最多的话题,特别是在一些等级制度比较严格的传统部门和领域中,由于直选将涉及到干部人事权力的重新分配,许多深层次的矛盾和问题将会逐步暴露出来,而这些问题的解决也不是能凭借"积极发展党内民主,完善干部选拔任用制度"这样一句话所能完全予以解决的,因此从某种程度来讲,直选对我们仍是一个全新的课题。调研中一位基层党务干部这样讲:"今后基层党组织推进直选的阻力在很大程度上将是来自于各级组织人事部门",在某一试点单位中,直选的一位组织者也表示:"能否解决好直选与现有干部选拔任用制度之间的矛盾将是关系到今后直选深入发展的关键性问题之一。"对这样判断我们认为有其一定的合理性,因为直选是一项改革,而改革的实质就是权力与利益的再分配,其结果必然会削弱一些部门和一些人现有的权力基础。

在当前,我们认为直选是对当前党内干部选拔任用制度的完善,党组织通过创新党内选举方式,在干部选拔任用上能发挥组织人事部门所难以发挥的作用,特别是随着当前基层党政"双兼挑"的发展趋势,选好干部、用好干部、管好干部更直接关系到一方部门、地区群众的切身利益,而直选对克服"双兼挑"所产生的弊端有着明显的作用。首先针对"双兼挑"可能产生的"一把手"专权,监督失灵现象,直选因其"自下而上"的授权方式,将权利直接下放到基层、下放到党员、下放到群众,当选班子和书记对党员群众直接负责,受党员监督,有利于形成党内对"一把手"的监督、约束,有利于实现干部对上负责与对下负责的一致性,而此处的关键还是在于能否建立直选后的相关配套制度;其次直选是对"双兼挑"干部的真正民意测试,虽然现行干部考核制度也有民意测验、群众测评等环节,但一方面其涉及范围有限,另一方面党员群众在干部选拔任用上也没有真正的决定权,因此实际效果不是非常理想,而直选通过党员群众的广泛参与和"公开、公平、公正"的制度设计,使党员群众对干部的考核有了表达自己真实意愿的平台,能对"双兼挑"干部进行真正意义上的"全民"考核,在一定程度上解决了目前组织人事部门在干部管理上"管得到,但看不到、看不清"的问题。当前在基层单位中也有这样的成功先例,即先通过党内直选形式来测试拟选任干部的党内基础和民意基础,如顺利当选再任命相应的行政职务。

（五）在直选中如何体现党的领导和组织纪律。

党内民主是以民主集中制为基本原则,本着平等、参与、公开的精神而形成的一种无产阶级政党的组织制度,因此党内民主理所当然地包含着党的集体领导原则和对党员的纪律要求。但党的领导如何体现呢? 我们认为直选中党组织的领导应主要体现在三个层面上:首先党的上级组织要提前介入,进行指导。直选是一项新探索,党的上级组织要在加强指导上体现对基层直选的领导,提前介入,研究班子情况,了解党员群众思想状况,就新班子的组成提出指导性意见,并指导选举单位党组织制定选举规则、选举程序和候选人提名条件,推荐和鼓励优秀党员积极参与选举。其次选举单位党组织要认真准备,严密组织。在选举前广泛宣传,把握舆论导向,营造良好氛围,在选举中要掌握好选举进行的重要环节和时间节奏,对选举中可能出现的突发事件未雨绸缪,使选举的"线路图"清晰而有序,使参与选举的党员、群众真实地感受到党组织对选举的运作水平和参与民主实践的魅力。再次要强化对党员的纪律教育,坚持组织原则。针对当前基层选举中出现的个别贿选现象,在直选的深入推进中必须要进一步加强对党员的纪律教育,坚持党性,根除派性,要求党员在直选中不拉帮结派,不屈服外在压力和其他势力,坚持"少数服从多数"的组织原则,确保党内选举的纯洁性。（吴其良　韩玲）

本章小结

一、党的基层民主取得了重大进展

我们着重对党代会常任制、党务公开和公推直选的实践进行了研究。这三个方面是党的基层民主建设的重点,构成了党代会常任制这一党内授权体系制度探索、党务公开和党内选举两大基本必要条件建设相互促进的党的基层民主建设发展的基本格局。研究表明,党的基层民主建设通过这些有益探索,已形成向前发展的基本机制,取得了重大的进展。在这三个方面的带动之下,党的基层民主建设从党内民主选举、民主决策、民主管理、民主监督等各个方面都有了新的进展。

民主选举取得新进展。基层党组织领导班子成员选举改革，是近年来党内民主建设的一个显著特点。各地探索出形成了各具特色的基层民主选举形式，最主要的是"公推直选"和"两推一选"。"公推直选"主要还是在乡村和城市社区层面，乡镇一级尽管还处于试点阶段，但推进十分迅速。这两种模式较好地体现了党内基层选举制度的改革，呈现选举形式多样化的特点。

民主决策取得新进展。一是尊重和保障党员在决策中的参与权，通过党代表与党员群众的直接联系，通过"民主恳谈会"、"民主听证会"、"居民说事会"、"干群夜谈会"等形式，动员党员群众积极参与，充分发挥党员群众在重要决策中的作用。浙江温岭的"民主恳谈会"、江苏省常州市在街道推行五步议事决策法、山东青岛等地推行党内事务五步四权联动决策法、浙江余姚推行阳光村务八步决策法、内蒙古、广西推行党员旁听党组织会议等等，也是推进党内决策民主化的重要探索。二是试行党代表大会常任制。在县市和乡镇一级和部分企业的党代会常任制试点工作取得重要进展，并创造出"椒江模式"、"雅安模式"和"宜都模式"等等，试行党代会常任制为完善党代表大会制度、提高决策的民主化水平提供了经验。三是发挥党代表在决策中的作用。党的十七大后，各地探索形成了党代表提案制度、党代表接待日制度、党代表评议工作制度、党代表联系党员群众制度，健全完善了基层党组织委员向党组织负责、党组织向党的代表大会或党员大会负责并报告工作的制度，在保证党代表在重大决策中的参与权方面取得了明显成效。四是全委会的票决制。限制了书记集权，取消书记办公会（一些地方还取消了常委会），突出了全委会在决策上的作用，并普遍采取了"票决制"，把以会议票决形式进行集体议事，让更多的人参与决策，较好地坚持和体现了"集体领导、民主集中、个别酝酿、会议决定"原则。

民主管理取得新进展。一是探索完善了民主治理机制。四川成都的"村民议事会制度"，初步构建了以村党组织为领导核心，村民（代表）会议为村级自治事务最高决策机构，村民议事会为常设决策机构，村委会为执行机构，其他经济社会组织广泛参与、充满生机活力的村级治理机制。广东惠州市从2005年起在农村中实行了以"民主提事、民主决事、民主理事、民主监事"为主要内容的"四民工做法"、江苏淮安的"党群议事会"、上海青浦的"党员代表议事会"等等，也都是党领导下的农村村民自治治理机制的有效探索。二是拓展了民主治理方式，浙江舟山推行的"网格化管理、组团式服务"、贵州遵义推行的服务型党组织建设、上海杨浦区推行的"一线工作法"以及在城市中构建的区域化大党建格局的做法,都把管理与服务紧密结合起来,把民主的方法与群众工作紧密结合起来,大大拓展了社会民主管理的内涵和方式、方法。三是创新了民主管理的手段,各级基层组织普遍重视并大力推进党建信息化,重庆大渡口区、山东临朐等地运用具有开放性、便捷性、互动性特点的现代信息网络技术加强党务管理、创新组织生活,改进了党务管理方式,拓展了党内民主的实现形式。

民主监督取得新进展。一是大力推进基层党组织党务公开。特别是县委权力公开透明运行试点工作的推进,对于规范权力行使、强化权力监督、发展党内民主,从源头上防治腐败具有重要意义。二是推行党内"询问制"和"质询制"。除了宜都的质询制外,还有江西乐平市、黑龙江五大连池市推行的"党内询问制"、浙江仙居县推行的党代表质询会、广东佛山、韶关一些县市推行的"两询"(即党内询问和党内质询)、上海闵行推行的"全委会询问制"等等,都是加强和改进党内监督的有效形式。

党内基层民主建设的创新实践,取得了一系列符合中国国情、富有中国特色的民主建设新成果、新经验,对于进一步推进党内民主建设将产生重大而深远的影响。

二、党的基层民主还存在着制约性因素

但是,我们也应该看到,党内基层民主建设的发展程度仍不高。还不适应社会主义市场经济发展的要求,还落后于政治体制改革的水平,还难以起到对人民民主的推动和示范作用。我们应该注意到这样的现象,原来轰轰烈烈的党代会常任制的实践探索,近些年来已有所沉寂,没有显著的探索创新,遇到了制度的瓶颈。实践者们感到,最大的困难是与现有体制的冲突和上一级党委的认可。四川巴中市在党内民主探索实践中提出了进一步"在一些市、县进行党政领导干部候选人差额竞争性选举的试点,以推进党内民主进程"①要求,显然,这不是基层实践所能解决的问题。

党的基层民主建设所存在的问题从表现上看:一是缺少对党内民主建设的理性自觉。认为党应以经济建设为中心,抓党内民主建设名不正言不顺,等

---

① 宣迅在上海"深化党内基层民主实践创新"研讨会上的发言,2009 年 12 月 19 日。根据笔记记录。

待上面的指示心态普遍存在。二是发展不平衡。试点地区和单位跑到前面去了，非试点的依然故我，推广过程中阻力较大，容易成为形式主义。三是经验性较多制度性不够，缺少顶层设计。四是党的基层民主尚未与基层社会自治有效地结合起来。五是党的基层民主向较高层级发展困难重重，感到缺乏发展的前景，等等。因此，党员在党内事务中的主体地位尚未真正确立，党内权力的集中状况改变不大。

党内民主建设是党内权力和利益的重大调整，需要经过艰巨的利益博弈过程。

三、党的基层民主蕴涵着发展的动力

研究党的基层民主探索发展的过程，我们又深深体会到党的基层民主是党内民主建设的基础。

第一，党内民主的动力来自于基层。在社会主义市场经济条件下社会的巨大变革，利益关系的形成，推动着社会的政治参与。党员的状况发生了很大的变化，主体意识有了很大的提高。党代会常任制、党务公开和公推直选，都是在基层党员的积极支持和推动下得到发展的。特别是公推直选，最典型地反映了基层的创造和推动，一步一步地得到发展。通过党的基层民主的建设，获得党内民主发展的动力，充分重视党的基层民主探索中的创新经验，给党的基层民主以制度支持，这是发展党内民主的基本路径。

第二，基层社会的民主诉求又是党的基层民主的重要推动力。社会利益矛盾都最直接地在基层社会中体现，党的基层民主与党的群众工作密切相关，而且也是党内民主与人民民主的交接点。所以，党的基层民主每前进一步，都与党的群众工作密切相关。另一方面，基层社会的利益诉求，又是更本源的党内民主的动力。党的民主建设，是社会发展的要求，而社会的要求正是通过党员和基层组织传导到党内。党的基层民主建设吸纳了群众的民主需求，并整合了人民民主。党的民主建设，必须通过党的基层民主，更多地从广大人民群众中获取力量，使党内民主与人民民主相互促进而发展。

第三，党的基层组织和基层民主，揭示了党内民主发展的基本运行机制。西方政党政治的民主运行，主要是政党外部党与党的横向运行为主，中国共产党的党内民主是以政党内的纵向运行为主。组织、党员和群众的纵向联系，比之于西方政党横向的多党竞争，体现了更为民主的直接性和真实性。在一党长期执政的条件下，党的上层组织与下层组织及党员的关系，是党内民主的基

本关系。保障党员权利是党内民主的根本,那么,党员和基层组织在党内发挥作用的程度,也就是党内民主的发展程度。

第四,党员与党的基层组织是发展党内民主的重要主体。我们还想进一步指出的是,在党内民主纵向运行的过程中,实际体现的是党员和党的基层组织与党的上层组织的权力博弈过程。当然这个过程会有冲突,甚至会出现一定的激烈程度,但在根本上不是对抗性的。这一过程贯穿于党内民主发展的始终,既推动着党内民主的发展,又规定着、体现着党内民主的基本运行方式。所以,推动党内民主的发展是一个长期的过程。而党员、基层组织与上层组织的权力博弈则始终存在。党就是在这样一个矛盾运动中,整合党内关系、整合社会利益,获得党内和谐与社会的和谐。

第五,党的基层民主要在不断反映党员和群众的利益、增强基层组织的活力中获得发展的可持续性。民主绝不是空洞的,它的发展必须建立在一定的绩效的基础之上。民主的绩效要表现在党员和人民群众最关心的问题上,如社会的发展推动、社会利益的整合、腐败现象的遏制等等。如此才能获得人民群众的支持,不断激发党员和基层组织民主参与的积极性和创造性,并取得上层党组织的价值认同。

第六,党的基层民主建设要善于利用现有的制度资源,走增量民主之路。现有的制度,以民主集中制为原则,内在的具有发展党内民主的价值取向;以党章为核心,在文本上又有较大的民主发展空间。所以,基层民主的建设,要在追求绩效的基础上,推进实体民主,而不是急于在具体制度上的碰撞;要善于采用多种形式的民主,例如协商性的民主,以质询为形式的党内监督等,而不是只在选举民主上的突破。不气馁、不懈怠,通过增量民主,诱至制度的变革。

第三章 党的基层组织建设新战略

中国共产党强调党的基层组织是党的全部工作和战斗力的基础。从发展党内民主的视角上看,党的基层组织又是党员民主权利的组织保障,是党内民主建设的重要主体。在新的历史条件下,如何面对挑战,加强党的基层组织建设,这是新时期党的建设中的一个突出的问题。党的基层民主,是加强党的基层组织建设的关键。党的基层组织建设与党的基层民主的关系,涉及到了党的基层组织建设的战略方向。

党的基层建设问题,是党建中的一个基本问题。建国以后,在很长的历史时期里,是作为党的日常性建设问题来看待的。但是,随着社会主义市场经济发展所引发的国家与社会关系的变化,尤其是社会生活方式和组织结构的变化,党的基层建设问题和中国基层民主建设问题一起跃升为中国社会政治发展的战略问题。在国家与社会二元分化的作用下,党借助其政治领导优势所形成的核心地位,在国家层面依然牢固不变,但在社会层面开始面临挑战。市场经济的发展使党在基层社会的组织体系的组织背景发生深刻变化,这主要体现为单位体制的松懈和以居民区为基本构成单位的社区出现,同时各种新的经济组织和社会组织不断涌现。党的领导地位在社会层面面临的挑战,这种挑战也决定了今天的基层党建不同于传统的基层党建,其取向不是简单的党的自我完善,而是如何在新的社会结构和社会关系中,或者说如何在新的组织背景下,保持和巩固党的领导核心地位,保证党对社会的有效整合。

第一节 党的基层组织在社会
转型中面临严峻挑战

中国共产党十分重视基层组织的建设,并以基层组织的严密和富有战斗力著称,其组织的完备和严密是其他政党所难以比拟的。这是中国共产党的重要特征,也是党领导革命和建设的基础。这种特征的形成具有自己的历史根据。在新的历史条件下,党的基层组织建设的创新,对于党的建设这一新的伟大工程具有重大的意义。

一、党的基层组织建设的基本原则与传统

(一)中国共产党的基层组织。

中国共产党的组织,分为党的中央组织、地方组织和基层组织。

党的中央组织主要有以下机构:一是党的全国代表大会,这是全党的最高领导权力机关,每五年举行一次,由中央委员会负责召集。其职权是听取和审查中央委员会及中央纪律检查委员会的报告;讨论并决定党的重大问题;修改党的章程;选举中央委员会及中央纪律检查委员会。二是党的全国代表会议,讨论和决定重大问题;调整和增选中央委员会、中央纪律检查委员会的部分成员。三是中央委员会,由党的全国代表大会选举产生,每届任期五年。在全国代表大会闭会期间执行全国代表大会的决议,领导党的全部工作,对外代表中国共产党。四是中央政治局、中央政治局常务委员会和中央委员会总书记,由中央委员会全体会议选举产生,中央政治局和它的常务委员会在中央委员会全体会议闭会期间,行使中央委员会的职权。中央政治局及其常务委员会的办事机构是中央书记处。中央委员会总书记负责召集中央政治局会议和政治局常委会会议,并主持中央书记处的工作。党的中央军事委员会组成人员由中央委员会决定。

党的地方组织。地方组织又分三个层次:省、自治区、直辖市的党组织为第一层次,设区的市和自治州的党组织为第二层次,县(旗)、自治县、不设区的市和市辖区的党组织为第三层次;上述三个层次的代表大会,每五年举行一次;由各级党的代表大会选举的委员会,每届任期五年。

党的基层组织。在企业、农村、机关、学校、科研院所、街道、人民解放军连队和其他基层单位,凡有正式党员三人以上的,都成立党的基层组织。根据工作需要和党员人数,分别设立党的基层委员会、总支部委员会、支部委员会。截至2010年底,党员总数为8026.9万名。中国共产党的基层组织总数为389.2万个,其中基层党委18.7万个、总支部24.2万个、支部346.3万个。我国现在有2.4亿农民工,其中流动党员300多万。①

根据单位性质和行业的不同,基层党组织可以划分为企业单位基层党组

① 中国共产党新闻网,2011年6月24日。

织,事业单位基层党组织,农村基层党组织,街道居委会基层党组织,机关基层党组织,军队基层党组织等。这些基层党组织内部可进行进一步划分,一是再分为若干层次,如有的农村基层党组织,分为乡(镇)党委、村党总支部、村民小组党支部三个层次。最多的可达五层以上,如一些特大型企业。二是可以再分为若干细类,如事业单位基层党组织可分为学校、科研院所、新闻、出版等单位的基层党组织,又如企业基层党组织中又有国有独资企业、股份制企业、合资企业、外商独资企业的党组织之别。三是同一类单位,由于领导体制等不同,其基层党组织也有差异,如事业单位的基层党组织,实行党委领导和实行行政领导人负责制就有所不同。

根据职责的不同,还可划分为发挥领导作用的基层党组织、发挥政治核心作用的基层组织、发挥监督保证作用的基层党组织等。发挥领导作用的基层党组织,如农村基层党组织(包括乡、镇、村的基层党组织)、连队基层党组织、街道基层党组织、实行党委领导的事业单位基层党组织等。发挥政治核心作用的基层党组织,如企业基层党组织、实行行政领导人负责制事业单位基层党组织等。发挥保证监督作用的基层党组织,如机关的基层党组织、联合基层党组织等。实行党委领导下的行政领导人负责制的事业单位中的基层党组织是比较特别的,因为它兼负有领导作用、政治核心作用和监督保证作用。

党的中央组织、地方组织还经常建立工作委员会作为派出机构,以加强对党的基层组织的领导。如党的企业工委、金融工委、教育工委和街道工委等。各工作委员会层次不同,如街道工委,本身也属于党的基层组织,但一般是基层组织的最高层次。

(二)重视基层组织的建设是中国共产党的重要特征。

中国共产党十分重视基层组织的建设,其基层组织的完整和严密,及其对于中国共产党领导革命和执政的重要意义,都是西方政党所难以比拟的。重视基层组织的建设是中国共产党的重要特征,这种特征的形成,是中国共产党根据马克思主义的政党理论和中国革命和建设的实际的独特创新。

在政党的发展初期,其主流的组织形态是权贵党或干部党,那时,有限制的且主要是财产资格限制的选举制度不仅使更广大的人口无法参与政治,而且造成政治斗争的内容相对简单;因政见分歧而开始在议会中以政党名义活动的政治派别也无必要去争取一般民众的支持。因此,"权贵党"的组织极其松散,党员之间、党员与党的领袖之间缺少整体性和一致性,少数"权贵"之间的运作和协调已经足以使此时的政党雏形组织达成其政治目的。这样一种的政党形式与当时的政治制度条件是一致的。①

普选制的出现从根本上改变了这种状况。19 世纪末 20 世纪初，欧洲国家的社会主义政党作为最早的一批既具有群众性成员基础又具有明确且永久性组织的政党出现在政治舞台。马克思、恩格斯根据他们的科学理论进行了无产阶级政党的建党实践，在不断的实践中，形成了马克思、恩格斯的党的学说。他们最初提出建立独立的工人政党的思想时，就明确提出建立从支部、区部、总区部到中央委员会、代表大会的自下而上的组织系统。他们指出："应该努力设法建立一个秘密的和公开的独立工人政党组织……并且应该使自己的每一个支部变成工人协会的中心和核心。"②这是关于马克思主义政党基层组织建设的较早论述。其最明显的特征在于他们有明确的党章和党纲，其中对党员的义务和权利、对党组织以及党员参与决策和党内选举的程序、对党的目标包括实现目标的主要手段都有正式的规定；同时，由于入党程序的特殊安排和党费的缴纳，由于广泛的基层组织的建立等等，使得普通党员对所属政党有高度的认同且积极地参与党内生活。

大批社会主义政党的诞生不仅改变了政党社会属性的质谱系构成和政党竞争的政治格局，而且导致政党的组织样式和活动形式开始出现根本性的变化。由于这种组织形式在动员特定的选民群体和组织竞选方面的长处，使得其他非社会主义政党也纷纷采用了这一组织模式，那种具有明确而具体的政纲、稳固而分化的组织结构、稳定而庞大的党员队伍、统一而严格的组织纪律和丰富多样的组织活动的政党组织形态，就是经由社会主义政党的启发和刺激，经过传统政党的改造和新兴政党的模仿过程而成为现代政党的较普遍的形式。

现代西方政党既有组织形态较为完备的政党，也有纯粹为竞选而竞选的、组织松散的政党。即使组织形态较为完备的政党，也是主要的是与选举体制相联系的。例如，组织体系较为完备的德国社会民主党，有联邦、区（州）、分

---

① 在关注组织形态的政党类型学研究成果中，法国学者莫里斯·迪维尔热（Maurice Duverger）在 1951 年所系统阐述的权贵党或干部党与群众成员党的分类模式因具有历史经验的支撑和抽象的理论概括而产生了深远的学术影响。见 Maurice Duverger, *Political Parties：their Organiz at ionand Activity in the Modern State*, London：Methuen, 1964。

② 《马克思恩格斯选集》第 1 卷，人民出版社 1995 年版，第 369 页。

区(县)和地方组织等层次,其中分区通常和联邦议会的选举区是一致的。①但是,由于主要为应对竞选的需要,所以西方政党在吸纳党员时的素质要求和程序都不严格,相应的党的基层组织的组织结构也不够严密,基层组织在党的执政过程中的影响和作用也相对较小。

马克思主义政党与西方政党的根本不同,决定了政治运行与执政方式的差异。马克思主义政党来自于基层,并与人民群众有着直接的血肉联系。西方资产阶级政党作为政客团体,在政党竞争中,政党只是以获取选民选票为目的。因此,执政以后,西方执政党党组织就隐在了后台,以政府这个公共权力的面目,统治国家与人民。马克思主义政党则始终活跃在国家和社会各个领域,特别是通过党的基层组织,密切与人民群众的联系。人民则以党的组织为工具,反映自己的利益诉求,以更直接的民主形式,实现人民主权。

(三)"支部建在连上"的独特创新与基本内涵。

毛泽东说过:"中国的特点是:不是一个独立的民主的国家,而是一个半殖民地的半封建的国家;在内部没有民主制度,而受封建制度压迫;在外部没有民族独立,而受帝国主义压迫。因此,无议会可以利用,无组织工人进行罢工的合法权利。"②所以,中国共产党的建设,是以这样的一个国情为背景的,党的建设必须同当时党的政治路线密切联系,也就是说是同与资产阶级关系的统一战线和以农民为主体的武装斗争紧密地联系在一起的。这两个联系,就是中国共产党建设过程中,中国革命的两个基本特点。③ 具体到党的基层组织的建设,其基本模式和原则,则可以用"支部建在连上"来概括。

中国共产党的组织建设,一开始就是按照马克思,尤其是列宁的建党思想进行的。列宁在马克思的基础上,更强调基层组织,他认为无产阶级政党是组织的总和,是有组织的整体,是有组织的统一体系,他说:"工人当中同群众有直接联系的先进分子所领导的地方党支部,尤其是工厂的党支部,——这就是

---

① 特别是美国的民主党和共和党两大政党,在组织上十分松散和高度的非集中化。美国政党由于没有明确的法律地位,资金又过分依赖利益集团的捐赠,在根本上削弱了政党作为民众与政府联系渠道的权威性;美国实行简单多数的单名选区制,限制了政党竞争,保持了两大党的垄断地位,很难向选民提供选择性的方案。所以一些政治学家批评美国政党是一种组织涣散、功能虚弱、格局僵硬的体制。见郁庆治:《西方政党体制理论:一种比较观点》,《山东大学学报》2001年第5期。
② 《毛泽东选集》第二卷,人民出版社1991年版,第542页。
③ 《毛泽东选集》第二卷,人民出版社1991年版,第604—605页。

我们赖以建立起革命的社会民主主义工人运动的不可动摇的坚强核心的基础。"①列宁把基层组织看作是党的整个组织的基础,是社会基础组织的政治核心。

根据列宁的思想,中国共产党重视基层组织的建设。但是,从建党之初至大革命时期,党处于非法状态,组织发展十分困难。党的二大通过的党章规定:农村、工厂、铁路、矿山、兵营、学校及其附近,"凡有党员三人至五人均得成立一组,每组公推一人为组长,隶属地方支部"。首次规定党的基层为小组,但其任务也仅限于组织党内生活。党的四大决定将工作重点由帮助国民党发展组织转向加强自身的组织建设上来,初步确定了以基层生产单位和以地域为标准相结合建立基层党组织的组织形式。但是,由于条件的限制,以上原则并没有得到有效的实施。

1927 年 9 月,毛泽东领导的秋收起义的革命军队在三湾改编中明确提出"支部建在连上",从而明确了基层党组织建设的组织形式。"支部建在连上",要求在红军中普遍建立党的各级组织,班有小组、连有支部、营团以上有党委。1928 年,毛泽东在《井冈山的斗争》一文中说,"红军所以艰难奋战而不溃散,'支部建在连上'是一个重要原因"②。

"支部建在连上"是中国共产党的重要创造。这与苏联红军的党代表制度有所不同。由于苏联红军主要由白军转换而来,苏军党的负责人主要任务是对军事首长的监督和控制,同时,对军队中的官兵进行政治的动员。中国共产党的组织建设首先学的是苏联党的经验和做法,尤其在军队建设中,在国共合作的黄埔建军中实行了党代表制度,军队党的政治工作对军队的战斗力起到了显著的作用。由于中国的革命是以革命战争为其基本的形式的,所以军队中的党的基层组织在整个党的基层组织中起着核心的作用;由于军队从一开始就建立在党的领导之下的,所以军队中党的基层组织主要的并不是对军事首长监督和控制。

"支部建在连上"具有深刻的内涵。党作为政治民主与政治活动的核心,"支部建在连上",是坚持党指挥枪,实现人民军队的政治性目标的保证。毛泽东说:"特别是在连一级,因党的支部建在连上,党代表更为重要。他要督促士兵委员会进行政治训练,指导民运工作,同时要担任党的支部书记。事实

---

① 《列宁全集》第 17 卷,人民出版社 1988 年版,第 4 页。
② 《毛泽东选集》第一卷,人民出版社 1991 年版,第 65—66 页。

证明，哪一个连的党代表较好，哪一个连就较健全，而连长在政治上却不易有这样大的作用。……从表面看，似乎既称红军，就可以不要党代表了，其实大谬不然。"①"支部建在连上"，直接解决的是农民战争的现代意义问题，由于农民战争是中国民主革命的主要形式，所以，这同时也是解决在民主革命时期农村环境下的建党问题。在组织形态上，则是一个重大的创新，它表明了这样一个原则：凡是有群众的地方，就应该有党的组织、党的活动和党的影响。"支部建在连上"，使得基层社会有了政治核心，这是党密切联系群众的组织保证。

"支部建在连上"是机制上的创新。中国共产党的组织在军队中，并不干预军事首长的指挥权，它在军队中的基本任务是：集体决定重大战略决策；负责军队的政治动员；推动军队的民主建设；做好群众的宣传工作，并承担地方的建政和建党任务。显然，党组织在军队中，是通过民主的机制，在军队的决策、监督和组织中，保证了党指挥枪、保证了军队的凝聚力和战斗力，并保证了军队作为特殊的政治工作队发挥着巨大的作用。支部在连队的重要的工作，是设立并领导"士兵委员会"，以民主的方式进行军队的政治工作。毛泽东特别强调："中国不但人民需要民主主义，军队也需要民主主义。军队内的民主主义制度，将是破坏封建雇佣军队的一个重要的武器。"②可以说，中国共产党党的建设的许多重要原则，都是在军队党的建设中形成和发展的。中国共产党的基层组织，是中国革命的战斗堡垒。

所以，当我们现在来考察这一党的基层组织制度及其基本传统的时候，感到其活力来自两个方面：其一，它适合了中国的实际和国情，是直接为党的政治路线服务的，从而具有很强的实用性；其二，它是马克思列宁主义政党理论的丰富和发展，特别是发挥了政党组织运用民主手段进行政治动员的作用，在理论、组织形式等方面的创新使它不同于中国的传统革命。所以，党的建设成为中国共产党领导中国革命的"三大法宝"之一。

建国以后，党的基层组织建设，正是按照"支部建在连上"的原则进行的。八大在党章中对党的基层组织的组织形式作了如下规定："凡是党员超过一百人的基层组织，经过上一级委员会的决定，都可以举行代表大会或者党员大会，选举基层委员会。在基层党的委员会下面，按照生产、工作和住区单位设

---

① 《毛泽东选集》第一卷，人民出版社 1991 年版，第 64 页。
② 《毛泽东选集》第一卷，人民出版社 1991 年版，第 65 页。

立若干个总支部或者支部。在总支部下面,可以设立若干个支部。总支部由党员大会或者代表大会选举总支部委员会。支部由党员大会选举支部委员会。"基层党组织的组织形式更加明确具体,从而在全国所有的政治、经济、文化组织中,全部建立了严密的基层组织体系。

(四)基层组织建设对于中国共产党执政的特殊意义。

确立"支部建在连上"的原则,高度重视基层党的工作,充分发挥基层党组织的战斗堡垒和共产党员的先锋模范作用,是中国共产党加强自身建设的显著特点和成功经验。邓小平说:"提这样口号,那样口号,这样方针,那样方针,只有有了基层工作,有了经常工作,才有希望落实。"①

第一,党的基层组织是党的组织体系的基础。政党是阶级的集中体现,是社会组织发展的最高产物。马克思主义政党的力量来源于党的组织,其强大的战斗力和凝聚力取决于党在组织上、思想上、政治上、纪律上、行动上的高度一致。这种严密的组织体系就是要建立由中央组织、地方组织和基层组织等层次组成的有机体系。中国共产党是按照民主集中制原则组织起来的统一整党的基层组织,是把党组织起来的必不可少的形式。在新的历史时期,只有把每一个党员都组织在一定的基层组织之内,并使每一个基层组织健全而有活力,整个党组织才能坚强有力、朝气蓬勃。

第二,党的基层组织是党联系群众的桥梁和纽带。中国共产党与西方政党的不同,它不是主要为赢得议会的多数席位而存在,而是在与人民群众密切联系、共同战斗中诞生、发展、壮大起来的,有着密切联系群众的优势。中国共产党是中国各族人民利益的忠实代表,是与广大人民群众息息相依、生死与共的。全心全意为人民服务、密切联系群众是马克思主义政党区别于其他任何阶级政党的又一个显著标志。为数众多、联系广泛的基层组织,是党做好群众工作增加阶级基础、扩大群众基础的组织依托。党的基层组织担负着及时反映群众的愿望和要求、宣传解释和实施党的路线方针政策的重要任务。通过党的基层组织的积极工作,忠实代表人民群众的利益,保持与人民群众的密切联系。

第三,党的基层组织还是社会主义民主建设的重要组织者,是党内民主的重要主体。社会变革,利益分化,党的群众工作方式面临重大变化,从主要依靠思想政治教育向主要依靠充分的民主方式转变。党的基层组织作为中国基

<hr>

① 《邓小平文选》第一卷,人民出版社1994年版,第296页。

层社会的领导核心和政治核心,也是中国基层社会民主有序发展的推动者和组织者。同时,在党内民主建设中,体现党员主体和群众利益诉求的党的基层组织,又是推动和进行党内民主的重要主体。

第四,党的基层组织是党在社会基层组织中的战斗堡垒。党的基层组织是我们党的政治优势,是党动员和组织社会的有效的政治组织资源。革命时期,党主要是依靠基层组织进行动员和组织社会的工作,这是中国革命的重要经验。党执政以后,有了强大的国家机器、舆论工具和其他社会资源,虽然如此,由于党的基层组织它所具有的极强的渗透力和作用力,特别在市场经济条件下,在政府难以涉及、市场无法作用的地方,可以有所作为。特别在突发事件以及遇到各种风险之际,党的基层组织的作用具有根本性的意义。苏东剧变,这些国家党组织的涣散状况,使党的组织完全丧失了战斗力,这也是一个严重的教训。

在社会转型的历史时期,中国共产党已经从领导人民为夺取全国而奋斗的党,成为领导人民掌握全国政权并长期执政的党;已经从受到外部封锁和实行计划经济条件下领导国家建设的党,成为对外开放和发展社会主义市场经济条件下领导国家建设的党。在这样的历史时期,必须以改革的精神加强党的建设。研究新情况,解决新问题。要切实做好基层党建工作,增强党的阶级基础和扩大党的群众基础。

二、党的基层组织面临的新情况新问题

建国以后,党的基层组织,在党领导社会主义革命和社会主义建设中发挥了巨大的作用。但是,由于实行高度集权和高度集中的社会政治、经济体制,党的基层组织在社会生活中原有的运用民主机制进行社会组织和动员的功能却有所削弱,尤其是在"左"倾错误思想影响下,对党的基层组织建设造成了很大的破坏。随着党的改革开放政策的实行,特别是社会主义市场经济的发展,我国的社会结构发生了很大的变化,而在全球化信息化背景下,基层群众政治参与愿望和参与程度大大提高,这些都对党的基层组织建设形成了严峻的挑战。一方面,党的基层组织建设对于新的社会转型有一个适应的过程;另一方面,社会的转型对党的基层组织建设也提出了更高的要求。这就需要党的基层组织建设要有一个新的战略。

(一)党的基层组织的历史维度及其执政后的工作要求。

党的基层组织是党的组织基础,根据"支部建在连上"的原则,它遍布在各条战线、各个部门、各个单位、各个地方。党的基层组织,在不同的社会基层组织中,根据社会基层组织的不同,而具有不同的地位和作用。

农村基层党组织处于领导核心地位。这一领导地位是我们党在总结农民运动和农村党支部建设的经验教训中逐步认识明确的。在夺取政权的年代,在根据地的建设中,农村党的组织一直处于领导核心地位,领导群众通过工农武装割据开辟农村革命根据地,以农村包围城市武装夺取政权的方式取得了革命的胜利。建国以后,农村党的基层组织仍然起领导核心作用,领导农村的全面工作。对此,党的有关文件也有明确的规定。1962 年制定的《中国共产党农村基层组织工作条例试行草案》指出:农村中的党委、总支部和支部是"农村工作的领导核心"。党的十七大党章再度明确了农村党的基层组织的领导核心地位和作用。农村党的基层组织之所以是领导核心,这主要是因为它担负着对农村的政治、经济、文化、社会管理等方方面面工作的全面领导职能。乡、镇直接面对群众的生产、生活,必须有一个坚强的领导核心去协调各个组织,统一领导各方面的工作,这个领导核心只有执政党的基层组织才能胜任。所以,农村党的基层组织的核心领导地位,是其他任何组织所不能替代的,只能坚持、完善和加强,丝毫不能削弱,更不能动摇。

企业党的基层组织的地位经历了多种变化,这是不断总结党在企业工作的历史经验而作出的。1942 年 10 月,毛泽东在陕甘宁边区高干会议上指出,一个工厂内的行政工作、党支部工作、工会工作分裂开来的做法是完全错误的,三者必须统一在这样一个共同目标之下:成本少,产品好,销售快,这就是行政、党支部、工会的共同任务。1943 年 3 月,陕甘宁边区政府召开了直属公营工厂的厂长、支部书记、工会主席联席会议,决定建立"厂务会议"制。实行"厂务会议"制,对"三权鼎立"现象有所克服,但是又出现了厂长包办过多,削弱了党支部与工会独立工作的问题。全国解放前后,在公营企业中,由行政方面和工会方面组织联合的管理委员会。在进入大规模经济建设之后,我国在企业先后实行过"生产行政工作的厂长负责制(企业的党组织对企业的政治思想领导负有完全的责任,对行政生产工作负有保证和监督的责任)"和"党委领导下的厂长(经理)负责制"。这两种制度由于"大跃进"年代强调"书记挂帅",都没有得到很好的贯彻。"文革"期间,企业的领导体制遭到严重破坏,党的组织一度瘫痪,由革命委员会领导工厂企业。企业中党的组织恢复以后,又强调党的一元化领导,党委书记兼革委会主任,形成了事无巨细都由党委包办的现象。党的十一届三中全会以后,企业实行党委领导下的厂长负责制和党委领导下的职工代表大会制。1984 年开始实行厂长负责制。经过几年的实践，在党的十七大党章中规定："国有企业和集体企业中党的基层组织，发挥政治核心作用，围绕企业生产经营开展工作。保证监督党和国家的方针、政策在本企业的贯彻执行；支持股东会、董事会、监事会和经理（厂长）依法行使职权；全心全意依靠职工群众，支持职工代表大会开展工作；参与企业重大问题的决策；加强党组织的自身建设，领导思想政治工作、精神文明建设和工会、共青团等群众组织。"

机关党的基层组织处于教育监督地位。这一地位是随着根据地政权与群团机关的发展而确定下来的，基本的思想没变，提法上日渐完善。1939 年，党中央指出由于机关担负着一地区或一行业的领导责任，因而机关党的基层组织不可能起领导核心作用。七大修改党章的报告指出："各级政府机关及其他机关中党的支部，应直接由同级党的委员会来领导。"党的八大党章规定："在机关中的党的基层组织，由于机关工作的特殊条件，不能领导和监督机关的工作，但是应当对机关中每一个党员（包括行政负责人）的思想政治情况进行监督，并且经常关心机关工作改进，加强工作纪律，同官僚主义作斗争，及时地把机关工作的缺点通知机关的行政负责人和报告党的上级组织。"党的十七大党章对机关中党的基层组织的地位和作用作了明确规定："各级党和国家机关中党的基层组织，协助行政负责人完成任务，改进工作，对包括行政负责人在内的每个党员进行监督，不领导本单位的业务工作。"在上级党委的领导下管理机关党的政治建设、思想建设、组织建设、作风建设和制度建设。它的经常性任务就是教育、管理、监督党员，并通过发挥党组织的战斗堡垒作用和党员的先锋模范作用协助本部门、本单位行政领导完成各项工作。机关党组织的这种地位和作用，是任何一个机关的行政部门和行政领导所不能替代的。

高校党的基层组织的领导地位也是总结历史经验的产物。建国前，高校基本没有公开活动的党的基层组织。建国六十多年来，我国高等学校的领导体制发生过几次重大变化。建国初，中央决定，"在一切高等学校实行党委领导下的校务委员会负责制。"1961 年 9 月，在《高校六十条》中又将学校的领导体制规定为"党委领导下的以校长为首的校务委员会负责制"，明确提出，"高等学校的党的委员会，是中国共产党在高等学校中的基层组织，是学校工作的领导核心，对学校工作实行统一领导"。"文化大革命"期间实行"革命委员会"制。1978 年 10 月，按照五届人大的规定，教育部提出"今后高等学校实行党委领导下的校长分工负责制"。1985 年 5 月以后,在教育体制改革中,在少数高校进行了校长负责制的试点。1990 年 7 月 17 日,中共中央《关于加强高等学校党的建设的通知》规定:高等学校实行党委领导下的校长负责制。十七大党章的规定是:"实行行政领导人负责制的事业单位中党的基层组织,发挥政治核心作用。实行党委领导下的行政领导人负责制的事业单位中党的基层组织,对重大问题进行讨论和作出决定,同时保证行政领导人充分行使自己的职权。"

连队的基层党组织建设则有明文规定,按《中国共产党连队支部工作条例》规定,中国共产党在中国人民解放军连队中建立的支部是党在军队中的基层组织,是党联系广大官兵的基本纽带,是连队统一领导的核心。连队的一切重要问题,都必须经过支部委员会集体讨论决定,再由连队首长分工负责组织实施,紧急情况下,可由连队首长先处理,事后报告。

引人注目的是,在党的十六大党章还开始提出了城市社区和非公有制经济组织中党的基层组织的地位和作用。这是因为城市社区和非公经济组织随着社会主义市场经济的发展,在中国基层社会中的重要性日显突出的缘故。在城市社区,党的基层组织的地位和作用与在农村中的地位和作用是一致的,这就是"领导本地区的工作,支持和保证行政组织、经济组织和群众自治组织充分行使职权"。在非公经济组织,党的基层组织要"贯彻党的方针政策,引导和监督企业遵守国家的法律法规,领导工会、共青团等群众组织,团结凝聚职工群众,维护各方的合法权益,促进企业的健康发展"。

党的十七大报告指出:"党的基层组织是党执政的基础。要落实党建工作责任制,全面推进农村、企业、城市、社区和机关、学校、新社会组织等等党的基层组织建设,优化组织设置,扩大组织覆盖面,利用创新活动方式,充分发挥基层党组织推动发展,服务群众,凝聚人心,促进和谐的作用。"胡锦涛在纪念建党 90 周年的讲话中强调:"要把服务群众、做群众工作作为基层党组织的核心任务和基层干部的基本职责,使基层党组织成为推动发展、服务群众、凝聚人心、促进和谐的坚强战斗堡垒。"

(二)党的基层组织在社会转型时期面临的新情况。

建国以后,我国的经济结构逐渐演变为基本上只剩下全民所有制和集体所有制两种部分。1949 年,在工业总产值中,国营、合作社经营工业占 34.7％,公私合营工业占 2％,私营工业占 63.2％。而到 1978 年,在全国工业总产值中,全民所有制企业占 77.6％,集体经济占 22.4％,个体私营经济几乎不存在。与经济基础的变化相适应，上层建筑也发生了重大变化。表现在党组织的建设上，就是从中央到地方形成了层层隶属的与行政组织同构性组织结构。在计划经济条件下，无论全民所有制还是集体所有制企业，均以严格的行政隶属关系被纳入各自的"条"或"块"，隶属于行政主管部门或行业主管部门，企业之间也是以行政关系为纽带确定上下级关系。与此相联系，社会中的每个个人，都依附于各自的单位，党的组织和行政组织紧密结合，以政治权力形式，通过单位，直接影响着每个个人的政治、经济和文化生活。

随着高度集权和集中的政治与经济模式的发展，特别是随着长期的"左"的阶级斗争的错误的发展，每个个人对组织（单位）具有极强的依附性，严重地削弱了人的主动性。而且，由于党在执政后，党对社会的政治动员，可以充分地利用行政权力的资源，在这样的状况下，党组织日益地行政化。以后，更强调党的"一元化"领导，出现了党政不分、以党代政的现象。党的基层组织本身成为"行政党"、在企业中则成为"经济党"，其政治功能及其活力却逐渐地衰退。这种现象与"支部建在连上"原则看似有关，实则并不相同。"支部建在连上"，特别突出了党组织的政治核心地位和作用，在革命战争时期，军事工作和政治工作，分工明确、相得益彰，使军队和群众工作充满活力。党组织的行政化，党政不分，党不管党，则是体制僵化的重要表现。

在新的形势下，传统的基层党建模式遇到了新的情况。所谓新的形势，主要指的是对外开放和社会主义市场经济的发展，原有的封闭的、计划经济条件下的社会状况发生了极大的变化。随着社会经济成分、组织形式、就业岗位和就业形式的日趋多样化，人们的流动性大大增加，新的经济组织和社会组织不断涌现，而基层党的组织与行政权力在相当的程度上已经分离。这就使党的基层组织建设出现了一定的困境，过去以单位为核心的、与行政权力紧密结合的党建模式，必须进行改革。

而且，随着人们流动的增加，人的自主性也大大增强，并且出现了利益分层，有着不同的利益诉求；市场经济的发展，使得社会结构发生了很大的变化，出现了许多新的社会组织，并在原来的政府、民众两重结构的基础上，出现了政府、社会、群众三层结构；人与社会的新的发展与变化，对以法治为基本特征的政治文明的要求更加强烈。这就对党的基层组织的建设提出了更高的要求。

第一，随着市场经济体制的建立，各类经济组织突破了原来的条块限制。

按照市场经济法则重新整合,呈现越来越复杂的状况。就国有企业而言,因政企分开,转变政府职能,成为独立的法人主体,企业之间也完全按照市场规则来动作,从而使企业与政府之间、企业与企业之间行政上的隶属关系不复存在。这就意味着在企业中不可能再以行政关系来确定党组织的隶属关系。同时,随着横向经济联合的日趋频繁,大量的企业集团跨地区、跨行业、跨所有制发展,外来和驻外企业越来越多,规模越来越大,如何在这些组织和"三跨"企业中设置基层党组织,如何确定他们的隶属关系成为市场经济发展带来的新的时代课题。

第二,大量新经济组织的蓬勃发展,使传统的基层党组织设置模式滞后。改革开放以来,我国的社会经济结构经历了重大调整,多种所有制经济共同发展,涌现出乡镇企业、外商投资企业、股份制企业、股份合作制企业、私营企业、个体工商户等各类新的经济组织。从全国来看,2009 年,我国民营经济占GDP 的比重超过 50%,解决了 85% 以上的新增就业。① 同时,我党的阶级基础的所有制结构也发生了巨大的变化。我们已经无法从传统的模式中找到现成的答案。

第三,乡镇、街道经济异军突起,使当时原有的基层党组织设置格局受到挑战。新中国建立后,由于城乡之间、地区之间长期实行分治的制度和政策,人口迁移十分困难,因而,农村基层党组织的设置主要是按地区原则形成了乡镇设党委、行政村设党支部、村民小组设党小组的格局。随着改革在农村首先取得重大突破,农村经济迅速发展,乡镇企业异军突起,传统的产业结构得到调整,农村党员的从业结构也随之发生了变化。同时,伴随城市建设和城市经济发展的加速,户籍制度的改革和二元结构的弱化,创造并拓展了农村人口向城市迁移的大门。跨地区、跨省际的人口迁移,加速了城市化的发展进程和城市化水平的提高;反过来,城市化水平的提高,又推动跨地区、跨省际的人口迁移的日趋活跃。特别是在沿海经济发达地区,镇办、村办企业数量多、规模大,吸引了大批外来党员,许多地方村办企业中的党员往往超过或者数倍于行政村的党员。在这种情况下,如果依然采用过去那种只在行政村设置党支部的办法,就会给农村基层党组织的活动带来诸多的矛盾和困难。与此同时,随着改革的深入,城市街道经济迅猛发展,街办企业越来越多。有的地方实行农村城市化改造后,原来的村集体经济组织通过改组已转变为街道集体股份合作

---

① 见黄孟复:《民营经济迎来新机遇》,《中国经济报告》2010 年第 9 期。

公司。如何在这些组织中建立党组织并理顺他们之间的关系,成了城市街道基层党组织建设急需解决的课题。

第四,大量流动党员的出现,使党的基层组织的单一模式受到挑战。随着社会主义市场经济的发展和劳动人事制度改革的推进,人们择业更加自由,劳动力在产业之间转移和地区间流动日益广泛和频繁,外出务工经商和人才流动中的党员越来越多,范围越来越广,情况越来越复杂。由于非公有制经济组织中的党员、离(退)休党员存在分布不均衡、零散、流动性强等特点,一些党员组织关系无处转,党的精神无人传,有了困惑无人帮,思想问题无法解,交纳党费无处收等。一方面,随着公有制实现形式的多样化和企业改制力度的加大,城市户籍人口中的党员也大量地在不同所有制企业、不同地区间流动,并出现了一部分下岗职工党员。另一方面,改革开放以来,我国的社会阶层构成发生了新变化,出现了民营科技企业的创业人员和科技人员、受聘于外资企业的管理技术人员、个体户、私营企业主、中介组织的从业人员、自由职业人员等社会阶层。而且,许多人在不同所有制、不同行业、不同地域之间流动频繁,人们的职业、身份经常变动,这种变化肯定还会继续下去。另外,随着社会主义市场经济的发展,社会保障制度的建立和完善,各种资源、各种力量在社区重新整合,特别是随着社会事务正从企事业单位剥离出来,向社区空间转移,越来越多的地区性、社会性、公益性工作要由社区来承接。人们择业、退(离)休后选择居住地更加自由,大批退(离)休职工党员、公务员党员离开原来工作单位或地区回归到社区甚至是跨城市、跨地区流动,成为远离社会政治活动前台的"游离"党员,他们可能长期过不上组织生活,感受不到组织的关怀。因此,党的基层组织建在每一个基层单位的单一的建党模式已远远满足不了现实的需要。

第五,党员的作用发挥不够。在党员先进性教育之际,有调研报告显示,在回答"有人说,随着改革的深入,群众党员的地位在下降,作用在削弱,您怎么看?"这个问题时,有90%的群众党员认同问题所引述的看法。并认为造成这种状况的主要原因,是在市场经济条件下,党员队伍也发生了结构性变化,出现了许多新的问题。包括:(1)党员队伍思想分化现象;(2)党员政治身份与社会身份的冲突;(3)青年党员思想政治建设滞后;(4)"两新组织"党建工作薄弱;(5)传统的党员管理、教育模式不适应现实的需要;(6)党员队伍老化所引发的系列问题。党员在农村社区的老龄化、缺少活力,在城市企业的流动化、隐性党员不发挥作用,在经济组织和其他组织中的被雇佣化、没有主动性等。都影响了党员作用的发挥。①

（三）党的基层组织建设亟等解决的几个突出问题。

当前而言，党的基层组织建设的困境，集中表现在党的基层组织的覆盖面不广，而且活力不够。具体又突出地表现在以下方面：

第一，党的基层组织覆盖面有空白点。

在原有社会组织中，根据"支部建在连上"的组织设置原则，党的基层组织对社会组织的覆盖面，可以说是达到了100%。新的经济组织和新的社会组织的出现，使这一局面被打破。例如，如上所述，新经济组织无论在职工人数、对于经济发展的贡献，都已达到了相当比例，但是，在这些组织中，党组织建设无论在组织的设置以及工作的覆盖中，都留下了空白点。

浙江省是新经济组织发展最快的省份，以私营企业为例，但在1998年以前，私营企业中党组织的组建面不到1%，1998年以后，在私营企业中党建的力度逐年加大，但到了2001年，208826家企业中，还有78.7%的企业没有党员，有党组织企业9138个，组织覆盖仅为4.38%。② 2003年的数据表明，全国大多数的新经济组织仍然没有建立党的组织。就以新经济组织党建工作做得较好的上海市黄浦区为例，截至2003年6月底，已纳入党建工作属地管理的经济实体共19829家，其中私营企业7272家，外商投资企业1136家。已建立党组织总数125个，覆盖了351家企业。但在私营企业和外商投资企业中还有7276家企业没有党员。调查材料显示，民营高科技企业建立党组织的比例只有33.7%，纯私营企业建立党组织的比率更低，仅为2.68%。新经济组织党建工作存在滞后现象。③ 十六大以后，各地采取多种方式推进非公有制企业组建党组织工作。从2002年至2006年，全国非公有制企业党组织数量由9.9万个增长到17.8万个；全国有3名以上正式党员的非公有制企业建立党组织比例达到94.2%。截至2006年底，全国非公有制企业中党员达到286.3万人，个体工商户中有党员81万人。截至2007年6月底，全国规模以上非公有制企业有18.7万户，已建立党组织的企业16.4万户。④ 但是，空白

---

①　中共上海市委党校课题组：《上海市基层群众党员先进性作用发挥状况的典型调查报告》，2005年。

②　王河主编：《中国非公有制企业党建工作》，上海人民出版社2002年版，第341页。

③　中共黄浦区委组织部：《属地管理企业党组织新情况新问题的实践与思考》，2007年9月25日。

④　见《永远凝聚在党的旗帜下》，新华网2007年9月4日。

点仍然存在。

第二，党的基层组织对党员的管理和对党员的凝聚力不强。

一是由于党员的流动性增加，对党员的管理增加了难度。尤其是"新经济组织"中有大量的党员跨地区流动，并且，就业又具有很大的不稳定性。与此对应的是，一些农村的人口往城市流，其中包括大批的党员。在城市居民区中，也由于城市改造或异地购房等因素，人户分离的党员也较多。把这些党员组织起来，并进行教育管理相当困难。

二是许多党组织在党员教育管理上缺乏有效手段。突出地反映在一些党组织没有发挥作用，存在有组织无活动、有活动无效果的情况。或者对党员疏于管理，或者仅满足于读报等形式。组织生活虽然从制度上加以了规定和保证，但许多党的干部认为组织生活出席率是高的，但实际效果却差强人意。在新经济组织中，党组织能够经常（定期和不定期）开展组织生活，收好党费已属不错。企业党组织的活动紧密结合生产经营实际，结合不同职业的党员思想实际，有很大困难。

第三，基层党的干部的来源渠道与素质有待拓宽和提高。

党的基层组织，特别是新经济组织等的扩展，党建工作范围的不断扩大，这就需要大量素质高、能力强的基层党的干部。但是，随着社会转型的发展，党的基层干部，这里特别指的是基层的经济组织、城市居民区，也包括一些事业单位的党的干部，他们在社会组织中的地位、影响和社会评价在降低。这是因为这些党的基层组织一方面与行政权力分离，另一方面又难以与经济建设的中心很好地结合，因而出现了所谓"边缘化"的现象。加之党务干部待遇低，基本权利的维护没有法制化，在一定程度上造成了"不想干、不愿干"的状况。在这些组织中，党的干部队伍普遍呈现出"年龄大、流动频、后继乏"的特点。例如黄浦区125家企业党组织中，党的干部的平均年龄超过了45岁，最大的65岁。基层党务干部文化程度普遍不高，不能适应新时期党的工作需要。党务干部流动频繁，常常走了一个书记，一个支部就不能正常开展工作。①

第四，基层党组织的工作资源有待拓展。

传统的与行政权力紧密结合的工作状况，在许多基层组织中已不复存在。如何开展工作，就成为许多基层组织的难题。这里有人的观念的问题，也有制

① 中共黄浦区委组织部：《属地管理企业党组织新情况新问题的实践与思考》。

度和机制的问题。特别在新经济组织中,党组织没有业主的支持,很难有所活动,更不要说有所作为。在工作资源中,首先是物质资源,这又是当前党组织开展活动的极大的制约因素。以往党的基层组织的物质资源主要从单位内部获得。随着社会转型,条件发生了变化,目前除了机关、国有企事业单位、社区党的基层还能直接从上级和本单位获得物质支持外,越来越多的党的基层组织在这方面发生了困难。农村的情况,则取决于集体经济的发展状况。特别是新经济组织中主要的经费来源靠的是上级党组织返还的少量党费,而且活动的场所也面临很多的困难。党的基层组织及其工作,因经费、场地、手段等问题的制约而受到影响,已成为十分普遍的问题。

更重要的是政治资源,但是,党员的政治地位、党组织的政治优势不明显,也就是说,这是党的基层组织与其他社会组织相比的核心竞争力问题,如果这方面的优势不明显,这样党的基层组织要发挥影响就十分困难,政治核心作用更无从谈起。

第二节　国有企业党的基层组织建设的实践创新

长期以来,国有经济和集体经济,是我国公有制的两大基本经济组织。十六届三中全会进一步提出,要适应经济市场化不断发展的趋势,进一步增强公有制经济的活力,大力发展国有资本、集体资本和非公资本的混合所有制经济,实现投资主体的多元化,使股份制成为公有制的主要实现形式。所以,关于公有制认识有了新的突破,除了传统的国有和集体之外,还包括有国有、集体经济成分的混合制企业。这样,国有经济大体有三类企业:一种是国有独资、控股的企业,主要是掌握国计民生的导向产业发展趋势的企业,如投资性的、基础性的、公益性的和高科技先导性的;第二种类型是多元的国有投资企业,根据《公司法》设立法人治理结构;第三种是混合的控股的多元投资企业。

国有企业是我国国民经济的支柱,所以国企党建又不同于其他的基层党建。它的任务,不仅是进行社会动员,有效地组织和整合社会、保持长期执政的基础,而且,要直接促进国有经济的发展。国有企业党的工作不能削弱,在新的历史条件下,必须加强。随着社会主义市场经济的发展,国有企业的党建工作,出现了新的挑战。作为市场主体,在现代企业制度和法人治理结构中,怎样在国有企业中进行党的建设并发挥政治核心作用,已成为基层党建中的难点和重要问题。

一、加强国有企业党的基层组织建设的重要意义

随着党的工作以经济建设为中心,在社会主义市场经济体制中,要坚持公有制的主体地位和发挥国有经济的主导作用,国有企业的地位越来越重要。在社会主义市场经济的改革进程中,国有企业承担了很多的改革成本。国有企业为经济改革提供了物质基础,又是改革过程中保持社会稳定的一个稳定器。随着改革开放的推进,国有企业开始了以产权为核心的新一轮的战略性调整。一方面,国有资本更多地转向有关国家安全和国民经济命脉的重要行业和关键领域;另一方面,投资主体多元化的出现,特别是股份制成为公有制的主要实现形式。国有企业的地位和活力,对于我国的现代化建设、对于推进社会的全面进步,具有关键性的意义。随着经济全球化和科技进步趋势加快,特别是跨国经济集团在国际政治、经济以至文化事务中的影响力也越来越大的背景下,我国大中型国有企业的培育和发展的战略意义也凸显出来。而且,公有制、国有经济又是我们党执政的最直接的物质基础,直接关系到党的执政基础和执政能力。

国有企业的改革与发展对于我国现代化建设和党执政的重要意义,并不等同于在国有企业中党建工作的重要意义。这是一个十分尖锐的问题,来自于新的时期国企党建实践中的困惑。在计划经济时期,国企党组织处于权力的核心,与行政权力紧密地结合在一起。在市场经济条件下,党组织的政治核心作用如何在法人治理结构的实现,成为一个难点。于是,在深化国企改革的背景下,党的基层组织这样的政治组织有无必要在作为市场主体的经济组织中存在?这样的组织能否发挥作用?以及有无积极意义?有人认为,现代企业制度的运作受到有关法则的严格制约,在公司制企业中如果再提党的领导、社会主义方向、党组织的政治核心作用,就会与国际惯例发生抵触,不利于企业转制和向国际市场发展。这是我们研究国有企业党的基层组织建设的必须要回答的前提问题,只有真正解决了这一问题,才能形成一个基本的指导思想。

(一)国有企业党的基层组织建设,是实现党对国有经济领导的重要条件。

建立现代企业制度,是发展社会化大生产和市场经济的必然要求,是公有制与市场经济相结合的有效途径,是国有企业改革的方向。建立什么样的现代企业制度,是一个关系到国有经济命运和党的执政地位的重大原则问题。

由于国有经济的改革和发展,关系到国家的安全和国民经济的命脉,关系到社会主义的发展方向,对于促进我国的社会发展和夯实党的执政基础上都具有十分重要的地位,作为执政党,对国有经济予以特别的重视。国有经济的改革,不仅是经济改革,而且是政府公共管理职能的改革,因此也是政治改革的重要部分;国有经济改革的一个重要问题,是要健全国国有资本的监管制度。所以,从价值和现实两方面看,党的领导和党的组织体系,是国有经济改革和发展中的重要保证,这是与西方社会的经济组织所不同的根本所在。

党对国有企业的领导是多方面的,党在国有企业中的基层组织建设则是重要的基础。党的领导,主要通过五个方面来实现:一是通过法律、法规的规范;二是通过政府的管理和公共事务服务;三是通过管资、管干部进行监督;四是通过上级党组织的作用;五是通过基层党组织和党员的作用,等等。如果说,通过法和政府实现执政党对国有经济的领导,这与西方国家执政党一样以外,其他三个方面,则是中国共产党的基本传统,也是中国共产党的政治优势。党在企业中的基层组织和党员的基础性作用,就在于党的领导的实现具有了企业内的主动性参与条件。

(二)加强对国有企业党的基层组织建设,是党增强阶级基础、扩大群众基础,增强政治动员能力的需要。

国有大中型企业,是我国经济组织的核心,是我国产业工人集中的地方,随着国有企业新一轮战略性调整,一方面,国有大中型企业的地位越来越重要;另一方面,多种投资主体的进入,一些随着改革开放发展起来的新的社会阶层也向这一经济组织集聚。所以,加强在国有企业中党的基层组织建设,是凝聚社会、扩大队伍,并且也是培养干部特别是经济管理方面的干部的需要。

(三)加强对国有企业党的基层组织建设,是增强国有企业竞争力的重要因素。

中国企业的竞争力大大落后于发达国家,因此,我们要学习发达国家先进的企业制度和管理方法。同时,我们要超常规发展,必须发挥自身的特点和优势。党的领导和党的建设,是我国企业发展重要的政治优势。

第一,作为市场主体,企业以追求利益的最大化为目的,但是要做大企业,又必须要有超越利益的价值追求,这是现代企业发展的基本要素。这种价值观念,不仅是企业投资人的理念,而且要成为企业的基本精神。这样,在残酷的市场竞争中,企业的发展才有不竭的动力。中国共产党的理想、建设小康社会的纲领和科学发展的理念,对于塑造企业精神和文化,具有重要的引领意义。党的基层组织和党员群体，则是国有企业现成的企业精神和文化人格化的核心。

第二，企业的管理，核心是人的管理。现代的管理理论，越来越重视以人为本，重视各层次人的参与和协作。中国共产党有善于做思想工作的传统和民主管理的意识，作为执政党的组织，党的干部和党员，具有极强的公信力和权威。一些优秀的企业家，都特别重视党组织的作用，先进的国有企业，一个重要的经验就是把党的凝聚力和企业的凝聚力紧密地结合在一起。

第三，企业的竞争，说到底是人的素质的竞争。通过党的组织，能较好地凝聚并培养一批具有较高政治觉悟和业务能力的队伍，这是企业发展的骨干力量。例如，在一些合资企业，由于觉悟高和业务好的多是共产党员，使外方投资人员和管理人员对党员表示欢迎，甚至也有外方人员提出入党申请，外方在欧洲开新厂，也要求中方派党务干部。①

中国这样一个后发现代化国家，在经济全球化的趋势中，要迅速地增强国家的综合实力，国有大中型企业的改革和发展，而且必须要有超常规的发展。这需要学习国外的先进经验，同时，又必须发挥自身的传统优势。所以，必须把加强党的建设作为提高竞争力的重要政治资源。我们要从保持国家政治稳定、经济发展和社会进步的高度，从保证跨世纪宏伟目标顺利实现的高度，从巩固党的执政地位和坚持社会主义制度的高度，充分认识搞好国有企业党建工作的重要性和紧迫性。

2009 年 8 月，全国国有企业党的建设工作会议在北京召开。习近平在会上指出，国有企业是全面建设小康社会的重要力量，是中国特色社会主义的重要支柱，是我们党执政的重要基础。新中国成立以来特别是改革开放三十多年来国有企业发展的历程表明，党建工作始终是国有企业的独特政治资源，是企业核心竞争力的有机组成部分，是实现企业科学发展的关键因素，也是建立中国特色现代企业制度的一个本质特征。进一步明确国有企业党的建设不是简单的企业党建问题，必须从中国特色的国家制度和政治建设问题出发思考国有企业党组织的战略地位。

---

① 　参见《外国人眼里的中国共产党》，《北京青年报》2001 年 7 月 1 日；《"中国共产党是中国的脊梁"——德国专家曼福雷德·布罗克眼中的共产党》，新华社 2001 年 6 月 11 日电；《党建通讯》（上海）2003 年第 11 期，第 11 页等。

二、加强国有企业党的基层组织建设的实践探索

随着国有企业的改革和发展,根据实践中出现的新情况、新问题,国有企业党建工作也在体制、机制上进行了新的改革和探索。

（一）领导体制的改革和探索。

党的十一届三中全会以来,国有企业的领导体制在改革中经历了一个演变过程。1978 年,《中共中央颁发工业三十条》中规定:工厂实行党委领导下的厂长分工负责制。十二届三中全会通过的《中共中央关于经济体制改革的决定》中开始明确提出要实行厂长负责制。1986 年 9 月,党中央和国务院颁发了《三个条例》,并且几乎同时又发了关于贯彻执行《三个条例》的补充通知,提出全民所有制工业企业的厂长（经理）处于中心地位,起中心作用。在这种体制下,十三大报告中提道:企业党组织的作用是保证监督,不再对本单位实行"一元化"领导,而应支持厂长、经理负起全面领导责任。十三大党章也专门就企业党组织问题作了较大修改,由原来十二大党章"领导本单位的工作,对重大问题进行讨论和作出决定"的提法,修改为"实行保证监督,对重大问题提出意见和建议"。但是,在推行厂长负责制的过程中,出现了削弱和淡化企业党组织地位和作用的问题。1989 年 8 月,《中共中央关于加强党的建设和通知》又明确了党在企业的基层组织处于政治核心地位。但是,在实践中也出现了"中心"与"核心"的"两心"之争。1990 年 12 月,十三届七中全会通过的《中共中央关于制定国民经济和社会发展十年规划和"八五"计划的建议》中提出了企业领导体制的"三句话",即:"充分发挥企业党组织的政治核心作用,坚持和完善厂长（经理）负责制,全心全意依靠工人阶级。"

1993 年党的十四届三中全会指出,建立现代企业制度是我国国有企业改革的方向。十六大提出了深化国有企业改革,进一步探索公有制特别是国有制的多种有效实现形式,实行投资主体多元化,按照现代企业制度的要求,实行规范的公司制改革,完善法人治理结构,同时提出了深化国有资产管理体制改革的历史任务。十六届三中全会提出大力发展混合所有制经济,使股份制成为公有制的主要实现形式。随着改革深入,国有企业改革已进入了实行规范的公司制改革和建立现代企业制度的实施操作阶段。已经改制的国有企业,形成了"新三会"（股东会、董事会、监事会）与"老三会"（党委会、工会、职代会）并存的状态。理顺"新三会"与"老三会"的关系,特别是党委在公司制企业法人治理结构中的"定位",已成为当前建立现代企业制度的突出问题。

经过几年的实践,在党的十六大党章中规定:"国有和集体所有制企业中党的基层组织,发挥政治核心作用,围绕企业生产经营开展工作。保证监督党和国家的方针、政策在本企业的贯彻执行;支持股东会、董事会、监事会和经理(厂长)依法行使职权;全心全意依靠职工群众,支持职工代表大会开展工作;参与企业重大问题的决策;加强党组织的自身建设,领导思想政治工作、精神文明建设和工会、共青团等群众组织。"十六届三中全会通过的《关于完善社会主义市场经济体制若干问题的决定》,在十六大的基础上,在全心全意依靠职工群众方面,又提出了在现代企业制度下探索职工民主管理的有效途径。

与企业党组织有关的,除了政治核心之外,还有一个很重要的概念,那就是政治领导。《中共中央关于进一步加强和改进国有企业党的建设工作的通知》(1997年1月)指出,坚持党对国有企业的政治领导,是一个重大原则问题,任何时候都不能动摇。党对国有企业的政治领导主要体现在:坚持国有企业的社会主义方向,保证党的路线、方针、政策和国家法律、法规在企业贯彻执行;坚持党管干部的原则,按照管理权限,依法选派、推荐国有资产产权代表和企业经营管理负责人,并对他们实施教育、培养、考核、监督;坚持发挥企业党组织的政治核心作用和党员的先锋模范作用。这样,我们在考虑企业党组织的政治核心作用时,与党对企业的政治领导两者联系起来。按照《企业国有资产监督管理暂行条例》和《中央组织部、国务院国资委党委关于加强和改进中央企业党建工作的意见》(中办发[2004]31号,以下简称《意见》)规定,国有企业党建工作的定位应该始终坚持"五个坚持"、"五个结合",即坚持以中国特色社会主义理论为指导,坚持解放思想、实事求是、与时俱进,坚持充分发挥企业党组织政治核心作用,坚持全心全意依靠工人阶级的方针,坚持为国有资产管理体制改革和国有企业改革发展稳定服务。这"五个坚持"既是一贯的指导思想,也有国有资产管理体制和国有企业改革特点。适应现代企业制度的要求,将党的工作与经营管理相结合、党管干部和党管人才原则与市场化选聘人才的机制相结合、从严治党与依法治企相结合、思想政治工作和企业文化建设相结合、发挥职工民主管理作用与维护企业领导人员依法行使经营管理职权相结合。这"五个结合"是党的建设与国有企业实际结合的具体体现。

从1994年开始,上海对国企领导体制的探索中,提出了"双向进入,交叉任职"的思路。具体做法是:党委书记兼任副总经理,董事会或监事会主席兼任党委副书记,部分党委二级单位党政干部双肩挑,中层干部党政岗位交流。上海有70%的国有大中型企业是按照这一模式建立领导体制的,这为以后增强党的组织和法人治理结构的契合度、发挥党组织在企业中政治核心作用、实现党对企业的政治领导，提供了较有效的制度安排。这一模式曾引起广泛重视。

随着国企改制的进行，"双向进入，交叉任职"的具体方法，各企业根据自己的特点出现了多种模式。如上海三菱电梯有限公司，是中方控股的合资公司，实行董事会领导下的总裁负责制。董事会由8人组成，其中中方5人，外方3人，董事长由中方担任，外方出任副董事长，党委书记进入董事会任董事。高级管理层中，中方五人，分别是总裁、党委书记、两个副总裁、总工程师，日方有副总裁和副总工程师两人。公司党委中，党委书记兼工会主席，副书记兼总裁办公室主任，纪委书记兼人事部部长，总裁和其中一名副总裁是党委委员。在这个模式中，党委书记以工会主席的身份进入董事层，并且直接以党委书记的身份在经理层发挥作用。党委和经理层的关系十分密切。原有的国有企业，在改制后成为民营控股的企业后，"双向进入，交叉任职"虽然在形式上发生了很大的变化，但由于党委在企业及其职工中的中的影响和作用，这种体制也大体保存下来。如中国纺织机械股份有限公司，2002年资产重组后，是由民营企业控股的，董事长由民营企业聘任，党委书记以经营者身份进入董事会，并任副董事长。公司党委中，副书记兼任工会主席，纪委书记兼任分管人事的副总经理，总经理和人事处处长都是党委委员。

随着国有企业改革的深化，各企业根据自己的特点实行"双向进入，交叉任职"，形成了多种模式。大型的国有独资及部分国有控股企业，党委书记兼董事长，占相当高的比例，并形成了一定的趋势。如上海建工（集团）总公司、中国华源（集团）有限公司、上海糖业烟酒（集团）公司等。还实行了监事会主席兼党建督察员制度，加强党的领导。

（二）参与企业决策的探索。

企业党组织要在企业中发挥政治核心作用，最基本的体现是两个方面：一是参与决策，二是党管干部。"双向交流，交叉任职"，使党委在法人治理结构中参与企业的决策有了制度上的安排。但是，要体现党委集体的作用，还需要形成一定的工作机制。从上海国有企业的实践上看，党委参与企业决策主要有两个方面的环节。

一是努力探索党委会有效参与企业重大决策的途径。上海工业系统企业党委坚持班子中心组的学习，酝酿并形成重大决策的基本思路和原则；通过党政（或者党委会和董事会）联席会议的形式，共同讨论重大问题。决策前搞好调查研究,决策中提供思路,决策做好协调工作。上海三菱电梯有限则在董事会之前召开党委会,由行政领导向党委通报情况,进行研究,党委书记作为董事,配合总裁和其他中方董事,在董事会上参与决策,此外,党委书记还参加每周一次的总经理办公会议,参与企业发展和生产经营活动的研究。

二是通过领导党员和群众,探索现代企业制度职工民主参与的途径,以影响企业的重大决策。健全党内民主,例如重大问题党内"先知道、先动员、先行动";一些重大问题须由职工代表大会讨论;重视发挥工、青、妇等群众组织的作用;建立和完善企业的监督机制,完善监督机构,疏通民主监督的渠道,等等。

(三)在企业中实现党管干部、党管人才的探索。

国有企业坚持党管干部的原则。党管干部,有两层含义:一方面,国有企业高层领导干部,是由上级党委管理的;另一方面,国有企业党委,在企业干部管理上要发挥重要作用。

不同类型的国有企业,党对干部的管理方式有所不同。国有独资、控股的企业,它们的领导体制可能不设董事会(新成立的不设董事会),设总裁或总经理、党委书记,同时在体外设监事会,外派专职监事会主席,干部以主管部门组织配置为主。多元的国有投资企业,根据《公司法》设立法人治理结构,干部由各投资方推荐或派出产权代表,由各方党组织负责审核;上海三菱电梯有限公司的公司级干部都由上级集团委任,中层干部和基层干部,要先在党委会上沟通讨论,听取行政会议的意见后,由总裁任命。混合多元投资企业,产权代表都由投资方出,国有部分按国有的规定,由党组织来政治审核;如中国纺织机械股份有限公司,党委不直接参与干部的任命,但干部的考察工作由党委负责。混合多元投资企业的经理班子更多地运用市场机制,市场化、职业化、专业化,需要由社会化评估机构来评估,党管干部原则的实现形式也必须多样化。

企业党组织在干部管理上,要把党管干部原则同董事会和总经理依法行使用人权结合起来,注意改进干部任用方式。要认真执行《公司法》,企业的高级管理人员和财务负责人由董事会聘任,企业的中层行政管理人员和专业技术管理人员由总经理聘任。但企业党组织要做好培养、选拔、考察工作,要有推荐权、考察权、建议权。在实践中,在国有公司制企业,企业党委协助上级管理部门对董事会提名的经理人选进行考察;企业党委可以有向董事会推荐经理人选,向经理推荐副经理和其他重要负责人人选;董事会依法提出的拟任免人选,事先征求党委的意见;党委负责组织考察,提出意见或建议。

除制度性安排外,企业党组织特别要重视对企业干部和骨干的选拔和培养工作,采用竞争择优、组织配置和市场配置相结合、组织考察和社会专业评估机构结合等原则,创新企业干部人事制度;例如,充分利用党的组织和其他社会资源,把培训工作作为党组织的重要工作,提高企业干部和骨干的政治素质和业务素质,以此把握党管干部和党管人才的主动权。如上海三菱电梯有限公司党委会同企业人事部负责中层以上干部的日常管理,党委举办了中青年干部培训班,每年一期,对干部的素质发挥了较好的作用。

(四)体现党组织在促进企业发展中的政治优势的探索。

党组织是一个政治组织,在建设社会主义市场经济中,党组织在国有企业中,深化国资改革,保护国有资产增值,促进企业发展,也是党组织的政治责任。党组织与法人治理结构中的董事会、监事会和经理管理层不同,它要发挥自身的政治优势。党组织的政治优势,所依托的政治资源主要来自两个方面:一是上级党的组织及其管理部门的授权,二是以党员为核心骨干的职工队伍的支持。企业党委由上级党组织及其管理部门授权,在制度层面上开展工作,主要对上级党组织及上级管理部门负责,起政治上的监督和保证作用;企业党委,更要通过组织党员和职工,凝聚力量,开展工作。

第一,通过推进党内的基层民主和企业的民主管理机制,以激发党员的主体性地位和职工的主人翁精神。党组织要着眼于对党员和群众的服务,这种服务,不仅是生活上的关心,更重要的是政治上的服务,核心是维护和协调党员和职工的权利。调查表明,例如,金融企业职工群众最需要党组织提供的不是经济方面的资助,而是是否能为员工的素质提高和自身的发展创造有利的条件,提供参与企业民主管理的渠道,创造一个公平的竞争环境以及满足精神文化方面的需求。① 对党员和职工权利的维护和协调,最重要的是要推进党组织、工、青、妇等群众组织和个人的民主参与机制,通畅利益诉求的渠道,并通过参与体现自身的价值。上海宝钢集团、华谊集团、电机集团和氯碱化工股份、上海柴油机股份、上海电机厂等企业党委,试行了党代表常任制,党员代表组成民主管理委员会和监督委员会,组织党员代表巡视,参与党的建设和企业的管理监督。上海各国有企业党委,都较重视发挥工、青、妇组织的作用,重视职代表等机制,并推行企务公开。上海石化股份党委,在股份制改制中,保留

---

① 《上海金融系统基层党组织凝聚力建设的调研报告》,2003 年 7 月。

并强化了职工的民主管理制度,建立了工会代表与行政平等协商制度,工会主席、副主席经职代会选举进入董事会、监事会,把职代会作为职工民主管理的核心舞台,实行企务公开等。在党员、职工的民主参与过程中进行党的思想政治工作、企业文化的建设,从而把党的"凝聚力工程"和企业的"凝聚力工程"结合起来。

第二,要抓住"科教兴国"、"人才强国"两大战略,抓科技、抓人才。党委是做人的工作的,企业的竞争越来越体现为人的竞争。企业党委把提升党员和职工的政治和业务素质作为企业党委和各级组织的基本工作职责。上海宝钢集团公司党委提出了"党员的思想觉悟高于群众,操作业务技能高于群众,生产工作业绩高于群众,培育一流党员队伍"(简称"三高一流")要求,在2003 年的党员先进性教育活动中,宝钢提出一个命题:"党员队伍是有坚定信念和严密组织的先进的人力资源",并且有着打通了管理层和被管理层的优势;提出了"围绕中心抓党建,进入管理起作用的理念"。经过多年的努力,党员队伍的整体素质得到了提高,并带动了职工队伍素质的提高,还造就了一批懂经营、会管理的党的干部,增强了宝钢的整体竞争力。中共上海市金融工委,面对金融系统高素质人才竞争十分尖锐的现状,也把党在金融企业的"凝聚力工程"定位为提升金融企业的竞争力,重点内容是尊重知识、尊重人才、尊重劳动、尊重创造,为党员、群众的发展提供工作的平台、学习的平台和发展的平台。如海通证券金融研究所党支部,通过创造学习型组织,以形成整体的持续的学习力、创新力、竞争力,不仅推动了企业的发展,也因此形成了很好的合作团队。

党组织在扩大参与、提高素质的工作中,要特别重视发挥下级基层党组织和党员的核心作用。邓小平说过:"一个工厂、一个车间、一个班组的党组织,如果能够面对自己单位的具体问题,走群众路线,同群众商量,提出很好的办法,由共产党员起模范作用,真正解决这些问题,那么,那里的党组织对四个现代化就作出了很可贵的贡献。"①如何发挥基层党组织和党员的战斗堡垒和先锋模范作用,在实践中探索了多种活动方式,其中,"党员责任区"有较好的效果。"党员责任区"活动,给每个党员以明确的责任和工作范围,以责任的形式规范每个党员,要求每个党员通过以身作则,影响、说服、教育和带领群众共同奋斗,这在客观上是一种激励机制,有利提高党员的社会和历史责任感,带

---

① 《邓小平文选》第二卷,人民出版社 1994 年版,第280 页。

动群众。一些企业在开展"党员责任区"活动中,还根据企业的特点,规定了责任的具体内容,如上海卷烟厂开展的"党员质量责任区",直接从产品质量入手,体现党员的示范作用。上海三菱电梯有限公司连续多年开展"一个支部一个重点"主题活动,就是把公司年度生产经营目标分解到各个支部,要求支部发挥党员积极分子的作用,把分解目标作为重点任务来完成;该公司在此基础上,又连续两年开展"党员岗位承诺"活动,就是要求党员在岗位上发挥模范作用,这些活动直接推动了企业的发展。

三、在新的形势下,进一步推进国企党建工作的几个问题

在现代企业制度和法人治理结构中,国有企业实行的是董事会领导下的总经理负责制,国有资产保值增值责任具体,企业内部以资产为纽带实行母子公司或通过参股控制实行管理,企业在内部利益分配上拥有了更大的自主权。上述变化给企业党建工作提出了许多新的问题。党组织如何在法人治理结构中发挥作用,这是问题的核心所在。

《公司法》和《党章》都对加强企业党的建设作出了原则性的规定,但缺乏具体的制度与规章。如国有企业党组织的职权与任务,机构设置与人员配备,活动内容与方式、方法,工作经费等等,都缺少制度安排。这就在实践中出现了参与决策难,监督难和开展活动难等现象。在一些企业中,党组织成为法人治理结构的附设,党的干部片面地把"党要管党"理解为"党只管党",只能抓抓自身建设,把党组织的政治核心作用看成是做做思想政治工作,形成了政治工作和经济工作"两张皮"。人们在探索中出现了一些困惑:具体而言,例如,什么是企业党组织的任务,其任务来自上级党委还是企业自身的需求? 企业党组织主要从事经济工作、还是政治工作、社会工作,三者之间是什么关系? 企业党组织在经济工作中着重关注的是生产力还是生产关系? 企业党组织的工作着力点在企业的领导层还是基层群众? 等等。难点在于如何确定党的组织的功能定位,在此基础上进行机制创新,实现战略转变。

第一,要明确在国有企业中党组织的任务。

中国共产党是政治组织,要为实现自己的政治路线而奋斗。在党执政以后,党的政治路线就是要推进国家和社会的发展,在现阶段,就是要以全面建设小康社会作为自己的行动纲领。国有大中型企业的改革和发展,对我国的经济和社会改革和发展意义重大。作为处于领导地位的执政党,加强对国有大中型企业的政治领导,这是中国共产党的传统,也是中国共产党的优势,对

推动国有大中型企业的改革与发展具有重要意义。

国有大中型企业党组织,就是要发挥政治核心作用,实现党的政治领导。党组织在现代企业中的地位既超越企业法人治理结构,又植根于企业法人治理结构。所谓超越,意为保证企业生产经营的社会主义方向,保障国家利益的实现;所谓植根,意为维护企业正当利益,确保企业效益最大化,确保职工的合法权益。具体而言,它有三方面的任务:对上级党组织负责,监督和保证企业的正确发展方向;直接推动企业的发展;凝聚企业中的群众。所以,其任务既来自上级党委,它要贯彻党的方针政策,并监督和保证企业的发展方向;也是企业自身的需求,要直接推动企业的发展。既着眼于企业的领导层,要参与决策,并支持领导层的工作;又着眼于基层群众,维护群众利益、协调利益关系,并以利益博弈为动力推动群众的民主参与,增加凝聚力。企业党组织要以政治工作促进经济工作和企业内的利益协调;一般而言,党组织虽然把促进经济发展作为自己的政治路线,但并不是直接地抓经济工作,而是发挥自己的政治优势,为经济发展创造条件,特别在企业的利益协调中发挥重要作用。在宏观的生产关系调整中发挥作用的同时,关注生产力的发展;国有企业正处在改革的过程中,党组织的作用是十分重大的,并且,党组织要并重从制度和机制层面发挥影响,理顺关系,同时,以提高以党员为核心的企业员工的素质为基本工作,直接推动生产力的发展。

国有大中型企业党组织的政治权威,既来自于上级党委(包括《党章》的规定),又来自于政治工作的努力。上级党委的授权,主要体现在参与决策和党管干部的实现;政治工作的努力要体现在党的凝聚力和企业凝聚力的一体化,以及对企业竞争力的提升。

第二,增强党组织与法人治理结构的契合性。

国有大中企业党组织的政治权威的一部分来自于上级党委的授权,也就是说仍具有行政性的权力,这就有与法人治理结构的契合性问题。应该说,建立现代企业制度,对党组织实施对企业的政治领导提供了体制依托和规范化的程序。建立现代企业制度,有利于在体制上改变过去单一厂长(经理)负责体制下党政关系主要取决于党政两个一把手的素质和协调配合而缺乏必要的制度保障、企业人财物产供销等大权集中于一个人而缺乏必要的监督制约等现象。现代企业制度实行的是集体决策与个人分工负责的新型的企业领导体制;党委成员按照有关规定依法进入企业的决策机构、执行机构或监督机构,提高了企业党组织的地位,为全方位地履行党章规定的企业党组织的职责,提供了制度上的保证。

解决党组织与法人治理结构的契合性问题,要遵循合法性的原则和融合渗透性的原则。按照《公司法》的规定,董事会是公司的经营决策机构,而企业党组织"参与企业重大问题的决策",则是党章赋予的重要职责。解决好新老三会(主要是党委会和董事会)的协调问题,党组织与企业内部机构的同构是一个趋势。"双向进入,交叉任职",仍然是有效的办法。党委会成员依法进入董事会,董事会成员依党章进入党委会,在大中型企业中党委书记兼董事长。把多元投资企业中,代表不同出资方的党员董事组织起来,建立统一的党组织。混合经济企业中党组织与法人治理结构中结合点有多种形式,可能跟董事会、也可能跟监事会、也可能跟经理层、也可能和工会结合,根据混合经济的不同企业类型、不同的资本比例、领导成员的配置实行不同的结合方式。可以采用党委会和董事会联席会议制度;在大型国有企业,由于党委书记兼任董事长,党委办可以和董事长办合并办公,以强化参与的机制。上级党委成立国企党建工作巡视组,加强对企业党组织的领导、协调和支持。

需要强调的是,党委的参与是一种组织行为。是企业党委集体参与决策,而不仅仅是书记个人参与决策。董事会的议事原则与党委会的议事原则既有相同之处,又有不同之处。两者都是少数服从多数、集体决策,但是,前者是个人负责(直至承担赔偿责任或其他法律责任),后者则是集体负责。

第三,要充分体现政党的功能,发挥自己的政治优势。

党组织在法人治理结构中的作用取决于参与方式,参与方式又取决于功能定位。如果说党组织的"定位"解决的是自身的存在价值问题,那么发挥其功能解决的就应是党组织的价值实现形式问题。企业党组织与军队党组织有共性,军队是战争时期党为实现政治任务而直接领导的重要组织,国有企业则是和平时期党为实现政治任务而必须直接领导的重要组织。但是,国有企业和军队有两个很大的不同:从组织性质上看,军队本身是政治组织,与党的政治任务是同一的,而国有企业则是经济组织,除了与党的政治利益的一致方面外,还有自身追求经济利益最大化的一面;从组织结构看,军队党委按照党的组织原则和程序直接进行决策,由军事首长具体执行,企业则有法人治理结构。所以,在现代企业制度的法人治理结构中——这是实践所证明的、适合市场经济发展的治理结构,党组织如何发挥政治功能,从而不是弱化而是优化国有企业的法人治理结构,则是一个关键的问题。

其一,党组织要善于利用自己的结构优势和组织优势,监督和保证,并反映企业和职工的利益。政党是政府与社会的中介,中国共产党也不能例外;国有企业虽然和政府有更直接的联系,但仍然是一种社会组织。所以,党组织在企业中的参与决策和党管干部,是执政党保证和监督企业发展方向的条件。因为只有参与决策的过程,才能实现有效的监督和保证。所以,党委在参与决策中,它本身并不是企业的一个职能机构,不能替代董事会决策;它代表党的组织,对企业的决策要起到指导和参谋的作用,如果认为党委在参与决策过程中要先形成决议,在董事会中的党员必须要执行党委决议的想法,这是不对的,会对董事会工作造成干扰。而监督和保证的对象主要的也不是针对决策和决策的实行本身,——这是监事会的职能,而主要是通过对干部的培养、考察来实现的。在监督保证的同时,企业党组织还要从维护企业和职工的利益出发,向上级党组织和主管部门反映意见,为上级的决策提供信息。

其二,党组织要善于发挥群众工作和协调利益的优势,增强党的凝聚力和企业的凝聚力。政党的基本运行方式,就是民主的方式。在党委的层次,是组织的参与而不是个人的参与;在企业领导体制方面,其重要的任务是推进和完善法人治理结构,支持法人治理结构开展工作;在企业制度建设上,根据法制要求,完善工会等组织,并且,推进共青团、妇联等群众组织的发展,完善职工代表大会制度,推进职工的民主参与和民主管理;在党组织中,维护党员的权利,发扬党内民主,激发党员民主参与企业管理的积极性。要努力通过推动民主管理制度和机制的推动,使决策科学化,并维护国家、企业和职工的利益,推动企业健康发展。

其三,党组织要善于发挥政治工作的优势,着眼于提高党员和职工的素质,以增强党的竞争力和企业的竞争力。党组织的存在,除了作为执政党必须在国有企业设立基层组织这一重要价值之外,从企业发展角度来说,还有一种非常重要的价值,即通过做人的工作,使人的素质不断提高,保证企业做强做优。政党工作的主要内容,是发展党员,吸纳和培育社会精英。企业党组织要把党管干部、党管人才和提高党员素质、职工素质结合起来。党委班子成员不仅政治素质高,善于做党的工作,善于协调解决决策层与执行层之间、总经理层内部相互之间的意见分歧,善于协调解决集体利益和职工个人利益之间的矛盾,善于调动工会组织、团组织等各方面力量;又要懂经营、会管理,熟悉经济工作,成为复合型人才,以提高参与决策的水平和能力,要努力成为企业高层管理人员,上级党委要有计划地实行政治干部和经济管理干部的轮岗制度,加强对政治干部的双重培训。要使党员具有很强的执政意识、维权意识和竞争意识,党组织对党员的服务,最根本的就是要提高党员的综合素质,提高党员在企业中的竞争力,使党员成为企业中的骨干力量;通过党员的先锋模范作用,带动企业职工整体素质的提高。把企业文化建设和政治思想工作,发展党员,党员的管理和教育,实行公平的竞争机制,完善党管干部和党管人才的方式形成一个整体性的工作,在提升企业竞争力的同时,也扩大了党的政治动员能力。

国有企业是我国国民经济的支柱,所以国企党建又不同于其他的基层党建。它的任务,不仅是进行社会动员,有效地组织和整合社会、保持长期执政的基础,而且,要直接促进国有经济的发展。国有企业党的工作不能削弱,在新的历史条件下,必须加强。国有企业党组织的建设,必须与社会主义市场经济条件下现代企业制度的发展相一致,也就是说要与"新三会"有很好的契合性,现有的国有企业党建,需要进行战略性的调整,需要机制的重大创新。国有企业党建的基本趋势是从高度行政化转向提高其非权力性的影响力,这就必须凸显政党的政治功能,拓展政治资源和社会资源,以保证党员的先进性和党的基层组织力量的生机和活力,增强党组织的创造力和凝聚力,成为国有企业的核心组织。

第三节　农村党的基层组织建设实践创新

一、农村基层党组织是党在农村全部工作和战斗力的基础

中国共产党在其发展的九十多年历史中,始终把农民阶级作为自己的基本政治力量,加强对农村工作的领导,不断在实践中探索党在农村基层组织建设,是中国共产党取得革命和建设的基本经验之一。1945年,刘少奇在中共七大上指出:"中国现在的革命,实质上就是农民革命。目前中国工人阶级的任务,基本上就是解放中国的农民。"①正是由于中国共产党正确认识了中国民主革命的特点和解决了如何领导农民革命的问题,才完成了民主革命的任务,建立了中华人民共和国。因此,无论是从研究中国共产党的基本历史经验来看,还是从中国现代化的特点和规律来看,都需要党加强对农村工作的领导,都需要加强农村基层党的建设。

(一)建国以来农村基层党组织建设的发展历程。

新中国成立之初,紧紧围绕建立新的基层政权、土地改革、农业的社会主

---

① 《刘少奇选集》上卷,人民出版社1981年版,第331页。

义改造以及农村经济建设等任务,党中央对加强农村基层组织建设相继作出重要部署。主要创建了两类组织,一是农村基层党组织和政权组织,二是农村经济组织。在 1951 年至 1954 年的整党运动中,农村基层党组织得到了整顿;1954 年中央召开了第一次全国农村党的基层组织工作会议,这次会议是过渡时期加强农村党的基层组织建设、以实现党对农业的社会主义改造的一次重要会议;1962 年中央制定下发了《中国共产党农村基层组织工作条例试行草案》;1965 年中央批转下发了中央组织部《关于加强农村党的建设的三个问题的报告》。

随着农村基层政权制度的建立,党对农村基层社会的领导体制也发生了不断演化的过程,但基本上是按照党政一体化程度不断加强的轨迹发展的。建国初期,党对农村的领导主要是通过领导农民协会开展土地改革,推动农村基层政权建设而展开的。随着农村基层政权的逐步建立,1950 年 12 月中央政府政务院颁布了《乡(行政村)人民代表会议组织通则》和《乡(行政村)人民政府组织通则》成为建国后我党领导基层政权建设的最早的文件,也是我国基层政权建设开始走上法制化、制度化的标志性文件。1954 年 1 月,内务部颁发了《关于健全乡政权组织的指示》,要求乡人民政府一般应按生产合作、文教卫生、治安保卫、人民武装、民政、财粮、调解等方面的工作,分设各种经常的工作委员会。行政村以下按自然村划定居民组进行工作。村设代表主任,由乡人民代表互推产生。居民组设组长,由代表担任。村组织的干部,与人民代表大会制度完全合一。使中国共产党领导下的乡镇基层政权体制逐步走上正轨。1954 年制定的建国以来的第一部宪法中规定了农村的基层政权设在乡、民族乡和镇,中国的农村基层政权体制正式确立下来。在这一阶段,党的基层组织与基层政权组织的关系基本上处于良性的关系之中。但是由于我们党刚从革命党转变为执政党,并受苏联社会主义模式的影响,随着农村生产资料集体化程度的不断提高,农民的生产经济组织的独立性和自主性日益减弱,最终与农村基层政权融为一体,并受党的一元化领导的程度日益加强。

到了人民公社时期这种一体化达到了极端,"政社合一","党政不分",实行党的一元化领导。公社一级设党委,大队一般设党支部,生产队设党小组,公社党委和大队支部是各自区域的领导和决策机关,一切重大事务,包括生产和分配、招工招干和参军,救济粮款的发放等等,都由党组织决定。公社权力一般都集中在党委,尤其是党委书记一人手里,事无巨细都由党委书记拍板。在这种高度集中的体制下,农村基层党组织的地位看上去是空前提高,但农民的生产积极性受到遏制,生产力遭到了破坏。党对农村工作领导的这一曲折经历,反映了我党从革命党转向执政党还处在不成熟的历史探索过程。

改革开放以后,随着农村经济体制改革的不断发展,中共中央及时作出了政社分开,建立乡政府以及在村一级建立村民委员会的决定,并以宪法和组织法的形式给予了法律上的确认。在农村基层,一方面继续利用党的系统这一组织资源,强调加强农村基层党组织的作用;另一方面,紧紧围绕解放和发展农村生产力,推动农业和农村经济加快发展,强调农村基层党组织要坚持和完善家庭联产承包责任制,带领群众走共同富裕的道路。1982年1月,中央批转了《全国农村工作会议纪要》,明确提出"党的农村基层组织是团结广大群众前进的核心和战斗堡垒"。1985年,全国农村党的基层组织建设工作座谈会对适应农村改革需要,大力抓好农村党员教育,调整和建设好农村基层组织的领导班子,提出了明确的任务和要求。从1986年开始,全国整党转入农村,重点解决少数农村党员干部中存在的以权谋私和违法乱纪问题,有力地推动了农村基层领导班子建设。1987年颁布了《中华人民共和国村民委员会组织法(试行)》,规范了村民委员会的工作。这一时期,我国改革首先从农村开始,农村改革取得了巨大成就,农村发生了翻天覆地的变化,广大农民群众的生活状况有了较大改善,农村基层党组织发挥了重要作用。

随着农村经济体制的发展,到了20世纪90年代,如何在新形势下改进党对农村工作的领导方式,增强农村基层党组织的战斗力的问题又一次摆在我党的面前。1990年8月,中央有关部门在山东省莱西县召开全国村级组织建设工作座谈会,进一步明确了农村基层党组织的领导核心地位,确立了以党支部为核心的村级组织配套建设的工作格局,这次会议在党的基层组织建设史上具有重要意义。1994年中央召开全国农村基层组织建设工作会议,会后下发了《关于加强农村基层组织建设的通知》,文件要求:加强农村基层组织建设,要着眼于保证党的基本路线和农村政策的有效贯彻执行;始终坚持以经济建设为中心,以奔小康、建设社会主义新农村为目标,使搞好农村基层组织建设与推动农村改革、发展、稳定结合起来。为此提出农村基层组织建设"五个好"的目标要求,即一个好领导班子,一支好队伍,一条发展经济的好路子,一个好经营机制,一套好管理制度,并把整顿软弱涣散和瘫痪状态的农村基层组织作为重点。为做好这项工作,中共中央组织部专门下发了《关于进一步整顿农村软弱涣散和瘫痪状态党支部的意见》,就三年内分期分批完成整顿任务提出了具体要求。中央在提出农村基层组织建设的指导思想、大政方针、任务目标和方法步骤之后,对如何抓落实也非常重视,一直抓得很紧。1994 年底,有关部门组成了全国基层组织建设联席会议,中央组织部、宣传部,中央纪律检查委员会,中央政策研究室、民政部、农业部、共青团、全国妇联等 10 个部门参加了联席会议。联席会议下设办公室,专门负责农村基层组织建设的日常工作。1995 年 10 月,中央组织部召开了全国农村基层组织建设经验交流会,胡锦涛同志作了重要讲话。1996 年 3 月 1 日,中央组织部又召开全国农村基层组织建设电话会议,请全国 2000 多名县委书记到分会场听会。在电话会议上,再次强调"三年看头年,二年是关键",各级党委,特别是县委一定要抓紧抓紧再抓紧,落实落实再落实。

为了具体了解和指导农村基层组织建设工作,中央组织部于 1995 年和 1996 年派出 6 个蹲点调查组驻村,及时了解和反馈情况。与此同时,中组部召开一系列会议并组织 10 省区交叉检查,举办县(市)委书记抓好农村基层组织建设专题研讨班。1996 年 10 月下旬,召开了全国农村基层组织建设工作座谈会,胡锦涛同志作了题为《全面、深入、扎实、持久地推进农村基层组织建设》的报告,这次会议主要是正确估计农村基层组织建设的形势,研究、部署如何善始善终地完成 3 年整顿任务,全面、深入、扎实、持久地推进农村基层组织建设。

1997 年,中央决定再用三年时间对后进乡镇党委和村党组织进行整顿建设。1998 年,党的十五届三中全会确定了农业和农村跨世纪发展的目标,进一步明确了农村基层组织建设、民主法制建设的任务和要求。同年,《中华人民共和国村民委员会组织法》正式颁布实施,进一步规范了村民自治,加快了农村基层民主政治建设的步伐。1999 年,中央制定出台了《中国共产党农村基层组织工作条例》,进一步规范了农村基层党组织的工作。

党的十六大闭幕后,在全党兴起学习贯彻"三个代表"重要思想新高潮中,中央强调农村基层党组织要结合巩固农村"学教"活动成果,进一步探索"让干部经常受教育,使农民长期得实惠"的有效途径。2003 年,中央印发了《关于深入开展农村党的建设"三级联创"活动的意见》,对在新形势下进一步加强农村基层组织建设,建立健全常抓不懈的工作机制,提出了明确的目标和要求。这一时期,我国的农业基础地位进一步巩固,农村经济结构战略性调整进一步推进,农村基层民主和基层组织建设进一步加强。

党的十六届五中全会提出了建设社会主义新农村的重大历史任务,对统筹城乡经济社会发展、进一步加强农村基层组织建设提出了新的要求。2006

年上半年在农村先进性教育活动中,胡锦涛提出要紧紧围绕建设社会主义新农村这个主题,有针对性地开展正面教育,解决党组织和党员队伍中存在的突出问题,解决影响改革发展稳定的主要问题,解决群众最关心的重点问题,务求取得实效。农村开展的保持共产党先进性教育活动,围绕建设社会主义新农村的主题,以学习实践"三个代表"重要思想为主线,以学习党章为重点,把学习中共中央关于建设社会主义新农村的部署、要求与适当学习市场经济知识、农村实用技术结合起来,帮助农村党员全面提高素质,增强了农村党员的先进性意识。涉及农村党组织 64.5 万,农民党员 1923 万人。同时,切实加强了农村基层党组织建设,全国各地共整顿农村党组织 3.7 万多个,调整充实了9.2 万多名村党组织负责人,培训村党组织负责人 101.7 万多名,联系上179.6 万名流动党员,筹集资金解决了 13.6 万多个村级组织活动场所。全国850 多万名农村党员参与"党员承诺制"、"设岗定责"活动,党员与贫困群众结成 604 万多个帮扶对子。由于基层党组织的活动状态有了明显的改变,党员的先进模范教育作用进一步发挥,农村群众从他们提供的服务中间得到了实惠。①

经过多年的努力,在全国范围内已初步形成了各级党委领下齐抓共管的工作格局,各地进行了大量卓有成效的工作,农村基层组织建设的工作力度一年比一年大,工作路数一年比一年清楚,工作经验一年比一年丰富。农村基层组织建设出现了良好的发展势头。

(二)加强农村基层党组织建设的重要意义。

第一,加强农村基层党组织建设,是巩固党在农村执政基础的客观需要。

随着农村社会的发展,农村基层党组织对农村的领导核心作用面临两方面挑战:一方面,农村党组织的经济资源日益减少,基层组织对农村的领导方式发生变化。在计划经济时代,由于有集体经济作为依托,农村基层党组织不仅在人财物等各种经济资源方面拥有绝对的控制权和处置权,而且拥有上级组织提供的各种社会信息资源优势。随着计划经济向社会主义市场经济的过渡,农村基层组织传统领导的经济基础发生了深刻的变化,原来单一的所有制结构逐步被打破,大量非公有制经济迅速发展,不少村集体所有制经济不再占主导地位。与所有制结构变化相适应的必然是分配制结构的变化,村基层组

---

① 《为新农村建设开局起步注入强劲动力第三批保持共产党员先进性教育活动巡礼》,《人民日报》2006 年 6 月 12 日。

织在分配上再也不起支配作用。这种所有制结构和分配制结构的变化,使得农村基层党组织对于村级各种组织在经济资源方面的绝对配置权力日益缺失,其行政权威日益弱化。另一方面随着社会主义民主政治在农村社会不断推进,村民自治在基层农村逐渐产生和日益壮大。村民自治是农民自我管理、自我教育和自我服务的全新的组织形式,它使得农村基层社会政治权力的来源发生了改变,以前自上而下的指令式权力赋予方式逐渐向自下而上的选举式权力授予转变。农村基层党组织如何驾驭农村社会的各种政治力量,既充分实现村民自治又充分发挥党支部的政治核心作用,这已经成为农村基层党组织建设必须面对的重大问题。与此同时,伴随着市场经济的发展,农村各种社会组织也会不断应运而生,如近年来在各地农村涌现出的各种农民协会、农业合作组织、农产品营销组织等等,他们在农民的社会生活中发挥着重要的作用。而作为领导核心农村基层党组织如何整合社会,发挥其领导作用,这对巩固党在农村的执政基础是十分重要的。

今天的农民阶级正处在不断分化过程中,改革开放之初,农民是改革的最大的受益者,随着社会的发展和城市化进程的推进,农民为工业化和城市化提供了巨大的积累,部分农民为改革发展作出了牺牲。从农民内部来看,同质性特征越来越弱,异质性越来越强,分化倾向越来越明显。一部分农民正在转化为新型的产业工人,一部分农民已发家致富成为农村中的新的富裕阶层,也有些农民成为征地后无业的游民和"打短工者"。还有相当一部分农民仍然以传统农业为生,过着清贫的生活。农村基层党组织直接面对农民群众,是党联系群众的桥梁,农民阶级的这些变化要求农村基层党组织不断创新工作内容,改变工作方式,善于在新形势下做好群众工作,用整合的手段处理各个利益群体的矛盾,以扩大党在农村的阶级基础和群众基础。

第二,加强农村基层党组织建设,是推进社会主义新农村建设客观需要。

建设社会主义新农村政府是主导,但政府的主导作用的发挥必须通过农村基层党组织的战斗堡垒作用来发挥,农村基层党组织是党领导农村、联系农民的纽带,党在农村中的各项方针政策需要通过基层党组织具体贯彻落实。建设社会主义新农村农民是主体,农民的主体作用不是自发的产生,需要农村基层党组织引导农民、教育农民、组织农民来实现新农村建设的战略目标,因此社会主义新农村建设任务的实现,关键在于加强和改进农村基层党组织的建设,充分发挥基层党组织的领导核心作用。

首先,新农村建设要求基层党组织更加注重树立和落实科学发展观。社会主义新农村的概念,涵盖了农村政治、经济、文化、社会和生态等各个方面的建设,体现了全面、持续、可协调发展的思想,是对科学发展观的最好注解。这就要求农村基层党组织始终坚持用科学发展观武装党员干部头脑,用科学发展观指导农村各项工作,从指导思想、发展战略、规划布局、政策制定、项目建设等方面实现城乡统筹发展,从基础设施、科技文化、社会事业、生态环境以及运行机制等方面整体推进新农村建设。

其次,新农村建设要求基层党组织更加注重加强党的执政能力建设。社会主义新农村建设是一项复杂、系统的工程,是党和国家的一项长期性、全局性、战略性任务。这就要求农村基层党组织和党员领导干部进一步提高贯彻落实科学发展观的能力、驾驭全局的能力、处理利益关系的能力和务实创新的能力,要求村干部不断提高依法治村的能力、做群众思想工作、带领群众致富和为群众办实事的能力,促进农村政治、经济、文化和社会建设全面、协调、可持续发展。

再次,新农村建设要求基层党组织更加注重拓宽党建工作的覆盖面。农村基层党组织是党在农村各项事业和各项工作的领导核心,同样也是新农村建设的领导核心。这就要求农村基层党组织进一步改进基层设置,加强党员教育管理,做到新农村建设拓展到哪里,党建工作就跟进到哪里,党员流动到哪里,党组织就延伸到哪里,充分发挥党支部的战斗堡垒作用和党员干部的先锋模范作用,为建设社会主义新农村提供坚强的人才支撑和组织保证。

最后,新农村建设要求基层党组织更加注重抓好对农民的教育引导工作。农民是建设社会主义新农村的主体,没有农民素质的现代化,就不可能有农业和农村的现代化。这就要求农村基层党组织既要依托产业发展抓好农民实用技术培训和职业技能培训,又要积极引导和教育农民遵纪守法、提高修养、崇尚科学、移风易俗,使之成为"有文化、懂技术、会经营"的新型农民,为推进农村产业结构调整、加快农业现代化进程、增加农民群众收入提供智力支持和人才保障。

总之,建设社会主义新农村是党的建设新的伟大工程与中国特色社会主义伟大事业的统一,要求我们把农村基层党建工作与农村经济社会发展紧密结合起来,用农村基层党组织建设新农村建设。

第三,加强农村基层党组织建设,是构建社会主义和谐社会的客观需要。

构建社会主义和谐社会难点在农村,重点也在农村。加强农村基层党组织建设对于解决我国二元社会结构问题,推进农村社会的稳定发展,有着重要的意义。

尽管我国工业化发展速度非常快,但是社会转型却滞后于工业化的进程,二元社会结构问题仍然十分突出,绝大多数的农村经济还比较落后,农业劳动生产率低下,农民生活水平不高,农村贫困人口仍然有三千多万。即使像上海这样一个发达地区,郊区农村与城市的发展仍存在明显差距,"二元结构"的社会矛盾仍未解决,由于农村经济文化还相对比较落后,农民生活水平还比较低,农村的稳定问题面临着新的矛盾,主要是:

(1)农村改革发展与农民群众利益诉求的矛盾。随着工业化进程的推进,农村城市化和综合配套改革发展,必然会使农村各种资源重新整合,由此带来农民的利益格局重新调整。由于群众利益表达和诉求的渠道不完善,农民缺乏保护自身利益的正当组织和合法渠道,侵害农民利益的问题时有发生。如在近几年,因征地纠纷、征地款补偿、拖欠征地款和征地款使用管理、私卖土地、土地租赁、宅基地纠纷等农村涉土问题,逐渐成为当前农村的热点和敏感问题。在征用农村土地过程中,有的农民利益受到侵害,从而引发了一系列社会矛盾。这些矛盾因涉及面广、时间跨度长、问题错综复杂,且受经济发展水平和政策性等因素的限制,一些群众的合法要求难以得到完全满足,加上社会保障和救助体系不够完善,农民表达利益诉求的愿望和行为就更为强烈,这些矛盾若调处得不好,就有进一步激化的危险。

(2)农民日益增长的物质文化需求与落后的农村经济之间的矛盾。当今农村社会存在的突出矛盾,都直接或间接与农村经济落后,乡镇财政困难有关。一些关系到农村长远发展,关系到农民群众起码的生产、生活问题日益显现出来,如医疗卫生、社会保障、教育条件、就业发展、文化需求等等,已成反映强烈的社会问题。与此同时,农村经济发展的瓶颈仍然没有根本突破,农民增收缓慢,提高收入水平的空间越来越小。

(3)农村社会管理滞后与农村社会和谐的矛盾。随着改革开放的不断深化,农村劳动力就业结构和方式不断变化,人员流动性大大增强,农村社会组织和管理面临许多新问题。一方面,农民群众的民主意识、法制意识不断增强,但相应的行政管理方式和基层组织的领导方法却跟不上,从而造一些地区的党群关系,干群关系紧张。另一方面,由于农村社区管理的滞后,农村许多方面的治理成为真空,不少农村地区成为各种不法分子的栖身之地,农村的社会治安问题日益严重。

农村基层党组织处在改革发展稳定的最前沿,他们的工作直接面对农村的各种具体矛盾和问题,不少基层干部还常常处于矛盾的焦点上,在维护群众利益、化解社会矛盾方面发挥着不可替代的作用。

二、农村基层党组织在社会转型时期的生态变化

中国社会正处在重大的社会转型时期,从传统的农业社会向现代的工业社会发展是中国当前社会转型的最重要特征。在这个转型过程中,传统的农业社会与现代的工业社会两种矛盾相互冲击,相互交替,各种思想观念激烈碰撞,新的社会问题相继出现,使农村基层党组织的生存和发展状态发生了许多新的变化。

(一)农村社会矛盾的多样化。

在向社会主义市场经济不断迈进的过程中,而且在农村城市化发展的过程中,我国农村社会矛盾呈现出多样化。

第一,精英阶层的形成。

农村社会中的富裕阶层,包括乡村企业管理者、个体或合伙工商业者、私营企业主等。他们中间有些靠着自身顽强的创业精神和卓越的经营才能,拥有规模不等的产业作为依托,家境殷实;也有一些靠着农村社会的宗族、亲缘等特殊关系,在建设工程承包、集体企业转制等过程中,或得到"优惠"或受到"照顾"而拥有了一定的经济实力。由于这一部分人市场经济的意识较为充分,他们的生产与销售从一开始就面向开放的市场,因而他们的活动范围与个人归属感已超出了村或乡镇等较为狭小的区域范围,也就是说,他们中不少人尽管户口或者家属仍在农村,但是他们与原来的农村的关系则越来越疏远,与村里人的联系也仅仅限于婚丧嫁娶时或宗族或亲缘的关系。

第二,普通村民社会利益状况。

这一阶层无论是过去还是现在,在农村都是占绝大多数。随着农村社会的深刻变化,尤其是农村城市化的发展,村民结构和他们的政治经济地位、思想观念都发生了变化。

从经济上看,村民的生活方式和生产方式组织化程度很低,基本上是个体经营。由于实行了家庭承包责任制,一家一户的生产几乎是孤立和分散的(这与人民公社时代有着巨大的差异)。随着城市化的推进和工业化的发展,农业生产的效益日益低下,村民们纷纷外出打工,寻找新的生活之计,农村中的纯农户越来越少。但是农民外出打工基本上也是个体的活动,缺乏集体力量的支持和组织形式的引导。由于农民在个体经济发展的过程中,看不到集体的力量和村级组织的作用,使得他们对村集体事务关注不多,只要不涉及个人的利益,一般来说,村民们都不会主动参与村级组织的公共事务,例如召开村民代表大会、村民委员会的选举,都需要有一定的物质补偿,他们才愿意参加。

从农村的社会结构看,随着中国社会的开放,原来封闭的农村村民结构也出现了变化。一部分祖祖辈辈生活在农村的村民,离开了农村,到乡镇和中心城里购房,过着城里人的生活,但由于在城里享受不到城市居民的社会福利,他们又不愿意放弃农村的承包田,这就使他们与农村社区仍然保持着千丝万缕的联系。一部分从外地来的农民工,由于各种各样的原因,迁居到发达地区的农村社区生活,他们成为农村社区中的新生力量,也改变了传统农村社会以宗族血缘为主体的村民结构。特别是一些经济发达村区的农村,甚至出现了外来人口超过本村人口的现象。如闵行区浦江镇共有人口22.5万,其中本地户籍人口9.5万,外来人口13万;松江区泗泾镇本地户籍人口约2万,外来人口近7万;嘉定区黄渡镇本地户籍人口约2万,外来人口达到9至10万。另外,随着城市化的发展,大量的年轻人甚至中年人离开了农村,使农村社区居民的老龄化程度越来越高,老龄问题日益突出。由于城市化处在发展阶段,农村的老龄化程度大大高于新兴的中心城市,大量的老人生活在经济落后、社会保障缺乏的边远农村,他们的生存条件非常恶劣,他们的生老病死成为农村的一个严重社会问题。

从思想观念上看,村民的自主意识日益增强。农村实行家庭联产承包责任制二十多年,广大的农民群众已成为独立经营、自负盈亏的商品生产经营者,这在客观上塑造了农民的自主意识,打破了千百年来禁锢农民的人身依附思想,特别是村民自治制度在农村的实行,农民对自己命运的关注、当家作主的观念、自身利益保护和争取的意识日益增强。

第三,农村贫困化问题凸显。

在经济快速发展过程中,农村地区人民群众的生活水平有了较大提高,但是与城镇居民相比较,农村居民的收入却大大低于城镇居民的收入。"据抽样调查,2005年城市居民家庭人均年可支配收入18645元,比上年增长11.8%;农村居民家庭人均年可支配收入8342元,增长10.7%"。如果从绝对值看,上海农民的人均收入是大大高于全国的平均水平,但是与上海城市居民人均收入比仍为1:2.23,城乡居民收入差距在改革开放二十八年中正在不断拉大。(见图1)

元

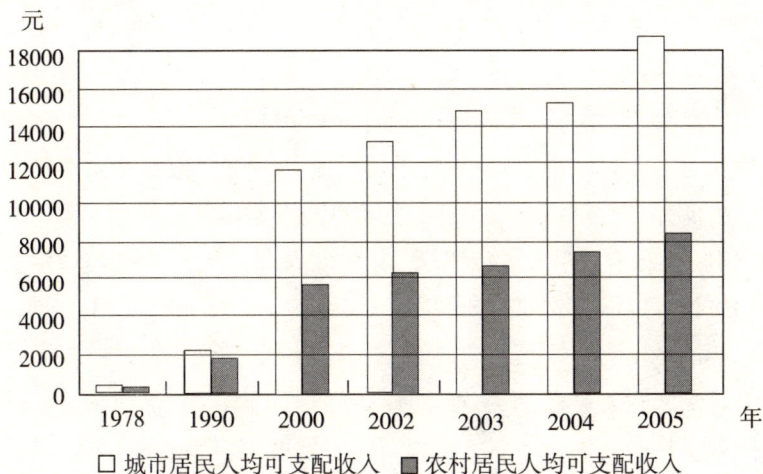

图 1　上海城乡居民人均可支配收入比较

　　据我们在青浦了解的数据,纯农户人均收入一般为 2000 元左右,这个收入水平是低于上海市农村居民最低生活保障标准 2240 元,纯农户实质上就是贫困户。而且从纯农户的消费结构分析看,纯农户的收入中,还要有 30%—40% 的收入用于生产性消费,绝大多数纯农户只能享受农村最低水平的社会保障,所以,传统的农民是农村中最为贫困的社会群体。

　　上述这些数字充分说明农村贫困化问题相当突出,这已经成为当前农村社会的一大矛盾。如果农村贫困化问题不能有效解决,农民收入低,增速缓慢,城乡收入差距拉大,那么不仅影响农村经济的发展,阻碍农民向城市集中的速度,而且还是引发农村社会各种矛盾的经济性根源。

　　第四,在城市化推进过程中,又出现了农村社会新旧利益格局之间的矛盾。

　　以上海青浦区为例,自 1992 年以来,共征用使用土地达到 10.69 万亩,按照青浦区土劳比例 1.38 计算,有 7 万多农村劳动力已经失去了他们赖以生存的土地;为了加快工业园区的开发建设,仅 2003 年就动迁农村居民 826 户。由于货币化安置及其补偿政策的阶段性变化和实施过程中的不够合理,使得相当部分农民的切身利益受到不同程度的损害;由于农村社会保障体系建设严重滞后,失地和进城农民的生活压力加重,这就必然导致社会心理失衡加大。在此情况下,如果农民群众在体制内找不到利益表达和沟通的渠道,必然会在体制外寻找利益的表达和补偿,近年来农村中出现的集体上访农民闹事事件,大多数是由此产生的。随着农村城市化的发展,这些矛盾会日益加剧,如果处理得不好的话，会影响农村社会的稳定，从而影响整个城市化发展的进程。

第五，农村城市化与富余农民就业之间的矛盾。

在农村城市化过程中，最棘手的矛盾就是如何解决农村富余劳动力的问题。就以上海郊区为例，到2010年，上海郊区需要转移的富余劳动力在100万左右，郊区现有农村劳动力255万，其中农业劳动力是85万人，但实际只40%—50%就可以满足农业生产的需要，富余劳动力在40万以上。同时农村每年新成长的劳动力在8万左右，按新的城市规划，耕地转林地以后，还会产生数以万计的农村富余劳动力。① 同样，青浦区的城市化也面临着农民的就业出路问题。按照规划，到2007年青浦区的城市化率要达到65%，这就意味着每年城市化水平要增加5.4个百分点，每年有将近2.5万人口要从农村转移到城市。2003年度青浦区统计年鉴显示：青浦区2002年农村劳动力是19.26万人，其中有5.07万人还在从事纯农业生产劳动，占25%有余。另外，我们还要清醒地认识到，农村劳动力转移是一个市场化的过程，会随着劳动力市场供求关系的变化而不断地发生变化。目前在非农领域工作的农村劳动力，劳动技能低，就业质量不高，岗位的稳定性也较差，如果城镇用工单位一旦裁员，首当其冲的就是这些缺乏竞争力的农民工了。

（二）农村基层党组织的困境。

第一，村级组织功能体现与集体经济实力支撑之间的矛盾。

村级经济的发展对于村级组织的建设起着基础性的支撑作用。农村生产责任制以后，原有的政社合一的单一的农村集体经济体制发生了变化。村级集体经济主要依靠乡镇企业。但是，从20世纪90年代中期以来，不少村办集体企业在激烈的市场竞争和产业结构调整中有的被淘汰出局，有的在"转制"改革中转变成了股份合作制企业或私营企业。同时，随着工业化的发展进程和上海郊区的产业结构调整，各乡镇的工业逐步向市级、区县级和乡镇级工业园区集中。这就造成了除少数发达地区以外，相当多数的村级组织基本上没有什么工业企业，不少村的集体经济的收入仅靠一些旧厂房出租和土地出租，以及十分有限的招商收益分成，且这部分收入又是很不稳定，村级组织要通过发展集体经济以增强经济实力真是困难重重。这严重影响了村级组织，也包括村级党组织作用的发挥。

---

① 《文汇报》2003年7月30日。

　　第二,村民委员会与村党支部之间发生体制摩擦。随着社会主义市场经济的发展,农村社会的经济结构和社会结构的深刻变化,特别是随着村民委员会组织法的实施和贯彻,农村基层民主自治的逐步推进,村级组织两套班子之间的矛盾就日益显现出来。村党支部作为村级组织的领导核心,得到了党组织和政府的支持;村民委员会作为自治组织,得到了村民的拥护。这两途中不同性质的组织长期以来在乡村中发生体制摩擦。前村两委会的关系有以下三种状况:第一种是一体制中的调和关系,即村支书和村主任兼于一身,在这种体制下,两委会的矛盾相对要少得多,这也成为目前发展的趋势;第二种是两体制中的和谐关系,即村委会与村支部是两套班子,但受传统体制的影响,实际上绝大多数是支部书记当家,在这种情况下,两委会的关系不是靠制度来制衡,而是靠个人的素质来确定,如果党支部尊重村委会,如果村支部书记能力比村主任强,如果村主任愿意服从村支书的领导,两委会的关系从表面上看也就没有什么矛盾;第三种情况是两体制中的不和谐关系,也就是村民委员会与村支部是两套班子,而这两套班子的组成成员,特别是村主任和村支书都具有很强的工作能力和自主意识,在这两套班子政治力量势均力敌的情况下,当处理村级重大事务和公共事务等问题上出现分歧时,两套班子的矛盾就会显化出来,有时会出现矛盾激化的情况。

　　第三,村干部与农民群众关系的新变化。

　　农村干部生活在农村,直接面对农民群众,他们是党和政府联系广大农民群众的工作桥梁,他们与群众的关系如何,直接关系到我们党和政府在农民群众中的威信和形象。几十年来,农村中话说的"村看村,户看户,群众看干部"这句流行语,就是对那个时代的干群关系的真实写照。但是,随着农村经济政治结构的变化,特别是随着农村城市化进程的发展,农村的干群关系出现了新的变化。

　　一是村干部在群众中的行政权威日趋弱化。但是随着农村城市化的发展,特别是随着农村集体企业的转制,一家一户独立经营的模式使农村劳动者对村级组织的依靠越来越少。在近几年的农村经济结构调整中,由于村干部的市场经济意识不强,同时受体制和机制的影响和制约,不善于组织、引导农民进行农产品结构调整;在农民进城就业的过程中,村干部也很难发挥其组织和引导的作用;特别是在实行村级事务管理的过程中,不少村干部仍然是实行"一言堂"的传统的领导方式,不善于运用民主的方法来整合村民的利益,这就使得村干部在农民群众中的权威日益下降。

二是村干部与农民群众利益有相对独立性。在计划经济时代,村干部基本上不脱离劳动,他们的劳动是整个集体劳动的一部分,他们没有独立的经济利益,与广大农民群众同甘共苦、息息相关。但是随着农村经济体制的变化,村干部的一部分收入主要是由政府财政来承担,从2003年开始,青浦区对村干部收入实行了财政补贴制度,使村干部成了有别于农民的、有稳定基本收入(即财政每月每人平均补贴800元)的一个农村阶层,这就使他们的个人利益更多的是与政府联系在一起。另一方面,由于国家权力的下沉,村级组织承担了大量的政府的行政职能,村级组织日益行政化,村干部的劳动同农民的劳动相对分离。这种趋向又会造成村干部日益"官僚化"。现在,不少村干部整天忙于开会,应付上级调查、检查;有的村干部也过起了"一支烟、一张报、一杯茶、一个电话"的机关生活;在上海郊区农村,绝大多数的乡镇干部居住在中心城、村干部居住在中心镇,有的村干部甚至居住在中心城区。这些都使得干部特别是村干部疏远了与农民群众的关系。

第四,村党支部组织成员老化与战斗力弱化。村党支部历来是我党在农村的重要政治基础,是农村社会发展的政治核心。但是,随着农村社会的变化,特别是随着农村城市化的发展,农村中一大批能人、年轻人离开了农村,农村党员队伍日益老化,据上海市委组织部门统计,上海郊区的松江、青浦、闵行、崇明等区县60岁及以上的农村党员人数为5684人、6210人、2323人、14922人,分别占到本区县农村党员总数的40%、45.6%、32.6%和55%;初中及以下文化程度的农村党员分别占本区县农村党员总数的81%、86.5%、73%和81.6%。一些老党员由于年龄和知识双重老化,很难成为带领群众共谋经济发展的能手,在村级事务决策中也难以发挥其政治影响作用。

由于大量的青年人才流动到城市中去,农村中发展年轻的先进分子入党困难重重,许多农村党支部在近几年中,几乎没有人写过入党申请书,也没有发展过新党员。据统计,从2002年至2005年,金山区139个村只发展了123名党员,平均每个村发展党员人数不到1名。同时,对于工作和居住在本地的外来青年,又由于其流动性强,往往只工作或居住几个月就离开了,难以进行有效的考察和培养。因此,如何发展青年党员,增强党员队伍的活力是农村党员队伍建设面临的一个迫切需要解决问题。

农村人才的匮乏也是造成农村干部队伍建设后继乏力,村两委干部的素质难以适应新农村建设的发展。虽然近几年通过扩大村干部来源、大力推行村干部年轻化,加强对村干部学历教育,这个问题已有一定的缓解,但就总体而言,村干部年龄结构仍然偏大,文化程度仍然偏低,与社会主义新郊区建设的要求之间的矛盾日益显得突出。以崇明为例,全县 1243 名村干部平均年龄为 49.8 岁,其中 50 岁以上的 509 名,占 41%;村支书平均年龄 51 岁,村委会主任平均年龄 50 岁。村干部初中及以下学历有 658 人,占 52.9%;高中(中专)以上文化的 536 人,占 43.1%;大专以上学历的 49 人,仅占 4%。①

综合以上的分析可见,中国农村正在经历一场深刻的社会转型,这是近代中国历史上农村社会的一次"革命",由于这次"革命"发生在中国经济、政治、文化急剧变革的时代,它对于农村基层组织的建设必将提出巨大的挑战。为此,要适应建设社会主义新郊区、新农村的发展,农村基层党组织必然面临着组织机构重新设置、管理体制创新、运转机制转换等一系列新的课题。

三、新时期农村基层党组织建设的积极探索

进入新世纪以来,上海郊区各区县围绕执政能力建设和先进性建设,按照中央关于加强党的建设一系列重要部署,扎扎实实地推进农村基层党组织建设,不断探索创新,获得了不少新鲜经验。

(一)强化组织功能,发挥领导作用。

为了适应农村经济社会的深刻变化,上海郊区农村各级党组织对传统农村党组织体系进行了改革探索,拓展党组织活动的内容,增强农村基层党组织的领导核心作用。

第一,开展"三级联创"活动,全面提升农村基层组织的战斗力。

为了推动农村基层党组织建设,中央在 2003 年,印发了《关于深入开展农村党的建设"三级联创"活动的意见》,提出在农村基层党组织开展"三级联创"活动。即创建以"领导班子好、党员干部队伍好、工作机制好、小康建设业绩好、农民群众反映好"为主要内容的"五个好"村党组织、"五个好"乡镇党委和农村基层组织建设先进县(市)活动。它规范了县、乡、村三级党组织争创先进的具体目标和工作内容。

上海农村各级党组织在开展"三级联创"活动中,特别注意发挥"三方面作用":发挥区(县)委书记"党建工作第一责任人"的作用,发挥乡镇党委在农村基层组织建设中的"龙头"作用和发挥村党组织的领导核心作用。通过有组织、有计划、有检查、有考评的创建活动,目前,已经有 40% 左右的村达到

---

① 中共上海市委党校课题组:《新郊区基层党建工作调研报告》,2007 年。

"五好"党组织标准、50% 左右的乡镇达到"六好"党委标准、40% 左右的区(县)达到农村基层组织建设工作先进区(县)标准,农村大多数基层党组织、大部分区县党委达到了"三级联创"活动所提出的目标要求,为实现上海农村新一轮发展提供坚强的组织保证。

嘉定区在开展"三级联创"活动中,积极探寻强村富民的新路子,进一步推进了以"小果园、小菜园、小花圃、小牧场、小鱼塘、小工厂、小商业"等"七小"为主要内容的"家家富"工程,以家庭为单位,大力发展庭院经济,增加农民收入,2004 年全区农民人均收入达到 8741 元,居市郊前列。

金山区把发展农村经济作为"三级联创"的中心环节来抓,全区 48 个委办局与 58 个可支配收入不足 30 万元的村结成帮扶对子,并委派干部到挂钩村蹲点任职,在人力、财力、物力等方面给予支持,推动了村级经济的平衡发展和农民收入的显著增加。到 2004 年底,已经全部消灭可支配收入低于 30 万元经济相对薄弱村。

南汇区为使经济薄弱村早日脱贫致富,深入开展了"一村一人一品"工程,从人才、项目、资金上全方位支持经济薄弱村发展,镇党委给薄弱村配强配好村党支部书记,挂钩联系的委局单位与村班子一道谋划找准一条发展村级经济的路子,由区财政拨出专款作为扶持资金,帮助薄弱村发展经济,强村富民。目前,区财政已下拨专项扶持款 324 万元,扶持发展项目 82 个,使 32 个可支配收入不足 10 万元的经济薄弱村全部脱贫致富。

第二,推进"凝聚力工程",增强农村党组织凝聚党员、服务群众、凝聚社会的本领。

宝山区在各级干部中普遍开展"问百家事、知千户情、解万人忧,干群心连心——绘制《为民地图》"活动,通过"走、听、绘、解"的方法,绘制以"区——各乡镇(街道)——各村(居委)"为框架的,反映广大党员群众意见和困难情况的三级《为民地图》,健全了各级干部了解社情民意的有效机制,畅通了群众利益和呼声的表达渠道,促进了干部作风的转变。嘉定区在村党组织中全面实施了"双向汇报"制度和"月末走访"制度,各村党组织要求本村党员干部都要掌握自己责任区内群众的思想动态和热点问题,利用月末走访各自的联系村组和农户,变"等群众上门"为"到群众中去",变群众"上访"为干部"下访",每人记好一本"民情日记",了解群众的所思、所虑、所需。全区共有 8800 名农村党员参加了"双向汇报"联系户的工作,被联系的农户有62000 多户,使党员干部与村民群众的心贴得更紧,党群、干群关系更密切。

松江区开展了以"知民情、顺民意、解民忧"为主题的"千名公务员联系千户困难家庭"活动,全区3300多名公务员和3500多农户结成对子,开展思想沟通、就业推荐、创业扶持和生活扶助等活动,达到了"使干部受教育,让群众得实惠"的目的,受到群众的一致好评。

(二)抓紧"班长工程",提高农村基层干部的整体素质和工作能力。

加强农村基层党组织建设,农村干部的培养和教育是非常重要的环节。由于农村工业化和城市化的推进,农村各种人才纷纷转移到了城市,农村干部队伍建设面临着文化程度低,工作能力跟不上新农村发展的要求,后备人才难以脱颖而出的局面。为了解决这一发展中的难题,上海郊区各级党组织以配强支部书记的"班长工程"为重点,积极探索选择、培养、教育农村基层干部的新机制。

创新农村基层干部的选拔任用机制。传统的农村干部培养任用一般是自上而下,由上级党委在农村的现有人才中选拔产生的,但是在农村人才匮乏的情况下,这种选择方式很难吸引更多的优秀人才充实到农村干部中去。而且,由上级任命的农村基层干部,容易缺乏群众的公认性,造成基层干部只对上负责,不对下负责。为了解决这一矛盾,上海郊区探索了两种新的机制,以扩大农村干部选拔任用的渠道。

一是在农村基层党组织的干部选拔上,全面实行村党组织换届选举"两推一选",即分别由党员和村民民主推荐党支部委员候选人,经上级党组织考察后进行党内直接选举,通过"党员推荐、群众推荐、党内选举"的程序,选出新一届村党(总)支部领导班子。

二是面向社会公开招聘农村干部。针对当前农村基层人才缺乏的普遍性难题,上海郊区区县组织部门积极开展"有志青年下农村"活动。近年来,全市共有883名有志青年到市郊的615个行政村挂职锻炼和创业实践。通过"社会招聘、择优录取的市场运作,组织选拔、群团举荐的组织操作,挂职锻炼、增强才干的干部培养,项目扶贫、实地蹲点的创业实践"四种培养模式,为农村输入和培养了一批优秀人才。不少区县制定了选派干部到村任职的激励措施,拓宽村干部来源渠道;他们还在调研的基础上,积极探索村干部收入保障机制,提出了对村级干部收入标准和实行社会养老保险的实施意见,并在本区县实行统一的村干部工作实绩考核机制。

2005年7月,中央办公厅、国务院办公厅下发《关于引导和鼓励高校毕业生面向基层就业的意见》;2006年2月,中央组织部、人事部、教育部等八部委下发通知,联合组织开展高校毕业生到农村基层从事支教、支农、支医和扶贫工作。此后,大学生"村官"工作进入大范围试验阶段。2010年4月29日,中央组织部下发通知,五年内选聘20万大学生村官,2010年全国选聘3.6万名大学生"村官"。这项政策的实行,对改善农村基层干部的素质和结构有重大意义。

三是加强基层干部的教育培训,着力提高基层干部的素质。各区县每年都举办村干部专题培训班,采取专题讲座、专家或领导授课、分组交流讨论、外出学习考察等多种形式,分期分批培训基层干部,使农村基层干部致力发展、服务群众的自觉性和执行政策的能力、依法办事的能力、带领群众共同致富的能力有较大的提高。

(三)提高农村党员队伍整体素质,发挥党员作用,密切农村党群关系。

各级党组织不断创新党员教育管理的新内容和新载体。

第一,创新载体手段,发挥党员先锋模范作用。农村党组织通过创设党员设岗定责、"示范工程"、"双向汇报"制度等载体,促进农村党员发挥先锋模范作用。奉贤、浦东新区、南汇、金山等区(县),广泛开展"农村党员设岗定责"活动。各单位根据农村经济和社会发展的实际,结合农村党员的现状,设置一些岗位,如:政策法规宣传岗、违章建筑监督岗、扶贫帮困服务岗等等,规定了每个岗位的工作职责。通过党员自我认岗、支部定岗、公示明岗等步骤,使农村党员"有岗有责,有位有为",发挥他们在发展农村经济和构建和谐社会中的先锋模范作用。宝山、青浦等区实施"党员扶贫帮困结对网络",从农村中挑选素质好、技术强的党员作为帮困扶贫骨干,让他们每年分别与困难农户结对,直至脱贫。

第二,抓好教育培训,提高党员素质。改进党员教育方法,把分类教育、集中教育、经常性教育和典型示范教育有机结合起来,全面提高党员的素质。如,奉贤、崇明、青浦、闵行等区县根据不同区域、不同类型党员的特点和需要,对党员进行分类教育。对务农型党员,主要开展增强发展意识、增强发展信心的"双增"教育;对务工型党员,主要开展加强工作创新、业绩创优、岗位创效的"三创"教育;对业主型党员,主要开展致富思源、富而思进的"双思"教育;对失地型党员,主要开展加强带头学习党的方针政策、法律法规和带头学习职业技能的"双学"教育;对流动型党员,主要开展加强办事不忘党的宗旨、经商不忘党纪国法、流动不忘党员身份、致富不忘党员责任的"四不忘"教育;对管理型党员,主要开展促进做群众工作能力提高、促进推进农村经济社会发展本领提高的"双促"教育等。

第三,加强党员管理,增强党员党性观念。崇明县在全县206个村实行党员分层分类管理,在凝聚党员、服务村民、促进农村工作等方面初显成效。嘉定区、浦东新区在积极探索外来务工党员中建立党支部,实行"双重管理"。许多区县通过建立流动党员党组织、设立流动党员管理站、发放流动党员活动证等途径,强化对流动党员的跟踪管理。充分发挥区、镇两级党员服务中心的功能和作用,寓管理于服务之中。同时,完善了民主评议党员制度,加大对不合格党员的教育、转化和处置力度。

第四,建立党内关怀机制,保障党员权利。村级党政治普遍推行了基层党组织定期向党员大会报告工作制度,加强党内有关规定、制度等宣传,增加党组织工作透明度,落实党员的参与权、知情权和监督权,保障党员在重大问题和事件中的"三先"权利(先知道、先讨论、先行动)。同时,许多区县探索建立了党内互助机制。如,松江区在基层党组织普遍开展"关怀困难党员、增强党的凝聚力"的互助活动,有针对性地加强对困难党员的思想帮困、物质帮困和就业帮困。金山区开展了在政治上关心党员、在生活上照顾党员、在致富上帮助党员和在感情上慰藉党员等活动,增强了党内凝聚力。

(四)加强基层民主制度的探索创新,发展党内民主,推进农村政治文明。

一是开展镇一级党代会常任制试点工作,不断推进党内民主制度建设。从2000年以来,先后在郊区15个镇推行了党代会代表常任制的试点工作,建立了党委委员联系党代表、党代表联系党员、党员联系群众三级联系制度,加强了党委和党代表及党员群众之间的联系,使镇党委能够及时掌握并解决本镇范围内的热点、难点问题,进而更好地凝聚群众、服务群众。

二是普遍推行村党组织换届选举"两推一选"和村民委员会的直接民主选举。2002年郊区村党(总)支部换届试行了"两推一选",通过"党员推荐、群众推荐、党内选举"的程序,选出新一届村党(总)支部领导班子;村委会班子的选举100%实行直接民主选举。2005年7月市委组织部专门印发了《关于在村党(总)支部领导班子换届选举中实行"两推一选"的意见》,进一步规范"两推一选"的程序和方法步骤,把发扬党内民主与尊重群众意愿有效地结合起来,扩大党的群众基础,真正把群众真心拥护的思想好、作风实、有文化、能办事的人选进村班子。

三是大力加强村务公开工作,推行村民自治,强化民主管理。在"五规范、一满意"的基础上,拓展村务公开的内容和形式,加强村务公开的监督管理,有效保障村民群众对村级事务的知情权、参与权和监督权,使村级组织的管理走上了民主化、规范化的轨道。崇明县在全县推行了"村级办事承诺制",承诺内容包括农村党的建设、经济发展、实事工程建设、为农服务、社会福利待遇、行政事务管理等六个方面,年初由村班子在广泛调研、听取群众意见的基础上草拟需要承诺的内容,由村民代表会议讨论通过后,村班子集体和村干部个人按职责分工,分别与村民代表进行签约,作出书面承诺;平时由村务监督小组进行监督实施,年终由村班子和村干部向村民代表会议报告承诺履行情况,由村民代表对践诺的情况进行评议,评议结果与村干部业绩考核和报酬挂钩,把村级民主决策、民主管理、民主监督落到了实处。

四、新形势下加强农村基层党组织建设的思考

(一)改革农村基层党组织的领导方式。

在农村社会深刻的变革中,传统农村基层党组织的领导体制已不能完全适应这种巨大的变化,因此必须改革农村基层党组织的体制和机制,转变党在农村的领导方式和工作方法,从根本上使农村基层党组织成为推进新郊区、新农村的领导力量。

第一,农村基层党组织政治功能要适应村民自治发展的趋势。

农村城市化的发展,对农村基层民主的完善和发展提出了更高的要求,现代城市政治文明的本质,就是社会管理的民主化,就要是充分发挥基层民主的作用,让市民自我管理、自我教育和自我服务。适应城市化发展的方向,在推进农村城市化的过程中,加强党对农村工作的领导,主要就是加强党组织对村民自治的领导。

首先要正确地定位党组织在村民自治制度下的政治功能。村党支部政治功能最重要的就是积极引导和支持广大村民当家作主,推进村民自治制度的完善和发展。在农村社会阶层分化,社会利益多样化的情况下,只有不断推进村级民主制度的建立和完善,村民群众才可能在基层找到利益表达的民主机制,从而为农村政治稳定奠定坚实的基础。加强党组织对村民自治的领导,要从过去的行政领导,转变成主要是政治领导、思想领导和组织领导。政治领导就是要善于运用民主的手段,密切党组织与村民群众的关系,扩大党支部的政治影响力,使党的各项方针政策在农村得到顺利贯彻和执行,通过推进村级民主政治的建设,监督村民委员会依法履行职责,正确行使权力。思想领导就是通过党组织和广大党员对村民群众做深入细致的思想政治工作,宣传党的方

针政策,树立农村精神文明的新风尚。组织领导就是在农村各个阶层中积极培养和发展党的积极分子,为党不断输送新鲜血液,并通过党员的先锋模范作用树立党支部的良好形象,为党员和支部成员参加村民委员会的选举积蓄政治能量。

为了使村级党组织的政治功能适应村民自治发展的方向,要进一步加强村两委会工作职能的制度建设,从体制上理顺两委会的关系。具体落实在三个方面:一要明确和规范村党支部和村民委员会工作职能,把党支部的职能主要放在监督村委会工作和领导村民代表大会上。使党支部成为村级民主建设的重要组织力量。同时要强化村委会在村务管理中的自主作用,这样不仅不会削弱党支部的作用,反而会使党组织在各种社会关系中更加超脱,成为协调各种社会矛盾有力和公正的政治力量。二要通过完善村党支部书记"两推一选"制度,推进村支部书记与村主任兼职,村委会和村支部委员交叉任职,不断建设和完善"两委会"的联席制度,使村党支部与村委会在制衡和沟通中形成合理的协调关系。三要加强村党支部对村民代表大会的领导作用,使党的意志通过民主的途径转化为村民的意思。要探索村民代表大会组织机制和议事机制,确立党支部在村民代表会议中的领导地位,使村民代表会议在基层党组织的组织和引导下,避免受宗派势力干扰和落后思想的影响,有组织地对村委会的权力进行监督和制约。

第二,农村基层党组织的工作职能要适应城乡一体化发展的需要。

随着城市化的发展,农村社区正朝着城乡一体化的方向发展。农村党组织的工作职能要体现在社会性和地区性上,就是说要从过去单一抓农业、抓经济,逐步把党的工作渗透到居住物业、环境卫生、社区教育、文化生活、社会治安等全方位的社会生活中。由于现在的农村社区人员层次的丰富多样和综合素质的参差不齐,表现的价值观不同,又有不同的利益要求,党组织的工作对象也要从是本村的村民,转向整个开放的社区,既要做好本村村民的工作,又要面向来社区居住的外来人员、落户的私营企业,为协调和整合各种社会利益力量,深化凝聚力工程,发挥其政治核心作用。

农村党组织的工作职能要体现在服务性和群众性上,就是要从传统的以管理为中心的模式中,转到以服务为中心的模式上来。利用党支部的影响作用,通过发展村级经济和争取政府部门的扶持和支持,不断充实农村公共服务设施,完善农村各种社会保障制度,为农产品结构调整提供信息、组织渠道、开辟市场,为农村的弱势群体解决各种实际困难,进一步增强党组织在村民中的凝聚力。

建立"属地化"管理的农村党建工作新网络。要根据农村资源集聚化程度,对党员人数超过50人的村,建立党总支,并按照分类管理的原则,设立老龄支部、农副业支部、企业支部等等,这样不仅能加强党在农村的组织系统,而且有利于对党员进行分类管理和教育。农村党的组织系统要向开放式的城乡一体化社区发展,不仅要加强新经济组织党的建设,而且要把外来人口中的党员纳入到党的组织系统中,使他们在社区的两个文明建设的发展中发挥积极作用。

(二)继续推进"班长工程",加强农村干部队伍建设。

第一,加快完善村干部的民主选拔机制。

民主选举村干部,不仅使村干部的公共权力合法化,而且也促使村干部不仅要对上级组织负责,更要对村民群众负责,使村干部的利益与农民群众的利益联系在一起,有利于改善干群关系。因此,一方面要尊重村民自治,依法治村,使村民委员会选举能充分反映村民的意志;另一方面要积极推进和完善村党(总)支部书记领导班子"两推一选"的民主选拔制度,使村党支部书记不仅在党内具有认同感,而且在村民群众中也具有广泛的认同感。要健全村干部民主选举制度,通过民主、合法的程序,真正把那些思想素质好、群众信得过、适应新农村建设要求的能人选配充实到村级班子中去,着力造就一支新型的村级领导干部队伍。

第二,不断拓宽农村干部的选拔渠道。

为了解决村干部后继乏人的矛盾,要从各地实际出发,通过外部引进、内部选拔、机关下派、面向社会公开招聘等方法,把优秀的青年人才充实到村干部队伍,以提高农村干部的整体素质。根据《村民委员会组织法》,村委会干部必须是本村的村民,这使得外派干部要成为村委会成员就有了法律上的约束。为了打破地域、身份等界限,不拘一格公选村干部,解决外派干部跨村选举的矛盾,可以让下派的村干部首先担任村的党务干部,只要组织关系在本镇甚至本区的都可以参加农村党务干部的选举。经过一定时间的实践锻炼以后,在村民群众中确实有威信的,可以参加村民委员会的选举。

要用好大学生"村官",创造条件使大学生"村官"能够"下得去、待得住、干得好、流得动"。特别要在基层党的建设中善于发挥大学生"村官"的作用,充实新鲜血液,带来新鲜空气。

(三)增强农村基层党员的主体性和先进性。

第一，创新农村党员管理机制，增强党员管理效果。

城乡一体化的加快，农村党员的居住、就业已经由集中于一个村落走向分散于外镇、外区甚至外省市。传统的农村党员队伍管理格局即以村为单位的纵向链式结构已无法充分覆盖，这就要求必须构建以纵向和横向联合为特征的新管理格局。

一是要实行分类指导，分层管理。要适当调整村党组织的设置。村办企业较多或者党员人数过 50 名的村，可以成立党的总支部。按照党员的年龄层次、职业特点、职务身份居住状态等要素因地制宜地划分老龄党员、非公党员、行业党员、流动党员等党支部或党小组。对于已有部分村民小组动拆迁的村，还可以考虑在村民党员居住比较集中的新建小区成立党支部（党小组）。分类设置后，一般情况就按支部或小组开展党员活动。这种设置方式便于同类党员的沟通，有利于提高党员活动和组织生活的灵活性和有效性，更好地发挥不同层次党员的先进性作用。

二是要为党员发挥作用提供载体和平台。各郊区要完善"党员挂牌"、"党员联系户"、"党员责任区"等主体实践活动，并随着形势的发展，不断赋予新的活动内容。让党员在主体实践活动中发挥作用，提高觉悟、实现价值、接受教育，增强奉献精神和建功立业的自觉性。

三是要创新外出党员、流动党员的管理机制，构建城乡统筹党建格局。要按照以流入地为主，流入地流出地共同负责的原则，研究探讨管理联络办法，切实解决流动党员去向难掌握、管理难落实、教育难适应、活动难开展等实际问题。通过建立档案、专人一对一联系等方法进行跟踪管理，力求及时掌握他们的外出期限、工作状况、流入地址、联系方式、思想状况等情况。要完善流动党员活动证制度，确保流动党员组织生活的正常化。有条件的镇级党委还可以尝试建立网上支部。通过网络为流动党员提供党性教育、参与讨论、汇报思想的网络平台，同时加强与流动党员的组织联系，保证流动党员离家不离党。

第二，创新党员保障激励机制，激发党员发挥作用的积极性。

在城市化进程中，兼有社会人、组织人双重身份的党员在生活和就业上也面临着新的困难和问题。各级基层党组织要建立行之有效的保障激励机制，切实帮助党员解决生产生活中的实际困难，保障党员的民主权利，使广大农村党员真正感受到组织的温暖，从而激发他们发挥先锋模范作用的积极性，增强党组织的吸引力和凝聚力。

一是健全民主参与机制，保障党员民主权利和政治地位。在要求党员履行好义务的同时,要切实保障党员的民主权利。健全党内情况通报、情况反映和重大决策征求意见制度,在村一级进一步完善党员议事会制度,镇一级党组织进一步完善党代表大会常任制,使农村党员参与重大决策经常化、制度化,解决农村党员权利与义务不对等的问题。各级党组织要及时将城市化进程中的重大事项向党员传达,党组织重大决策要充分与党员沟通,广泛征求党员意见,使他们成为组织与群众之间沟通的桥梁与纽带,成为推进城市化进程、实现城乡一体化的重要力量。

二是完善党员关怀机制,加强党员关怀制度建设。要归纳提炼各郊区现有一些好的关怀制度,如党员遭遇变故慰问制度、服务老年党员制度、走访慰问贫困党员等,探索和健全党员关怀机制。进一步探索党员就业服务机制,通过设立党员责任岗、设立社区指导员、提供就业信息等途径解决无业党员的就业问题。进一步加强党员活动专项经费的制度落实,提供党员活动的经济保障。

三是探索设立农村党员队伍建设基金。资金可采取政府财政拨付、党内募捐、社会捐赠等多元化投入方式,并按基金运作模式实现增值。主要分奖励与扶持两大部分。一部分主要用于对优秀党员、优秀党务工作者、优秀村级党组织的物质鼓励。另一部分用于对农村党员中生活困难、下岗失业、重病残疾、突遭不测的、特殊困难等进行经济救助,也可用于党员非正式就业的培训资助和创业资助。这是对这些党员过去所作出贡献的肯定和认可,也是让这些党员共同享受改革开放成果的重要途径。

第四节　社区党建的实践创新

20世纪90年代以后,随着社会主义市场经济体制的逐步建立,城市社区逐渐发育起来。一方面,多元利益群体出现、人的流动性增加,多元利益的诉求及矛盾大多向社区这一层面集中;另一方面,城市社区的发育发展是一个世界性的趋势,为人们追求更美好的生活方式提供着条件。城市社区是党做好群众工作、整合社会、构建和谐社会的基础和战略重点。十七届四中全会进一步强调要"把服务群众、凝聚人心、优化管理、维护稳定贯穿街道社区党组织活动始终,发挥党组织在建设文明和谐社区中的领导核心作用"。上海是我国最大的城市,这里以上海城市社区党建为重点,研究社区党建的实践创新。

一、上海城市社区的发展对党的工作的挑战

（一）城市社区的发展与上海模式。

"社区"一词最初是由西方社会学家首先使用的一个理论分析性概念。第二次世界大战以后，许多国家的政府开始注意到社区本身对于社会发展和进步的作用。与此同时，联合国也于 1955 年发表了《通过社区发展促进社会进步》的报告书。由此，社区建设或社区发展作为一种具有方向性的区域性社会变迁。

我国自 1984 年城市经济体制改革全面铺开之后，个体、私营经济逐步壮大，国有企业改革的深化使单位的行政化性质越来越淡化，尤其是企事业单位内部打破"大锅饭"的改革，使街道职能急剧膨胀，传统的街道管理体制已经很难适应急剧变动的街区社会，终于导致了 20 世纪 90 年代中期开始的由街道体制和街区建设向社区体制和社区建设的转变。

从 1992 年起，上海市政府连续五年把社区服务工作列入为市民办实事的内容。1996 年市委和市政府通过城区工作会议，正式把社区工作定位在"两级政府，三级管理"的城市管理构架中，1997 年市第十届人大常委会第三次会议通过"上海市街道办事处条例"，正式赋予街道开展社区工作的法律地位。

上海社区建设的重要特点，是将社区定位在街道①，把社区建设与"两级政府、三级管理、四级网络"的城市管理体制密切结合。就是将城市管理的重心向街道这个第三级下移，依托党政地方机构，在街居联动过程中发展社区事业，所以具有很强的行政推动的特点。上海模式重视行政化推动与上海特大型城市的地位相关，在大规模城市现代化建设和经济结构全面转型的过程中，社会秩序显得十分重要。

上海模式的优点是，在政府的强势推动下，社区建设在社区服务、社区环境、社区文化等方面取得了突飞猛进的发展。经过数年的社区建设，上海社区结构形成了几方面的系统：一是城市基层的行政管理系统：城市管理重心下移，加强街道的统筹协调能力；二是社区的生活服务系统：引入市场机制和企业组织的经营管理，培育各类服务组织，倡导和发展居民互助性、公益性组织；

① 上海的街道一般由数条马路和几十个里弄或胡同组成，其内部有各种企事业单位和政府组织，但普遍的是居民聚居区。这些居民区按照历史发源可以分为老城厢居民区、单位居民区、近建居民区和以商品房为主的新建居民区。上海把社区范围定位于街道，这与其他城市定位是不同的。沈阳模式和江汉模式，都把社区范围定位在"小于街道，大于居委会"。

三是社区自治参与系统:设立居民区议事机构,推行居民委员会事务公开制度,进行了居委会直选的试点,等等。

上海模式的另一个重要特点和优点是社区党建直接成为社区建设的核心力量,直接推动社区建设的发展,并为上海模式新的战略性转变创造了条件。

(二)城市社区党的群众工作面临挑战。

作为推进城市管理体制改革和维护社会稳定的重要举措,社区建设的全方位展开,需要加强和完善党的领导与推动;但是,党的基层组织体系在社会架构发生重大变化的情况下,出现了新的不适应。这两个方面对上海的社区党建工作提出了新的挑战。

第一,城市社区社会结构的基本特点。

在计划经济体制下,条线依靠一个一个的单位实现利益再分配,地方依靠政府的派出机构实现利益再分配。市民的生存及繁衍,既有赖于单位的工资、奖金、劳保(20世纪80年代中后期增加了福利分房),又有赖于户籍所在地的各类票证、住房(20世纪80年代之前居民住房由房管所统筹分配)。在城市,这两者不可或缺,构成双维生存空间。20世纪90年代以来,随着经济发展和体制的转轨,这种情况出现了重大的变化。

(1)以市场为基础的社会资源配置方式取代了政府的计划配置方式,城市居民出现了双向流动趋势。一是工作流动,二是居住流动。而且随着区域经济的发展,旧区改造加快,流动量还会大幅增加。此外,随着经济类型的多样化,个体、私营经济从业人员越来越多,近300万进城农民工遍布上海市区的各个角落。面对经济成分的多样化以及居民和外来人口流动性的增强,如何对其进行有效的控制与管理,是新时期的一项重要任务,同时也提出了如何做好群众工作的新课题。

(2)随着市场竞争的日益激烈和国有企业改革的深化,政府统包经济社会事务,企事业单位统包职工福利的格局就失去了物质条件和法律依据,社区承担的社会职能空前增多。就业合同制的实行,使职工与单位的关系由全面的依赖和归属变成单纯的契约性关系。经济组织和个人对社会职能的需求空前拓展,人们对社会的依赖程度开始高于单位和政府。近年来,上海大规模的城市旧区改造、新区建设和现代城市文明观念的传播,居民的动员、安置、搬迁、纠纷等问题增多。在这样的背景下,社区在服务居民、维护稳定中的基础性作用越来越突出。

第二,城市社区党的工作对象和工作要求发生了明显的变化。

（1）社区人员结构复杂，形成不同的利益群体。一是社区内原来本地人口成分复杂化。大量的离、退休和下岗职工纷纷进入社区。二是居住于社区的外来人口成分复杂。其中主要包括农民工、普通打工者、私企老板、高级白领等。还有就是不在社区居住，但是大部分时间在此活动的人员机构、单位。这就增加了社区党的工作的内容和难度。

（2）新经济组织和新社会组织进入社区。主要包括社区内以商务楼宇为中心的新经济组织，其工作人员大部分的工作时间是在社区内活动。再就是由于社区生活的独立性增强（原来基本依赖单位），出现了一些联谊性组织、娱乐性组织和公益性组织以及参与性组织。如何协调传统组织与两新组织之间的关系，并通过这些组织联系群众，这是社区党的工作所要完成的。

（3）形成新的矛盾。一是不同利益阶层之间的矛盾。例如：高级住宅区的居民和弱势群体居住区、本地居民与外来人员、农民工与经营者之间，在区域内的利益诉求是很不相同的。二是不同组织之间的矛盾。经济组织、社会组织和居民组织，各类职业组织，自治性组织和服务性组织，等等。由于不同的组织建立的初衷各异，在活动中会产生矛盾。三是组织、阶层与个人之间及其内部的矛盾。例如拖欠农民工工资问题、劳资纠纷问题、下岗职工就业问题、拆迁问题等。如果这些矛盾一旦激化，就会形成群体性上访事件。要解决上述矛盾，既要求区域内的协调，还直接涉及到公共权力与社会的关系。所以，城市社区党的工作，直接影响到党在城市中的执政基础。

第三，城市社区党的群众工作面临的主要问题：

（1）党在社区的组织覆盖不够。原有的街道——居委会体制，向社区制的变化，一是社区内人员的流动性大大增加，并出现了相当数量的隐性党员，二是在社区中新经济组织和新社会组织的大量出现，导致在社区内党的组织覆盖不能达到"纵向到底，横向到边"的要求。

（2）党组织在社区的活力有待增强。对此的问卷①调查显示（见表1和表2）：

①　我们选取长宁区江苏路街道9个居民区和多个产业园区、投资企业等为调查对象，发放调查问卷480份，调查问卷回收468份，回收率达97.5%，其中有效问卷448份，有效率达95.7%。

表1　党员、群众对身边党的群众工作对党员群众影响力、凝聚力的看法:

	很强	还可以	不够	没有
非中共党员	33%	49%	10%	8%
中共党员	43%	50%	6%	1%

表2　社区不同类型群众对身边党的群众工作对影响力、凝聚力的看法:

	很强	还可以	不够	没有
待、下岗人员	53%	42%	3%	3%
离退休人员	51%	47%	1%	1%
国有企事业单位工作人员	42%	44%	8%	7%
非公有制企业从业人员	26%	53%	12%	10%
党政机关工作人员	16%	62%	20%	2%

认为党的工作对党员群众影响力、凝聚力感觉很强的党员只占43%,群众只占33%;类型群众的看法,党政机关工作人员仅仅为16%,感觉很强所占比例最高的为待、下岗人员是53%,这也可以看出社区党的群众工作的重点是这些弱势群体。所有调查对象对社区党的群众工作感觉不够和没有的最高竟然达到20%和10%。有了困难首先想到要向党组织求助的排到第二位,仅仅占调查人数的25%多一点(见表3)。这说明了社区党组织的活力不足和工作不力。

表3　社区群众当遇到困难时,认为有效、首先主动求助的对象调查:

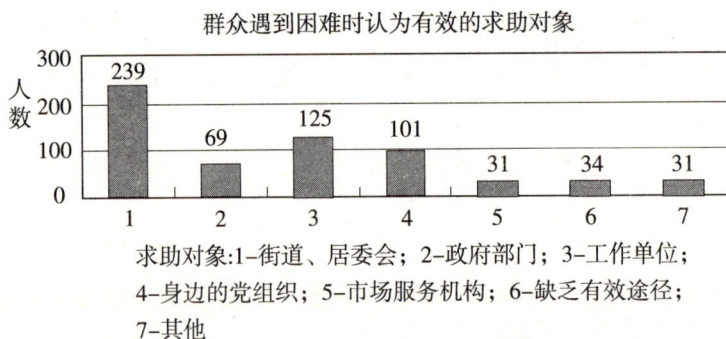

群众遇到困难时认为有效的求助对象

求助对象:1-街道、居委会;2-政府部门;3-工作单位;
4-身边的党组织;5-市场服务机构;6-缺乏有效途径;
7-其他

(3)社区党组织干部资源的短缺。这里所指的主要是街道以下,其中尤其是居民区党的干部。通过调查显示(见表4),群众对社区内党组织书记能力的看法,非党员的认为较强的刚刚超过五成,而党员的认可程度也仅仅是六成多,这就是说最低四成的党组织书记的能力是不被党员群众所认可的,这直接影响到党的群众工作的进一步开展和工作绩效。

表4　群众对居住小区党组织书记能力的看法:

	较强	一般	较差	不清楚
非中共党员	52%	24%	1%	23%
中共党员	63%	21%	0	16%

(4)社区党的群众工作资源欠缺。一是物质资源短缺。也就是开展社区日常工作所需要的物质经济资源往往不够,如开展一些公益活动的经费问题、活动场地问题等。二是政治资源短缺。社区内的群众反映利益需求的渠道很少、渠道不畅,党组织也没有能提供有效的利益表达的通道和方法。加上党的部分基层干部观念滞后,仍怀念通过行政体系自上而下地进行管理,所以不能适应现代社区群众的要求。

二、上海城市社区党建实践与机制体制创新

为了应对社区新变化对社区党的工作带来的挑战,上海实施了"凝聚力工程",并在全国率先提出了社区党建、创新了城市社区党的群众工作的体制和机制,收到了良好的效果。

(一)上海城市社区党建的基本实践。

1."凝聚力工程"的提出。

1984年城市经济体制改革全面铺开之后,随着单位对职工承担的社会功能的淡化,社会成员流动频率加快。1990年夏天,为学习十三届六中全会通过的《关于加强党同人民群众联系的决定》,上海市长宁区华阳街道党委书记陈建兴带领干部走访几户特困户,引起了震撼。街道党委作出决定,要求街道干部开展"串百家门,知百家情,解百家难,暖百家心"的大规模的走访活动。通过三年来的工作,取得了显著的成绩。中共上海市委十分重视基层党组织的新探索。1993年底,市委组织三十多个专题调研组,三千多人次,花了近三个月时间,深入基层党组织开展大规模调查研究,逐步形成了改进和加强基层党组织建设的新的工作思路和机制,并命名为"凝聚力工程"。1994年1月召开的上海市组织部长会议正式提出了建设凝聚力工程的口号,并决定在全市进行凝聚力工程试点。

"凝聚力工程"的主要内容为"了解人、关心人、凝聚人",核心是"关心人"，这是一种理念的创新。它主要是应对在改革中单位人向社区人的转变，特别是以下岗职工为主的群体在社区中的出现，社区中群众工作的重要性凸显出来。而原来的主要依赖行政与单位管理的路径已不够畅通，这就要求从管理向服务的转变。从管理到服务的转变，又体现了以人为本、以民为本的理念。

2. 上海社区党建的发展和"凝聚力工程"实践的深化。

(1)全面推行"凝聚力工程"的第一阶段(1994—1996年)。1994年1月，全市"凝聚力工程"试点开始后，到8月10日，中共上海市委组织部又发出了《关于学习和推广"华阳经验"，进一步搞好"凝聚力工程"试点工作的通知》。《通知》特别指出，就是要在社会主义市场经济的新形势下，建立基层党组织关心群众的工作机制。首先要建立和完善"了解人"的工作制度，即通过健全家访、谈心、干部接待群众等各种制度；其次，建立和完善"关心人"的制度，为群众办实事，解决呼声强烈的共性问题、不同人的个性问题以及与群众利益密切相关的突发性问题，从而增强党对群众的凝聚力。在这一阶段"凝聚力工程"的实施，把工作重点放到关心"弱势群体"上，通过访贫问苦，进一步密切党与群众的联系。

(2)社区党建的提出和"凝聚力工程"的发展(1997—2004年)。随着城市社区的进一步孕育，党在街道的建设和党的群众工作的矛盾也进一步突出。从1995年开始，中共上海市委推出了"两级政府，三级管理"的新体制试点，此后，对党建工作进行了又一次较大范围的专题调研。1997年上海市委发出《中共上海市委关于加强和改进社区党建工作的若干意见》，明确了社区党建是"作为街道党建工作一种新的探索和形式"。

社区党建涉及到组织体制和工作机制的创新。它明确了街道党工委在社区建设和社区党建中的工作权威和核心地位，要求街道党工委在社区党建中的指导和协调作用要以"四性"(地区性、社会性、群众性、公益性)为着力点，要重视新经济组织党的建设工作。一些街道如卢湾区五里桥街道建立了社区党建联席会议制度等工作载体，以"四性"为内容服务社区内的各类群众和组织，并协调各种工作资源，取得了较好的效果。还出现了如浦东新区潍坊新村街道嘉兴大厦"支部建在楼上"和静安区静安寺街道中华大厦的"党员服务点"等机制创新。

2003年7月，中共上海市委八届三次全会通过了《关于进一步推进"凝聚力工程"加强和改进基层党的建设的决定》。《决定》总结了上海市十年来"凝聚力工程"的经验,在"了解人、关心人、凝聚人"的基础上,进一步提出了要从增强党自身的凝聚力和增强党的全社会凝聚力两个方面入手,"凝聚党员,凝聚群众,凝聚社会",关怀党员、服务群众、整合社会的工作目标。《决定》着重论述了探索更具时代特征的"凝聚力工程"的新路子:要拓展领域,使"凝聚力工程"覆盖全社会各个群体;创新载体,包括党员教育管理、保障党员民主权利、服务群众和协调各方利益的载体;健全工作网络,形成区域性、社会化的党建工作格局;建立长效机制,强化制度建设、整合社会资源等。

上海社区党建的经验得到党中央的高度重视。胡锦涛 1997 年在视察闸北区临汾街道时指出,社区工作的立足点、出发点是心系群众、服务群众、依靠群众。江泽民 1999 年在视察徐汇区康健街道时指出,社区党建大有可为。同年,中组部在上海召开全国街道社区党建工作座谈会,总结推广上海经验。2002 年 12 月,胡锦涛总书记充分肯定了上海依托街道社区党组织,采取"支部建在楼上"加强新经济组织党建的做法,批示希望总结带规律性的东西,再用来指导新的实践。2003 年 10 月,中共中央组织部向全国印发了《关于上海市社区党的建设工作的调研报告》,要求各地结合实际,学习借鉴上海社区党建工作经验,并在此基础上起草了《关于进一步加强和改进街道社区党的建设的意见》。

3. 社区党建区域化发展与创新社会管理体制。

2004 年 12 月,中共上海市委八届六次全会通过《中共上海市委关于加强社区党建和社区建设工作的意见》,指出要通过社区党建全覆盖、社区建设实体化、社区管理网格化,增强社区党组织凝聚党员、凝聚群众、凝聚社会的能力。指导思想是以服务群众为重点,以群众满意为准则,以推进基层民主建设为抓手,构建"党委领导、政府负责、社会协同、公众参与"的社区管理工作新格局。2005 年市委下发《关于进一步加强区域性大党建工作的若干意见》,要求构建"党委领导,行政组织配合,群众组织参与,条块结合,以块为主"的工作格局。

从 2004 年 9 月起,上海 5 个区的 6 个街道开展社区党建全覆盖工作试点。2005 年试点范围逐步扩大到 11 个区的 24 个街道。2006 年逐步推向全市,明确将原街道党工委统一调整为社区(街道)党工委,并按照社区行政组织、驻区单位和居民区"三条线"设立党组织。在保持社区党建工作的连续性和相对稳定性的基础上,进一步确立了社区(街道)党工委在区域内的领导核心地位,提高了其统揽全局、协调各方的能力。

这一时期加强社区党建和社区建设,一是做实了区域性、社会化的党建工作平台党员服务中心。二是基层队伍呈专业化趋势。专职党群工作者以及其他各种社工队伍建立,街道干部和社区工作者队伍的结构进一步优化,社区党建工作全覆盖、组织化、凝聚化。三是社区服务群众向规范化、制度化提升。全市各街道普遍建立多功能社区文化中心、社区事务受理中心、卫生中心,基本形成市、区和社区三级服务体系。

(二)上海城市社区党建的体制与机制创新。

中共上海市委八届六次全会以后,上海城市社区党建与创新社会管理体制相结合,进一步突出了机制和体制的创新,把整合工作资源作为重要基础,强调了以党员为主体激活党组织的活力,更明确了整合和凝聚社会的目标。

1. 党员服务中心。

党员服务中心首先是在社区中商务楼宇党的群众工作中产生的。由于在上海商务楼宇中,集聚了大批的非公经济组织,在这些组织的体内进行党的组织建设遇到了很大的困难。如静安区静安街道就在商务楼宇中尝试建立党员服务中心,接转流动党员的组织关系,过组织生活,沟通信息,协调矛盾,起到了很好的作用。"支部建在楼上",可以说党的组织建设找到了一个新的社会单元和活动空间,这是社区党建和"凝聚力工程"的新的载体,并且也是富有活力的机制上的创新尝试。2003年7月,中共上海市委八届三次全会通过的《关于进一步推进"凝聚力工程"加强和改进基层党的建设的决定》,充分肯定了社区党建中的这一创新,并要求在市、区(县)、街道(乡镇)建立各级党员服务中心,依托社区、经济园区、商务楼宇建立党员服务点。此后,全市普遍建立了党员服务中心,形成了网络。

在楼宇党建的基础上,上海浦东新区梅园街道,设立社区党建办公室,建设"阳光驿站",从楼宇更进一步面向社会。党员服务中心主要发挥"五个功能"和做到"两个确保"。"五个功能"是:流动党员的接纳地,党组织凝聚党员的温馨家园,在"两新"组织中建立党组织的孵化器,社区党组织的资源平台,党组织和党员服务群众的重要窗口;"两个确保",即确保流动在上海的所有党员都能就近找到党组织,确保缺少资源的基层党组织有活动场地。

"阳光驿站"是中共上海浦东新区在"凝聚力工程"中提出的"三服务"主题的重要创新成果。"党的上级组织为基层组织服务、党的基层组织为党员服务、党的各级组织和党员都为群众服务",这是总结"凝聚力工程"的实践和经验而提出的。要解决的是在城市社区发展过程中基层党组织迫切要求上级党组织提供有力的工作和资源支撑、党员队伍的现实迫切要求党组织建立寓教育管理于服务之中的党内关爱和服务机制、群众工作的挑战迫切要求党组织以服务去凝聚群众、协调利益、整合社会的现实问题,从资源整合、工作路径上,推动社区党的群众工作的有效性。

第一,阳光驿站是服务党员的平台。阳光驿站的功能之一就是要构建一个党组织关怀党员、服务党员的平台,为社区内各类党员提供一个温馨的家园。要解决流动党员找组织难的问题,要使转型期较少得到关怀的党员得到关怀,使党员不断增强对党组织的归属感。

第二,阳光驿站又是党员服务群众的窗口。街镇党组织在大力推进上级党组织为基层党组织服务、基层党组织为党员服务的同时,通过把党员志愿者组织纳入到阳光驿站中,通过设立党员责任岗、组建党员志愿者调配站,通过把党组织为群众提供的各种非行政服务逐步转移到阳光驿站操作等方式,有组织地引导党员为群众开展各类服务,不断强化阳光驿站服务群众的窗口功能。

第三,阳光驿站是党向社会渗透的新渠道。通过建立阳光驿站这个党员服务机构,就能够创造一个单位体制解体后党向社会渗透的新渠道,并通过为社会提供各种服务,以非行政、非权力的影响方式向社会渗透,用一种没有行政强制却更具号召力的方式影响社会,整合社会。

2.“1+3”区域化大党建模式

党员服务中心,是党的群众工作的工作机制。但是,这种工作机制,又需要进一步进行组织体制上的创新。“1+3”区域化大党建模式是组织体制建设的新探索。

2004年中办25号文提出建立区域化大党建格局要求后,市委研究决定在坚持和完善街道、社区党建工作协调机制基础上,着眼于组织体制创新,将全市街道党工委统一调整为社区(街道)党工委,按照社区行政组织、居民区、驻区单位三条线,理顺社区党的组织设置,形成全覆盖的组织、工作体系,分别负责在社区内的行政组织、法人单位和自然人中开展党的工作。经过摸索实践,已经取得明显成效,并在迎接、举办世博会的实战中经受了检验,发挥了重要作用。

一是构建区域化大党建的社区党建领导体制。

新成立的社区(街道)党工委,在成员构成上从“三条线”中增添了4—6名兼职委员(占委员总数的三分之一),代表区域内的各种组织参与党工委的领导工作,使社区(街道)党工委更具广泛性和代表性,在一定程度上克服了原来通过社区党建联席会议等松散形式推进社区大党建的不足,使街道社区党组织与驻区单位、社区其他行政组织的联系更为紧密。

"三条线"党组织的设置,分类强化了社区(街道)党工委对各种组织和各项工作的领导,形成了全覆盖的组织和工作体系。行政党组主要由街道办事处领导层和区政府条线部门派驻街道的"七站八所"党员负责人组成,重在协同、协调和整合社区内的行政资源,提高行政服务效能。它的成立使街道办事处与其他行政组织间的联系更为紧密,在靠面子、靠感情维系沟通的基础上,多了靠组织、靠制度协调约束的渠道和保障,有力地推动了社区行政事务一门式受理工作的推进和社区网格化管理机制的建立。居民区党委由与居民事务相关的街道部门负责人、组织部门和居民区书记代表组成,重在加强对居民群众及基层自治组织专业管理、服务和指导,逐步建立居民区工作统筹、过滤机制。强化了居民区党建工作专门管理,推动了居民区书记队伍和党员队伍建设,加强了对"两委"换届选举工作的领导,以及对居民区党组织领导各类基层组织的工作指导,加强了来沪人员的管理,在社会转型中掌握基层工作主动权,有力地促进了社会和谐和基层稳定。综合党委重在整合区域内法人单位资源,开展共驻共建,领导指导两新组织党建工作。

它的普遍设立和专职工作力量的配备,进一步落实了党建工作责任,强化了上海依托社区开展两新组织党建工作网格化管理的模式,有力推动了在两新组织中扩大组织和工作覆盖面各项工作要求的落实。

二是以社区为平台,建立和完善党组织和党员联系服务群众的工作体系。

在区域化党建中更加突出密切党群、干群关系这一核心,在认真总结"凝聚力工程"、"三服务"和"一线工作法"等做法的基础上,广泛开展"走进基层、服务群众"活动,努力形成"三访"、"三个服务机制"的服务群众新机制。"三访"即走访,基层党组织要建立主动走访联系身边群众的制度。下访,机关党组织和党员领导干部要建立定期下访基层、联系群众、帮助解决问题的制度。接访,建立党代表、党员人大代表和政协委员定点接访、联系群众制度,在全市社区党员服务中心建立代表工作室和公布代表接待日。在建立经常性走访联系制度基础上,要求同步建立以解决问题为导向的"三个服务机制"。即群众自助互助服务机制、社区窗口受理服务机制、上下级党组织协调协同服务机制。通过"三访"和"三个服务机制",以期建立起联系服务群众的工作体系,即以城乡社区为平台,依托党员、党员干部和各级党组织构建走访联系群众—收集反映诉求—协调解决问题—群众满意度测评的完整工作回路。

如浦东新区开展"走千个居村、听万户心声"主题活动,落实"三服务"机制;闵行区委建立"三联四会"工作体系,并在全区范围内开展"大走访"活动;虹口区在全区街道开展"千人访万户"活动,党员领导干部带头走访,并扩大到社区党员骨干;杨浦区推行"一线工作法",领导干部分片包干、定点联系所有的街镇、居民区;闸北区实行"党员责任区制度",构建了"十、百、千、万"的联系服务群众工作体系;崇明县广泛开展"进百家门、拉家常事、知百姓情、聚万人心"活动。

建立市领导、党代表、人大代表联系基层制度。按照党代表与人大代表结合、市级代表和区县代表相结合的原则,实行市、区县党代表、人大代表联系社区制度,实现每位代表都联系居委会、村委会,每个居(村)委会都有代表联系,平均每个街道、镇有7—8名市党代表和人大代表,平均每个村、居民区有2—3名市、区两级代表定点联系。上海市委书记俞正声亲自到徐汇区长桥街道居民区联系点,面对面听取基层群众意见。

三是探索与之相适应的工作方法。

上海着眼于改善社区治理结构,把引导社区党组织调整和改进工作方法作为推进区域化大党建工作的一个重要方面。

着眼于资源整合,探索和推广党建联建的工作方法。为解决好新形势下基层党建工作如何与民生问题、群众"三最"问题结合得更紧,重点聚焦城市管理和民生问题,探索区域党组织与行业党组织、单位党组织开展党建联建共建,先后推进了社区与地铁、物业管理、公共绿地管理、城管执法等行业的党建联建,积极推动社区党组织与这些行业单位党组织实现组织互联、工作互动、功能互补,有效整合政府部门、行业单位和基层社区的优势资源,共同做好群众工作,实现多方共赢。

积极发挥社会组织作用,运用社会力量开展群众工作。全市每万人拥有社会组织数量为1.7个,备案的社区群众活动团队1.8万多家,参加活动群众46万人,平均每个街道超过100个;注重引导和发挥社区社会组织在协调利益、化解矛盾、反映群众诉求,组织动员群众参与方面的积极作用,尤其注重在一些社区矛盾化解中,如旧区改造、宠物治理、非法练功组织"劝散"等工作中,引入专业社会组织作为第三方力量参与矛盾化解、引导群众组建社团组织进行自我管理,通过有影响力的群众团队负责人去做群众的工作等。

以党内民主带动促进基层民主自治建设。主要是借鉴农村"四议两公开"的做法,全面推广社区党员代表议事会制度;普遍推行居民区党组织"公推直选"(2009年全市居民区党组织换届选举"公推直选"比例为78%),建立健全社区党组织领导的充满活力的基层群众自治机制。尤其是起源于卢湾,后推广到全市的决策听证会、矛盾协调会和政务评议会等三会制度,在社区开展旧房改造、"平改坡"、小区车位管理等工作中得到生动实践,使事前听证、事中协调、事后评议各展其长、互为补充,成为社区群众参与社区管理的重要载体。

四是要有健全的工作支撑体系作为保障。

建立社区党员服务中心服务网络,为社区打造综合性区域化党建服务平台。从2003年起,全面推进区县、街道(乡镇)党员服务中心建设,形成了一个开放式、综合性、互联互通的完整服务网络,成为开展区域化党建工作的重要载体,并与社区行政事务受理中心、社区文化活动中心和社区卫生服务中心一起,成长为社区党组织服务群众的四大中心。

采用信息化和网络技术,为社区党建工作提供支撑。创办"上海基层党建网",使之成为全市基层党组织信息发布、党员参与、教育学习、经验交流、形象展示的主平台,世博会期间上海组织的全市百万党员签名承诺活动就依托党建网实现的。在全市村居党总支和总支部以上基层组织中建设党员干部远程教育网络终端,成为各类党组织共享的教育资源库。

着力打造一支专业化、职业化程度较高的专职党群工作者队伍,配置到社区综合党委、党员服务中心和居民区党组织等从事区域性党建工作的组织和机构中。在全市层面公开招聘了一批从事社区"两新"党建、社区党员服务中心运作的专职党群工作者,形成了"布点划片、网格化管理"的区域化党建工作力量配备模式,形成了"社会化招聘、契约化管理、专业化培训、职业化运作"的专职党群工作者职业化办法。近两年,重点研究推进以区党组织书记为重点的居民区专群工作者队伍建设,明确符合条居民区党组织书记可以继续使用单位编制,在规模较大的居民区织内设置书记助理岗位,培养后量,试点从居民区党组织书记、会主任中定向招录街道公务员,公开选拔、竞争上岗或调任考试式,将表现优秀的社区基层干部拔至街镇机关担任科级领导职务年将试点推广到全市,构建"聘事业编制——录用公务员——选拔街关领导职位"的完整发展路径。

落实基层党建工作经不断加大对社区党建工作的资入。根据中央要求,上海采取行款、党费支持、基层自筹相结合式,积极推进农村、社区基层党活动场地建设;进一步压减了市职能部门使用党费的额度,努力向社区倾斜,仅2009年向城乡社区下拨管党费就超过2500万元。同时总结经验,积极推进把基层党建工费纳入财政列支项目,2010年,36居民区中有3620个居民区党建工费纳入了财政预算,区县以文件形式对每个支部年度党建工作经费个党员的年度党建活动经费作了规定,确保社区党组织的活动正有序开展。

三、上海城市社区党建实践创新的思考

1996年以来,城市社区发展的上海模式在社区服务、社区环境、社区文化建设上的突出成就,令人瞩目。同时,上海城市社区党的群众工作及其"凝聚力工程",在全国则具有相当影响。两者相辅相成,密切相关。

(一)要充分认识城市社区党建工作的战略意义。

党的工作对于城市社区的发展具有重要作用。中国城市社区的发展,实质是实现由国家为主体向社会为主体的转变,即通过寻找和培养社会的自我调节、自我控制、自我发展,向"小政府、大社会"的发展。政党所具有的社会属性,与社区治理有着较强的契合性,上海社区模式虽然是以行政化推动为其特点,但是,在社区建设,特别是社会组织的发育空间和社会资源的参与也得到了发展,重视社区党建是一个根本原因。在中国城市社区的发展过程中,政府退、政党进,是一个基本的趋势。

社区党的工作对实现党的领导方式和执政方式转变有关键意义。由于社会分化程度的提高,需要我们重新思考党的基层组织在城市社区的功能定位,要求改变基层党组织的领导方式和工作方式,更多地用法治的方式、民主的方式、群众参与的方式,做好各项工作,主动适应社会的变化和时代的需要。社区党建,是党的基层组织建设与体制转轨和社会转型相适应的结果,对于新时期城市基层政权建设和党在城市执政方式的革新来说,代表着一种方向和趋势。

社区党的工作是执政党组织社会、整合社会的重要基础。社会转型期的各种问题、矛盾集中在社区,党面临的风险和考验也就在社区。党的领导地位在社会层面面临的挑战,使社区党建对新时期党的建设和发展具有重要的战略地位,关系到党对转型后的中国社会的领导能力和整合能力。只有深入展开社区党的群众工作,形成党对社区的领导核心,才能保证作为实体的社区共同体真正成为新形势下党的执政基础。

(二)要树立以服务为核心的工作理念,体现"四性"(地区性、社会性、群众性、公益性)的工作要求。

城市社区党的群众工作,必须克服传统的依赖行政权力的思维定式。上海社区党建及其"凝聚力工程"实施并发挥巨大作用的魅力在于党的干部非权力行为的运用,以人为本、以民为本,让民做主的理念和由领导到服务的理念支配的结果。社区党员干部工作的着力点都放在"理解人、关心人"上。把"关心弱势群体"作为社区党的群众工作的重点。由此化解基层社会矛盾,使广大人民群众共享改革发展的成果。在此基础上,努力做到"扩大受益面、增强影响力",把最广大的人民群众凝聚在党的周围。

社区基层党组织活动要以以地区性、社会性、群众性、公益性活动作为发动广大党员和社区单位党组织参与社区建设和社区党建的切入口及作用点。例如,徐汇区康健街道以人为本实施"康乐工程","让陌生的人熟悉起来、让劳累的人轻松起来、让疏远的人亲近起来、让困难的人得到关爱、让奉献的人受到尊敬",使党的群众工作覆盖到社区所有人群。

(三)要推动社区自治和社会参与,在扩大社会参与中密切与群众的联系。

城市社区党的工作要从自上而下的管理到横向协调的治理方向发展。进一步深化拓展"凝聚力工程",不能仅仅停留在"帮困"、"送温暖"的认识上,而要把工作重点拓展到社区各个领域包括新经济组织和新社会组织,目标是"凝聚社会"。从对特定的群体以个人为重点,转向对更大范围社会群众的工作,这就要从以"给予"为特点向推动社会"参与"为重点转变,这一切都要以社区治理结构的发展为目标,社区治理模式的逐渐形成,也是"凝聚力工程"长效机制的基础。

社区党的工作要在推动群众的广泛参与中,凝聚群众。社区自治,是群众表达利益诉求和参与公共事务的主要渠道。通过社区居民自治,实现"民主选举、民主管理、民主决策、民主监督",使"自我教育、自我管理、自我服务"的功能真正落到实处。社区党组织要善于通过这些组织,作为联系各方面群众的桥梁。而且,特别是要善于使用信息化的手段。上海市江苏街道,重视用信息化带动党建,促进了党建的开放性、互动性和参与性。江苏街道华山居委会党支部,从2001年1月开通了全市第一个居民区网站,"网进百家门、网知百家情、网暖百家心、网解百家难","身边事网上办、身边难网上解、身边苦网上诉、身边情网上叙、身边理网上议",推进了"凝聚力工程"的建设,推动了民众的社会参与,起到了很好的效果。还要提高群众参与的组织化程度。各种服务性、参与性社会组织的发展,是城市社区发展的一个重要趋势。

（四）要在推动社会参与中扩展党内民主,增强党整合社会的能力。

在城市社区中存在着离退休党员、在职党员和流动党员,这对党员的教育管理带来了新的问题,而问题的焦点则在于一批党员,尤其是流动党员和在职党员,在社区建设中缺乏党员的主体意识,一些流动党员甚至长期游离于党组织之外。中共上海市委提出"三凝聚",把凝聚党员置于首要的地位,作为凝聚群众和凝聚社会的基础。

城市社区党的干部,尤其在街道以下层面,普遍存在年龄年化、文化不高、社会活动能力不强,问题的实质在于基层社区党的工作缺乏吸引力。中共上海市委特别强调"要把基层党务干部队伍建设作为基础性环节来抓",要"使党务工作者受人尊敬,使党务工作成为令人向往、贴近生活、富有实效的工作"。上海各区(县)结合干部交流、挂职、和公开招聘等办法,逐步改善了街道和居民区党务干部队伍的综合素质。

城市社区党的工作资源仍然匮乏,党的工作资源既包括物质资源也包括政治资源。问题的实质首先是不能充分利用党内的资源,社区范围内各类党组织整合存在障碍,同时,上下的组织系统也不够畅通。当前,社区党建网格化的探索,就是要有利于通过协商一致的方式实现各类党组织在社区内的联合与互动;浦东新区的"三服务",则着重在自上而下的资源贯通。

要在推动社区的社会参与中扩展党内民主。社区治理体制的完善,首先需要从党内开始进行民主建设。新的形势下社区这个纬度可以全方位地覆盖党员关系,为社区党内民主的发展提供了重要基础。党内民主的发展,拓展了基层党的干部社会参与和政治参与的舞台和发展空间,并取得价值认同,也为党吸取政治精英提供了重要的渠道;自下而上的民主渠道,特别是打通了民众利益诉求的通道,使党的基层组织拥有了重要的政治资源,能较好地反映并代表各阶层的群众利益。上海社区党建在推进社区治理的民主参与中,在自身体制与机制创新中,也不断扩展了党内的民主参与,增强了整合社会的能力。

第五节　新经济组织党建实践的创新

"新经济组织"和"新社会组织",统称为"两新组织"。这一概念,最初是在党建理论和实践中出现的。1994 年 9 月,党的十四届四中全会通过的《中共中央关于加强党的建设几个重大问题的决定》中提出:"各种新建立的经济组织和社会组织日益增多，需要从实际出发建立党的组织，开展党的活动。"①以后，这一概念在党建的理论和实践中被广泛使用。

"新经济组织"，指的是随着中国社会主义市场经济的发展而不断成长壮大起来的，与我国长期存在的传统的以国有、集体两种所有制为主的经济组织形式相对而言，在所有制性质、产权结构、运作模式等方面不同的新的经济组织。其中可分为股份制企业组织和非公有制经济组织，在非公有制经济组织中又包括民营经济组织和港、澳、台资和外资企业，在民营经济组织中又可分为个体工商户、私营独资企业、自然人控股的股份合作制企业、有限责任公司、股份制企业等等。通常我们所以说的"新经济组织"，一般特指非公有制经济组织，由于国有企业党建问题本篇已有专门论述，所以这里也主要是在非公有制经济组织的意义上使用这一概念。

两新组织出现并不断地壮大，对于中国的社会发展、包括对于中国社会的政治发展都具有关键性的意义，同时，也对中国共产党的基层党建提出了新的更高的要求。党的十六大报告提出的关于基层党建的战略原则，其中"领域拓展"，主要的指向也应该是两新组织。这既表明了两新组织的党建有待加强，也表明了两新组织党建的重要性。两新组织的党建问题是一个新的课题，也是新时期基层党建面临的关键性问题。

一、新经济组织党建工作的重要意义

随着社会主义市场经济的发展，我国的经济组织体制发生了重大的变化。一方面，传统国有企业和集体企业的改革和发展，从不具备法人地位，到现代企业的转变，要成为市场的主体；从国有企业在市场经济中的地位和公有制实现形式出发，"抓大放小"和吸收各种资金参股等改革举措，催生了大量的新经济组织。另一方面，社会主义市场经济的发展，使我国民间资本从无到有，由小到大，不断发展壮大。非公有制经济从个体工商户，到合作制、股份合作制以及公司制等发展。而且，随着新的经济时代的到来，例如网络行业等新科技产业的发展，在企业集团化大型化发展趋势中，企业的小型化、网络化又有了新的空间，这为新经济组织的发展提供了新的大发展的空间。

新经济组织在我国社会主义建设中具有重要的地位。1997年9月，党的十五大报告从建设社会主义市场经济体制出发，明确指出："公有制为主体，

---

① 《十四大以来重要文献选编》(中)，人民出版社1997年版，第966页。

多种所有制经济共同发展,是我国社会主义初级阶段的一项基本经济制度",
"非公有制经济是我国社会主义市场经济的重要组成部分。对个体、私营等
非公有制经济要继续鼓励、引导,使之健康发展。这对满足人们多样化需要,
增加就业,促进国民经济的发展有重要作用。""基本经济制度"、"重要组成部
分"和"重要作用",这就把非公有制经济从制度外纳入到制度内,把原来的补
充作用提高到不可缺少、不可忽视的地位,并且也开始突破了政策上的"所有
制歧视"。党的十六大进一步从根本上对非公经济的社会经济性质作出了清
晰而明确的界定,指出公有经济和非公有制经济不是相互对立的,是可以统一
于社会主义现代化建设之中的,因而我们既要毫不动摇地发展公有制经济,还
要毫不动摇地发展非公有制经济。十六届三中全会通过的《关于完善社会主
义市场经济体制若干问题的决定》,提出了"完善公有制为主体、多种所有制
经济共同发展的基本经济制度",强调要为非公有制经济的发展消除体制性
的障碍。十七大报告提出:坚持和完善公有制为主体、多种所有制经济共同发
展的基本经济制度,毫不动摇地巩固和发展公有制经济,毫不动摇地鼓励、支
持和引导非公有制经济发展。因此,发展非公有制经济是基本经济制度的题
中之义;非公经济更快更好地发展,有利于基本经济制度的进一步完善。同
时,在进一步完善基本经济制度的过程中,继续探索公有制的具体实现形式、
促进公有制经济与非公经济相互融合、共同发展,这将有利于传统公有制经济
按照市场经济的通行方式,发挥其经济社会功能。

　　相当长时期内,非公有制经济将是国民经济发展最强劲、最稳定的动力。
改革开放以来,非公有制经济的平均增长率远远超过国有经济和集体经济的
增长率,对三十多年来的经济增长起到了很大的作用。2009 年,全部非公有
制经济已占全国 GDP 的一半以上,占全国 GDP 增量的 2/3。据全国第一次经
济普查,全国 GDP 比原统计数字多了 2.3 万亿元,其中 93% 来自于服务业、中
小企业和非公有制经济的贡献。另据报道,浙江省非公有制经济创造了 70%
的生产总值,60% 的国家税收和 76% 的出口创汇,90% 以上新增就业的工作
岗位。江苏省非公有制经济占全省地区 GDP 比重的 50.5%,成为全省的"半
壁江山"。

　　非公有制经济将是创造就业机会的最大来源。创造更多的就业机会,是
各级政府的一个较为长期和艰巨的任务。截至 2007 年底,在非公有制经济领
域内就业的人数已经超过 1.27 亿人。其中,私营经济对社会就业始终保持着
较强的吸纳能力。1991—2007 年,在私营经济领域就业的人数由 183.9 万人

增加到 7253.1 万人,增长 38.4 倍,年均递增达 25.8%。如今,非公有制经济领域的就业人数已经占到城镇全部就业人数的 75% 以上和新增就业人数的 90%。近年来,非公有制经济领域已开始成为高校毕业生寻找工作岗位的重要领域。

非公有制经济将会是越来越重要的税源。尽管国有经济目前在整体上仍然是政府最大的税收来源,但非公有制经济直接和间接创造的税收将占有越来越大的比重,特别是在增量上会占有越来越大的比重。私营经济向国家缴纳的税收收入,由 1989 年的 1.1 亿元增加到 2007 年的 4771.5 亿元,年均增长 59.1%。个体经济向国家缴纳的税收收入,由 1982 年的 11.3 亿元增加到 2007 年的 1484.3 亿元,年均增长 21.5%。据国家税务总局的数据,2006 年,在全国税收收入总额中,国有经济占 24.8%,集体经济占 2.9%,混合经济占 35.5%,外商投资投资经济占 21.2%,个体私营经济占 13.5%。①

上海是中国国企重镇,改革开放三十多年来,虽然非公经济在每年不断增长,但始终没有动摇国有经济为老大的地位。截至"十一五"最后一年的 2010 年,非公经济增加值占全市生产总值比重为 49% 左右。"十一五"期间,上海非公经济占生产总值比重基本上是以每年递增一个百分点的速度发展,2010 年首次出现了新增两个百分点的速度,发出了"十二五"期间上海将加快发展非公经济的信号。《上海市国民经济和社会发展第十二个五年规划纲要(草案)》在上海市十三届人大四次会议上正式亮相。上海在全面描绘未来五年发展蓝图同时,对非公有制经济发展指标作了明确计划。到 2015 年,该市非公有制经济增加值占全市生产总值比重将首次超过国有经济,达 55% 左右。②

非公有制经济将是完善社会主义市场经济体制的直接参与者和积极推动者。我们尽管已经初步建立了社会主义市场经济体制,但完善市场经济体制还需要相当长一段时间。在这个过程中,非公有制经济是社会主义市场化改革的重要力量,具有天然的市场经济特征,是平等竞争、厉行法治等基本规则的直接参与者和积极推动者。它具有灵活的经营机制,按照市场方式参与经济活动为市场经济的发展起到了示范效应;它是衡量中国市场化改革程度的关键指标,民营经济创造的增加值占 GDP 的比重、在全社会固定资产投资所

---

① 以上材料引自《2009 中国社会形势分析与预测》,社会科学文献出版社 2009 年版,第 347—349 页。

② 见《上海市国民经济和社会发展第十二个五年规划纲要》(2011 年 1 月 21 日上海市第十三届人民代表大会第四次会议通过)。

占比重、在城镇从业人员所占比重、创造的税收占全社会税收的比重、进出口总额占全部进出口总额的比重都达到了相当程度；它促进了劳动力资源的合理流动，对我国加速户籍改革，促进生产要素流动起到了催化作用。

所以，"新经济组织"党的基层组织建设具有重要意义。

第一，由于新经济组织在社会主义市场经济中的重要性、在中国特色社会主义建设中的重要地位，新经济组织党的建设工作，是党"始终代表中国先进社会生产力发展要求"的内在要求，也是党围绕政治路线抓党建的内在要求。加强新经济组织党建工作，根本目的就是为了更好地发挥其积极作用，通过鼓励和引导，促使新经济组织健康有序快速的发展，创造更多的社会财富，让人民共享经济繁荣的成果，并使之成为建设社会主义现代化事业的重要力量。

第二，加强"新经济组织"党建工作，是规范有序地发展社会主义市场经济所提出的新要求。目前，我们正处在从计划经济向市场经济的转型时期。社会主义市场经济体制和运行机制有一个逐步建立和完善的过程。在这个过程中，市场力量推动的社会分工不断深化，各种市场主体的法制意识和自律意识有的比较淡薄，政府的市场管理行为有时还不够到位、不够规范，因此市场运行无序失范的现象时有发生。党的组织则必须根据市场经济发展的新变化，进一步牢牢扎根于企业，扎根于群众之中，任何时候、任何地方都不能削弱。推进新经济组织的党建工作，把广大职工团结在党组织的周围，巩固党的执政基础，保证新经济组织在法律范围内依法从事生产经营活动，保证市场主体的规范运作，促进社会主义市场经济的健康发展。

第三，由于在新经济组织中，聚集了越来越多的劳动者，所以，又是党维护人民的利益的需要，并且是增强阶级基础、扩大群众基础的战略性举措。从加强党的基层组织而言，不能忽视这一迅速扩展着的新的社会基层组织；必须重视在新经济组织中越来越庞大的工人阶级新群体；必须把民营科技企业的创业者、私营企业主以及个体户等新的社会阶层纳入我们党建的视野。随着新经济组织的快速发展，党的群众工作面临着重大变化。群众的利益格局和要求正在不断发生变化。应当清醒地看到，在少数企业中，职工群众的合法权益没有得到切实的维护，并成为一个突出的问题。加强新经济组织的党建工作，传播党的声音，释疑解惑，化解矛盾，理顺情绪，凝聚人心，有利于巩固党在新经济组织中的群众基础。

第四，由于新经济组织发展的不平衡，作为以利益导向的市场主体，必然存在着劳资关系的矛盾，事实上，这种劳资矛盾还是比较突出和尖锐的，例如出现了"富士康跳楼事件",严重地影响了社会和谐。党在新经济组织中的工作,有利于维护工人权益,也有利于反映业主的利益诉求,在构建社会和谐中具有特别重大的意义。

第五,加强新经济组织党建工作,是改进党的组织形式和工作方式所提出的新要求。应当说,长期以来,国有企业党的组织形式和活动方式,主要是与计划经济相适应的。改革开放以来,社区党建、社团党建和新经济组织党建,都是我们过去从没有遇到过的新领域。其中,新经济组织在产权结构、管理制度、运行机制等方面与市场经济的要求较接近。因此,在新经济组织中加强党的建设,实质上是要构建与市场经济体制相适应的党的组织形式和活动方式,形成我们党在新环境下保持旺盛生命力的新机制,这对党的未来发展有着十分重要的意义。在"小政府,大社会"格局的形成过程中,在政府与社会分离之后,中国共产党必须融入社会、整合社会、主导社会,进而凝聚社会,保持政府与社会的良性互动,体现社会主义后发型现代化国家的追赶优势。

二、新经济组织党建工作的经验与探索

如上所述,党的基层组织建设所面临的挑战,较集中地体现在新经济组织之中。首先最突出的问题是空白点多。从实践上看,在新经济组织中,党组织的设立有相当难度。一是由于新经济组织,特别是私营企业,在市场经济中,总体上还处于"小、散、流、变、杂"(规模小、分布散、流动大、变化快、机构和人员构成复杂)的状态,又无上级行政主管部门,客观上给党组织的建立和开展活动带来了困难。二是在社会转型的过程中,党组织在新经济组织中的建立,尚缺乏明确的制度安排。原有的依靠行政手段建立党的基层组织的做法,在市场经济条件下已经不适用了,一些非公企业的业主对党的基层组织的建立和活动有顾虑、一些外资企业主甚至是敌视和抵制的态度。三是因为一些党的领导部门观念和工作手段的陈旧,离开了行政权力,不懂得如何在新经济组织中进行党的工作。或者认为抓好经济工作就行了,甚至觉得强调党建,会给经济工作(如招商引资)带来冲击;或者认为党组织在非公企业中的工作名不正、言不顺。有的虽然建立了组织,但力量十分薄弱,也找不到在新经济组织中的工作的切入点和着力点,与企业的经济活动的维护员工合法权益相脱节。

怎样推进新经济组织中党的建设工作,随着新经济组织在中国社会发展中的地位的日益重要,随着党内认识的不断深化,各地党委和党的工作者进行了积极地探索,并取得了一些很有价值的经验。

第一,明确并形成了两新组织党的建设的领导组织体系。

两新组织,特别是新经济组织,没有上级行政主管部门,在一定时期里导致了新经济组织党建领导上工作的空白点。2000 年 10 月,中共中央组织部《关于在个体和私营等非公制经济组织中加强党的建设工作的意见(试行)》中指出:非公有制经济组织中的党组织一般由所在地的村、乡镇、城市街道(社区)党的组织领导,企业规模较大、党员人数较多的,也可以直接由所在地(市)、县(市、区)党委领导。非公有制经济比较发达的地方。根据工作需要,可以成立县(市、区)非公有制经济党的工作委员会,作为县(市、区)委的派出机构,加强对非公有制经济组织党建工作的指导。十多年来,中共上海市委针对两新组织快速发展的新趋势,在积极推进两新组织党建工作中初步形成"条块结合、以块为主、横向到边、上下贯通"的新经济组织党建工作领导体制,到 2003 年,成立了中共上海市委社会工作委员会,专门领导两新组织的党建工作,在区以下层次,则都建立了综合工作党委。2004 年开始形成的"1 +3"社区区域化大党建格局中,负责两新组织建设的综合工作党委,是其中的重要组成部分。这就把新经济组织党建和社区党建结合起来。

第二,关于"新经济组织"党建的工作方法的经验。

在残酷的市场经济条件下,在经济效益决定生存权的情况下,有相当部分非公企业家对党建工作不甚理解,甚至采取不合作的态度。例如一些党的工作者进不了厂区、商务楼,一些在新经济组织中的党员又弱化甚至隐瞒了自己的党员身份。致使一些党的工作者无所适从,并产生畏难情绪。如何推进新经济组织中党的建设,就要探索有效的工作方法。

充分利用党的领导和执政地位,进行党的组织建设。中国共产党的领导和执政地位,决定了党对新经济组织的领导,各级党组织应充分地利用党的领导和执政地位,积极地推进在新经济组织中的工作。其中又分为权力的作用和非权力作用,就制度创造角度看则可称为强制性制度变迁和诱致性制度变迁。新经济组织的的特殊性和共产党组织的性质决定了在其中开展党建活动,仍需要权力性的作用,即以党组织为主导,主动甚至强制性地在私营企业建立党组织。这种强制性指的是,要利用上级党组织的影响力和工商等管理部门的配合。例如,上海在招商引资过程中,有关部门就主动为党组织在新经济组织中的建设和发展创造条件。事实上,实践中的委派联络员制度,调党员进入非公有制企业担任一定层次的领导职务,工商部门派人进私协和个协党组织担任领导职务即是这种方式的具体运用。这种方法所以必要,是因为只有这样，才能较快地实现到党在新经济组织中的工作和组织覆盖，并给基层党的工作者和党员以支持。当然，更重要的是，我们要善于运用非权力的方法，党在领导新经济组织的过程中，利用自己的执政资源，引导新经济组织党的建设工作。例如，中共浙江安吉县委组织部，把两新组织，尤其是新经济组织业主的培训纳入自己的工作范围，每年组织企业发展研讨班到青岛海尔等先进企业学习，一方面使密切了业主与党组织的关系，另一方面也使业主从大企业的发展中感受到党组织的建设对企业管理的重要作用，从而起到了很好的效果。在这些工作中，要善于抓大户、抓重点，抓典型、抓示范，要把"培植典型，典型引路"作为抓好非公有制企业党建工作的重要方法。这是因为，在社会主义市场经济条件下，"大户"、"重点"对其他非公企业的影响十分重大。

以群众组织和社团组织为依托，依法多渠道地进行党的组织建设。由于非公有制企业产权结构的复杂多变性，甚至党组织建立的合法性还受到不同程度的怀疑和挑战，尤其在三资企业中，这一问题则更为明显。另外，在一些新经济组织中也存在没有党员，或人数极少的情况，要建立党的组织更无从谈起。这就需要我们采用多渠道的渗透。要依法通过工会、妇联等群众组织，以及青年联谊会、企业家联谊会等团体渠道，把党的工作合法、合情地渗透到新经济组织中去。特别是工会工作，这是法律上明确规定的在非公经济组织中也必须建立的组织，是联系职工并维护职工权益的组织设置和制度安排，党组织要充分利用工会组织的建设和功能，通过建立工会组织带动党组织的建设并通过领导工会的工作发挥联系群众的作用，这在三资企业和一些非公有制企业中都是十分重要的办法。如上海普陀区桃浦镇金环公司，这是一家以工业区开发为主的镇属投资公司，该公司所管理的七个工业区中，90%以上是民营、台资和外资企业，公司党委通过工会组织维护工人权益，工资集体协商，规定最低工资；又通过企业家联谊会，倾听业主的意见。这些工作，大大增强了党在工人和业主中的影响力，从而也大大增强了党组织建设的渗透力。这一方法，被概括为"以群建促党建"，又"以党建带群建"。①

发挥党员的主体作用，推动党的组织建设。党员是党的建设的主体，并且对在新经济组织中进行党的建设有高度的认同。党员在新经济组织中，有与组织联系、以获得政治关怀和政治发展的要求，同时，又因为长期受党的教育，又有着较好的素质和对党的感情。例如，各地都出现了在新经济组织中工作

---

① 2007年8月25日，桃浦镇两新组织党建工作调研，金环公司党委甘国民的介绍。

的党员找组织的情况。从调研中看,有80%以上的党员认为在新经济组织中有建立党组织的必要。同时,发挥了业主党员的积极性,对于党组织的建设具有重要意义。而党员一经认同党员身份,组织起来,能立即发挥积极的作用。例如在2003年的"非典"时期,新经济组织中的党员起到了十分突出的作用,是重要的组织资源。

以服务求渗透的理念。党的工作者要在新经济组织中推动党的组织建设,要有强烈的服务意识。上海市静安区静安寺街道综合经济党总支副书记王长燕在谈到推动商务楼党组织建设工作中反复强调了"以服务求渗透"的理念。概括起来做了以下方面的工作:一是给企业的文化建设提供载体,例如,为企业创文明单位提供条件;二是协调劳资双方的矛盾,在商务楼中,特别是高科技行业,业主和员工的沟通很少,骨干流动性大,党组织出面协调,可以增进双方的理解;三是对党员的服务,以党员服务点为工作平台,让党员可以便利地过组织生活,重视政治上的关怀和精神上的关怀,这对非公企业中的党员是十分重要的,此外,也发挥社区的优势,注意生活上的关怀;四是为党员和职工维权,如有一女职工因怀孕被扣工资,综合经济党总支得知情况后,就与街道计划生育科长联系,将有关文件复印给了女职工和业主,解决了问题。①这些工作使企业、党员、职工都认同了党组织的作用,从面较好地推动了党组织的建设。

第三,探索了在新经济组织中党的组织的设置方式。

鉴于原有的在每个社会基层单位中都要建立党组织的通常做法,在新经济组织中,尤其是在非公中小型企业和一些外资企业中,事实上已有相当的困难,为解决党的组织和工作在新经济组织中存在着的空白点,针对新经济组织不同的情况,各地都进行了探索,并形成了一些有效的做法。中共中央组织部在各地经验的基础上,在2003年9月非公有制企业党建工作交流会上,提出:在国有(集体)企业改制为非公有制企业的同时,要同步改建和组建党组织;此外,对于个体工商户、规模较小的企业,可以在工业小区、街道社区统一建立党组织。

关于转制企业,要求做到"三个同步":同步建立党组织,同步配备党务工作人员,同步开展党的活动。原国有(集体)企业转后,保留原有的党组织

① 根据2003年8月26日,王长燕在黄浦区综合经济党的工作研讨班的座谈的相关内容概括。

建制,进一步健全党的基层组织,多元投资的企业,要根据党员情况,重新建立党组织;对党员人数不足三名的转制企业,有关党组织应根据不同情况,按照"行业相近、地域相邻"的原则,帮助建立联合党支部;转制企业没有条件建立党组织的,有关党组织应采取委派党建工作指导员或联络员等方式进行工作。本着"属地、属资"管理的原则,一是转制为无上级主管的企业,按企业注册地所属街道,接转党组织关系;二是对部分注册在本区、资产规模较大、或属于高新技术领域、专业性较强的转制企业,其党组织关系一般由县(市、区)新经济组织党工委负责管理;三是对转制为多元投资的企业,一般由控股方党组织负责管理,亦可由控股方党组织与被控股方上级党组织协商确定。

关于个体工商户和规模较小的企业,一般说来,那些规模较大、党员和职工队伍稳定、有合适的党支部书记人选的,重点加强在"体内"建党工作;对那些规模小、变化快、人员流动大的,则依托各类载体,在"体外"建立党组织。由于这些经济组织主要集聚在工业区和社区中,因此也主要依靠工业区和社区进行党组织建设。在上海的中心城区,这些经济组织又大多集聚在商务楼宇、都市型工业楼宇、商业街、商贸市场等场所,例如上海浦东新区、静安区、黄浦区等,特别重视商务楼宇等党建工作,提出了"支部建在楼上"的思路,通过建立"党员服务中心",扩展党的组织建设,把这些党的组织建设与街道社区整合,取得了很好的效果。

除通过街道社区、乡镇、开发区等地区基层党组织,对所在区域内新经济组织进行工作以外,一些地区还通过行业协会、各种联谊会和工商、税务等行政机构进行新经济组织的党建工作,取得了很好的经验。

实施区域性大党建模式,加大对新经济组织党建的全覆盖。这是新经济组织党建组织设置探索的基本逻辑总结。整合区域资源的力量,形成以社区为依托,以新经济组织集中的楼、区、园为中心,以"党员服务中心"为抓手,各方全力推进新经济组织党建,实现组织覆盖和工作覆盖。

第四,探索了在新经济组织中党组织的工作内容。

根据党章的精神,党组织在新经济组织中,工作中心是促进企业健康发展。工作内容包括对企业的引导和监督,领导群众组织,团结凝聚职工群众,维护各方的合法利益等等。新经济组织的发展,在社会主义市场经济理论中与实践中处于十分重要的地位。一方面,党建仍然要围绕企业的发展;另一方面,所谓健康发展,不仅是企业要遵守国家的法律制度,更重要的是劳资关系问题,既关系到企业内部的和谐,还关系到社会的和谐。所以,在非公企业中,党组织的工作重心既要为企业发展创造条件,还要为企业的健康建立规范。要努力使这两者结合起来。

企业的规范建设,就是和公司制等相关法律相联结的制度及其文化建设。非公企业,在社会主义市场经济条件下,要有较好的发展,必须要有制度、组织、管理的规范和文化的精神,党组织要在这些方面有所作为,特别是绝大多数的非公企业,规模小、不规范的情况下,党组织的这些工作,既是企业发展的重要保证,同时建章立制,又能有效地引导和监督企业遵守国家的法律法规,而且,工会组织等建立,以及对劳动保障等规范,又为维护和协调各方利益创造了好的条件。这样做,把党的工作和企业的发展联系在一起,由于这是现代企业制度的基本要求,所以一些外资方也认同这一工作。

党组织在新经济组织中的基本工作还是做人的工作。要把发展党员和党员队伍建设作为工作的基础,提高党员的政治素质和业务素质,提高党员的竞争力;同时,也要努力提高业务骨干对党组织的认同,并扩展党员的队伍。通过工会等组织,通过服务工作,团结工人队伍。努力对业主产生积极影响,既要为企业发展创造较好的人文环境,也要为树立企业的社会责任形象而创造条件。

党组织要善于处理和协调劳动关系。在复杂的利益关系中,要能够维护工人的权益,利用自身的威望和公信力协调利益矛盾。同时,党组织也要在企业发展中,在完善社会主义市场经济环境的目标下,能较顺畅地反映业主的利益诉求,特别是对现实中存在的官僚主义、腐败现象等因素造成的利益侵害,要有所作为。

第五,探索了在新经济组织中党组织的工作机制。

新经济组织党建工作难度大,同时在社会主义市场经济条件下,新经济组织在社会发展和社会和谐中又有着特别重要的地位,党组织在这个领域中的工作又有着特别重大的责任和意义。这就需要有一个新的较好的工作机制。新经济组织中党组织的工作机制的创新,是以属地化管理为其基础的。在此基础上,通过政治资源的整合,强化党的基层组织的工作能力;建立工作平台,覆盖党的工作网络;提高党员素质、吸收新的血液,形成党组织的竞争优势。

通过政治资源的整合,强化党的基层组织的工作能力。在新经济组织中的党的组织建设,最核心的问题是党的基层组织的政治素质和能力问题。首先是基层党组织的负责人的素质和能力问题。由于新经济组织的特殊性,如果其中的党的基层组织的负责人不是业主本人担任,如果党员多为被雇佣者,双方在经济体中的地位是不一样的。更尴尬的是,党组织的工作资源在很大程度上依赖于业主。在实践中看,如果党的基层组织负责人在非公企业中处于一般地位,则很难发挥作用,非公企业的党建是否有活力与业主的态度有极大的关系,也出现了党的基层组织的家族化或附庸化的现象。所以,要提高基层党组织的政治素质和工作能力,必须发挥执政党党组织的政治优势和组织优势,整合政治资源。一是整合党的干部资源,例如,派出党建工作指导员、联系员,负责招聘和培训基层党的干部,为基层党的干部的政治活动提供空间,其中,党建工作指导员、联系员"可以由非公有制企业所在地或所属行业的党政领导干部兼任"①;二是提供物质条件,基层党组织应该争取业主的支持,但不能对业主形成依赖;三是建立通畅的利益表达渠道,党组织在新经济组织中的权威,来自于党员和群众、职工与业主的利益诉求的有效性,这种有效性不仅是基层组织的直接协调的成效,更主要的是通过党的组织系统,为一级政府的决策、调控和干预提供依据,较快和较好地解决问题。也就是说,要形成一定区域范围内的联动的工作机制,才能克服新经济党建中出现的一些难点问题,这也是新经济组织党建属地化管理的更重要的理由。上海市浦东新区党委自2003年3月提出了"上级党组织要为基层党组织服务,基层党组织要为党员服务,各级党组织和党员都为群众服务","三服务"的一个重要精神,就是要发挥上级党组织的政治和组织优势,积极整合政治资源,努力为基层党组织"造血"、"供血"。

建立工作平台,实现对新经济组织党的工作覆盖。针对新经济组织的"双高"(企业的高淘汰率和职工的高流动性)特点,在体内建党和体外建党并举的同时,还需要建立工作平台。例如在一定区域(在开发区、商务楼宇、市场等)中建立党员服务中心(站、点)是一个很好的方式。党员服务中心(站、点),首先是为解决新经济组织中党员流动性大的特点而建立的,为流动党员接转组织关系提供方便,继而则成为党员组织生活的重要基地,并通过组织生活沟通信息,反映党员的利益诉求,为解决党员的政治、精神和生活需求提供条件,并实现对党员的教育,由此凝聚党员、组织党员,进而凝聚群众、凝聚社会。党员服务中心成为党的工作的一个个枢纽,为实现党的工作覆盖起了重要作用。上海市浦东新区嘉兴大厦和静安区静安寺街道的党员服务中心,在全市有相当影响,甚至吸引了其他街区的党员来参加活动,在"非典"等非常

① 中共中央组织部2003年9月关于非公有制企业党建工作经验交流会精神。

时期者有效地动员和组织党员。2003年,中共上海市委组织部把实践中的这一经验进行了推广,要求各层都设立党员服务中心(站、点),已初见成效。2003年7月,上海浦东新区梅园新村街道党工委创设了"阳光驿站",作为面向新经济组织党员的区域性的服务平台,具有很好的效果。

充分发挥党员的作用、吸收新鲜血液,形成党的组织竞争优势。在新经济组织中,党的工作更需要发挥党员群体的作用。党组织要着力于提高党员的政治素质和业务素质,使党员成为新经济组织中的骨干。要切实抓好对党员业主和规模较大、影响较大企业业主的教育培训,提高他们的整体素质,增强他们对党的感情。要重视对新经济组织管理层的政治工作,吸引他们在推动企业的发展中靠拢党的组织,把影响新经济组织的决策、提高决策层的政治素质和在决策层中积极吸纳新党员结合起来。特别是要把企业中层以上管理人员和技术骨干作为重点培养对象,优先发展。[①] 通过凝聚党员,以凝聚群众、凝聚社会,这在新经济组织中具有更突出的意义。

三、推动新经济组织党建工作的几个问题

新经济组织与国有大中型企业的最大不同,就是体现在新经济组织更突出地反映了社会主义市场经济的发展对社会结构的重大影响,原有的"单位制"结构、"单位人",向市场为主导的社区结构和"社会人"转变。由于其所具有的"小、散、流、变、杂"的特点,党的建设工作具有极大的难度。数年来的实践和探索,取得了相当的成绩并积累了丰富的经验,但是,大量空白点的存在,表明新经济组织的党建问题,仍具有相当的艰巨性。

第一,发挥党员的主体作用,实现对新经济组织党的工作覆盖。

与新经济组织中,党的组织和工作的空白点相联系的最直接问题,是流动党员的问题。工作的流动性,使得流动党员增多,出现了党员不容易找到组织和党员不愿意找组织的现象。在非公有制企业中,存在着"隐性"党员情况。特别在先进性教育之前,这个问题十分突出。例如,2003年,浙江省义乌市中国小商品城,目前有党支部17个(含新疆、内蒙古、兰州三个分市场),在册党员232名,但实际上有3万多党员没有接转组织关系。[②] 这一现象十分尖锐地说明了非公有制企业中党组织的涣散和党员组织归属感的薄弱。

① 中共中央组织部2003年9月关于非公有制企业党建工作经验交流会精神。
② 见王河:《中国非公有制企业党建工作》,上海人民出版社2002年版,第27页。

解决这一问题，需要进行体制的创新。实行体内建党和体外建党相结合，以属地化为主的组织设置方式，并取得了显著的效果。传统的"支部建在连上"的方式，需要创新。"支部建在连上"，其根本意义在于要把党的基层组织建成战斗堡垒，成为党完成政治任务的基础。建国以后，在计划经济条件下，党的基层组织与每一个单位紧密结合，并日益行政化，这一结构，在今天是不适合了，需要创新。党的基层组织建在社区，属地化，这是一个基本的趋势。

要真正实现对新经济组织的工作覆盖，最根本的问题，是要发挥党员的主体性作用。换言之，新经济组织党建工作中的困境，把长期以来党员缺乏主体性的问题，在社会转型的背景下，尖锐地提到了我们的面前。基层党组织的属地化，为流动党员接转组织关系、参加组织活动提供了便利。为推进在新经济组织中的组织覆盖创造了条件。但是，即使实现了组织的覆盖，也不等于实现了工作的覆盖，党员如果不处于主体地位，没有发挥出积极性和主动性，党的基层组织是缺少活力的。在实践中，一些基层组织旋建旋散，或者出现"空转"现象，原因就在于此。

要发挥党员的主体性作用，必须维护党员的权益，最核心的是要扩大党员的党内参与，并为党员的社会参与创造条件。党员主体地位的提高，意味着党员个人有相对自由的发展空间，以便个人品格和能力的提高。党员就有了组织起来的主动性和积极性，实行民主式的自我教育和管理，从而从根本上改变由上级主管部门负责教育、管理党员的被动状态，基层组织软弱涣散状态才能真正消除。

第二，正确认识非公有制经济及其业主的地位，加强新经济组织党的工作的针对性。

在新经济组织党的工作中，怎样认识包括个体、私营在内的非公有制经济及其业主的地位，对于新经济组织的党建工作是一个重要的问题。党的十六大以及十六届三中全会指出：在社会主义市场经济条件下，非公有制经济和公有制经济一起，构成了社会主义基本经济制度，非公有制经济是促进我国社会生产力的重要力量；随着社会改革出现的、包括个体户和私营企业主在内的六种新的阶层，都是中国特色社会主义的建设者；不能简单地把有没有财产、有多少财产当作判断人们政治上先进和落后的标准；要把符合党员条件的其他社会阶层的先进分子吸收到党内来，增强党在全社会的影响力和凝聚力。要深刻领会这一精神，以解决新经济组织党建中的困惑。

在新经济组织中党的工作，不能照搬国有企业党组织的做法，强调参与决策和管理干部,特别是沿用过去依靠行政权力的方法,必然在工作中与私营企业主产生冲突。于是,一些非公有制企业党组织把主要的工作放在企业职工中,把党的群众工作,仅仅定位在职工的工作,这一转变,比之于沿用传统的做法,是一个进步,并且也取得了一定效果,但是,这又把党的工作,等同于工会的工作。

党组织在非公有制企业中,要解决好企业、企业主和职工群众的关系问题。企业主和职工群众都党组织的工作对象,首先是服务对象。党章指出要维护各方的合法利益。既要维护职工的权益,也要维护企业主的权益,要反映他们的利益诉求。特别是在企业主和职工的利益关系中,党组织要起到协调的作用。要站在劳动的立场,协调劳动和资本的关系。

党组织要引导和监督非公有制企业和企业主遵守国家法令法规。企业中的党员和党的负责人,受业主雇佣,监督不是一种职能行为,但可以根据法规,领导工会等群众组织,形成一种监督的机制。党组织特别要发挥自己的政治优势,做好企业主的引导工作。

关心企业主的政治需求,是企业党组织引导企业主的重要抓手。政党的一个重要作用,是将特殊的社会利益融入到政治体制中,并在一定价值观下得到均衡和协调。要吸引和争取企业主支持和关心企业党的工作,要积极和慎重地吸收政治素质优秀的企业主加入党的队伍。对于党来说,这是一项增强阶级基础和扩大社会基础的重要工作;对企业主本人而言,则意味着自己的事业在政治上的承认,从而增强建设中国特色社会主义的自觉性。

第三,进行制度的创新,增强党组织的核心竞争力。

当前新经济组织党建的最核心问题,就是党组织在没有行政权力的支撑的条件下,缺少工作资源,其中产生的最突出的现象是对业主的依附性问题。在非公有制企业中,就单个党组织而言,在经费、场所、时间等方面,对业主都有依赖性;具有一定素质和能力的党的基层干部,也非常缺乏。而且,由于许多非公有制企业是家族化管理,使得党组织也有了家族化的色彩。在浙江温州、台州和绍兴的一些县市调查表明,在非公有制企业的党组织中,家族化问题比较明显的占 10% 左右。① 为解决家族化问题,各地组织部门采取了一些措施,如出台一些限制性的规定,派驻党的工作员等等。上述现象的出现,表明党在新经济组织等社会工作领域的建设,需要进行制度的创新。

---

① 见王河:《中国非公有制企业党建工作》,上海人民出版社 2002 年版,第 321 页。

以社区为范围的资源整合。对业主的依附,其实是对行政权力依附的一种转变。在计划经济条件下,单位制党的组织建设,党政一体,向上级党政组织负责,其工作资源来自于上级机关。在社会主义市场经济条件下,社会结构发生了很大的变化。党作为政府与社会的中介,不再是封闭在单位中,而应该在社会层面上发挥作用。所以,党组织要发挥自身的组织优势,在区域内网格化的建设并形成网络化的联系,形成区域性的资源整合;在此基础上,强化上级党组织对下级组织的服务,并通过立法,确立基层党组织的合法的经费获取渠道,从而形成对新经济组织的工作优势。所以,基层党建的制度创新,重点在领导体制和运行机制的创新,从而取得整体性的优势,解决单个党组织对企业业主的依附问题。

为基层党的干部的发展创造条件。党的干部的素质和能力,对新经济组织党的工作有关键性的意义。在区域的基础上,要选派最有发展潜力的干部,作为党建工作员或指导员,进行党的基层工作。当前为解决基层党的干部缺乏的问题,采用体制外招聘的办法,又给人以党内的雇佣感觉,还是需要加强改革的力度。由于党的全部工作和战斗力的基础在基层,因此,这应该成为党的干部的重要培养渠道。当然,更根本的是,要推动党内的基层民主,使党的基层组织成为党员和党的干部政治活动的基本平台。政党的重要功能是吸纳政治精英,要把扩大党内民主参与作为扩大党员、干部进行社会参与的基础。给党的基层干部一定的政治活动和发展空间。把提高党的基层干部的能力,作为提高新经济组织党建活力的基本方面。

第六节　新社会组织党建工作的探索

在西方国家,社会组织分成三大类,即党政类的政治行政机构、公司企业类的经济组织和社会团体类的民间组织。民间组织也被称为政治行政机构、企业经济组织之外的"第三部门"。而我国则把社会组织分为四类,即党政机关、公司企业、事业单位和民间组织。其中,民间组织又分为社团、民办非企业单位和基金会。尽管也有人把工会、共青团、妇联、科协、工商联、文联、侨联、台联等八大群众团体作为群团组织归入民间组织范畴,但实际上它们已被纳入我国政治体制结构之中。因此我国目前所称的民间组织,主要是随着社会主义市场经济的发展而逐渐发展起来的。这样的组织,由于是新发展起来的,所以在党建的理论与实践中又往往称之为新社会组织。新社会组织一般具有五个方面的特征:一是民间性,在体制上独立于政府,即使资金经费有政府资助,在成员构成上有政府官员参与,但在体制上是独立的;二是非赢利性,组织的利润不能积累,不能分配给所有者和管理者,组织可以赚取利润,但利润必须服务于组织的基本使命与成立宗旨;三是自治性,自治性意味着各个组织自己管理自己,既不受制于政府,也不受制于私营企业,还不受制于其他第三部门组织;四是专业性,每一个组织都是在某一具体的专业领域或行当内活动,而且有的组织在特定领域内的作用是其他组织所无法取代的;五是志愿性,参与这些组织的活动是以志愿为基础的,不受其他外来力量的强迫与干涉。

近年来,新社会组织发展很快。2009 年,全国在民政部门登记注册的民间社会组织达43.1 万多个,比2005 年增长11.1 万多个,增幅为34.8%;其中社会团体增加近6.8 万个,增幅为39.5%;民办非企业单位增加约4.3 万个,增幅为29.0%;基金会增加868 个,增幅为89.0%。①

改革开放以来我国社会生活中民间组织的大量涌现,从一个方面体现了新的时代环境和社会经济结构的巨大变革,再一次给执政党的建设提出了新的任务。与各类经济组织相比,民间组织在目标性质、结构形态和活动方式上都具有明显的不同,这决定了其发展和运作也具有自身特殊的规律性。因此,如何把基层党建规律与民间组织发展及运作的规律结合起来,进一步开创民间组织党建工作的新局面,推进党的基层组织体制和运作机制的创新,是理论和实践中需要深入思考的重要问题。

一、新社会组织党建工作的重要意义

随着经济全球化进程的加快,特别是我国加入 WTO 后,迈入新世纪的新社会组织将会在我国社会经济生活中影响越来越大。联合国秘书长安南在1997 年度的联大工作报告中,曾把全球化的新社会组织(非政府组织)看成是与冷战结束后全球政治经济格局的重组、世界经济的全球化、信息技术革命、生态环境的保护相并列的,影响未来全球发展的五大因素之一。新社会组织的发育与成长对一个国家、一个社会的文明与进步有着极其重要的意义。

第一,是现代社会和谐发展的需要。在现代工商业社会中,政府、企业和社会组织性质各不相同。政府掌握公共权力,遵循正义和秩序的原则;企业通

---

① 中国社会科学院"社会形势分析与预测"课题组:《2010—2011 年中国社会发展形势分析与预测》,《中国经贸导刊》2011 年第 3 期。

过资本权力,遵循利润和效率的原则;民间新社会组织则依据社会空间的扩展,遵循自主和参与的原则。新社会组织在政府的"公"和市场的"私"之间,通过"架桥"、"填空"和沟通,发挥其独特的"拾遗补缺"的作用,进而确立其存在的空间。它们在完善市场秩序、弥补政府与市场的"失灵"等方面的作用越来越不可替代。新社会组织的职能决定了它成为提供社会公共服务的重要角色;新社会组织的不同类型又表明,各式各样的新社会组织表达和维护着一定群体的利益;新社会组织作为国家和市场之外的主体,为国家和市场分担着部分社会风险、化解着社会矛盾,从而维护了社会的稳定与和谐。因此,如果我们党能够在这个新领域发挥作用,实现我们党为人民服务的宗旨,我们党就能在更大程度上赢得人心,实现构建社会主义和谐社会的宏伟目标。

第二,进入 20 世纪 90 年代以来,市场取向的经济体制改革、简政放权的政府职能转变、走向社会化的社会保障制度改革,以及由此推进的急剧的社会变迁,使企业和个人的独立性与自主性大大增强,人民生活方式和利益需求出现多样化。现代社会里的人们除了有经济利益追求和政治愿望诉求外,还有现实的社会交往的要求。人们需要多样化的生活空间和生活方式的选择,就会拥有多重的社会角色身份。参加新社会组织活动,是人们参与社会交往的重要方式,也是人们确立并担当社会角色的重要途径。在民间新社会组织中加强党的建设,不仅由于新社会组织作为社会组织形式已经在我国社会中具有重要地位,更重要的是这一组织形式的发展已经使个人的社会角色、个人与社会的联系方式产生重要的变化,随着社会主义市场经济体制的进一步确立,这一过程还将继续深化。大量涌现的新社会组织所拓展的社会生活新领域,是巩固和扩大党的执政基础的新的生长点;开展新社会组织党建工作,是保证党对新社会组织实施政治领导的迫切要求,同时也是新社会组织自身健康发展的内在需要。在这个意义上说,加强新社会组织党建是加强和改进社会管理、促进社会全面发展的一个重要目标。

第三,是当今国际社会生活中的重要角色。自 20 世纪 80 年代以来,非政府组织在世界范围发展很快,目前已形成了遍布全球的非政府组织体系。非政府组织是在当今全球社会经济生活中崛起的相当活跃的新角色,它们开展活动的领域涉及人口、扶贫、卫生保健、妇女儿童保护、教育、环境保护、人道主义救援以及人权保障等。我国在加入 WTO 后,将会面对越来越多、越来越频繁的国际交流往来,将会有大量的国际民间性的社会事务发生。如果我们没有一个成熟健全的新社会组织体系,就无法有效地与国际接轨,无法深入地融进国际社会,从而会造成落伍于全球发展的状况。加强新社会组织党建,对于增强党在国际交往中的影响力是有意义的。

第四,对于党的建设自身而言,新社会组织党建工作将成为推动基层民主建设的动力。政党组织和社会自组织的关系问题,本身是经济全球化所凸显出来的世界范围的政党建设新课题。非政府组织产生的初始意义,是形成国家政治中的社会制衡力量的需要。我国新社会组织产生的初始原因,也是政治体制改革的结果,是真正实现有限政府的结果,即政府在体制改革中让出了一部分职能给社会。新社会组织的发展本身就是一个培养公民意识的过程,是一个实现民主的过程。我们党发展党内民主和人民民主的要求与这个历史进程是一致的,应该以新社会组织的天然民主机制为基础,实现党的民主建设目标。处理好与新社会组织的关系,对于党的基层组织在社会转型中强化社会参与的能力、扩大社会影响力,具有关键性的意义。

二、新社会组织党建工作的探索和经验

加强新社会组织党的建设是整个党的基层建设中的重要组成部分。改革开放以来特别是近几年来,随着经济和社会的发展,新社会组织也得到了快速发展。为了加强新社会组织党的建设,1998 年,中共中央组织部、民政部下发了《关于在社会团体中建立党组织有关问题的通知》。根据文件要求,各地加强了对新社会组织的党建工作。1999 年 9 月,上海市委组织部、市民政局、市社会团体管理局在调查研究的基础上,也联合下发了《关于在社会团体中切实加强党的工作的若干意见(试行)》,明确要求在所有市级社团(宗教团体除外)中多形式地建立起党组织,有条件的区县级社团也要积极建立党组织。根据中央关于进一步加强新社会组织党建的精神,各地在新社会组织党建方面展开了积极的探索,明确了新社会组织党建的基本原则和主要任务,在党建的体制、机制和组织等方面不断创新,并取得了一定的成效。

第一,在新社会组织党建领导和协调体制上的探索。

新社会组织不仅包括在民政局正式登记的社会团体和民办非企业单位,而且在社区中还有大量的群众自发性活动群体。这使其组织结构在总体上呈现两个突出的特点:一是新社会组织多属"类组织"结构。现代社会中典型的组织往往按照"科层制"的方式构建起来,而新社会组织中除了民办非企业单位的特征大致与此相符外,其他社会团体则大都不完全具备科层制特点。它们在组织结构上是比较松散、开放、灵活的,不存在完整严密的职位体系和层

次分明的等级链条。二是新社会组织中的各种社会团体还具有横向网络结构的特征。它们在内部权利分配和沟通上不存在等级制度,成员之间是平等竞争和合作的关系,以自愿的方式联结在一起,因而主要是一种平等的横向联系。由于新社会组织的情况较为复杂,工作内容和领域涉及到方方面面,加强新社会组织管理和党建工作是一项复杂的社会系统工程。因此在加强新社会组织党建工作中,已经无法照搬传统的基层党组织管理体制,必须对新社会组织党组织管理体制有所创新。

一是加强领导和协调,成立党建工作指导机构。为了加强对新社会组织党建工作的领导和指导,协调新社会组织登记管理机关、业务主管单位、新社会组织党组织和有关组织的关系,形成党建工作的合力,成立了诸如"社团党建工作指导小组"一类的领导协调机构。社团党建工作指导小组的工作范围是指导各类社会团体、民办非企业单位、群众自发性活动群体党的建设工作,其基本职责是协调各有关方面的关系,形成推动新社会组织党建工作的合力。

二是明确责任主体,实行"双重领导,双重负责"。为了明确新社会组织党建工作的责任主体,实行新社会组织党建工作由业务主管单位党组织和登记管理机关双重领导,以业务主管单位党组织为主、登记管理机关配合的"双重负责"模式。新社会组织业务主管单位党组织在新社会组织党建工作上负有主要责任。党的组织部门特别是各业务主管单位的党组织,作为新社会组织党建工作的领导主体和直接责任者,必须积极主动抓好新社会组织党建工作,并明确由专人负责这项工作。目前新社会组织业务主管单位党建联络员主要由有关部、委、办、局的党委(党组)成员、组织干部或具体负责新社会组织日常管理工作的党员工作人员担任。

同时,还要注重充分发挥新社会组织登记管理机关在新社会组织党建工作上的作用。为了保证新社会组织党组织尽快尽早地建立,例如上海市社团局、市委组织部和各有关新社会组织业务主管单位逐步明确了这样一个新社会组织党建工作思路,即要把住"两关":一是准入关,新成立的新社会组织,核准登记和党组织的建立同步进行;二是年检关,在对已有新社会组织进行年检中,也要检查其党组织是否建立,没有建立的,督促其尽快建立。市、区社团局成立以来,把抓新社会组织登记、年检等管理工作同新社会组织党建工作结合起来,从而有力地促进了新社会组织党的建设。通过"双重负责"模式这一体制创新,新社会组织业务主管单位和市、区社团局的工作责任日益明确,新社会组织党建工作的推进力度相当大,建立党组织工作也开展得相当快。

三是构建管理体制,实行分级和分类管理。上海为加强新社会组织党建工作,在"双重管理"模式中还进一步探索了分级和分类的管理体制。在分级管理方面,市一级业务主管单位和登记管理机关抓好市级新社会组织;区县抓好区县新社会组织,同时对设在本区的市级新社会组织及其分支机构、代表机构、活动站等也要加强了解,掌握情况,及时报告;街道党工委则把新社会组织党的工作纳入社区党建的工作范围,建立与市区(县)两级社会团体管理机构、业务主管单位的双向沟通制度。分级管理理顺了新社会组织管理机构的体制,完善了信息传递制度,加强了新社会组织党建工作。

在分类管理方面,主要是根据不同类型的新社会组织采用有所区别的管理模式。对社团组织主要是以业务主管单位为主,对民办非企业单位主要是条块结合、以块(社区)为主方式,对群众自发性活动群体主要以街道、居民区管理为主(以块为主)。另外,针对一些大的新社会组织下面有许多会员团体的情况,则在这些大的新社会组织中建立层次较高的党组织,负责下面的新社会组织的党建工作。

第二,在新社会组织党建工作机制上的探索。

新社会组织党建是基层党建的新领域,没有现成的工作模式和方法。如果不建立持久有序的运行机制,难免使一些行之有效的工作方法因人员的变动而更改,从而影响新社会组织党建的有效性。近几年,上海主要从以下两方面探索新社会组织党建的工作机制。

一是新社会组织党建与新经济组织党建联动。新社会组织党建是新经济党建的重要依托。据统计,至2009年,上海个体劳动者协会、外资企业协会和私营企业协会已有个体协会会员21万余名、私企协会会员17万余名、外资企业协会会员6000余名。随着大量新经济组织的产生,新经济组织党建的发展对各类新经济组织协会提出了加强协会党建的紧迫要求。通过协会党建的加强,来推动新经济组织的党建。

新社会组织党建参与新经济组织党建工作,为拓展和深化新时期的协会工作提供了契机。在经济转轨和社会转型时期的协会组织,参与新经济组织党建工作,可以丰富和深化协会工作的内容,提高协会工作的层次,还可以进一步增强协会的凝聚力和向心力,寓党建工作于服务之中,使会员感到党对他们的切实关怀。这就要保证党对这支队伍的影响力、渗透力,就要求树立"大服务"意识,寓党建工作于协会各项工作之中,扩大服务工作的覆盖面,把它作为党的工作覆盖面的组成部分。

首先要加强协会自身党建。为适应不断发展的新经济组织党建的需要，个协、私协等各级新社会组织积极成立协会党组织。在此基础上，以新社会组织党建带动新经济组织的建党工作。例如上海市虹口区私营企业协会成立之时，就开始对会员单位的党员情况进行了解、摸底，然后组建了党总支，根据私营企业的不同情况，在私营企业中建立联合党支部、独立党支部或派党建工作联络员等；对原集体企业改制为私营企业的，保留或新建党组织。在工作上，要寓党建于协会日常服务工作之中，将党建工作向新经济组织渗透。并通过新社会组织党建带动了新经济组织党员的教育管理。

二是新社会组织党建与社区党建联动。上海市每一个街道、镇都有一定量未登记的群众自治性组织，据卢湾区统计，每个街道就有 70 至 365 个。这些组织量大面广，直接由社会团体管理局或行业协会管理是不可能的。社区、新社会组织党建是我们党建的新领域，党的组织资源缺乏，没有健全的组织网络和工作机制。而新社会组织业务主管单位党组织的人力、物力资源有限，难以适应量大面广的新社会组织党建工作。随着人们社会生活多元化，这类新社会组织还会越来越多。让这些新社会组织进社区，由社区党组织作为这些新社会组织的党建工作的直接责任主体，是一种最佳选择。

新社会组织活动的地缘性特点为其进入社区管理提供了可能。社区的实质是公共参与、人际交流，许多新社会组织本身就是在社区的人际交流中产生的。这些新社会组织有生活类新社会组织，如癌症俱乐部；有公益类新社会组织，如社区志愿者协会；有文体类新社会组织，如球迷协会等。这类新社会组织的活动空间相对固定，以某一社区为主；成员结构也有一定特点，且以社区居民为主体。对于这些具有突出地缘性特征的新社会组织，理应依托社区进行管理。

社区拥有多种资源优势，为新社会组织进入社区提供了便利。这些资源有：物质资源，如社区内教育单位为建设学习型社区提供教学场地；社会资源，如动员辖区内的机关、企事业单位提供技术、人才，为社区党建服务；政治资源，如社区内党、团员组成的志愿者开展为民服务，密切党群关系。同时，新社会组织在社区的良性发展又为社区党建提供服务。新社会组织本身就是一种组织资源，新社会组织党建进社区，既增加了社区的资源优势，又便于街道党工委总体规划，从协调发展、整体推进社区党建的角度，整合各类资源，更好地为社区建设服务。总之，新社会组织党建进社区，既充分利用了社区场地资源等多种资源优势，加强了新社会组织建设，又满足了群众文体娱乐的需求，推进了社区建设,形成社区党建和新社会组织党建良性互动的机制。

第三,在新社会组织中党的组织设置上的探索。

新社会组织是随着改革开放而大量涌现出来的,其人员构成、运转方式和所承担的社会职能都有其特殊性。因此,新社会组织党建工作与国有企业党建,社区党建乃至新经济组织党建工作都有一定的区别,其中组织创新就是一项重要的内容,这也是整个新社会组织党建工作的基础。

一是根据新社会组织的实际情况,采取灵活多样的形式建立新组织。如建立党支部、联合党支部、临时党支部、党总支、联合党总支、党委等。上海第一个社团党委——中共上海市工业经济联合会党委宣布成立,行业协会建立党委,这是行业协会建设和发展史上的一件大事。

二是多方参与,通过联络站做好党建工作。比如,上海市长宁区的华阳街道建立了社团党建联络站,在街道党工委的领导下,组织联系社区内社会团体和民办非企业单位及党员开展新社会组织党建活动,通过密切联系、交流情况达到优势互补、资源共享,促进新社会组织健康发展。联络站由街道的一名党政领导担任站长,社团中推选若干名负责人担任副站长,制定活动制度,街道给予经费的保证。在实际工作中华阳街道形成了社团党建的五个机制,即互动联系机制、信息网络机制、激励机制、预警监督机制、培育指导机制。

三是探索新社会组织党组织"上实下虚"新模式。对那些有分支机构、代表机构和团体法人会员的大型新社会组织(如各种联合会),在它们的总部、上层建立党组织,其属下的分支代表机构和团体会员则不是无论大小、一应俱全地建立党组织,而是视具体情况来决定开展建党工作的具体方式,在组织的形式设置上可以"稍虚"些,而工作方式和工作内容则力求灵活、扎实和有效。

四是因团制宜确定新社会组织党组织的挂靠方式。在已建的党组织中,其隶属关系也是多种形式,有隶属业务主管单位党组织的,比如上海市女律师联谊会是经市妇联党组批准设立;也有隶属挂靠单位党组织的,比如市政工程协会党委,是经市政工程局党组织批准设立;还有新社会组织党组织与有关业务主管单位的业务处室党支部联合在一起,比如上海市司法局有三个新社会组织就是这样。

当前推行的区域化大党建格局,对于新社会组织党建奠定了制度基础。

三、推进新社会组织党的建设的几个问题

改革开放以来积极的实践探索,新社会组织党建工作取得了一定的成就

和经验,增强了党对新社会组织的影响力和渗透力,起到了重要作用。但是也应看到,进一步开创新社会组织党建工作的新局面,推进党的基层组织体制和运作机制的创新,仍然在理论和实践中存在着若干需要深入思考的问题。

第一,关于党的组织覆盖面与党建工作渗透力。

在这个问题上要有观念的更新。不能从计划经济时期的意义上把握党的组织和工作的覆盖面和渗透力,把社会组织纳入到党组织的框架之上,形成同体同构的体系;在市场经济和全球化背景下出现的社会自组织的扩张,是政府与民众的重要中介,它取代了部分政府的功能,也取代了部分政党的功能。西方社会,社会自组织的发展甚至是所谓政党危机的重要因素。所以对于在新社会组织中的党建工作,不能追求同体同构体系,这是一个互动的关系。我国新社会组织发展刚刚开始,党组织应该支持这类组织的发展和孕育,并把这一工作作为党融入社会的重要契机。

新社会组织具有特殊的组织结构与行为方式,应注重适应新社会组织的性质、功能和条件,切实推进新社会组织党建工作。不能简单地把"党建"理解为都要"建党"。消除新社会组织党建工作的空白点,并不是说在任何新社会组织,不管其性质、差别、是否具备条件,一刀切地全部要求在统一时间内建立党组织。因为事实上并非所有新社会组织都可建立党组织的,比如,宗教团体和境外人员在我国设立的"自律性"、"公益性"社会组织就不能去建立党组织。同时,也并非所有的新社会组织都具备建立党组织的客观条件。实践中有些不管条件是否成熟,生拉硬套建立起了基层党组织,不能正常开展活动的也较多,因而不能有效发挥在社团中的战斗堡垒作用和保证监督作用。

扩大基层党建覆盖面包括党的工作覆盖面和党的组织覆盖面两个方面。应当说,在民间组织中建立党组织,即扩大党的组织覆盖面,是加强民间组织党建工作的基础性环节。但是,从加强民间组织党建的目的来说,提高党建工作的有效性,也就是切实提高党的工作在民间组织中的影响力与渗透力,才是更具根本性的问题。要灵活地探索党在新社会组织中的组织建设形式,更要着力于以多种方式增强党的工作渗透力。

第二,关于在新社会组织中党组织的功能定位。

要增强党在新社会组织中的工作渗透力,就要明确党的基层组织在对新社会组织进行工作中,要发挥怎样的功能。这些功能大体上有以下方面:

一是推动和支持新社会组织的发展。新社会组织发展是社会发展的内在要求,也是党建工作的物质基础和前提条件。目前上海新社会组织管理坚持三项基本原则:培育发展与管理监督并重;社会作用与政治把关并重;整体推进与分类指导并重。新社会组织中的基层党组织要把这些政策和原则贯彻到自己的工作中去。随着经济、政治体制改革和社会主义民主政治建设的进展,新社会组织的数量与种类将会越来越多,发挥的作用和产生的影响也将会越来越广泛。但是另一方面,现在很多新社会组织的组织结构、管理体制、决策程序、财务制度都不健全。因此,基层党组织需要发挥自身原则性强、政策熟、素质高的优势,帮助所在新社会组织完善内部管理,同时善于运用政策和党组织成员的核心、骨干作用,争取资源,服务、支持新社会组织及其成员开展适合自己宗旨和章程的各种活动及日常运作,促进新社会组织成员之间的联系和整合。发挥对新社会组织的服务、支持功能,是提高党组织的威信和感召力,从而凝聚新社会组织成员,增强党的影响力的基础性工程。

党组织还要充分利用自身的优势,主动地创建部分公益性的社会组织,这是推动新社会组织发展的重要动力,也是党联系群众、发挥影响力的重要方面。国外的一些政党很重视建立一些公益性的团体和基金会,把这些组织称为党的前沿组织,在扩大社会影响方面起到了很大的作用。并且也是应对"政党危机"的一个重要举措。

二是引导和监督新社会组织的方向。在社会生活中,新社会组织既有文化传播功能,也有政治载体功能。前者包括两层含义:一是各类新社会组织均有自己的宗旨和精神,并演绎成团体亚文化,对其成员形成潜移默化的影响;二是指这种亚文化处于社会主流文化的包围之中,并受其影响,新社会组织的活动因此而常常可以成为社会主流文化传播的载体,表现出主流文化的特征。后者则包含三层含义:一是新社会组织代表和维护成员的共同利益,因而往往成为民主制衡的一种力量,在民主参与网络中发挥着重要的作用;二是指新社会组织往往成为意识形态等政治观念传播的载体,易于受到政治势力控制,形成某种政治意图;三是合法的新社会组织发展必须与政府意志保持一致。新社会组织在社会、政治生活中的作用本身就具有两面性,党组织必须在政治上担负起监督、引导所在新社会组织发展方向的职能。这就要在新社会组织中宣传贯彻党的路线、方针、政策,发挥政治思想的导向作用。

三是传输和反馈社情民意信息。新社会组织是各类人群的集聚点、各种思想的交汇处,它为我们了解群众思想,认识群众利益,从而掌握社会思潮和各种行为动向,做好科学决策提供了极为难得的机会。发挥信息传输功能,主要是新社会组织中的党组织应充分发挥上情下达、下情上达的作用,既把党的主张传达下去，又把群众的意愿、要求反馈上来，特别要及时反映那些重大的倾向性问题。这具有特别重要的意义。

同时，也需要强调的是，党组织对新社会组织的工作，还要注意发挥预警的功能。因为社会自组织是因社会性的功能性需求而产生，主要代表和满足其成员或特定社会群体的共同需要，在现实民众参与的条件下，有削弱政府对社会控制的倾向。新社会组织中的党组织则着眼于承担政治任务，必须服从巩固党的执政地位，保证政权稳定的大局。因此当新社会组织发展适应社会经济发展的趋势时，党组织与其所在的新社会组织在目标上具有较为明显的一致性，反之，则必然发生分离。所以，新社会组织中的党组织要有预警功能，为上级组织遏制突发事件的发生发挥作用。

四是教育和管理新社会组织中的党员。一方面，新社会组织中的党组织要发挥好上述各种功能，新社会组织成员中的共产党员是主要依靠力量。另一方面，随着市场经济体制的成熟和经济社会的发展，人们的社会角色也变得多样化，新社会组织成员中的党员多是以业余身份参加，就需要新社会组织中的党组织协助他们组织关系所在的党组织对其进行教育和管理。

第三，创新新社会组织中党组织的工作方式。

从新社会组织的实际情况出发创新和改进基层党组织的工作方式，主要包括三个方面的内容：一是要处理好发挥党组织的政治核心作用与尊重新社会组织的独立性之间的关系。新社会组织其依法存在的根本依据，是为人们提供参与公共决策和社会发展的渠道，是为代表、综合和表达各个社会阶层的利益，这同时促进了人民群众维护自身利益、自我服务、自我管理意识和能力的提高。政府对新社会组织虽然行使行政管辖权，但后者与政府之间却并不是传统意义上的行政依附关系。发挥新社会组织对于社会发展的作用，需要适应社会进步的客观需求，尊重新社会组织的相对独立性。在改革开放的过程中，发挥党的政治核心作用与尊重民间组织的相对独立性，两者之间不仅不是对立的，而且本身就是统一的，是一个过程的两个方面。党的政策也应当借助于包括在社会机制中有自己独特地位和作用的新社会组织的整个系统加以落实和贯彻。

二是要创新和改进新社会组织中的党组织实现自身各项功能的方式与途径。遵循发挥党的政治核心作用与尊重民间组织独立性相统一的原则，要求党组织在工作中首先必须尊重民间组织独立开展工作的权力，支持它们真正成为特定群体的利益表达者。在建设社会主义法制国家的原则导向下，需要保持民间组织与党和政府在法律地位、社会地位上的平等关系。民间组织中的党组织在具体工作中，特别要注意克服将民间组织机关化、行政化的倾向。其中最为主要的是，党组织应该主要通过非权力性影响力来获得群众的信任与尊重。

三是要特别重视创新和改进新社会组织中的党组织发挥利益整合作用的方式与途径。一般来说，党的政治作用的有效性，需要以利益整合功能的充分发挥为基础。一是建立和完善整合群众利益的工作机制。民间组织中的党组织在整合群众利益方面不能简单地依靠行政命令，而需要采用加强协调、注重疏导等柔性化整合方式，从单纯依靠行政手段向综合运用法律手段、民主协商手段等多种方式转变，努力创造各种新的整合载体，满足群众的不同利益需求。二是把握政策导向，兼顾公平与效率，在依托政府资源和社会资源，关心和保障社会"弱势群体"利益的同时，也要加强对"强势群体"的关心和引导，增强党组织的影响力、吸引力和渗透力。

第四，发挥新社会组织中党员的先锋模范作用。

在新社会组织中，党员发挥先锋模范作用面临着新的环境条件：首先，新社会组织大都属于松散型的组织体系，成员的背景繁杂，相互之间联系渠道单一而且不紧密，缺乏相互制约，党组织对党员的约束力也比不上其他基层党组织的约束力强。其次，党员在社会经济活动中角色呈现多样化，比如在社会活动中，有的既是党组织中的一员，或是领导者，又是社团组织的成员，还是某个社区的居民，而传统组织体系遗留的影响也对新社会组织中党员的认识形成了严重制约，造成了党员"单位人"和"单位"党员的意识强，"社会人"和"社会党员"的意识差，缺少参与社会活动的机会，也缺乏在社会生活中发挥先锋模范作用的热情。再次，随着国际互联网的发展，网上社团的出现，大大改变了社团的组织结构、活动内容和运作方式，这对党员如何发挥先锋模范作用也提出了新考验。

在这样的环境之下，对党员的素质要求也更高。要努力提高党员的政治素质，必须使党员具有强烈的执政党党员的意识。计划体制下，单位功能全面化，单位党组织的目标就是确保各项建设指标的完成，为此强调发挥共产党员的模范带头作用。这种体制强化了党员的岗位意识，却掩盖了他们的政权意识。随着市场经济体制的确立，一部分党员的个人利益意识增强了，政治意识却进一步淡化了。实际上，社会体制的转型越是深入，社会组织的功能分化越是加强，就越是对共产党员的政治素质提出了更高的要求。社会分化带来了社会异质性的增加，竞争也就渗入到了多样化的生活方式和价值观念之中。因此，每个共产党员都应努力适应这一时代的要求，并清醒地意识到自己是执政党的一分子，对国家和社会担负着重要的责任；党员的先锋模范作用，不只是局限于职业范围内，新社会组织和社区是党员发挥作用的另一个舞台。在新的经济组织和新的社会组织中，党员更要提高自身素质，争做社会活动家，努力发挥凝聚群众的作用。

要提高党员的政治素质和政治活动能力，仍然需要体制的创新。体制创新的基本原则，一是属地化原则，二是民主化原则。新社会组织的基本特点是组织的开放性，联系的多向性，活动的业余性，以及领导机构的非行政性，体现出较高的自治度和自主性。仅靠"条"或"口"等一个维度往往难以覆盖，相比之下，地区却可以对其实现全方位的覆盖。在区域化大党建的格局下，推动党内基层民主建设，由此强化与新社会组织的互动性。由此实现党的十七届四中全会提出"以党的基层组织建设带动其他各类基层组织建设，活跃基层，打牢基础"的要求。

本章小结

要回应党的基层组织在社会转型中所面临的严峻挑战，解决党的基层组织建设中出现的突出问题，绝不能就事论事地寻求方案，必须要在战略的高度进行思考。明确功能定位，推进制度创新，实现"围绕中心、服务大局，拓宽领域、强化功能，扩大覆盖面，提高凝聚力和战斗力"的基本要求。

一、党的基层组织建设的功能定位

我们必须思考基层党建的功能定位问题，这是社会转型在实践中给我们提出的要求，并且，要解决基层党建中的诸多问题，也必须要在观念上进行更新。

作为政党而言，其基本的功能是政治功能，政党本身是民主政治的产物，是现代政治发展的基本载体。一般而言，现代政党的功能最重要的是两个方面：一是居于国家和社会的中间领域发挥功能，例如，呼吁社会需要和利益；二是在政府管理层面上的功能，例如，组建政府，在议会中组成议会党团。把这两个方面具体化，则可以概括为五项核心功能：一是中介功能：党派是一定利益群体的代表，将来自社会的特殊利益融入到政治体制之中；二是聚集功能：

均衡千差万别的利益和需要,协调一致,并表明党派自己的立场;三是维护稳定:在政治权力的博弈中,政党可以提供解决矛盾的协调机制,使国家内部矛盾能够和平解决,避免矛盾激化;四是选择功能:招募、培养和挑选政治精英,为政党的政治活动和国家的政治发展储备政治人才;五是行使权力:党派组建议会党团、政府,参与决策并领导政府工作。

在政党中各层级组织的功能又有所不同。一般而言,西方现代政党基层组织的一切工作,都是围绕竞选和选民而进行的。以招募党员为工作的中心——一般对党员的加入没有严格的要求、并且有的组织有集体党员,由此形成基本的选民的核心队伍,并扩展选民的支持群;基层组织还重视公益性和服务性的工作,有的还组织外围组织,以扩大对选民的影响,并争取选民的支持;基层党员和组织,还是沟通与选民联系的基本渠道,并把一定群体的利益诉求经过党员和基层组织的提案,影响党的上级组织的决策;党员和基层组织对选举上一层党的会议代表、推选上一级党的干部,尤其是相应地区议会和政府的候选人具有充分的权利。上述职能,表明了其功能是扩大组织,沟通联系,服务社会,争取选民,并提供政治参与的平台。

中国共产党作为政党组织,具有一般政党的功能。中国共产党的基层组织,也不再是在社会各级组织中与各级行政权力密切结合的权力中心,基层党组织的功能定位,也就是说要体现或复归政党在社会中的政治功能。然而,这又不是向西方政党的模仿和照搬。中国共产党是马克思主义政党,更主动地联系于人民群众,更直接地推动人民主权;中国共产党又具有宪法规定的领导国家和社会的长期执政的地位。

人民主权与党的领导具有一致性,对此必须要有深刻的认识。1956年,邓小平在党的八大所作的《关于修改党的章程的报告》中明确指出:"共产党——这是工人阶级和劳动人民中先进分子的集合体,它对于人民群众的伟大的领导作用,是不容怀疑的。但是,它之所以成为先进部队,它之所以能够领导人民群众,正因为,而且仅仅因为,它是人民群众的全心全意的服务者,它反映人民群众的利益和意志,并且努力帮助人民群众组织起来,为自己的利益和意志而斗争。确认这个关于党的观念,就是确认党没有超乎人民群众之上的权力,就是确认党没有向人民群众实行恩赐、包办、强迫命令的权力,就是确认党没有在人民群众头上称王称霸的权力。"[1]值得特别注意的是,邓小平所

---

① 《邓小平文选》第一卷,人民出版社1994年版,第218页。

说的"帮助人民群众组织起来，为自己的利益和意志而斗争"，这是什么意思呢？"帮助人民组织起来"可以理解为需要建立民主的制度安排，使人民可以争取自己的权利。这就意味着共产党的基本任务应该是推动人民主权和民主政治的发展，党的政治功能就是促进这一发展的过程。

这样，中国共产党的基层党组织主要应该具有以下功能。

第一，领导功能。

党的领导，包括政治领导、思想领导和组织领导。政治领导就是制定、宣传和组织实施纲领；思想领导就是通过思想政治工作，在理论和思想上的领导；组织领导的核心是党管干部，并通过党的组织系统，实现政治核心作用和党员的先锋模范作用。党在各级组织中发挥领导核心作用，必须按照总揽全局、协调各方的原则。

基层党组织的领导功能有着与政党整体功能的内在一致性。作为党的基层组织，必须贯彻党的意志、宣传党的方针、执行党的政策、引导和保证党的政治方向。但是，我们特别要注意的是，党的基层组织的领导功能和党的中央和地方组织的领导功能，在实现方式上有不同的职能。党领导的根本原则有五个方面：对国家大政方针和全局工作的政治领导；对军队和专政机器的绝对领导；党管干部；党对意识形态领域的领导；党领导的多党合作。在上述领域中的党的基层组织，都为党的领导原则的实现起基础性的作用。

基层党组织尤其是要在与人民群众的直接互动中，去实现党的领导。最基本的功能是服务群众，密切党群关系，使党真正成为人民群众的工具，使人民群众成为党执政的深厚基础。

第二，调控和协调利益的功能。

政党是政府与社会的中介。普通的政党，总是特定利益群体的代表，政党政治也就是利益协调政治。党的基层组织要服务于群众，而服务的核心是政治服务。中国共产党是中国最广大人民的根本利益和代表者，党的基层组织最重要的是要能够充分地反映各层次群众的利益诉求。这就要成为群众利益诉求的主渠道，倾听群众的利益诉求，要使党的组织系统成为沟通群众与政府关系的重要渠道，促使问题的解决，并起到利益协调的作用。党的基层组织还必须积极地投入和推进社会基层的民主和参与，这就要成为社会基层民主的领导和骨干力量，推动工、青、妇等群众组织和社会组织的发展和发育，并调控和协调这些组织的利益关系，促进基层社会的发展。党的基层组织还必须强化直接对社会的服务，这就要促进工作、促进发展、解决弱势群体的困难。

第三,发展党员,吸纳和培育社会精英的功能。

在竞选型政党中,吸纳党员是党组织的基本工作。中国共产党是两个先锋队的组织,对党员更有着先进性的要求。党的基层组织就是要增强阶级基础、扩大群众基础;就是要在群众工作的基础上,发展党员、吸纳精英、挑选干部、凝聚人才。党要创新、强化民主机制,使基层党组织成为为党、政府、社会集聚人才,输送干部的基础组织。

二、党的基层组织建设的制度创新

基层党建的战略选择,要从权力的中心,转换到调控和凝聚社会的中心。这就需要强化功能,拓展领域。增强基层组织的社会参与程度,以此提高社会动员的能力。这就必须通过制度创新来实现。

第一,基层党组织的设置原则。

基层党组织,传统的设置原则是作为政治权力核心,通过部门和单位层层建立。在社会主义市场经济条件下,特别在新的经济组织和新的社会组织中,其一,由于人员的频繁流动和组织的迅速变化,这一做法已遇到困难,因而产生了大量的空白点;其二,根据市场经济等相关法规,党的组织并没有被赋予权力的核心地位。所以,党在社区和两新组织中以及农村的基层组织建设,要遵循以属地化为基础、以法治为依据的原则。以此提高基层党组织的活力和能力,解决业已出现的党的基层组织成为新经济组织业主的附属物(如家族化或雇佣化)的现象。

上海基层党组织的组织体系已经突破了传统的"组织内组织"的单一模式,形成了能够覆盖多家"两新"组织的"组织间组织",如"楼寓党组织"等;建立了能够覆盖全市的"组织外组织",如"党员服务中心"等;实现了基层党组织设置的精细化,如将居民区党组织延伸至居民楼组党组织等;打破了基层党组织之间的分割状态,如机关企事业单位党组织与城乡基层党组织特别是两新组织党组织结对共建等。这些改革创新,有效地改变了以单位为主要单元、按照体制内垂直设置党组织的传统模式,为广泛吸纳分布在不同经济社会组织和处于流动状态的党员参与党的各项活动,构筑了一个包容性强、开放度高的组织体系。

构建区域化大党建的格局,是党组织功能的实现途径。我们需要在已有成果的基础上,继续保持与社会的良性互动,按照科学化、规范化和制度化的要求,将各类基层党组织构建成一个互联、互补、互动的组织网络和组织体系,实现各类基层党组织在组织资源上的横向贯通和优势互补,形成相对稳定与功能一致的结构模式,为强化其功能奠定组织基础。整合政治资源,以自身的组织和结构优势,有效地形成党对社会各层面的工作覆盖。

第二,基层党组织的工作方法与工作资源。

基层党组织工作的核心就是服务,要强化服务意识,上级组织要服务于下级组织,基层组织要服务于党员,要为基层组织和党员提供工作资源。基层党组织的工作资源,建立在处于领导地位的执政党的地位及其组织网络的基础之上,上级对下级、组织对党员、党员对群众的服务,所提供的核心资源就是政治资源,关怀弱势群体、反映各阶层的利益诉求、协调利益关系,增强基层组织在协调社会利益中的基础性作用;以服务求渗透,通过服务以凝聚党员、凝聚群众、凝聚社会;促使政府完善政策法规、保障社会的稳定与发展。

在社会转型的背景之下,党的基层组织所面对的已不是行政单位,而是城乡自治组织,社会自组织,具有极强的社会基层民主组织的特征;国有或非公经济组织,作为市场主体,市场经济特点是千百万个平等主体,实行平等的等价交换,是彼此自主交换的经济,这就决定了市场经济不仅是法制经济,也是民主经济。这就要求党的基层组织也应该是高度民主的,才能引领和影响这些组织,并形成良性互动。在十七大报告中,发展基层民主被单独作为发展社会主义民主政治的一部分加以论述,并首次把"基层群众自治制度"纳入了中国特色政治制度的范畴,强调"要健全基层党组织领导的充满活力的基层群众自治机制,扩大基层群众自治范围,完善民主管理制度"。十七大报告还把"社会组织"纳入了扩大基层民主的范围,强调要"发挥社会组织在扩大群众参与、反映群众诉求方面的积极作用,增强社会自治功能"。同时,把"探索扩大党内基层民主多种实现形式"作为推进基层党组织建设的重要内容。十七大报告提升基层民主在我国社会主义民主政治建设全局中的地位,不仅对整个社会的和谐发展有重要意义,而且对基层党组织更好地扎根于转型后的社会结构之中提供了充分的空间。

党的基层组织,一是要积极推动基层社会生活的"民主化"。民主与利益有关,而利益与生活事务密不可分。在基层,人们的政治需求更多地表现为与直接利益相关的"生活需求",而并非仅限于狭义政治性质的民主参与。因此,基层党组织要在社会利益主体多元化的格局下密切党群关系,就需要在推动不同群体利益表达、协调与整合的过程中,努力寻找适合公民目前兴趣和能力的多种生活事务的参与模式,发展协商性民主,协调不同的利益诉求。二是要在反映民众利益诉求中,积极推动基层党组织探索扩大党内基层民主多种实现形式,顺畅党内利益表达渠道,以获得党的上层组织的支持,并对公共权力产生影响,由此体现党的基层组织的政治优势,并激发党员的主体性,增强对组织的认同。三是积极鼓励和支持党员积极参与新社会组织的社会管理活动和在其他组织中的基层民主选举,以锻炼、提高其动员社会、组织社会、引导社会的能力;并以此拓展基层党组织的政治空间。如此,则不仅可以激活党员的政治潜能,调动党员参与党内活动的积极性、主动性和创造性,并在这个过程中体现先进性,而且可以使基层党组织在与党员、群众的互动中积累社会资本,促进社会的善治、民主、稳定及和谐。

党的基层组织在推动基层社会的自治和自社会组织发育中,要起到核心和示范作用。现代政党组织资源的分布和运用是与现代政治运行的方式大体一致的,主要由政策、信仰、制度等要素起主导性作用。党的基层组织要在广泛的社会领域的活动中,使自己的价值、理想和行为被社会成员不断认同,以建构新的结构资源和组织资源。党组织要善于通过群众组织和社会组织,扩大工作的范围、提高影响力,并且,除团组织外,还要努力建立公益性的外围组织,使这些组织成为党组织社会、整合社会、动员社会的重要的工作平台。

第三,党员凝聚力与基层干部队伍的建设。

党员凝聚力与党的基层干部队伍建设具有一致性。党的基层组织建设面临的最核心问题是党内出现了党员疏离化倾向和党的基层党务工作者的消极倾向。问题的结症是社会转型变化,党内体制仍然高度集中,党员、基层党务干部和党的基层组织本身,在党内还没有成为真正的主体,因此缺少自觉的执政意识;更严重的是会影响到党员对党的政治认同和价值认同,实质上也会直接影响了群众对党的认同。所以,需要通过党内民主的发展,尊重党员的主体性,才能增强党员的凝聚力,使党员在党内事务中增强主动性,在群众工作中体现先进性。党的基层干部才能感受到自己工作的价值。

党的基层干部的匮乏现象是随着基层党的组织,尤其在两新组织和社区中,从基层社会的权力中心的逐渐退出,而随之出现的,并成为制约基层党组织建设的重要原因。为解决这一问题,一些基层组织、街道党工委以及区委等不同层次,都进行过党的基层干部的社会招聘工作,党的工作干部市场化、职业化、社会化,向社会招聘,工资由非公企业发,人事由上级党委和企业双重管理,培训由上级党委负责。但招聘的干部,由于待遇等因素,从年龄和素质上,仍然难以担当党的基层干部所要承担的重任。要使党务工作者受人尊敬,使党务工作成为令人向往、贴近生活、富有成效的工作,也必须发展党内民主,从机制上进行创新。

党的基层组织是党员和基层党的干部政治参与的平台。它的重要功能是吸纳精英、提供干部。由于党的基层组织直接面对群众、面对社会,所以是培养党政后备干部主要基地,使之在群众和社会工作中锻炼政治活动能力。十七届四中全会提出,"建立来自基层一线党政领导干部培养选拔链",这是一个重要的观念。要通过民主的机制,增进党员、群众和社会对党的凝聚力,增进党的基层组织的活力,并为党员和基层党的干部的政治发展提供空间,从而为党组织增添新的活力。要抓好党建组织员、联络员的队伍建设,并形成具有活力和能力的基层党的骨干干部队伍,这支队伍要成为党的后备干部产生的主渠道,党的重要干部就是要从党的社会工作中涌现出来的;党的基层组织要为党员、干部提供政治参与的基本平台,努力完善基层党的代表会议制度,使基层的呼声成为党的决策的重要依据,并为基层党员、干部的发展提供通道。

三、基层党建的战略转变具有重大意义

全面建设小康社会的战略目标,需要中国共产党的有效领导。而中国共产党领导和推动的社会发展本身所带来的政治、经济和社会的深刻变化,又对党的建设提出了时代性的挑战,而挑战更是最直接的影响到党的基层组织建设,并大大突出了党的基层党建的战略地位。

第一,党的基层组织是党进行社会动员,有效地组织和整合社会、保持长期执政的基础。传统的高度一体化的单位制社会结构的式微,在政府对社会的直接控制相对减弱的状态下,国家维系与社会的联系并整合社会,使基层社会组织及基层民主有序地发展,需要党的基层组织的有效参与和领导来实现。政党作为政府与社会的中介,在政府退、社会进的发展趋势中,政党要进入社会,这种进入不是作为行政权力的进入,而是作为社会参与的核心力量的进入。由于中国共产党是宪法所规定的,具有领导地位的执政党,是中国政治资源的核心渠道。党的基层组织要协调社会利益关系、协调政府与社会的关系,并起到主导的作用。这种协调的根本方式,则在于扩大社会的民主参与,由此促进政治发展。

第二,党的基层组织的公共产品核心是政治服务,扩大党内的民主参与,也就是拓宽了群众利益诉求的渠道,以此为基础,提高与各类社会组织的契合性,有效地整合社会各阶层的利益、并凝聚社会。由此提高对民众的吸引力,扩大党组织的覆盖面,有助于吸纳优秀分子加入党的队伍、以增强党的阶级基础、扩大党的群众基础。

第三,要实现党组织有效的社会参与,实现整合社会、凝聚社会的目标,首先要增强党的基层组织活力、充实党的基层组织的工作资源。在现有制度框架下,通过上级党组织的支持是一个重要途径,但从根本上看,必须发展党的基层民主。发挥党员的主体性地位,增强执政意识,特别是要使党的基层干部能在党内的民主参与中拓展发展空间、体现自身的价值;通过民主参与,扩大党的基层组织的政治资源,以提高党的基层组织在社会参与中的核心竞争力。这里要特别强调的是,党员的主体性、党的基层干部的涌现、党的基层组织的活力及其合法性,都有赖于党的基层民主的发展。

第四,以党的基层民主促进社会参与的发展,以社会参与的发展提升党的基层民主的活力,通过实现有效互动,促进党内民主的发展。政党把社会中的利益诉求导入政治机构之中,并把政治运转起来。党的基层组织直接面对社会,是聚集社会利益的源头。随着社会利益多元格局的出现,基层社会的民主也在发展。党内民主和人民民主,在基层社会相互融通,人民的利益诉求和民主要求,是推动党内民主的重要动力。

第四章　提高党整合社会的能力

党内民主的生命意义，不仅是通过实现党员的主体性，激活党自身的活力，更本源的意义在于为密切党与群众的血肉联系创造了条件。党的基层组织的全部工作，也不仅仅是增强党员对党的凝聚力，更重要的是能够并且善于做好群众工作，服务群众。

在社会主义市场经济深入发展，在全球化信息化的条件下，社会结构发生了巨大的变化，最显著的就是出现了利益分层，利益矛盾成为社会的最基本矛盾。正是在这样的一个背景下，十六届四中全会提出了要不断提高构建社会主义和谐社会的能力的任务，十六届六中全会指出社会和谐是中国特色社会主义的本质属性，十七大把社会建设与经济建设、政治建设和文化建设并列，作为中国特色社会主义的基本建设。构建社会主义和谐社会目标的提出，具有深远的意义。表明了党执政意识的成熟，不仅深刻把握了当前中国社会发展的主要矛盾，而且体现了以人为本的科学发展观的理念，从精神物质的关系的层面进一步向人的主体性发展，使全面发展有了确切的含义，揭示了中国特色社会主义的核心特征。党的群众工作的基本内容，就是以构建社会主义和谐为目标，善于倾听人民群众的利益诉求，关心人民群众的疾苦，在民主法制、公平正义的原则下推动社会利益的整合。

第一节　党的群众工作所面临的新形势

胡锦涛在纪念中国共产党成立90周年的讲话中明确指出：中国共产党存在着脱离群众的危险。在长期执政的环境中，在市场经济的条件下，在全球化信息化的时代背景下，社会结构已发生了很大的变化，党的群众工作面临着挑战。

一、党的阶级基础、社会基础发生了重大变化

改革开放以来,中国在人口继续增加的同时,社会结构特别是阶级、阶层的变动十分明显,党执政的阶级和群众基础,已经出现了许多新情况、新变化和新挑战,值得我们认真研究和思考。

(一)阶级基础出现新情况。

中国工人阶级作为我国物质文明、政治文明、精神文明与和谐社会建设的主力军,在推动中国先进生产力发展和整个社会进步的过程中起着无可替代的重要作用,并始终是党执政的坚实阶级基础。改革开放特别是实行社会主义市场经济以来,中国工人阶级队伍的构成已经发生了很大变化。一方面,随着生产力的发展,不仅大量农民从土地上解放出来加入了工人阶级队伍,而且社会其他阶层、群体的人员也不断加入工人阶级队伍,使工人阶级在数量和质量上都有了很大增加与提高;另一方面,在改革开放和市场竞争激烈的时代,在实现社会各类资源特别是人力资源优化配置的过程中,传统的产业工人队伍也在迅速分化和重组。社会经济成分、组织形式、就业方式、利益关系和分配方式日益多样化局面的形成,必然引起工人阶级队伍内部结构上出现了新情况。

第一,农民工人数不断扩展。

现阶段,我国工人阶级内部结构变化最明显的表现,就是大量农民工加入了工人阶级队伍。历史上,中国农民从来就是中国工人阶级的主要来源。但建国后,在计划经济体制和严格的户籍管理制度下,绝大多数农民失去了加入工人阶级队伍的机会和渠道。改革开放以后,随着经济和政治体制改革的深入、所有制结构多样化局面的形成以及严格的户籍管理制度的松动,大批农民加入了工人阶级队伍。据统计,2000 年底,全国乡镇企业共有 2085 万家,从业人员达 12820 万人。他们中的一些人虽然还没有完全切断与土地的联系,仍具有"亦工亦农"的身份,但已有 4000 万基本完成了由农民向工人的职业转变。与此同时,农民工也从 20 世纪 80 年代的几百万人发展到 2006 年的 13181 多万人,占农村就业人数的 1/4,其中跨省流动的占 49.3%其中跨省流动就业的约为 6500 万人,在加工制造业、建筑业、采掘业及环卫、餐饮、家政等服务业中,已占从业人员半数以上。①

---

① 见《2009 年:中国社会形势分析与预测》,社会科学文献出版社 2009 年版,第 330 页。

农民工队伍的不断发展壮大,对党执政的阶级基础乃至整个中国社会的发展将带来重大而深远的影响。一方面,农民工队伍的发展,不仅为中国工人阶级队伍增添了大量新鲜血液,使党执政的阶级基础更加深厚与坚实,而且将加速我国由农业社会向工业社会的转变,加快我国社会现代化的实现;另一方面,随着大量农民工的加入,使得中国工人阶级队伍的自身建设,特别是整个队伍素质的提高和阶级基础的夯实等任务也日显艰巨。

第二,科技人员数量急剧增加。

随着科学技术在推动生产力发展中巨大作用的日益显现,科技人员不仅在我国工人阶级队伍中的数量急剧增加,而且已经成为推进中国先进生产力发展的最积极力量。这在我国民营科技企业的发展中表现的最为充分。二十多年来,中国的民营科技企业从无到有、从小到大,已成为我国发展高新技术产业的主力军之一。据统计,1992 年全国民营科技企业约 2.5 万多家,实现技工贸总收入 297 亿元,实现利润 33 亿元,上交税金 12 亿元;到 1999 年,全国民营科技企业已发展到 7.9 万多家,实现技工贸总收入 10456 亿元,实现利润 683 亿元,上交税金 559 亿元。中国的民营科技企业之所以取得如此大的发展,与其拥有大量科技人员直接相关。民营科技企业不仅大多由拥有科技成果的人员创办,而且从诞生那天起就靠人才和技术发展,其科技人员比例之大也是其他企业无法比拟的。据有关专家估计,"十五"末期中国的民营科技企业达到 16 万家,技工贸总收入达到 3 万亿元以上,在中国工业生产总产值中的比重达到 10% 左右,从业人员将超过 1000 万人,其中科技人员将达到 300 万[①]。

必须指出,目前我国科技人员的绝对数量虽然不大,但作为现代中国工人阶级的重要组成部分,其地位和作用不可低估。他们不仅是现代生产力发展的产物,代表了现代先进生产力发展的要求和方向,具有最旺盛的生命力,而且是促进现代生产力发展最重要的力量,是未来社会物质财富的最大创造者和贡献者,是新经济时代的"宠儿",谁拥有更多的高科技人员,谁就将在新世纪激烈的竞争和较量中立于不败之地。因此,对急剧增加的科技人员队伍,以及它在我国工人阶级队伍未来发展与党执政的阶级基础中所具有的特殊地位和作用,我们必须有正确的评价和充分的估计。

---

① 见《中国私营企业发展报告 No. 3(2001)》,社会科学文献出版社 2002 年版,第 65—83 页。

第三,传统工人比重出现下降。

与大机器生产相联系的传统产业工人作为我国工人阶级队伍的主体,历来处于人数最多、发展最快、评价最高的地位。但改革开放以来,我国传统工人在绝对规模扩大的同时,相对规模却在逐步缩小。据统计,1978—2000 年,在全国社会劳动者构成中,第一产业人数从 70.7% 下降到 50% ,第二产业从 17.6% 上升到 22.5% ,第三产业从 11.7% 上升到 27.5%[①]。而与此同时,生产工人、运输工人在全部从业人口中,1982 年为 15.99% ,1990 年下降为 15.16% ,1995 年更下降为 14.42%[②] ,其比重正逐渐下降。这在经济发达地区更为明显。以传统工人最集中的上海为例,1990 年还有国有工业企业 4517 个,1998 年底已经减少到 2842 个。与此相一致,职工人数也从 209.9 万人减为 101.1 万人。其中,纺织行业的产业工人已由原来的 55 万下降到 15 万,仪电行业的产业工人也由原来的 17 万下降到 6 万。早在 1999 年,上海第三产业在岗职工人数为 177.88 万人,第二产业则为 167.70 万人,已经超过了第二产业职工人数[③]。从 20 世纪 90 年代以来各地工业产业结构调整的情况看,我国传统工人的比重下降已是不争的事实。

应当指出,传统工人比重的下降,已经成为一些人怀疑甚至否定中国工人阶级先进性和坚持党的工人阶级阶级基础的理由和根据。虽然这种怀疑和否定不值一驳,但对党执政阶级基础构成上的这一新变化及其发展趋向,特别是如何与时俱进地重新认识和概括中国工人阶级的先进性和特点,理应引起我们的高度关注和重视。

第四,下岗工人成为新群体。

在目前党执政阶级基础构成的新变化中,下岗工人群体的出现也是我们不能不正视的又一个新情况新问题。在计划经济体制下,我国基本不存在下岗工人问题。但在市场经济条件下,工人的"终身制"被彻底打破,下岗工人不仅人数越来越多,而且已经成为工人阶级内部新的"弱势群体"。据统计,到 2001 年 6 月底,全国的下岗职工总数为 769 万,其中实现再就业的有 79 万人,再就业率刚刚达到 10%(1998 年为 50% ,1999 年下降为 42% ,2000 年再下降为 35%)。据预测,在未来几年内,全国新增劳动力将达 5000 万,而新增

①　见《当代中国社会阶层研究报告》,社会科学文献出版社 2002 年版,第 129 页。
②　见《当代中国社会阶层研究报告》,社会科学文献出版社 2002 年版,第 129 页。
③　见《党建通讯》2001 年第 8 期,第 3—4 页。

劳动岗位不可能全部吸纳这些劳动力。因此可以预见,未来不仅会有更多的下岗工人,而且将有更多的下岗工人离开再就业中心,加入失业者的行列①。

下岗工人新群体的出现,给党执政的阶级基础带来了特别严峻的新挑战。一方面,它使得我国工人阶级内部已经出现的利益群体多样化、利益结构复杂化、利益冲突明显化的程度进一步加深,从而极大增加了党对工人阶级队伍教育、引导、凝聚的难度;另一方面,它也使工人阶级内部的分化和矛盾进一步加剧,给工人阶级整体的团结以及整个队伍阶级意识、阶级认同感的提升带来了更严重阻碍。显然,这一新群体对整个工人阶级队伍自身建设以及党执政的阶级基础的巩固正在和将要产生的各种影响,也值得我们深入思考和研究。

(二)群众基础出现新变化。

新中国建立后,随着"三大改造"(党领导的对农业、手工业和资本主义工商业的社会主义改造)的完成,我国社会阶级、阶层逐步减少,主要由工人阶级、农民阶级和知识分子阶层("两阶级一阶层")构成,因此党执政的群众基础也相对简洁。随着改革开放的深化,特别是实行市场经济后,党执政的群众基础出现了复杂局面。

第一,私营企业主阶层发育壮大。

我国私营企业主阶层的发育壮大,始终与私营企业的迅猛发展高度一致。2007年全国私营企业为551.3万户,比上年增加53.2万户,增长10.7%。同时,私营企业主人数1396.5万人,比上年增加124.8万人,增长9.8%;雇工人数达到5856.6万人,比上年增加542.0万人,增长10.2%;注册资本总额达到93873.1亿元,比上年增加17844.6亿元,增长23.5%(见表1)。②

表1　全国私营企业发展情况(2003—2007年)

年份	2003	2004	2005	2006	2007
私营企业户数(万户)	300.6	365.1	430.1	498.1	551.3
私营企业主人数(万人)	772.8	948.6	1109.9	1271.7	1396.5
雇用工人数(万人)	3526.3	4068.6	4714.1	5314.6	5856.6
注册资本金总额(亿元)	35304.9	47936.0	61331.1	76028.5	93873.1

资料来源:国家工商总局。

---

① 见《2002年:中国社会形势分析与预测》,社会科学文献出版社2002年版,第8、16页。
② 引自《2009中国社会形势分析与预测》,社会科学文献出版社2009年版,第347页。

对于我国新出现的私营企业主阶层,从其存在的第一天起,争论就没有停止过。党的十五大明确了非公有制经济是社会主义市场经济的重要组成部分。党的十六大报告明确指出,私营企业主中的广大人员,通过诚实劳动和工作,通过合法经营。为发展社会主义社会的生产力和其他事业作出了贡献,他们和工人、农民、知识分子一样,也是中国特色社会主义的建设者。应该将他们纳入党执政的群众基础范围。

第二,个体工商户数量庞大。

1978 年改革开放以后,个体经济是最先受到鼓励并得到迅速发展的非公有制经济形式。三十多年来,随着个体经济的发展,无论是个体工商户还是从业人员的数量,都十分庞大(参见表 2)。20 世纪 90 年代后,其发展更加迅速。据统计,1994—2004 年,全国的个体工商户户数由 2187 万户发展到 2350 万户,10 年间增长 1.07 倍,年均增长率为 0.72%;从业人员由 3776 万人增加到 4587 万人,10 年间增长 1.21 倍,年均增长率为 1.96%;注册资金由 1319 亿元增加到 5058 亿元,10 年间增长 3.83 倍,年均增长率为 14.39%[①]。

表 2　各地区个体就业人数(2009 年底)　　　　单位:万

	个体户数	个体就业人数	城镇个体就业人数	乡村个体就业人数
全国	3197.4	6585.4	4244.5	2340.8
上海	33.3	40.8	27.0	13.8

资料来源:《中国统计年鉴 2010 年》,中国统计出版社 2010 年版。

个体工商户阶层作为改革开放后最先发展起来的新社会阶层,一方面他们中的绝大多数属于自食其力的劳动者,属于党执政的群众基础的重要组成部分,必须不断加强党组织在他们中间的工作;另一方面他们具有分布广、变动大、人员构成复杂、素质参差不齐、思想观念多样、组织程度差等特点,使得党在这一新阶层中的工作十分吃力,工作的有效性更显不足。

第三,白领阶层发展迅速。

据中组部、人事部和国家工商行政管理局联合开展的"非公有制企业管理人员及专业技术人员调查"显示,2000 年我国非公有制企业管理人员与专业技术人员总量已达 848.6 万人,占全国企业(包括国有企业、集体企业和非

---

① 参见《中国私营企业发展报告(2005)》,社会科学文献出版社 2005 年版,第 9 页。

公有制企业)管理人员及专业技术人员总数的36%。在848.6万非公有制企业管理人员与专业技术人员中,私营企业、港澳台及外商投资企业、其他企业各有541.3万人、210.9万人和96.4万人,分别占63.8%、24.8%和11.4%。私营企业管理人员及专业技术人员总量超过其他两种非公有制企业之合。[①]北京市非公有制企业人才状况调查也显示,2001年北京市非公有制企业人才总量为483182人,其中港澳台及外商投资企业60301人,私营企业261565人,联营企业161316人。港澳台及外商投资企业人才,占全市非公有制企业人才总量的12.5%,女性人才占全市非公有制企业人才总量的28.6%。[②] 上海市社会工作党委的调查还发现,到2003年末,上海民营科技企业专职科技人员约186695人,比上年新增24587人;专职科技人员占科技企业从业人数的41.2%。而民营企业平均每万人从业人员拥有专职科技人员4120人,是一般国有企业1591人的2.6倍,是一般集体所有制企业464人的8.9倍,是一般非公有制企业79人的52.2倍。这些数据一方面反映"白领"更多地集中在民营科技企业,另一方面也说明非公有制企业白领阶层的人员总数已达到相当规模。

第四,新社会组织人数众多。

在各种新经济组织及阶层不断发展和成长的同时,各类新社会组织及从业人员也在不断增长。特别是非政府组织及从业人员,发展尤为迅猛。20世纪90年代以后,我国非政府组织出现了增长高峰。到1997年,全国县级以上社团组织达18万多个,其中省级社团组织21404个,全国性社团组织1848个。20世纪90年代末到21世纪初,经历了整顿和清理,我国各类非政府组织的数量有增有减,但发展和活动更为活跃。截至2009年,全国在民政部门登记注册的民间社会组织达43.1万多个,比2005年增长11.1万多个,增幅为34.8%;其中社会团体增加近6.8万个,增幅为39.5%;民办非企业单位增加约4.3万个,增幅为29.0%;基金会增加868个,增幅为89.0%。[③] 根据《社会团体登记管理条例》规定,成立社会团体,应当有50个以上的个人会员或30个以上的单位会员;个人会员、单位会员混合组成的,会员总数不得少于50

① 非公有制企业人才调查课题组:《非公有制企业人才状况调查》,《中国人才》2002年第7期。

② 左小玲等:《北京市非公有制企业人才状况调查》,《中国人才》2004年第4期。

③ 中国社会科学院"社会形势分析与预测"课题组:《2010—2011年中国社会发展形势分析与预测》,《中国经贸导刊》2011年第3期。

个。由此推算，整个新社会组织的数量和成员更十分惊人。

二、出现了利益分化和利益矛盾

社会主义市场经济的发展，承认个人的具体利益和特殊利益，鼓励人们去追求自己的利益，以打破平均主义的束缚，"让一部分人、一部分地区先富起来"，有效地激发了社会活力。改革开放促进了经济社会发展，有效地增加了我国的国民收入、提高了人民的生活水平，有利于人民根本利益的实现和维护；同时，在改革开放的过程中，我国社会也出现了明显的利益分化，利益差距悬殊较大，而且呈现出进一步扩大的趋势，利益矛盾错综复杂。

（一）贫富分化严重、群体利益矛盾突出。

当前我国的贫富差距问题已经相当严重，从国际上用来综合考察居民内部收入分配差异状况的通用指标基尼系数来看，我国的贫富差距已经超出了合理的界限。国际上通常把 0.4 作为收入分配差距的"警戒线"，根据不同的测算方法，不同的学者得出的结果不尽相同，例如国家发展和改革委员会社会发展研究所所长杨宜勇指出，我国基尼系数从 2000 年开始就已经越过 0.4 的警戒线，并早在 2006 年就已达到了 0.49。[①] 根据世界银行的数据，我国 2005 年的基尼系数是 0.42。[②] 从居民收入水平来看，呈现出贫富分化的态势。世界银行统计数据认为，2005 年我国占总人口 10% 的最低收入者所占收入或消费的百分比份额是 2.4%，最高收入 10% 人群组所占的这个份额是 31.4%，也就是说社会中最富裕的那 10% 的人口占据着全社会 31.4% 的财富，他们的收入或消费份额是最低收入 10% 人群的 13 倍还要多。占总人口 20% 的最低收入人口占收入的份额仅为 5.7%，而总人口中的 20% 的最高收入人口占总收入的份额高达 47.8%。[③] 从改革开放到金融危机之前的 1979—2007 年，国内生产总值年均增长 9.8%，人均国内生产总值年均增长 8.6%，城镇居民人均可支配收入年均增长 7.2%，农村居民人均纯收入年均增长 7.1%。近若干年来，居民收入在国民收入中占的比重不断降低，劳动者收入相对于资本收入增长过缓。[④]

---

① 《发改委专家建议按家庭征个税更益于低收入者》，《新京报》2010 年 8 月 24 日。
② 数据来源：世界银行 WDI 数据库，转引自中国国家统计局网站。
③ 世界银行：《2009 年世界发展指标》，中国财政经济出版社 2009 年版，第 72 页。
④ 中国社会科学院"社会形势分析与预测"课题组：《2010—2011 年中国社会发展形势分析与预测》，《中国经贸导刊》2011 年第 3 期。

社会学者以四个利益群体的模式分析中国社会，即特殊获益者群体、普通获益者群体、利益相对受损群体和社会底层群体。[①] 所谓特殊获益者群体是指在改革开放中获益最大的人，如文体界的各种明星、经纪人，企业家、经理人等等，这部分人的收入明显地远远高出普通人；普通获益者群体，就是改革开放以来在经济以及各种社会资源方面获得了明显的利益的群体，这个群体涵盖的范围非常广泛，包括众多的职业和社会各个阶层，如工人、农民、普通的经营管理者、普通职员等等；利益相对受损群体就是在改革的现阶段利益受到损害的人，这里的利益受损并不是客观意义上的绝对受损，而是与特殊获益者群体和普通获益者群体相对而言的；社会底层群体是社会中获得利益最少，甚至利益受到损害的人，比如偏远贫困地区的农民、失地农民等等。[②] 由于实现自身利益的能力较弱以及社会向上流动机制欠缺等因素，利益相对受损群体与社会底层群体长期在社会利益格局中处于相对弱势地位，因此他们又可以被称作"弱势群体"。值得注意的是工人和农民成了弱势群体成员的主要来源。部分下岗工人生活非常困顿；城乡差距仍在继续扩大，贫困农民数目依然比较庞大；由于城市化和基础设施建设等原因，失地农民成为弱势群体的新来源，由此引发的利益矛盾异常尖锐；还有农民工，他们在城市里拿着最低的工资，做着最苦、最累的工作，不能得到相应的社会福利待遇。此外，流浪乞讨人员、残障人员、孤寡穷困老人等等人群也是社会中的弱势群体。弱势群体缺乏表达自身利益诉求的渠道和实现、维护自身利益的能力，很容易产生失落感和被剥夺感，经济承受能力和心理承受能力都比较脆弱，如果长期漠视弱势群体的生存状态，一旦有进一步激化社会矛盾的事件发生，很容易引发激烈的社会冲突。

（二）城乡差距显著、三农问题突出。

城乡差距是我国利益差距中重要方面。改革开放以来，农民的生产生活条件已经有了很大的改善，但不容否认的是，当前我国城乡差距拉大，因而农民、农业和农村这三大问题被统成为"三农"问题。城乡差距不仅仅是农村与城市的差距，它还包括农民与城市居民的差距、农业与工业的差距；事实上，这三个方面的差距都最终表现为城乡居民的生产生活条件的差距，例如城乡居

---

① 李强：《当前中国社会的四个利益群体》，《学术界》2003 年第 3 期。

② 见李培林等：《中国社会分层》，社会科学文献出版社 2004 年版；中国战略与管理研究会社会结构转型课题组：《中国社会结构转型的中国近期趋势与隐患》，《战略与管理》1998 年第 5 期。

民的贫富差距和公共产品供给差距等等民生问题上的差距。

第一,城乡居民收入差距大、贫富分化明显。

根据国家统计局的数据,从 2002 年到 2010 年之间,城乡家庭恩格尔系数整体上呈下降趋势,从 2000 年开始我国整体上达到了小康水平,但是农村家庭的恩格尔系数始终高于城镇家庭的恩格尔系数,城乡生活水平存在一定的差距;2002 年城镇的人均收入就已经达到了农村居民收入的 3 倍以上,城乡居民人均收入的绝对差超过了 5000 元;城乡居民人均收入的绝对差持续加大,而且这个加大的幅度也整体上呈现逐年上升的趋势;城乡居民人均收入的相对差虽然不是逐年持续加大,但整体上也呈上升趋势,2007 年达到了 3.33:1,虽然 2008 年相对差略有下降,但城镇居民人均收入也足足是农村居民人均收入的 3.31 倍。(如表 3 所示)①

表3 全国城乡居民收入和消费状况

年份	城镇居民人均可支配收入(元)	农村居民人均纯收入(元)	绝对差(元)	相对差(倍)	城镇居民家庭恩格尔系数	农村居民家庭恩格尔系数	城乡家庭恩格尔系数之差(农村—城镇)
2002	7702.8	2475.6	5227.2	3.11	37.7	46.2	8.5
2003	8472.2	2622.2	5850.0	3.23	37.1	45.6	8.5
2004	9421.6	2936.4	6485.2	3.21	37.7	47.2	9.5
2005	10493.0	3254.9	7238.1	3.22	36.7	45.5	8.8
2006	11759.5	3587.0	8172.5	3.28	35.8	43.0	7.2
2007	13785.8	4140.4	9645.4	3.33	36.3	43.1	6.8
2008	15780.8	4760.6	11020.2	3.31	37.9	43.7	5.8
2009	17175.0	5153.0	12022.0	3.33	36.5	41.0	3.5
2010	19109.0	5919.0	13190.0	3.23	35.7	41.1	5.4

第二,城乡公共产品供给不均衡、城乡公共服务差距显著。

改革开放以来,我国推行了一系列旨在促进城乡协调发展的举措,但是城乡二元结构依然实际存在。不仅资金、技术和人才等生产要素向城市聚集,社

① 2002—2008 年数据来源:《中国统计年鉴 2009》,中国统计出版社 2009 年版;2009—2010 年数据来源:中华人民共和国国家统计局:《中华人民共和国 2010 年国民经济和社会发展统计公报》,http://www.stats.gov.cn/tjgb/ndtjgb/qgndtjgb/t,20110228_402705692.html,2011 年 2 月 28 日。

会公共产品供给依然向城市倾斜,城乡之间在基础设施、教育、医疗卫生、社会保障等方面的差距越来越大。

就社会保障制度而言,城市社会保障体系相对比较健全,与此对比明显的是,农村社会保障体系覆盖面非常有限,为数众多的农民被排除在社会保障体系之外。以养老保险为例,城镇基本养老保险制度正在逐渐完善,而农村的养老保险制度尚未全面惠及所有农民。根据《2009 年度人力资源和社会保障事业发展统计公报》的数据,2009 年末,全国参加城镇基本养老保险人数为23550 万人,参加农村养老保险人数仅为 8691 万人,前者足足是后者的 2.7倍,如果再考虑到农村人口至少占全国总人口的六成,也就是说农村人口数是城镇人口数的 1.5 倍以上,那么我国养老保险在农村的覆盖面就更显得狭窄了。2009 年年末基本养老保险基金累计结存 12526 亿元,这个数据是同年年末农村养老保险基金累计结存的 18.4 倍,同年农村养老保险基金累计结存仅为 681 亿元。2009 年全年城镇基本养老保险基金总收入 11491 亿元,其中各级财政补贴基本养老保险基金 1646 亿元,而农村养老保险主要是农民自己缴费,实际上是靠农民自我储蓄的方式来养老,国家财政并不给予补贴。① 虽然国家提出了新型农村社会养老保险的设想,新农保中的基础养老金部分由国家财政保证支付,但是新农保尚处在试点阶段,2009 年有 27 个省、自治区的320 个县(市、区、旗)和 4 个直辖市部分区县列入首批新型农村社会养老保险试点,根据国家的规划,所有农民都享有新农保要到 2020 年才能实现。

(三)区域发展不平衡、地区差距明显。

由于自然地理因素、社会历史因素和政策制度因素等多种因素的复合作用,我国区域之间发展不均衡,地区与地区之间的差距已经比较明显;根据经济社会发展水平的不同,依次可以划分为东部、中部与西部三个地区。我国地区之间的差距集中体现在中西部地区与东部地区之间的差距。根据《中国统计年鉴 2009》的一份按区域的国民经济和社会发展主要指标的统计数据显示,三大地区不仅在经济发展水平上存在差距,而且在科教文卫等社会事业上差距悬殊。2008 年东部地区国内(地区)生产总值占到了全国的一半以上,中西部地区加起来才占到全国的 37.1%,东部地区人均国内(地区)生产总值是中部地区的 2.1 倍,是西部地区的 2.3 倍。东部地区的三大产业普遍比中西

---

① 中华人民共和国人力资源社会保障部:《2009 年度人力资源和社会保障事业发展统计公报》。http://w1.mohrss.gov.cn/gb/zwxx/2010—05/21/content_382330.html。

部地区发达,其中在第三产业上的差距最大,东部地区的第三产业国内生产总值是中部地区的 3.38 倍,是西部地区的 3.49 倍。

(四)行业差距、单位差距突出。

当前我国有些行业间的差距过于悬殊,而且差距拉大的速度很快,超出了合理的范畴,影响了社会公平,引起了群众的不满和社会各界的广泛关注。据人力资源和社会保障部统计,2002—2008 年间,国有单位职工平均工资一直高于全国平均水平。与所有制单位间的收入差距相比,行业间收入差距更加显著,其中国有垄断行业的职工收入最高,单纯从工资收入来看,电力、电信、金融、烟草等垄断行业的职工平均工资是其他行业职工的 2 倍多,而且垄断行业的职工福利待遇比较好,还有部分灰色收入等等,加上这些收入,实际差距可能会更大。2008 年电信业职工平均工资是 54906 元,而农林牧渔业职工平均工资是 12560 元,前者是后者的 4.37 倍,虽然比 2003 年的 4.49 倍相比有所缩小,但不容忽视的是这两个行业职工平均工资的绝对差距是持续增长的。(如表 4 所示)此外,国家机关政党机关的职工工资水平也并不突出,但是其福利待遇等隐性收入是比较优厚的,近几年来,公务员日益成为非常"吃香"的职业,在公务员考录中甚至出现了几千个人竞争一个职位的现象,公务员这一职业的受追捧程度可见一斑。

三、面临的严峻挑战

我们必须正视党在社会层面面临着的严峻挑战。我国的改革开放到了关键时期,而中国的社会转型又有着自己的特殊性,以利益分化为最基本的社会分化出现了贫富差距过大的现象,已经开始显现出对中国社会发展的制约,并对党在社会中的凝聚力产生了严重的影响。

(一)中国的社会分化的影响。

中国的社会转型,使中国的社会分层结构,处于一种复杂的结构化过程之中。快速的经济增长和工业化,带来了劳动分工的细化,从而出现了许多新的社会阶层;与此同时,由于正处于经济体制的大变动阶段,各种经济成分比重变动很大,新的社会分层秩序尚未确立,很多社会阶层都具有过渡性特征,所以阶层意识的变化也很大。而且,中国发展的地域之间、城乡之间差异十分突出,农业社会、工业化社会和后工业化社会的分层特征同时并存。这使得中国社会转型进程中的非平衡状态十分突出。中国社会转型中的城乡分离、结构转型与体制改革同步进行,以及人口超载和人均资源相对匮乏等特点,使转型中出现的利益冲突、结构冲突和观念等冲突更加复杂,社会整合的难度大大增加。

表4 分行业职工平均工资 单位(元)

行业\平均工资\年份	2003	2004	2005	2006	2007	2008
农林牧渔业	6884	7497	8207	9269	10847	12560
采矿业	13627	16774	20449	24125	28185	34233
制造业	12671	14251	15934	18225	21144	24404
电力、燃气及水的生产和供应业	18574	21543	24750	28424	33470	38515
建筑业	11328	12578	14112	16164	18482	21223
交通运输、仓储和邮政业	15753	18071	20911	24111	27903	32041
信息传输、计算机服务和软件业	30897	33449	38799	43435	47700	54906
批发和零售业	10894	13012	15256	17796	21074	25818
住宿和餐饮业	11198	12618	13876	15236	17046	19321
金融业	20780	24299	29229	35495	44011	53897
房地产业	17085	18467	20253	22238	26085	30118
租赁和商务服务业	17020	18723	21233	24510	27807	32915
科学研究、技术服务和地质勘查业	20442	23351	27155	31644	38432	45512
水利、环境和公共设施管理业	11774	12884	14322	15630	18383	21103
居民服务和其他服务业	12665	13680	15747	18030	20370	22858
教育	14189	16085	18259	20918	25908	29831
卫生、社会保障和社会福利业	16185	18386	20808	23590	27892	32185
文化体育和娱乐业	17098	20522	22670	25847	30430	34158
公共管理和社会组织	15355	17372	20234	22546	27731	32296
合计	13969	15920	18200	20856	24721	28898

资料来源:中国劳动统计年鉴2009①。

利益分化是深层的结构性分化,并规定着社会演进的趋势。社会分化产生的许多利益群体和阶层,随着市场经济的深入发展,不同社会群体和阶层的利益意识会不断被唤醒和强化,对利益的追求会成为人们社会行为的一种强大动力,而利益的分化实际上也是利益格局重新调整的过程,这必然会在不同

---

① 数据来源:《中国劳动统计年鉴2009》,中国统计出版社2009年版。

利益主体间产生广泛的矛盾和冲突。世界上一些国家市场经济发展的经验表明,在人均 GDP 从 1000 美元到 3000 美元的阶段,社会经济结构剧烈变化,利益矛盾不断增加,社会稳定问题非常突出。中国的社会发展正处于这一阶段,对此必须要有清醒的认识。

近十年变化的突出趋势是,拥有经济资本、人力资本和权力资本的人,经济地位明显上升,而没有这三种资本的社会群体的经济地位相对下降或停留在最底层。利益分化过度以及由此带来的贫富差距扩大问题已经引起人们的普遍关注。应该说,上述问题的尖锐化,是中国发展过程中的问题,其中也包括党的各级组织在探索过程中的政策失误。

(二)社会不同阶层与群体的行为无序。

社会分化过度的现实,造成了社会不同阶层与群体的行为无序,成为中国社会必须关注的问题。这些问题,严重地制约着中国社会的发展,并严重地影响了党执政的阶级和社会基础。

最突出的例如有以下方面:

第一,一些官员的腐败行为。高发展和制度建设的滞后,使官员的权力空间增大,以权谋私的核心则是权力寻租。这一问题之所以是中国社会最严重的问题,其一最典型地反映了社会控制力的下降,表现了党执政功能的障碍;其二对整个社会的影响特别重大。党深刻地认识到党员干部的作风问题和腐败现象问题,并认为这是作为制约党的执政能力的重要因素。

第二,社会弱势群体的过激行为。社会弱势群体,他们在改革中深切地感到相对的利益受损,有着强烈的被剥夺感,而利益诉求渠道又不畅,因而产生了越来越强的不满情绪,这种不满情绪会造成群体性的过激行为。

近年比较突出有由于征地、拆迁带来的安置、就业、补偿等问题,这类问题占社会矛盾总数的 45% 左右。有劳动争议案件,以每年 30% 的速度增加,其中劳动报酬、工伤待遇、社会保险和经济补偿占这类问题的 80% 左右。为了维护自己的合法权益,各利益主体会通过各种方式联合起来,形成群体性的维权与抗争。

新生代农民工维权也成为一个十分突出的现象。新生代农民工,大致指"80 后"流动农民工,现已成为农民工的主力。与以往农民工不同,新生代农民工文化程度更高,对融入城市的愿望更强,因贫富差距所产生的生存权利被剥夺感和心理不平衡感也更强烈。2010 年的劳资纠纷和劳工权益事件的主体是农民工,准确地说,是新生代农民工,他们比父辈有更强的权益保护意识。

以他们为主体,2010年在沿海一些外资企业发起罢工,让媒体和网络惊呼中国廉价劳动力、低人权保障的经济模式面临拐点。

第三,社会大众的失范行为。社会竞争的强化,人们对自己未来的处境难有十分确定的把握,造成了现代人的无根性、失落感和社会焦虑现象,由此引发全社会的急功近利的社会行为与心理;人与人之间产生一种隔膜感、孤独感和无助感;集体无意识行为增加,社会成员集体性的责任感丧失等等。尤其是在现实中存在着利益分配失衡、弱势群体失语、权力运动失范的现实,这些信息又被大大扩大,又严重地影响着社会心理。社会控制弱化,越轨和犯罪行为增多,犯罪率、自杀率、离婚率、精神病发病率等指标迅速增长,社会成员安全感下降。

例如,近年来极易出现泄愤性冲突,导致群体事件增多。所谓"泄愤性冲突",用社会学的术语称之为"社会泄愤事件"。与以维权抗争、社会纠纷、有组织犯罪为特征的群体性事件有所不同,参与群体与诱发事件无直接相关性是社会泄愤事件的明显标志。换言之,诱发事件发生时,参与者多为"直接利益相关者",但对事件发展起决定性、扩大及升级作用的却是非直接利益相关者。应当说,社会泄愤事件频发与社会转型期复杂的社会情绪直接相关,是社会矛盾不断深化、利益矛盾复杂多变的危险信号。

第四,网络的集聚和扩散效应。截至2010年6月30日,中国的网民达4.2亿人,互联网普及率达到31.8%,继续超过世界平均水平。微博客、网络社群、某个突发事件在网上刚一曝光,即可迅速引爆全国舆论,把地区性、局部性和带有某种偶然性的问题,变成全民"围观"的公共话题,甚至变成需要中央政府出手干预的公共事件。很多突发事件只要涉及官员、警察、城管、司法、央企、富人、下岗工人、小商贩、农民工、房价、物价等敏感因素,很容易引发铺天盖地的舆论声浪。在2010年,在二十大热点事件中,帖子超过5万条的热点事件有13项,其中发帖超过10万条的事件有7项,超过100万条的有2项。这些热点事件主要涉及公民权利保护、公共权力监督、公共秩序维护、公共道德伸张等一系列重大社会问题,体现了中国网民积极的社会参与意识。①

党的基层组织在群众工作中要面对这些新的课题和新的挑战。

---

① 《2011中国社会形势分析与预测》,社会科学文献出版社2010年版,第366页。

第二节 发扬民主作风,加强对基层群众服务

党的基层组织在改革开放以后,与原有的与行政高度一体的体制、注重单位内部事务向与行政权力分离面向社会转变,工作内容开始直接面向社会、面向群众。如何在市场经济条件下,主要不是依靠行政资源来做好群众工作,这个问题就直接摆在了各级基层组织面前。

一、开展凝聚力工程

1984 年,随着城市经济体制改革的展开,下岗、失业人员也在增多。在上海市等城市,就突出表现为街道内部矛盾的堆积。1990 年夏天,上海市长宁区华阳街道党委书记陈建兴带领干部走访几户特困户,受到了震撼。他们把有的老人晚年生活贫困无依靠、受疾病折磨等情景的录像,放给机关和居委会干部看,引起了大家的关注。街道党委作出决定,要求街道干部在全街道开展"串百家门,知百家情,解百家难,暖百家心"的大规模的走访活动。深入走访特困老人家庭,重病、重残、重瘫痪、动迁家庭,老党员、老先进、老劳模家庭等等。每次走访后,都进行汇总归类,制定扶贫帮困措施,并抓好落实。

华阳街道党委认为:不关心人就无从凝聚人。要把"牢记宗旨、体察民情、排忧解难、凝聚民心"作为工作目标,因此,这项工作就称为"凝聚力工程"。通过三年来的工作,密切了党群关系,取得了显著的成绩。

中共上海市委十分重视在改革开放条件下,城市党的工作所面临的新情况和基层党组织的新探索。1993 年底,在时任中共上海市委书记吴邦国领导下,市委组织三十多个专题调研组,三千多人次,花了近三个月时间,深入基层党组织开展大规模调查研究,逐步形成了改进和加强基层党组织建设的新的工作思路和机制,华阳街道经验引起了市委的重视。市委常委、组织部长罗世谦在 1994 年 1 月 12 日召开的上海市组织部长会议上所作的报告指出"市委组织部将加强对这一探索实践的指导",并正式提出了建设凝聚力工程的口号,宣布在全市进行凝聚力工程试点。华阳街道、正广和汽水厂等 20 个单位进入试点行列。这样,"凝聚力工程"就成为基层党组织建设和群众工作的总抓手,在全市展开。

1994 年 1 月,全市"凝聚力工程"试点开始后,到 8 月 10 日,中共上海市委组织部又发出了《关于学习和推广"华阳经验",进一步搞好"凝聚力工程"

试点工作的通知》。《通知》特别指出,就是要在社会主义市场经济的新形势下,建立基层党组织关心群众的工作机制。首先要建立和完善"了解人"的工作制度,即通过健全家访、谈心、干部接待群众、党群关系箱等各种制度,主动、准确、及时地掌握不同层次的群众的情绪、愿望和要求;在此基础上,建立和完善"关心人"的制度,为群众办实事,解决呼声强烈的共性问题、不同人的个性问题以及与群众利益密切相关的突发性问题,从而增强党对群众的凝聚力。

1994年4月17日,上海《解放日报》刊登了题为《春风丽日暖华阳》的通讯,并同时发表了题为《了解人 关心人 凝聚人》的评论员文章,6月,市委组织部长篇调查报告《一切为了群众,为了群众的一切——华阳街道党工委建设凝聚力工程的实践与思考》在解放日报全文刊登。调查报告总结了"华阳"三条基本经验:为民解难、为党分忧的强烈政治责任感;领导做给群众看,一级带一级干;关心群众制度化、经常化。这一经验回答了在改革开放的条件下,当时基层党组织面临的"做什么"和"怎么做"共性问题,即:主要做思想政治工作,并要从关心群众做起。

所谓"凝聚力",这是执政党的关键问题。党的群众工作是党的宗旨的内在要求,在执政条件下,又是党巩固执政基础根本,也就是我们执政的政治合法性问题。"凝聚力工程"的提出,体现了党的基层组织强烈的忧患意识和执政意识。

"凝聚力工程"又体现了以人为本、以民为本的理念。"凝聚力工程"的主要内容是"了解人,关心人,凝聚人",核心是"关心人"。它主要是应对在随着改革开放,单位人向社区人的转变,特别是以下岗职工为主的群体在社区中的出现,社区中群众工作的重要性凸显出来。而原来的主要依赖行政与单位管理的路径已不够畅通,群众工作就要求采用群众工作的方法,这就要求从管理向服务的转变。

"凝聚力工程",工作重点是弱势群体。关心弱势群体,是党的群众工作的基础。在改革开放之初,弱势群体是党的群众工作的主要对象;随着社会主义市场经济的发展,党的群众工作的对象不断扩展,但是,弱势群体始终是党的群众工作的基础,这关系到党的阶级基础,也是社会整合中公平正义的最基本的体现。

"凝聚力工程"的初期推动,主要的工作方式是各级干部通过访贫问苦,送温暖。也就是说,主要是通过党的干部作风建设来实现的,对群众的服务,主要是最急需的经济物质层面。

"凝聚力工程"在全国都有深远的影响力。上海市在十多年的实践中推动着"凝聚力工程"的深入发展。华阳街道也把"凝聚力工程"与社区党建的制度创新结合进来,与社会管理体制创新结合起来,并且重视网络的作用。"网进百家门、网知百家情、网暖百家心、网解百家难","身边事网上办、身边难网上解、身边苦网上诉、身边情网上叙、身边理网上议",推进了"凝聚力工程"的建设,推动了民众的社会参与,起到了很好的效果。

加强党的干部作风建设,以弱势群体为重点,深入一线听取群众的诉求,解决群众的问题,始终是党的群众工作的最基本的要求。特别在社会利益矛盾日益突出的历史阶段,更要不断加强党的干部作风建设。上海市党的各级基层组织,不懈地加强作风建设,不断创新,做好群众工作。

二、"一线工作法"

中共上海市杨浦区委于 2005 年 1 月,推出了"一线工作法"。"一线",即人民群众集聚的社区,党的各级组织和党员干部、区属各部门各单位,都必须在社区平台上找到直接联系和服务群众的着力点;"工作法",就是制度,规定全区 300 多名处级以上实职领导必须带领 700 多名科级干部走出机关,深入307 个居民区,与社区群众面对面、零距离交流,了解社情民意,关心群众疾苦,宣传党的政策,通过解决居民急难愁等实际问题来服务群众。

杨浦是传统的工业区和老城区,产业结构调整、城区建设开发引发的矛盾和问题在杨浦集中显现出来,国有企业从当初的 1200 多家锐减到 200 多家,产业职工从 60 万人锐减到 6 万人,困难群众多、民生压力大。杨浦无就业、无稳定收入人员 17 万,占全区劳动人口的 1/4;各类社会救助对象列上海中心城区第一;二级以下旧里占全市总量的 1/4,集聚着大量矛盾问题和民生诉求,如果不能沉入一线解决这一个个具体问题,不能使改革发展成果惠及困难群众,杨浦建设发展的大好局面就会难以为继。

针对这一实际,中共杨浦区委着眼于在一线服务群众,于 2005 年先进性教育活动期间推出了"一线工作法",核心是"走进基层、服务群众、密切党群关系",基本内容是:"知民情,情况在一线了解;解民忧,问题在一线解决;暖民心,感情在一线交融;听民意,干部在一线考评"。

中共杨浦区委以领导干部转变工作作风,联系服务群众为重点,建立健全了"三项机制"。一是全方位了解群众诉求把握民情的机制:"面对面"——定人定时。全区千余名机关干部(其中局级干部 20 多人,处级干部 300 多人,科级干部600多人）每月深入到全区300多个居民区，做到"三定"、"三公示"、"三畅通"。"键对键"——即时互动。开通了"书记·百姓网上通"、"区委书记邮箱"、"区长在线"等网络载体。全方位地听取群众呼声。"结对子"——全员覆盖。深入开展"双结对"、"双千"活动，机关、企事业党支部共与858个基层党支部、3218名困难群众结对，全体机关干部共与5624名困难群众结对助困助学。二是自下而上协调协同解决群众"三最"问题的机制：发挥居民区关口前移、化解矛盾的基础作用。发挥条块党组织协调协同、互帮互助的作用。发挥区级层面统筹协调、整合资源的作用。三是年度目标考核与群众满意度测评相结合的机制：区委"一线工作法"领导小组及办公室加强对此项工作的组织领导和日常管理；领导小组办公室每月一次汇总梳理问题，协调各方推进解决；年底通过逐项量化方式组织社区干部、群众开展"满意度"测评。

　　"一线工作法"的实施，使党组织及时了解群众反映的诉求，并通过整合资源切实解决各类问题，提高了群众对党组织的认同感和满意度。我们按照规定对领导干部定点联系的居委会两年一次进行调整，结果很多群众来信强烈挽留原来联系的领导，很多群众在领导调整到其他居委会时自发前来座谈话别、依依不舍。此外，领导干部中人大代表的选区与联系点对应，结果在人大代表选举中都高票当选；在今年全区居民区党组织集中换届选举中，进行选举的275个居民区党组织也全部顺利选举产生新一届领导班子。

三、"走千听万"主题活动

　　从2010年2月开始，中共上海市浦东新区区委全面开展"走千个居村、听万户心声"活动。把机关干部结对联系与"两代表"走访基层紧密结合起来。建立区级班子成员定点联系街镇的制度，组织区级机关部门与38个街镇结对共建、956名处以上干部与1123个居村委结对联系。把全区685名党代表、540名人大代表一道纳入联系网络，和基层群众面对面，拉家常、听意见、破难题、议发展，在走出一份真感情、走出一套新制度、走出一批好政策的同时，真正把群众工作做到了实处。

　　"走千听万"工作是机关干部联系群众的制度化安排，重在解决机关干部"不接地气"的问题，在实践中加强和改进干部作风；同时，"走千听万"工作也是群众观点、群众路线在浦东的具体探索和创新，这项工作重在实效，对群众

"急、难、愁、盼"问题要力争当场回应、现场解决,对于一时难以解决的问题也要做好解释说明工作,从而进一步密切党群干群关系。

2010 年,中共浦东区委制定下发"1 + 5"文件,即活动实施意见和结对联系安排、各方工作职责、流转操作细则、问题处置流程和群众满意度评议办法等 5 项基本制度,突出联系走访、问题处置和宣传反馈 3 个重点环节,明确收集问题、上报问题、分派问题等 14 个工作步骤,保证"走千听万"活动持续开展,促进群众工作制度化运行。

在"走千听万"工作中收集到的大量问题,既有许多个性问题,也有不少共性问题,对此浦东坚持个别问题的解决与"集中研究、政策破题、批量解决"相结合,从而使政策效应扩大到更多百姓。2011 年,针对问题中"难啃的硬骨头",新区还建立"难题会诊"机制,由分管领导牵头,通过多部门联动破题,确保"走千听万"继续取得实效。如 2010 年针对走访中基层反映较多的农民工子女"入园难"问题,浦东新区教育局专门制定了《专收农民工同住子女幼儿园的设园标准》等,为 4.6 万农民工同住子女入园就读疏通了渠道。

为保证"走千听万"活动的常态化,浦东新区在政务网中设计了一个平台,汇集"走千听万"中收集来的民生问题,每个问题的具体承办单位、办理情况等信息皆一览无余。平台还专门设计了打分环节,对每件已办结的事项,一线基层可以在网上打分,承办单位的办事速度、效果、态度都在评价之列。截至 2011 年 6 月,"走千听万"活动收到居村民反映的意见、建议超过 9000 条,已解决、作解释说明的约占 50%。在各居村对已解决问题的处置评价中,满意率达 86.2%。①

"走千听万"活动开展以来,解决基层和群众反映的问题 4139 条。全区99.6%的居村实现了一般矛盾纠纷不出居村,70%的街镇实现了疑难矛盾纠纷不出街镇,去年全区信访总量、集体上访和非正常上访分别下降 2.65%、16.67%和 31.14%。②

---

① 邵珍:《"走千听万",让百姓气顺心平》,《文汇报》2011 年 6 月 14 日。
② 徐麟:《以"走千听万"推进创先争优　努力提高新形势下做好群众工作的能力》,《求是》2011 年第 16 期。

附录6：

上海市杨浦区"一线工作法"调查与研究

我们从2006年7月开始,对杨浦区"一线工作法"进行了为时4个月的调研。期间,召开了三次居委干部座谈会;访谈了居委干部和居民35人,处级干部15人;对处级干部回收了调查问卷156份,占总数的50%;对社区群众发放问卷1010份,回收963份;从街道回收了"一线工作法"办实事统计表共12份。在对这些数据统计分析的基础上,形成了调研报告。本报告共分四大部分:一、催生"一线工作法"的杨浦区情;二、"一线工作法"的基本制度;三、"一线工作法"的效果评价;四、进一步完善"一线工作法"的思考。

一、催生"一线工作法"的杨浦区情

1. 杨浦区目前处在最重要的历史发展机遇期。

杨浦区作为一个规模较大的城区,是典型的二元社会:既是传统工业集聚区,下岗工人、动迁导入人口、外来人口人数多,贫困群体和劳动群众比较集中;又是高层次人群集聚区,社区中军队、大学、大厂、大院、大所众多,知识阶层数量大且集中,是一个具有典型性的不同人群、阶层混杂共居的区域。杨浦区历年来承接和消化了大量从企事业单位改革改制后转移出来的社会职能和矛盾,存在城区人口与阶层结构复杂、居民物质文化需求多样、利益追求多元等诸多难题。加之历史积淀的市政欠账较多,棚户简屋集中,就业、旧改、救助等社会压力大,社区日益成为社会人群不同利益、需要、矛盾的会聚点和冲突点,传统社会管理手段已经跟不上新形势发展的要求。与此相伴,杨浦区目前又面临亘古未有的历史发展机遇,在传承"百年工业、百年大学、百年市政"历史遗产上,杨浦区拥有丰富的科技、教育和人才资源:有14所高等院校,66个国家重点学科和22个国家重点实验室;100多个科研机构和49位中国科学院、工程院院士;长达15.5公里滨江带和规模庞大的工业基地;2000多家科技型企业集聚的12家高科技园区和近20家工业园区。同时,区内每年申请的发明专利以50%速度递增,国际跨国公司及研发总部纷至沓来,产业结构整体提升发展空间巨大。

2. 杨浦区委在集思广益的基础上正式推出"一线工作法"。

面对市委、市政府确立杨浦知识创新区功能定位、工业杨浦向知识杨浦转变关键时刻,杨浦区委正视社区内错综复杂的社会矛盾,把握来之不易的发展机遇,冷静分析、抓住主线,认为社区的发展和稳定是杨浦发展的基础和前提,亦是巩固和加强党执政基础的重要阵地。正确处理好改革、发展、稳定的关系,要求党和政府一方面要向群众深入宣传杨浦的发展机遇,讲清存在的难题,赢得群众理解和支持,尽可能集中民智民力,推动知识杨浦各项事业的发展;同时,要求党和政府必须正确处理好发展与民生的关系,处理好不同阶层利益关系,确保群众合理诉求得到妥善解决,将改革力度、发展速度和社会可承受程度统一协调起来,让改革发展成果惠及全体人民。在充分听取社会各界专家学者意见建议的基础上,杨浦区委于2004年12月作出了"进一步深化党员领导干部密切联系群众工作的决定",2005年1月正式推出"一线工作法"。

杨浦区的"一线工作法",是根据杨浦在大开发、大建设、大发展时期的实际区情,贯彻落实十六届四中全会精神,继承党密切联系群众的优良传统和应对社会矛盾挑战的基础上提出的;是配合推动2005年"保持共产党员先进性教育活动",在社会领域服务群众的一种全新的制度化、程序化的群众工作方法的尝试。"一线",即人民群众集聚的社区,党的各级组织和党员干部、区属各部门各单位,都必须在社区平台上找到直接联系和服务群众的着力点;"工作法",就是制度,规定全区300多名处级以上实职领导必须带领700多名科级干部走出机关,深入307个居民区,与社区群众面对面、零距离交流,了解社情民意,关心群众疾苦,宣传党的政策,通过解决居民急难愁等实际问题来服务群众。

二、"一线工作法"的基本制度

1. 领导干部下基层"三定"制度。

"三定"制度主要体现在"定人、定点、定时"。

"定人",指工作主体是党政机关的处以上领导干部。区委作为地方一级党委,各项工作离基层、群众很近,很多岗位和场合都是直接面对广大人民群众。因此,"一线工作法"规定从2005年起,领导干部必须通过自己的率先垂范,带动所有党员干部深入基层熟悉情况,提高服务基层意识和做群众工作的能力。2006年初,区委又要求从领导干部向全体机关干部延伸,使广大机关干部特别是青年干部有更多机会深入一线、接受教育、转变作风,切实加强干部队伍的思想政治建设、作风建设和能力建设。

"定点"，指处以上领导干部对应联系的杨浦区300多个居委会在一段时期内相对固定。"定点"便于领导干部熟悉了解所联系社区的基本情况，有利于工作延续和提高解决群众问题的有效性。2006年初，区委又要求从区属单位向区域延伸，领导干部深入到部队、企业、学校、院所等驻区单位，增进沟通交流，听取意见建议，帮助解决问题，通过大社区平台进一步促使"三区融合、联动发展"的理念落地，形成服务驻区单位、整合资源力量、促进"三区"共同发展的"多赢"局面。

"定时"，指将每月第二周周四下午作为领导干部联系群众工作日。这种统一下基层的方式，不仅能形成较大的规模效应和社会影响，在群众中树立党员干部的整体形象，还能克服少数干部短期化、负担化等偏差认识，使密切联系群众逐步成为各级干部的自觉习惯。2006年初，区委又要求从"定时"向"平时"延伸，各部门、单位把"一线工作法"的理念延伸到日常工作中，积极主动地深入基层、服务群众、推动工作。

2. 了解社情民意的信息沟通制度。

"一线工作法"最主要的成果之一，是党和政府与群众信息沟通形式多样化和直通式。

（1）领导干部深入基层党群面对面沟通渠道。处级干部带领科级干部到居委会、居民小组或居民楼组，通过召开座谈会、个别谈心、上门走访、帮困慰问等活动，真实、广泛、全面、立体地听取群众的呼声，面对面了解群众实际困难，疏导群众情绪，认真听取群众反映的各类问题，掌握思想动向，了解杨浦重大政策实施过程中的问题及群众反应，有效地变群众"上访"为干部"下访"。通过面对面形式，掌握社情民意的第一手资料，促进党和政府决策的正确性。

（2）利用传统载体建立党群信息沟通渠道。在12个街道、镇的党员服务中心开设"区委书记信箱"，方便基层党员和群众以传统的书信方式提出意见和建议；从全区300多名居民区党组织书记中确定100名代表，每位区委常委联系10名居民区党组织书记，建立区委常委和居民区党组织书记互通联系的"电话专线"，联系群众骨干，更广泛地了解各方面群众的利益和需求，发掘社会资源为社区服务。

（3）通过电子网络载体创新党群信息沟通渠道。在《杨浦党建》网站上开设"区委书记信箱"，通过电子邮件直接听取群众意见；开通每月一次的"区长在线"、"网上评议政府"，接收群众的建议和监督；将群众反映的问题、职能部门处理问题结果上网公示；开通"书记·百姓网上通"，全区领导干部在线回答解释群众问题等,构筑多方位听取群众意见的网络体系,以集中群众智慧,为区委或各单位有关重大问题的科学决策,做好事前征求意见、事中接收监督、事后及时反馈等信息沟通工作。

3. 结对走访特殊人群制度。

"一线工作法"使党员干部在社区真正了解弱势群体的疾苦,激发起为他们做好"帮困扶难"的工作热情。"一线工作法"从时间空间上发展了结对走访弱势群体制度。

一是深化"双结对"活动。根据市委要求,全区各基层党支部都与困难党员、群众进行了结对,机关党支部、基层党支部之间也普遍进行了结对,开展了"一对一送学、一对一帮困、一对一助医、一对一共建"等活动,使党组织对困难群众的关心慰问制度化、经常化、深入化。

二是拓展"双千"活动。开展了千名公务员与千户困难家庭结对助困、助学的"双千"活动,将"双千"、"帮困结对"工作从千名公务员向全体公务员拓展、从机关向企事业单位拓展、从助困助学向精神帮扶拓展,使机关干部对困难群众的关心慰问制度化、经常化、普遍化。

三是扩大"扶贫帮困"的节点。对于节假日、自然灾害、群众遭遇突发事件等特殊节点,各级党组织和党员干部通过上门慰问、募集捐款、建立帮困基金、解决实际问题等方式,构筑"四季如春,节日添暖"的扶贫帮困机制,使困难群众的利益得到全面和及时的保障。

此外,"一线工作法"将结对走访制度扩展至社区内对国家与社会发展有特殊贡献的高层次人群,建立了结对走访院士、经营人才制度。区领导与"两院"院士、非公企业经营者结对交友,定期上门走访联系,组织座谈、参观等活动,加深感情沟通,广泛听取各个层面对杨浦建设发展的意见建议,鼓励他们为杨浦发展出谋划策。

4. 基层宣传教育制度。

"一线工作法"是宣传教育群众极好的工作平台,是新形势下面对面开展群众思想政治工作的有效载体。"一线工作法"规定了下列宣教制度。

(1)区委领导宣教制度。开设"区委书记讲坛",区委领导每人每年到基层为党员群众讲课辅导1—2次,宣讲党的路线方针、形势任务、发展规划、工作动态等。

(2)处级以上领导干部宣教制度。处级以上领导干部根据制订的工作计划内容,定期深入定点联系的居委会,以上党课、作报告、座谈会等多种形式宣传教育群众。

(3)讲师团巡回宣教制度。从机关干部、党校教师中抽调专门人员成立讲师团,在全区范围巡回开展对党的历史传统、现行政策、形势任务等方面的宣传教育。

领导干部通过上党课、作报告、提供政策咨询、开设业务讲座等多种形式,宣传区委重大决策、区域发展规划和杨浦发展形势、建设动态等,引导群众理解支持并积极参与杨浦大建设、大开发;提供有关政策、业务咨询,为群众释疑解惑,增加政策的透明度;发现群众中的先进典型,及时总结群众创造的有益经验,教育、引导群众自我管理;组织参观学习活动,增强群众对杨浦发展现状和美好未来的自信心、自豪感;向区域内企业、单位、园区宣传杨浦发展,提高社区内法人对杨浦建设发展的认同度、参与度。通过加强对群众的宣传教育,做好群众的思想工作,使群众对党和政府充满信心,对杨浦各项事业发展形成良好预期。

5. 党政联动、条块协调解决基层"急、难、愁"事情的工作制度。

"一线工作法"将解决群众最关心、最直接、最现实的利益问题作为服务群众的重中之重,横向形成党政联动、条块协调的组织机构,纵向建立了问题梳理、处置、督办、反馈等一整套程序制度。

(1)"一线工作法"组织机构(见图一,图示为矩阵型的组织结构)。

一是健全领导机构。区委专门建立领导工作小组,规范工作机制,加强对"一线"工作的指导督查;领导小组下设办公室,加强对"一线"工作的组织领导和日常管理。

二是健全组织网络。领导小组办公室发挥对日常工作的指导协调作用;区委组织部、区人事局负责把"一线工作法"下基层工作纳入部门和机关干部年终述职、绩效考核内容,发挥督促检查作用;街道(镇)党工委(党委)认真完成"规定动作",积极开展"自选动作",充分发挥牵头组织的主体作用;各单位分别配备联系领导小组办公室和相关街道(镇)的联络员,充分发挥联络员的桥梁纽带作用,从而形成健全的组织网络。

三是形成"条块联动"解决问题制度。通过加大"一线"制度推广力度,完善考评激励机制,充分调动街道(镇)、居委会、领导干部在"一线工作法"中的主观能动性和工作积极性;通过问题梳理分类,协调督促解决,明确区有关职能部门、街道(镇)、居委会、领导干部等"条块"层面解决问题的职责范围;通过调整领导干部定点联系居委会的安排、建立健全"条块"互评制度,整合行政资源实现"条块"优化配置等,最终形成党政联手、"条块联动"、资源整合、团结协作、快速有效的工作机制。

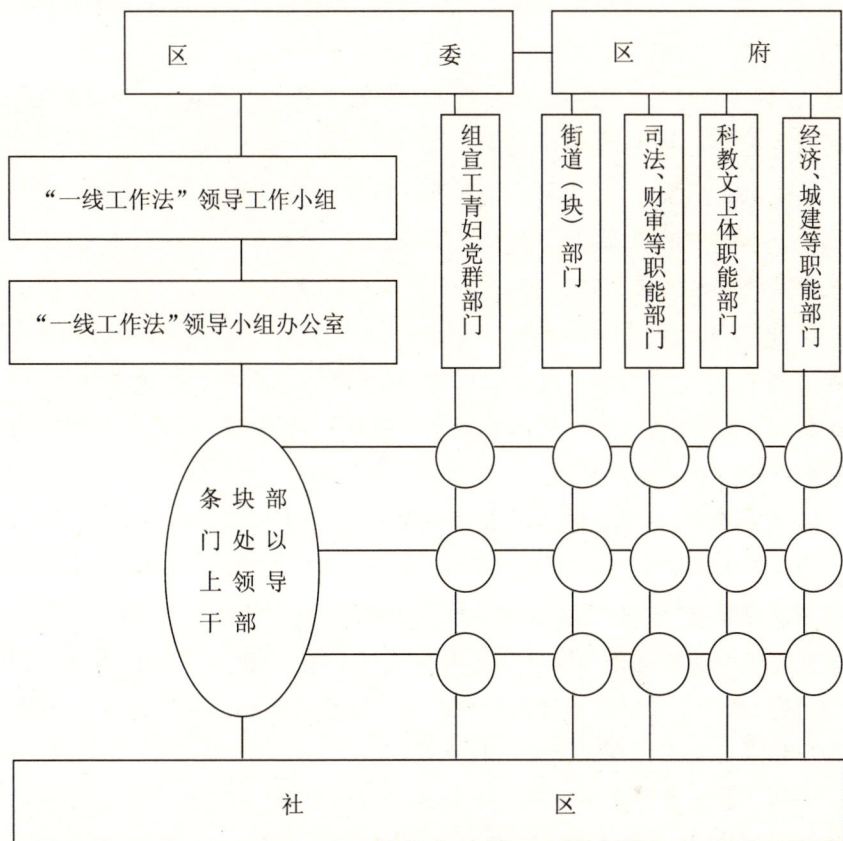

图一　"一线工作法"组织机构

(2)"一线工作法"解决"急、难、愁"事情工作程序(见图二)。

一是领导干部条块搭配、行政资源均衡分配制度。为更好地处理综合性疑难问题,统筹考虑部门特点,改变同一职能部门的领导干部定点联系的居委会安排在同一街道、镇的原有做法,将领导干部特别是与群众生活密切相关的职能部门的资源优势尽可能分布在不同的街道、镇。每季度一次,由局级领导干部牵头,召开该街道(镇)定点联系居委会各职能部门领导工作会议,形成条块联动解决问题、服务群众的合力。

二是分类管理、程序化解决问题制度。对于居民反映的问题,可以就地解决的问题,就地解决;当场不能解决的问题,经汇总梳理后进入街道(镇)、区有关职能部门正常的解决渠道,通过每单月召开一次街道党工委、镇党委书记会议给予解决;每双月召开一次与群众生活、工作密切相关的职能部门负责人会议;每半年召开一次信访工作专题研讨会,调研分析居民群众集中反映的问题类别,按照问题轻重缓急,以及解决问题的可行性程度重点解决瓶颈问题。同时,在解决问题过程中不断改进完善各项政策和工作方法,努力从源头上减少问题发生的几率,维护群众利益。

三是及时反馈、信息上下互通制度。各职能部门收到群众提出的问题或意见后,一个月内面对面、一对一地将解决或处理意见反馈给当事人;领导干部也定期将本人为居民群众解决问题的情况汇总后向所联系的社区群众反馈。同时,在网上设立专门的窗口平台,公示"一线工作法"活动中群众提出问题的解决情况,明确解决问题的责任部门、时间节点和目前进度,发动群众广泛参与和监督;通过网上书记百姓直接对话、邮件往来,促进各类问题得到比平时更及时有力的解决。

6. 政务公开,组织民众参与监督制度。

一是重大事项向群众通报的制度。对于区委、区政府及各部门全年为民办实事项目等与群众利益密切相关的重大事项,实行政务公开,事前做好对群众的通报工作。在充分听取群众的意见建议基础上,对有关实事工程和项目进行调整,将群众反映强烈急需解决的实事项目纳入重大项目议程,确保有关实事工程项目真正符合群众意愿和利益。

二是根据民意完善决策程序的制度。对于区委、区政府及各部门有关重大问题的决策,通过深入群众做好事前的征求意见、调查研究等工作,针对群众反映的意见建议定期进行梳理、讨论分析,为查找症结、修改方案、正确决策提供科学合理依据,真正发挥民主决策机制的作用。

通过"一线工作法"中的政务公开,组织群众对区委、区政府的重大决策和工作的监督,鼓励群众谏言献策,使之有序行使民主权利,改善政府决策体制,提高"一线工作法"的有效性。

7. 目标绩效考核制度。

对下基层的领导干部,进行工作目标履行状况考核,以人民群众的满意度为重点,实行"日常和年度相结合"的考核制度。通过问题跟踪,以当事人对问题解决的"满意度"作为日常考评的依据;年度则以年初每位领导干部自定的联系居委会的工作目标书为依据;年底以目标责任实际落实情况和居委会组织干部、群众测评作为完成指标,对领导干部在定点联系工作中的出勤情

```
                        群 众 反 映 问 题
          ┌──────────────────┼──────────────────┐
      一 般 问 题          疑 难 问 题      综合性疑难问题
          │                  │                  │
   街道、镇汇总梳理      局级干部包块带片       视 情 提 交
     ┌────┼────┐      ┌─────┼─────┐      ┌─────┼─────┐
   应  应  应      职   就   区    区    书   区
   由  由  由      能   地   委    政    记   委
   居  街  职      部   协   办    府    办   常
   委  道  能      门   调   、    常    公   委
   解  、  部      或   处    区   务    会   会
   决  镇  门      领   理   府    会
  （领 解  解      导        办    议
   导  决  决      干        督
   干  或 （报     部        办
   部  协  区      认
   指  调  委      领
   导 解  办）     问
   、 决           题
   帮（领          或
   助  导          任
   解  干          务
   决）部
       提         区委办、区府办督办
       建
       议，
       街  区委办抄送
       镇   ┌──────┐
       落  各    区
       实  党    府
       方  群    办
       案）职     │
            能   各
            部   职
            门   能
                 部
                 门
```

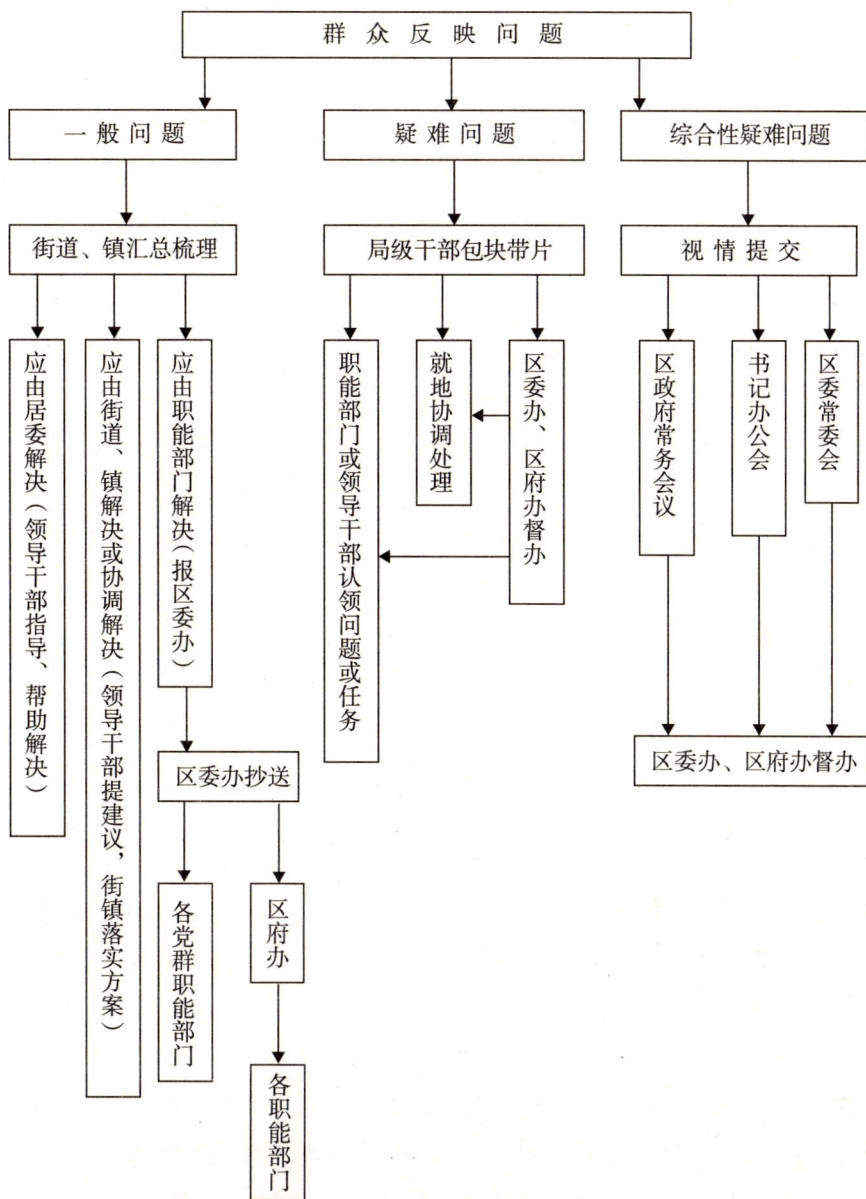

图二　问题梳理和处理简图

况、精神状态、为民服务的意识、处理问题的能力进行考核。该制度将领导干部下基层联系群众的工作表现作为个人全年述职综合考核的重要内容,对领导干部个人起到了强烈的制度约束作用。同时,街道、镇和系统职能部门对"一线"的工作质量亦进行相互考评,促进条块体制互相适应、磨合互补、运转

有序,在整体上提高各行政职能部门为民服务的执行力。

三、"一线工作法"的效果评价

开展"一线工作法"近两年的实践,获得了"党员干部受锻炼,社区群众得实惠"的明显成果,得到了中央有关部门、市委、市政府的充分肯定,受到了广大干部群众的热情拥护和衷心支持,其成效十分显著。

1. 广大群众得到真正的实惠。

领导干部下基层实地帮助解决群众急难愁问题:水管电网路政等设施改造、环卫整治、绿化修补、旧房改建、动迁咨询、物业与业委会矛盾协调、就业协助、出资慰问孤老贫困户等,尽自己所能,最大限度地为社区群众创造了一个安居乐业的生活空间。居民对领导干部的评价从开始抱着"是不是搞形式、作秀、走过场?"的怀疑,到发之肺腑的"过去有难事不知道找谁,现在区里领导就在身边,真正为我们办实事来了!""区里领导实在、贴心!""有这样的领导干部,我们有盼头!"等许多心里话。一位受助的居民将自己精心编制的五双保暖拖鞋和倾注感激之情的贺卡,郑重地送给区委书记,并诚恳地说"你们领导干部心中有了老百姓,我们老百姓就会记住共产党",表达全家人对党和政府的信赖和感激之情。

根据"一线工作法"领导干部办实事的统计资料,除了领导干部在基层现场宣传、扶贫帮困、能够当场解决了断的小事件之外,从2005年1月1日始至2006年10月,社区群众共反映3000余个急难愁问题,其中物业问题约占28.5%,水电市政基础设施等约占26%,市容交通环保等约占15%,动迁约占6.5%,救助约占5.5%,就业约占3.5%,文体活动约占2.5%,其他涉及教卫商业公安消防等等约占12.5%。街道层面解决实事问题占85%,区层面解决实事问题占总数10%,总体解决问题总数95%。余下5%历史遗留老大难问题,或因为区财力制约或体制职能外等因素,也正在俟时机成熟逐步解决。

根据对156位处级干部和963位社区群众的问卷调查,对"一线工作法"实施效果评价如下图所示(见图三、图四):

领导干部很满意和较满意人数占总数95.51%,说明领导干部总体上拥护和肯定"一线工作法"的价值。社区群众很满意和较满意人数占总数89.93%,说明社区大多数居民对领导干部下基层面对面为群众办实事的努力、能力和工作绩效的认可和赞同。

对于"社区中哪些人群对'一线工作法'受益最多,感受最好"问题的排

4.49%

0%

38.46%

57.05%

■一般　■不满意　■很满意　□较满意

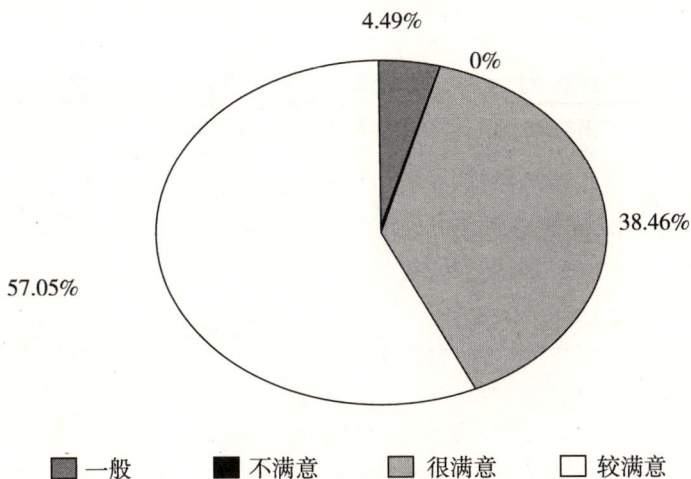

图三　领导干部的评价

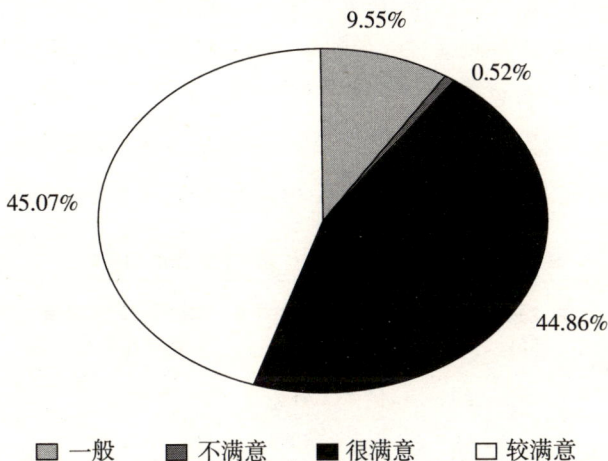

9.55%

0.52%

45.07%

44.86%

■一般　■不满意　■很满意　□较满意

图四　社区群众的评价

序,156名领导干部中60.9%的人认为排序第一位是贫困救助人群,其次17.95%的人认为是离退休人群。说明"一线工作法"对弱势群体整体帮助最大(见表1)。

许多社区群众在问卷中呼吁"'一线工作法'一定要坚持下去!"有几位群众写道:"'一线工作法'使领导干部深入社区办实事,让老百姓看得到摸得着,切身感受到'权为民所用、情为民所系、利为民所谋'的真正意义。"

表1　群众"对'一线工作法'受益最多,感受最好"问题的排序

排序	贫困救助人群	离退休人群	在职职工	全体居民
1	95	28	0	27
2	43	87	4	13
3	3	25	59	45
合计:419 100%	141 33.65%	140 33.41%	53 12.65%	85 20.29%

2. 提升了党员干部执政能力。

干部能力的培养和提高,一靠学习二靠实践,而社会实践又是学以致用的最佳途径。"一线工作法"开辟了一条和平时期干部队伍培养管理的新途径,在解决群众各项问题的过程中,锻炼和提高了党员干部个体的执政能力。

根据对处级干部与社区群众的问卷调查,51.59%的干部将"解决干部脱离群众的问题"和"提高执政党的执政能力"排在第一列,第二排序中两者位列第一第二,综合排序中两者占54.82%,说明领导干部对于密切干群关系、改善党的领导、提高执政能力的必要性和紧迫性,有着明确的意识(见表2)。

表2　领导干部对"一线工作法"主要目的回答排序

排序	解决群众急难愁问题	解决干部脱离群众的问题	提高执政党的执政能力	解决民众物质精神文化需求作为出发点	合计
1	46	24	41	15	126
2	31	44	42	29	146
3	36	36	41	34	147
合计:	113 26.97%	104 24.83%	124 29.59%	78 18.61%	419 100%

对于"'一线工作法'确实锻炼和提高了领导干部本人解决问题的能力和工作效率"的回答,领导干部的自测数据与社区群众的打分的客观数据基本吻合(仅相差一个多百分点,见表3),说明"一线工作法"制度的推行,确实能够锻炼和提高领导干部的执政能力。其中,有49.62%的干部认为自己"一线"的工作绩效可以让社会反响和群众评价来考核,这表明了不少领导干部具有一定自信心;而社区群众认为对领导干部的评价除了看工作绩效外,还要

看"为群众办实事的一颗诚心",说明居民群众对党的干部重要评价标准是"对待群众的态度如何",而不仅仅是看重领导干部的权力和所掌握的资源(见图五)。

表3 对"'一线工作法'锻炼提高了干部解决问题能力和效率"的回答

社区群众	占%	领导干部	占%
正确	67.81	正确	69.23
有点关系	30.01	有点关系	28.85
没有关系	1.66	没有关系	0
不知道	0.52	额外加重本人负担	1.92%

实行"一线工作法"后,对于加强党员干部思想、作风、能力建设取得的成效十分明显。

(1)端正了党员干部的价值观。"一线工作法"搭建了一个平台,通过深入群众面对面交流、零距离接触的方式,使党员干部深切了解社区基层现状,进一步拓宽工作范围、丰富工作阅历,增进党员干部与人民群众的深厚感情。党员干部在深入社区、深入群众的过程中,目睹民生的"急难愁"问题状况,以及群众迫切希望解决问题的殷殷期盼,思想受到震撼,情感受到濡化,从而潜意识中提高群众意识,实践中自觉体现出为民服务的意念。在理性和感性共同作用下,增强了立党为公、执政为民的意识,端正了领导干部世界观、人生观和价值观。

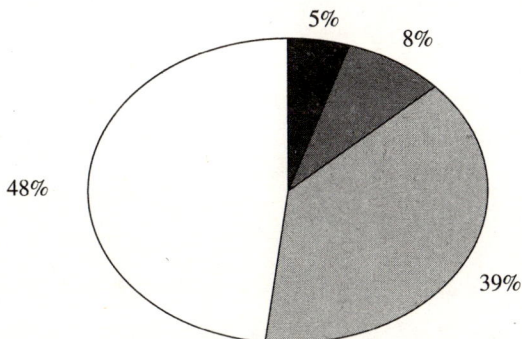

图五 社区群众对领导干部"一线"的工作绩效的评价

(2)加强了领导干部的工作作风建设。"一线工作法"在社区实地解决问题,要求领导干部在精神状态上必须提高攻坚克难、突破瓶颈、快刀斩乱麻解决问题的信心和勇气。根据对处级干部的问卷调查,高达80.91%的干部认为在"一线"工作中有精神压力,其中64.12%的干部表明"有压力更有动力"。实践中领导干部确实发扬了区委倡导的"敢于负责、敢于碰硬、敢破难题、敢担风险"的"四敢"精神,不畏烦琐、不怕艰难,发挥部门行业优势及个人作风能力优势,真心实意为群众办实事、解难事、做好事;同时也促进了各部门决策的群众意识,树立党和政府的良好形象。"一线工作法"通过"面对面"为基层办实事形式,营造了浓厚的领导干部"必须对居民有交代"的责任环境,持之以恒,为民办实事的责任心将会逐步成为党员干部的一种自觉习惯。许多受访的群众说,"过去我们对党的干部的印象不是电视里看到的高高在上,就是报刊上了解的贪污腐败,和我们好像生活在两个世界里;现在领导干部下基层,让我们切切实实看到了领导干部的形象是平易近人的,看到了领导干部怎样工作的;过去领导只听上级指示,现在领导还要对群众负责,为老百姓办实事是诚心认真的。我们欢迎和信赖这样的领导干部。""一线工作法"加强了领导干部"联系社区、联系群众"、"敢于负责"的工作作风建设。

(3)加强了党员干部的能力建设。在杨浦党员干部队伍中,58.1%的机关处级干部没有社区工作经历,很多年轻干部是从家门—校门—机关门的"三门干部"。根据对处级干部的问卷调查,有77.10%的干部认为"一线工作法"应该让更多的青年干部下基层锻炼;社区群众问卷中亦有许多人表示,希望青年公务员下社区居委会兼、挂职。同时,解决基层疑难和棘手问题的过程,亦是对新情况新矛盾不断认知、感悟的过程,处理不同利益关系的能力锻炼、提高的过程,更是科学思维方式形成、提升的过程。通过协调处理大量的社会矛盾和突出问题,促使干部对群众的疾苦、基层的困难、工作的瓶颈、体制的缺陷,有了深切感受,将学习、实践与思考结合起来,不断调整自己看问题的角度,提升知识涵养和大局视野,激活创造性工作的灵感和智慧,将工作抓到关键处、做到点子上,决策能力和自觉执行力能够明显提高。

从调查结果看,社区群众对"由于'一线工作法'解决了老百姓急、难、愁问题,老百姓对共产党和党员领导干部总体好的评价"持肯定态度(见图六),说明通过"一线工作法"的实施,执政党和党员干部执政能力的提升,是有目共睹的。

3. 弥补行政管理体制缺陷。

"一线工作法"矩阵型组织结构架起了党与人民群众直面沟通交流的桥

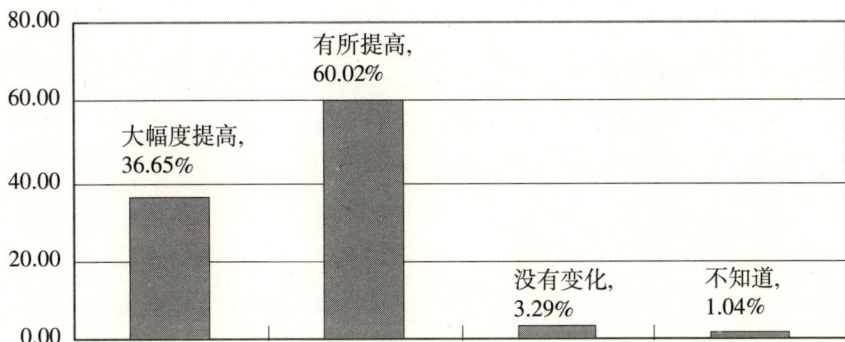

图六　社区群众对"'一线工作法'解决了老百姓急、难、愁问题"的评价

梁,促进了群众对党的各项方针、政策的理解、建议和支持,确保了各项决策和工作真正体现群众意愿。由于开辟了"直通车"式的问题处理渠道,避免了群众反映问题奔波往返的辛苦,减少了以往问题受理、转办、处置、反馈等一系列繁文缛节,大大提高了工作效率。"一线工作法"矩阵型组织结构克服了"科层制"行政体制给干部带来的思维僵化、行为惰性,改变了行政流程的单向性,从组织上、制度上、时间上确保干部大规模、成建制、定期化地深入基层,有效弥补了"科层制"带来的"脱离群众"、"脱离现实"的缺陷。根据对处级干部和社区群众的问卷调查,对"'一线工作法'密切了条块关系,切实提高了职能部门工作的针对性有效性",领导干部持肯定态度(见图七);社区群众对"'一线工作法'实施是否提高了行政职能部门的工作效率"基本也持肯定态度(见图八)。领导干部和社区群众的问卷题目虽然有些差异,但约占90%干部群众的答案数据,依然能够表明"一线工作法"提高了行政职能部门工作的针对性和有效性。社区群众在问卷中称赞:"一线工作法"是监督行政体制,保证其政令畅通、职能到位的好办法。

4. 创新党的民主执政方式。

随着现代社会民主渠道的拓宽,群众民主参与意识的增强,要求我们必须在坚持群众路线的实践中不断改进党的领导方式和执政方式。根据问卷调查,社区群众对于"你认为当前居民群众反映的问题主要集中在哪里"问题的回答,虽然仍主要集中在物质利益上,但是民主意识已经有着长足的提升(见图九)。

"一线工作法"的实施,为领导干部科学决策和创新工作方式提供了空间。建立各种信息渠道,实施政务公开,在每解决一个涉及到社区发展和群众

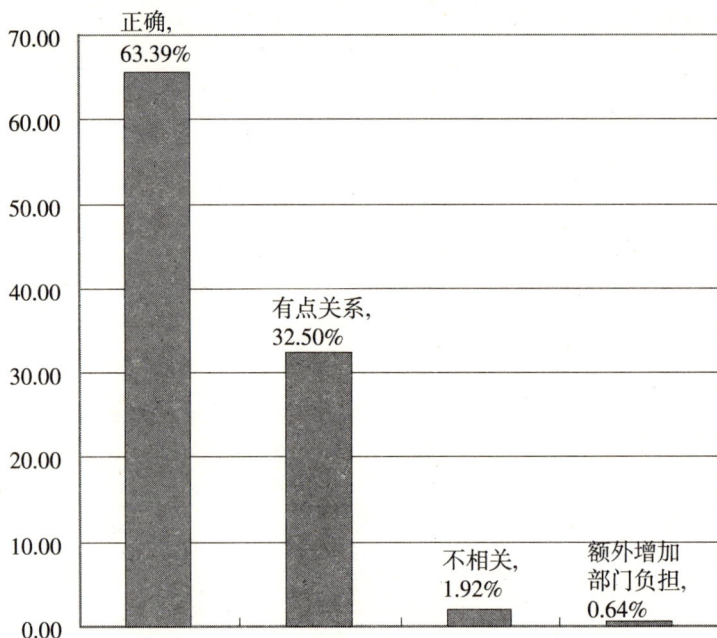

图七　领导干部的态度

切身利益的重大问题决策之前,认真倾听群众的呼声,在丰富的群众工作方案中寻找解决问题的最佳办法;决策后及时"回"到群众中去,依靠群众不断完善方案,并通过正确的决策、制度设计,以及方法和程序的落实来实现决策。同时,积极有序地推进基层民主政治建设进程,引导群众正确行使民主权利,做到与居民群众有关的社区事务,通过"听证会、协调会、评议会"等方式由居民自己来讨论、协商和决定,从而实现执政党科学执政、民主执政的行为范式。

四、进一步完善"一线工作法"的思考

1."一线工作法"存在的不足。

任何新生事物的产生都有它一定的局限性。从居委会干部座谈会、领导干部个别访谈以及问卷调查了解到的情况分析,"一线工作法"开展至今,虽然在制度设计上不断修正和创新,但是仍然存在一些不足之处,需要不断完善。

(1)"一线工作法"规定动作较多。领导干部较少开展自选动作,影响下基层工作的创新性。占77.1%的领导干部愿意自选动作来主动开展工作,基层干部群众83.38%认为应该视具体情况而定时间和任务。

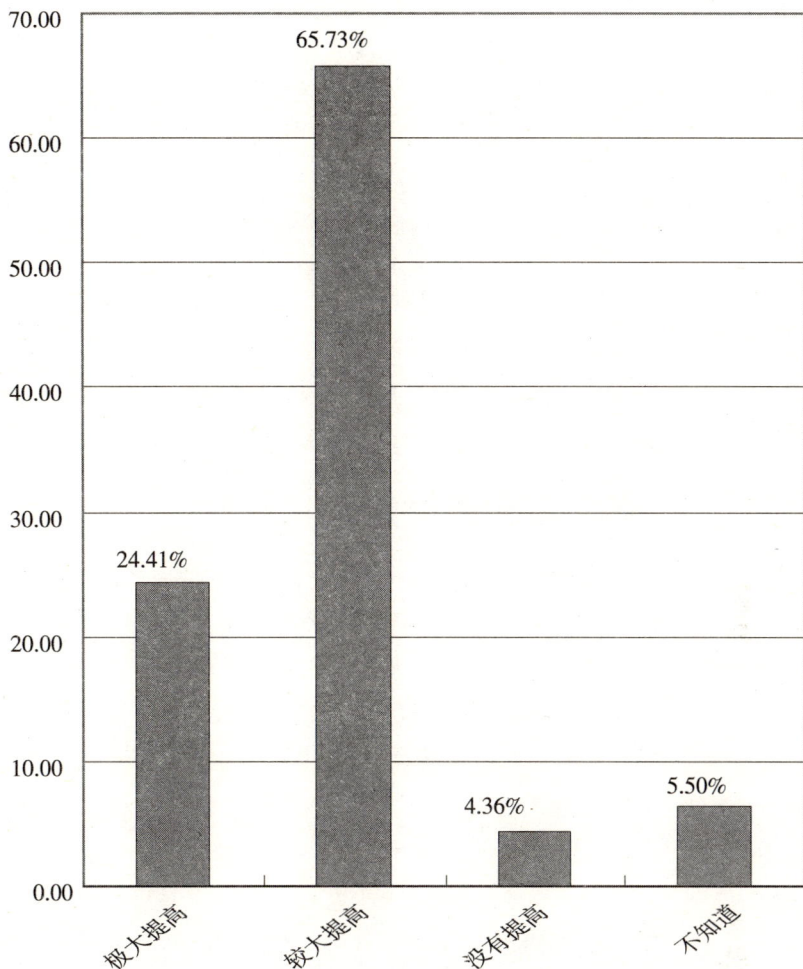

图八 社区群众的态度

（2）"一线工作法"中行政资源配置仍然不够均衡。虽然在 2006 年初行政职能部门干部重新进行了合理分配，但是仍存在掌握行政资源多的干部解决社区急难愁问题力度比较大、反之力度就比较小的情况。这也使得某些居委会对"一线"干部安排有些不满。

（3）"一线工作法"与街道原有社区问题的解决机制有重叠。由于下基层的领导干部解决问题能力和影响力更强，导致居委会将原来可通过正常渠道解决的问题也上交到"一线"去解决，客观上形成一些行政资源的闲置。对社区问卷调查的结果显示，占 48.81% 居委干部和群众认为社区问题的解决机制有重叠和部分重叠。

12.28%

48.27%

32.21%

7.24%

■ 精神文化诉求增多　　■ 民主意识开始觉醒
■ 开始有了政治诉求　　□ 物质利益上

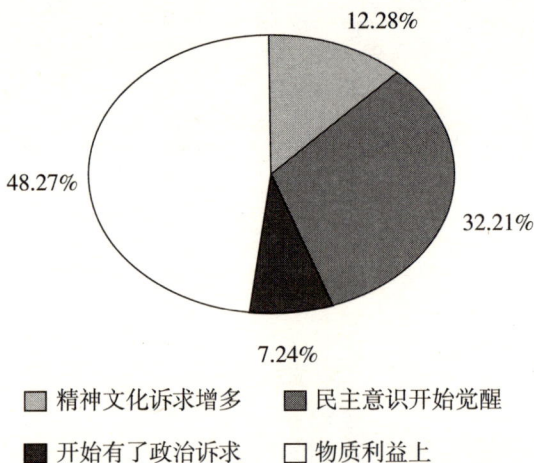

图九　当前居民群众反映问题的主要集中点

(4)"一线工作法"反映行政职能体制改革尚未到位。领导干部在"一线"为群众办实事的过程中,有些问题的解决更多的依靠领导干部体制外个人的人脉资源关系。这虽然是必要的,但对行政体制内部改革作用有限。

(5)"一线工作法"在推行民主自治、扶持社会组织工作方面尚未充分开展。从"一线工作法"整个发展过程来看,工作主题仍然停留在为民生办实事的阶段上,工作主题尚未逐渐过渡到"推行民主自治,扶持社会组织"上来。

2. 对完善"一线工作法"的几点建议。

杨浦区"一线工作法"制度的推行,由于在社区基层取得巨大成效而得到群众的热烈拥护。根据对社区群众"你希望'一线工作法'作为长效机制一直坚持下去吗"的回答,多数群众希望坚持下去(见图十)。

很多社区群众在问卷中表示"一线工作法"要形成长效制度坚持下去,有位群众在问卷上写道:"持之以恒、民心所向、再接再厉、再创辉煌"这样激情话语,深刻反映了"一线工作法"制度实施在社区基层的强大的活力和生命力。

"一线工作法"作为巩固和扩大党的执政基础基本的制度机制需要坚持实施下去。但是,随着经济与社会的不断发展,人民的生活水平不断提高,新的矛盾不断取代旧的矛盾,根据不同时期民众的不同需求来动态规划"一线工作法"的内容。因此,每一阶段根据基层的实际情况应有其不同的工作重心和目标。综合领导干部和社区群众问卷调查答案,"一线工作法"在形式和内容上还应作进一步改进和完善。

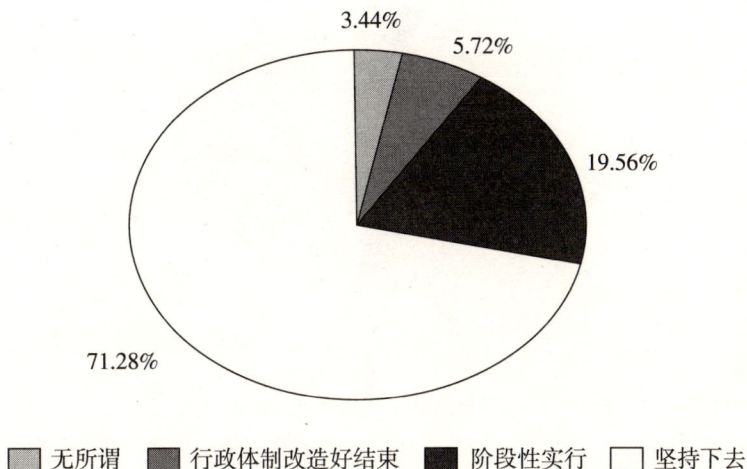

3.44%
5.72%
19.56%
71.28%

| ■ 无所谓 | ■ 行政体制改造好结束 | ■ 阶段性实行 | □ 坚持下去 |

图十 群众对是否把"'一线工作法'作为长效机制一直坚持下去"的反映

（1）进一步拓宽联系群众的渠道。

民意调查准不准、群众亟须解决的问题了解的全不全，这是关系到"一线工作法"质量的焦点。根据对社区群众"对'一线工作法'有何意见建议？"和"联系群众还有什么更好的办法吗？"问卷调查，许多群众认为领导干部（包括本街道干部）下基层不在于框定时间形式，而在于多多联系居民。如：不需组织安排，随机深入居民家庭访问；不定期召开楼组长、业主代表、社区志愿者、有参政议政意愿和能力者参加的座谈会；多搞一些诸如参观、联谊会等互动式活动。通过这些形式，可以听到群众的真言实语，真正了解群众的实际需求，"一线工作法"为民办实事机制才能真正落到实处。

（2）建立更广泛、便捷的信息交流机制。

社区群众在以上两个问题中纷纷建议：设立"一线工作法"的热线电话、居民和领导干部的联系箱、居民与职能部门联系的网站和电子邮箱，通过大力宣传让更多群众知晓这些直接双向反馈的信息传递渠道，使有关职能部门和群众在第一时间掌握基本情况和办实事进展程度。

（3）法律界人士应当参与到"一线工作法"体系中。

根据对处级干部与社区群众的问卷调查，对法律界人士是否应当参与到"一线工作法"体系中的问题，98.72%的处级干部认为有必要、可以试、不矛盾；社区群众大多数群众欢迎律师参与（见图十一）。

中国要建设一个法治社会，公民必须先有法律意识。但事实上社区居民

4.05%

21.91%

74.04%

■ 欢迎　　　□ 无所谓　　　■ 没有用

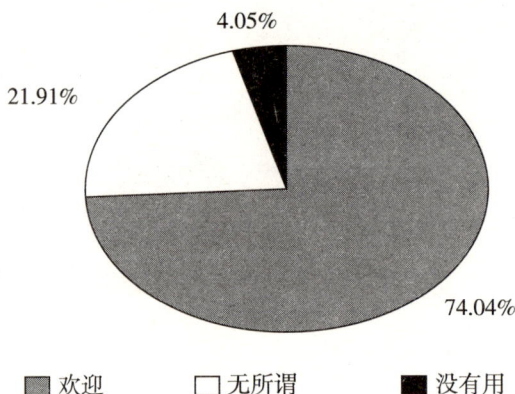

**图十一　干部群众对法律人士是否应当参与
到"一线工作法"体系中的反映**

中许多人法律意识淡薄,遇到问题往往不找法院找政府、找领导,甚至找中央。法律界人士参与"一线"工作,运用法律知识宣教群众、释疑解惑,提高群众的法律意识和行为的合法性。其以职业的社会公信力可以帮助提升"一线工作法"的工作效率,取得事半功倍的效果;同时,对社会治理逐渐转向法制化也大有裨益。

(4)应当按照专业化分工组成若干解决问题的工作小组。

问卷调查表明,多数干部和群众对"按照专业化分工组成若干解决问题的工作小组"持肯定态度(见表4)。

表4　是否应按照专业化分工组成若干解决问题的工作小组

社区群众	%	领导干部	%
很有必要	60.85	很有必要	59.62
可以试行	35.31	可以试行	30.77
没有必要	1.97	没有必要	7.05
无所谓	1.87	难操作	2.56

约有60%领导干部和社区群众认为有必要、30%以上的认为可以试验。许多社区群众在问卷中还一再表示赞成"成立专业化巡视小组按轻重缓急程度轮流解决社区急难愁问题",认为"越是难解决的问题为老百姓解决了,越能体现党和政府的为民亲民形象"。说明"一线工作法"可以根据领导干部职权和业务专长进行专业化分工合作,尽可能使领导干部下基层的资源和精力

用在解决疑难问题上。因此我们在解决"一线工作法"中存在的行政资源分配不够均衡的问题时,可以在原有的定人定点的基础上,成立与民众反映问题密切相关的市政、水电、绿化、物业、宣讲和咨询等职能部门的巡回工作组,按照问题的轻重缓急,巡回到各个相关问题突出的街道、居委去解决实际问题,使行政资源均衡分配,获得最大效用;使全社区民众共享"一线工作法"的成果,以取得"一线"工作绩效最大化。

(5)"一线工作法"要与社区大党建、行政职能体制衔接。

由于现行行政体制客观存在许多问题,导致执行机制弱化。根据在领导干部中的调查结果,对居民许多急、难、愁问题产生的根源,除了占46.8%认为来自历史遗留的基础设施问题之外,50.64%认为主要是行政部门的决策体制不畅、部门职责不清、部门之间协调不够、公职人员责任心不强等引起的;对"'一线工作法'和社区大党建能否衔接"的问题,大多数领导干部持肯定态度(见图十二)。

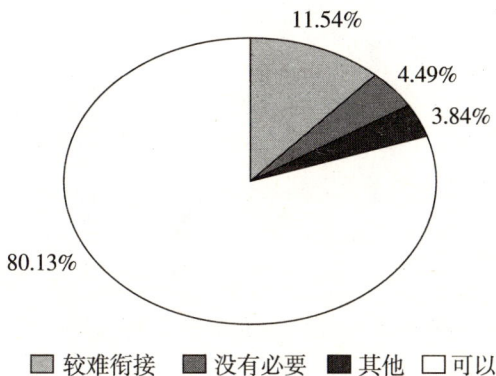

图十二 对"'一线工作法'和社区大党建能否衔接"的回答

对于怎样与现行行政体制接轨的5项排序问题,在156份干部问卷中,近50%的干部将"形成严格的分工合作体制,'一线'反映问题,行政解决问题"排第一序列的首位;在综合排序中,这一条仍然排在第一位,而"促进行政体制纠错和改革"排在第二位,说明"一线工作法"是监督、促进行政体制改革、提高行政效能的行之有效的制度手段和基本方法。通过与大党建组织机构、行政组织衔接,重点梳理这些疑难问题,分析其深层次原因,找出问题的症结,对应相关的行政职能部门缺陷,进行必要的制度修正和调整,改善行政效率,形成能够迅速回应基层、在源头上解决民生问题的新型行政职能体制。通过行政管理体制的不断纠错、弥补和理顺,不仅可以缩短解决问题的程序链,节约行政成本,而且可以促使行政体制逐渐过渡到充分体现公民意志、流程自下而上、符合公共服务理念的现代行政管理轨道上来。

(6)"一线工作法"应该致力于发展社区基层的群众自治组织。

根据对领导干部和社区群众的问卷调查,对"为了提高群众自治能力,是否可以在党组织的牵头组织协助、驻区单位和两新组织和居民积极参与下,成立社区综合管理委员会、社区帮困助学基金会、或其他群众自治组织、社区服务组织?"问题的单向选择,领导干部中19.8%认为完全可以,51.28%认为可以试试,27.57%认为应该等条件合适再成立,1.28%认为不太合适;社区群众中31.26%认为完全可以,58.98%认为可以,5.19%认为没必要,4.57%认为无所谓。显然,在这方面群众的积极性更高。另外,领导干部中71.15%比例、社区群众中90.26%比例认为可以在党组织的协助下,成立社区自治组织,说明占多数的领导干部和社区群众对建立社区自治组织有了共识。而社区群众表现得更为热情,纷纷献计献策:成立市民巡访团,明察暗访行政职能部门在本社区的工作效率效果并向其提出意见建议;组织有一定专长的市民,成立志愿者小组,为社区群众服务等。社区群众对"现居民小区有三驾马车分头管理,是否有必要将居委会、业委会和物业公司等组成社区综合管理委员会来加强群众组织的协调矛盾能力和自治能力"单选题作了明确选择,55.03%认为有必要,35.71%认为可以试试,4.36%认为没必要,4.9%认为无所谓。这说明多数社区群众对有较强协调控制能力的社区自治组织的期盼和信任。(中共杨浦区委党校课题组)

第三节 整合资源,创新服务机制

服务群众,不仅需要干部作风建设,还需要整合社会资源,创新社会管理工作,提高服务群众的能力。上海的党员服务中心和浙江舟山的"网格化管理,组团式服务",是很有意义的探索。

一、建立党员服务中心

党员服务中心是上海在世纪之交的新形势下,它采用的社会化工作方式,有效改变了以单位为主要单元、按照体制内党组织垂直管理的传统模式,为广泛吸纳分布在不同经济组织、处于流动状态的党员参加党的组织生活、服务群众,构筑了一个包容性强、开放度高的组织体系。

(一)建立党员服务中心的背景。

1992 年邓小平南方谈话以后和党的十四大确立了上海建设"一个龙头,三个中心"的战略定位,随着市场经济体制改革的推进,非公企业的蓬勃发展,对内对外开放的不断扩大引起的百万人口大流动;经济和城市发展战略机遇期,大规模城市建设带来的百万居民大动迁;使上海进入了社会发展的矛盾凸显期,也使基层党的组织建设,党员管理等遇到了前所未有的挑战。

相当多的党员找不到组织,而一些离开单位人身份以后,党员得不到党组织的教育和关怀,有的成了孤立无援的弱势群体。尤其是在"两新"组织蓬勃发展的同时,党组织建设的步伐难以跟上;根据 1999 年的统计数据,全市4592 家实际开业的外商和港澳台独资企业中,建立党组织的有 435 家,比例为 9.5% ;在 97310 家私营企业中,建立党组织的有 833 家,比例不到 1%。2002 年全市在两新组织中的党员和处于各种流动状态下的党员约有 15 万人,占全市党员总数的 11.5% ,而其中建立党组织的比例却很低,党的组织跟不上两新组织的发展速度。建立起来的"两新"组织中的党组织缺乏资源支撑,相当一些党组织没有地方过组织生活和开展党的活动的基本条件。

(二)建立党员服务中心的探索。

1999 年 6 月,上海市浦东新区潍坊新村街道党工委针对辖区内商务楼宇大量涌现,在楼宇内工作的党员不断增多,但楼宇内企事业单位因所有制、经济形式、行政隶属关系、用工制度不同而存在建立党组织难、开展党的活动难、党员教育管理难等问题,在嘉兴大厦建立了上海市(全国)第一个楼宇联合党支部,以此对分散在多个经济组织的党员进行管理。2002 年 5 月,静安区静安寺街道在中华企业大厦又创设了上海市第一个"党员服务点",作为多个新经济组织的党员共同参与的活动平台。这种以属地党组织牵头,以楼宇为单位建立党组织和党员服务点的工作创新模式,后来被统称为"支部建在楼上"。

2001 年 3 月,普陀区曹杨新村社区(街道)挂牌成立党员服务中心。这里是上海老工业区的第一代工人新村,国有、集体企业破产、兼并、重组,许多工人下岗、协保、失业,"两新"组织大量涌现,城区动迁产生人户分离、流动人口、流动党员等新情况,较早、集中的在这里出现。社区(街道)党工委结合区域党建的迫切需要,在市委组织部具体指导下,成立了全市第一家党员服务中心。2002 年 3 月，经市委组织部和市人事局核准，中共上海市委组织部党员服务中心正式成立，其宗旨是面向基层党组织和广大党员，提供咨询、指导、协调、帮困和委托服务等。在同年的全市组织工作会议上，市委分管领导指出，市委组织部建立党员服务中心是个示范。

2003 年 7 月，中共上海市委八届三次全会通过了《关于进一步推进"凝聚力工程"加强和改进基层党的建设的决定》。《决定》总结了上海市十年来"凝聚力工程"的经验，在"了解人、关心人、凝聚人"的基础上，进一步提出了要从增强党自身的凝聚力和增强党的全社会凝聚力两个方面入手，"凝聚党员，凝聚群众，凝聚社会"，关怀党员、服务群众、整合社会的工作目标。《决定》着重论述了探索更具时代特征的"凝聚力工程"的新路子：要拓展领域，使"凝聚力工程"覆盖全社会各个群体；创新载体，包括党员教育管理、保障党员民主权利、服务群众和协调各方利益的载体；健全工作网络，形成区域性、社会化的党建工作格局；建立长效机制，强化制度建设、整合社会资源等。很显然，随着社会的发展，党的群众工作从主要是弱势群体向包括两新组织中的从业人员等扩展，提出了凝聚社会和整合社会的目标；服务内容中也提出了党员权利和利益协调的新要求。

为实现这个总要求和总目标，《决定》明确提出要建设好市、区（县）、街道（乡镇）等各级党员服务中心。为贯彻市委决定，在深入调研和总结已有实践的基础上，2003 年底，市委组织部召开推进会，明确提出用一年左右的时间在全市街道、乡镇全面推进党员服务中心的建设的目标，并提出了基本功能定位和规范达标以及"两个确保"的要求，并辅之以配套扶持的措施。至 2004 年底，全市 220 个街道（乡镇）建立的党员服务中心全部通过了标准验收，连同向商务楼、居民区、行政村延伸建立的党员服务站点，形成了上海党员服务中心的完整网络。2006 年，市委组织部对党员服务中心的制度规范和功能拓展提出了新的要求，全市党员服务中心在体现社会属性、整合服务资源、发挥网络优势等方面展开了新的探索。

目前，上海已全面建成全市 240 个党员服务中心，形成市、区、街道（乡镇）三级党员服务网络，并按照统一的功能定位规范化运作。据不完全统计，仅 2011 年，全市各党员服务中心接转组织关系 25 万多人次，接待来电来函 43 万多人次，开展各类教育、服务活动 3 万多次，为基层党组织提供活动场所开展组织生活或党内活动 12 万多次。党员服务中心已成为服务广大党员、服务基层组织、服务人民群众的有效载体和温馨窗口，在社区单位党员群众中的知名度日益提升,在社会上具有广泛影响。

(三)党员服务中心的功能。

党员服务中心是在楼宇党建的基础上,根据上海市社区党员分布广、流动快、自主性强、需求多元等特点,建立的区域性、开放式、专业化的党员教育管理的工作载体。党员服务中心的人员配备,全部采用专兼职结合方式,在资源占有上85%采用共享的方式,从而创建了具有上海特色的党员教育管理的组织运行模式。为了使党员服务中心更具象征意义,更具包容性,更具可拓展性,上海浦东新区梅园新村街道党工委从2003年9月开始以"阳光驿站"作为社区党员服务机构的名称,并以全新的工作理念进行了富有成效的探索。"阳光驿站"要发挥五个方面的功能:一是流动党员"接纳地",二是"两新"组织党组织"孵化器",三是区域内基层党组织共享的资源平台,四是党组织服务党员的温馨家园,五是区域内党组织和党员面向群众、面向社会的服务窗口。以"阳光驿站"为依托构建的开放型组织,为流动党员提供了组织挂靠和管理,为"走过路过"或组织关系不在本社区的流动党员提供了过组织生活、参加党的活动的方便,解决了流动党员找组织难和过组织生活难的问题。同时,"阳光驿站"还不断吸引社会各阶层的优秀分子成为党的工作的支持者,直至成为党的新鲜血液,为在"两新"组织建立党组织集聚力量,创造条件。在运行机制上,"阳光驿站"十分强调区域性、开放式、社会化和专业化,以接近非政府组织的运作方式,在商务楼宇、经济园区、中介机构、高档住宅区以及各种市场等"瓶颈"领域建立党员服务联络点,把体内建党和体外运作有机结合起来,形成了能够辐射到社会各个角落党员的组织体系和工作网络,不断扩大党员教育管理的覆盖面。作为操作平台,"阳光驿站"又充分利用其稳定性、包容性的优势,广泛地整合社区现有的行政资源和上级党组织提供的各类资源,并通过社会化运作的方式充分挖掘和调配社会性、区域性公共资源和党组织、党员的自身资源,从人、财、物等方面为"两新"组织党组织开展党员教育管理工作提供有效支持和资源保障。作为面向群众的窗口,把党组织为群众提供的各类非行政性服务逐步转移到中心,在接待窗口和服务热线之外,将党员志愿者纳入到党员服务中心管理,建立服务队伍,走进居民区、商务楼宇和学校,拓展服务项目,受到了群众好评。

为了更好地发挥服务中心的功能,2003年,浦东新区又推出了"三服务"机制,其内容是"党的上级组织为基层组织服务、党的基层组织为党员服务、党的各级组织和党员都为群众服务",把服务理念全面融入基层党的建设中,通过党的上级组织为基层组织服务,增强党的组织基础;通过党的基层组织为党员服务,提高党的内聚力;通过党的各级组织和党员都为群众服务,巩固党的群众基础。"三服务",构筑了党的群众工作自上而下的资源支撑体系,特别是为基层组织和党员做群众工作,提供了政治资源。

2004 年,中共上海市委八届六次全会提出了"完善'三服务'、'三测评'工作机制,与时俱进地推进'凝聚力工程'建设"的要求。"三测评"是上海工商银行徐汇支行党委,于 2001 年开始探索开展群众测评党员、党员测评支部、支部测评党委的活动,内容是"党员合格不合格,群众评;支部工作行不行,党员评;党委工作好不好,支部评。"把对组织和党员的评价权交给基层、交给群众,自下而上查找问题,自上而下服务整改。通过制度化的测评,在推进基层民主,激发组织活力和激励党员发挥先锋模范作用等方面取得了进展。"三测评"采取的是一种民主的方法,形成了党的群众工作自下而上的动力。

党员服务中心是党的工作体制的一个重要创新,拓展了党的基层组织在社会层面上的活动空间。由于服务中心的这个特点,特别对于流动性强的两新组织的服务有很强的针对性。党员服务中心的建立,特别是建在商务楼宇、开发区、商业街的党组织和服务中心,对于协调新经济组织中的劳资纠纷起到了很好的作用。

二、开展"网格化管理、组团式服务"

"网格化管理、组团式服务",首先由浙江省舟山市于 2007 年进行试点,2008 年 8 月在全市推开,2009 年 8 月又推广到全省。2011 年 2 月,上海市委组织部也对舟山进行了考察,并在上海一些区域进行了推广。这种群众工作的方式与创新社会管理工作结合起来,引起了广泛的关注。

(一)"网格化管理、组团式服务"的实践探索。

改革开放以来,农村社会化程度提高,基层社会管理出现"盲区",党的群众工作存在着群众的利益需求多样化与党员个体服务能力、服务资源有限的矛盾,对群众的利益需求和问题不能有效及时回应和解决,影响了基层的和谐稳定发展。这就需要创新群众工作的方式方法。2007 年底,舟山市委在普陀区桃花镇开展了"网格化管理、组团式服务"试点。

"网格化管理、组团式服务",就是把乡镇(街道)划分成若干个单元网格,通过整合基层各类组织资源,对应每个网格组建相应的管理服务团队,全面承担网格内联系群众、改善民生、解决矛盾、促进和谐、推动发展等职责,并运用现代数字技术搭建信息化管理服务平台,提高社会管理的科学化、精细化和信息化水平。

第一,细分管理服务单元,实现治理结构网状化。以家庭为基本单位,根据社区(村)所辖范围、人口数量、居住集散程度、群众生产生活习惯等情况,渔农村一般以 100 到 150 户为一网格,城市社区规模适当扩大,把全市 43 个乡镇(街道)划分为 2360 个管理服务网格,每个网格配备相对固定的管理服务团队,渔农村社区一年内至少开展 4 次以上集中性走访,城市社区一年内至少开展 2 次以上集中性走访,深入网格听民情、释民惑、解民忧、知民意;在常规网格划分基础上,根据各地具体情况,划分各种个性网格,比如在渔区划分渔区网格,推行海陆"双网格双服务",提供渔业安全管理、排解渔区矛盾纠纷、组织海上抢险救灾等方面的服务,在新居民聚居地,划分新居民网格,提供计生、医疗、法律维权等服务,在商户集中区、工业园区,建立商户网格、商会网格,为企业提供行政资源服务和水、电、金融等各种专业服务,并为企业在经营过程中遇到困难与问题进行综合把脉"会诊";以网格为基础,构建"一网格 + 一党小组长 + 一网格格长 + 一服务团队"模式,使基层组织和广大党员联系服务群众的层次更加清晰、任务更加明确、覆盖更加全面。

第二,整合管理服务资源,实现管理服务多元化。针对当地群众情况,根据团队成员的岗位职责、专业特长、年龄结构等因素,组建多元多层次的服务团队,确保满足群众个性化、多样化需求。将党务、行政、群团、"两代表一委员"、民间社会力量等各方面资源整合起来,组建基础网格服务团队,每个团队配备 5—7 名成员,负责常规性的联系服务工作;整合各个职能部门、技术部门和社会团体中的专业人才,组建法律、家政、医疗等专业服务团队,更大范围内为群众提供专业化服务;整合网格内的社会民间组织和乡土人才资源,组建网格自治服务团队,深挖网格内部资源,将有能力、有特长、有威望的群众引入网格服务力量,探索群众自治新模式。三种服务团队,互为补充、相互配合,实现了基层群众工作从以往以条为主、各自为政向条块结合、形成合力转变,条块之间协同性、互助性和综合性得到强化。同时,各部门主动积极融入"网格化管理、组团式服务"工作,使基层组织建设从党务部门单兵作战向有效整合各种工作资源转变,以往经常出现的党务、行政各管各、"两张皮"现象得到明显改善,服务资源和服务力量大大充实,基层组织建设收到了事半功倍的效果。

第三,强化分片包干职责,实现管理服务规范化。实行群众工作的责任承包制,划定每一个网格服务团队的责任区,明确其"包管理、包服务、包教育、包提高"的群众工作职责,使联系包干责任制度"横向到边、纵向到底"。服务团队在走访联系中,创造出"网格驻夜日"走访、"错时走访"、"周末走访"、"熟人带路"等方式方法,对网格内的每一群众实施全方位服务;开展全程化代理,坚持分类管理、分级办理原则,对群众反映的一般性问题,明确所在网格服务团队成员为全程代办人,快速办理,对于重点问题和复杂问题,将问题进行集中分类,提交相关职能部门进行处理;发挥网格内群众骨干主体作用,推动基层群众自治组织建设。

第四,建立民情研判机制,实现基层管理民主化。推行民情恳谈机制,通过群众出题、团队点题、社区(村)议题、乡镇(街道)定题、职能部门破题,建立健全乡镇(街道)主导,职能部门、社区(村)、网格团队和群众广泛参与、上下联动的民情恳谈机制,推出"相约星期五、有话大家说"、"干部听民声、共说连心话"、网格户代表制度等载体实现民情民意的直接、快速和全面沟通;推行电子民情日记逐级点评机制,网格服务团队定期上传民情日记,由乡镇联系领导、分管领导和主要领导三级点评,推动服务承诺事项的落实;推行民情"一事一诺一评议"机制,对为民服务的每一事项,全程公示服务事项办理进度和效果,并采取群众和网格服务团队双向打分,拓宽为民服务群众满意度评价渠道。

第五,搭建信息管理平台,实现管理服务高效化。建立市"网格化管理、组团式服务"信息管理系统,包括系统操作平台(内网)和门户网站(外网),其中内网面向网格工作人员,包括基础信息、民情日记、服务办事、短信互动等模块,受理群众诉求后按内容分类和流转程序传递给全市各级、各职能部门,限时办结;外网面向社会群众,展示"网格化管理、组团式服务"工作动态,依托"8189000"、"8189090"服务平台,收集群众诉求,自动转入内网系统进行处理,并提供各方面信息咨询服务。"网格化管理、组团式服务"信息管理系统实现了基层工作方式从传统型向数字化、信息化、网络化的现代管理方式转变,形成监管互动、分工协作、动态有序的管理服务新模式。同时,开通"网格化管理、组团式服务"10639393手机短信平台,群众对政府管理服务职能范围内的事项如有诉求,均可通过发送短信至服务平台。

第六,强化领导考核责任,实现工作保障常态化。舟山市各级党委和各部门成立由党政"一把手"任组长的领导小组及其办公室,加强工作协调和业务指导;在全市范围内开展"网格民情大比武"和"网格化管理、组团式服务"工作考核来检验工作实效,通过网格服务团队业务比拼、检查信息管理系统记录、随机暗访、满意度测评、重点项目督察等方式对乡镇(街道)的工作展开全面考核,并根据考核结果表彰奖励各类先进,调动基层组织和服务团队的积极性和主动性,市、县(区)财政每年安排专项资金(其中市本级安排了500万元专项资金),以保障这项工作长期有效开展;结合创先争优活动,开展组织机关部门在职党员、干部融入社区"网格化管理、组团式服务",实行"双角色双争优"活动,要求在职党员、干部都要到所在社区报到,利用"八小时外"的休息时间,参与社区活动,服务社区居民,接受社区监督,并把机关党员、干部在社区的表现情况作为年终考核、职务晋升的重要依据,实施考核管理。

(二)"网格化管理、组团式服务"成效。

舟山市"网格化管理、组团式服务",走出了一条以基层党建创新引领社会管理、基层党建和社会管理互融共促的新路子,形成了一条做好新时期群众工作、创新社会管理工作的有效模式。

第一,提高服务能力。这项工作以"为民、惠民、便民"为宗旨,统筹基层组织资源,以团队人员的多元化来服务群众需求的多元化,以强化条块协同来改变条条各自为政的局面,以市、县(区)、乡镇(街道)、村(社区)、网格五级上下联动来解决一个部门、一个层面无法解决的问题。东港街道葫芦岛是一个老年化悬水小岛,90%以上是老人,且均无社保和退休费,急需一个托老所提供养老服务。网格团队了解情况后,逐级反映情况,上级网格办公室积极整合区、街道,以及民政局、老龄办等部门资源,在短短的半年时间里,给老人修建了一所全市设立最早、设施最齐全的村级托老所。党支部书记说:"如果没有网格服务团队和上级的帮助,这件事根本办不了。"

第二,促进社会和谐。网格服务团队成员通过经常性走访排摸,与群众"面对面"、"点对点"地交流沟通,重点围绕增收致富、创业创新、维护权益、就业、就医、就学等群众关注的焦点热点问题,在第一时间内掌握网格内居民的利益纠纷和诉求,及时进行社会稳定分析预警,努力将问题化解在基层、化解在萌芽状态。网格服务团队推心置腹的交流沟通,让群众感到受尊重、被理解,有效改变了以往群众利益诉求渠道不畅通、遇事只好上访的状况,社会和谐稳定的基础更加巩固。据浙江省统计局2010年底抽样调查,舟山市群众安全感达97.82%,位列全省第一;2010年全市信访总量同比下降15%。

第三,密切党群关系。通过3年多时间的实践,群众从当初怀疑、观望,到审慎接触、逐步了解,现在已经有越来越多的群众和网格服务团队、基层党员干部建立起了朋友关系,遇到困难和问题,都愿意向网格服务队员反映,网格服务团队更被老百姓称为"撤不走的服务队"。市委副书记钟达同志说:"过去干群关系有时很紧张。当初开民主恳谈会,会上群众的对立情绪很严重。现在再开民主恳谈会,干部群众交心谈事,真的是像朋友一样融洽。"在浙江省组织工作满意度测评中,舟山市的总体满意度测评得分,连续三年名列全省第一。

第四,推进了基层民主政治建设。通过建立民情民意研判和解决机制,召开民情分析会、民情恳谈会、民情通报会等,畅通了群众反映利益诉求的渠道,群众的民主权利得到有效落实。这既为党组织和政府的决策部署提供更加可靠的依据,使基层党组织通过党内民主决策将群众意愿外化为利民惠民的具体行动,又因为群众的合理化建议得到党组织和政府采纳,激发了广大群众参与社会事务的主动性和积极性,探索出一条以党内民主带动人民民主的新途径。

第五,提升了基层干部综合素质。这项工作的实施,把干部"赶"到基层一线,变"坐等群众上门"为"主动下村服务",直接面对各种矛盾和复杂问题;变"处理线条单一问题"为"解决群众各种难题",形成了推动干部学习的倒逼机制;变"习惯于蹲办公室"变成"习惯于下基层",使干部敢于面对群众、乐于贴近群众、善于服务群众,做群众思想工作不厌其烦,帮助群众解决实际问题真心实意,与群众建立扎实的感情基础,能力和作风与群众的要求和期望之间的差距不断缩小。

(三)"网格化管理、组团式服务"的意义。

"网格化管理、组团式服务"工作,以党建为龙头,实现了基层党组织建设与社会管理的有机结合,具有重要意义。

第一,新形势下党的群众工作,创新社会管理工作方式,关键是要整合执政资源为群众服务。长期以来,基层执政的工作资源处于条块分割的状况。作为最基层的村和社区,都是自治组织,自身拥有的工作资源有限,乡镇(街道)的工作资源也相对贫乏。执政的很多资源,具体掌握在县(区)以上的工作部门中,条上的资源没有很好在块上集聚,特别是没有在最基层实现有机整合。实行"网格化管理、组团式服务",通过管理服务团队将各方面资源整合到基层,使基层的问题从依靠基层力量、基层资源解决,变成了依靠各级力量、各级资源统筹解决。从党员联系服务群众的机制来看,实现了从一对多到多对一、多对多的转变;从发挥基层组织的作用来看,实现了基层组织单体作战到上下协同作战的转变;从基层工作的力量来看,实现了单一依靠党政内部力量到整合社会各方面力量的转变,最大限度地发挥了党的组织优势,提高了服务基层群众的能力。

第二,新形势下党的群众工作,要从粗放式向精细化的转变,做到管理服务全覆盖、具体化。在新形势下,一方面群众生产生活的自主性增强,对组织的依赖程度减弱;另一方面,基层群众的需求又随着经济社会的发展,日益呈现多样化、个性化的特征。"网格化管理、组团式服务"工作,细分责任网格,以家庭为单位提供个性化、全方位的服务,做到走村入户全到位、联系方式全公开、反映渠道全畅通、管理服务全覆盖,同时建立专门的信息管理系统,使管理服务的触角延伸到社会的最末端,极大地提升了管理的有效性和服务的针对性。

第三,新形势下党的群众工作,要促进了决策的民主化。由于从业的多样化带来利益的多元化,如何在决策中充分尊重和考虑各方利益,是一个非常现实的问题。实行"网格化管理、组团式服务",经常面对面听取意见,并引进信息管理技术,使工作决策建立在广泛的民意民智基础上,促进了决策的民主化。同时,网格团队和党小组又是贯彻落实决策的基础和骨干力量,通过他们深入细致的工作,更有效地推进了决策的贯彻落实。

第四,新形势下党的群众工作,要大力推进党务政务向群众公开。从部门工作的角度看,不同的部门原来都比较重视自身的业务工作,舟山的实践,把各部门的工作都整合到政治、经济、文化、社会"四位一体"的大格局中去定位去实践,在为中心任务服务中实现了自身工作的全面发展。从基层党建的角度看,则突破了党建工作的党内循环,党建工作的参与主体从基层党员扩大到各类组织和骨干,党建工作的实施对象从组织内部转向基层群众,党建工作的重心从内部建设向党组织和党员联系服务群众转变,党建工作的成效从加强组织建设拓展到提高行政效率、加强社会治理、维护社会稳定、夯实基层基础。从基层工作的手段看,通过建立信息化工作平台,把问题的受理、责任单位、处理过程和结果都公开,提高了基层工作的透明度。从基层工作的组织架构看,打破了原来的层级界限,构筑了扁平化的组织体系,提高了基层工作的效率。

附录7:

浦东新区开展"三服务"活动的调查与思考

党的十六届四中全会指出:"提高党的执政能力,关键在于搞好党的建设,不断增强党的创造力、凝聚力、战斗力。"要求加强和改进党的基层组织建设,使之真正成为贯彻"三个代表"重要思想的组织者、推动者、实践者。浦东新区区委根据上海市委进一步深化"凝聚力工程"建设的要求,结合市场化、国际化和现代化进程的不断加速,党的建设面临的许多新情况、新问题,创造性地提出开展"党的上级组织为基层组织服务、党的基层组织为党员服务、党的各级组织和党员都为群众服务"活动(以下简称"三服务"),加强党的基层组织建设。

"三服务"活动为在新形势下最广泛最充分地调动一切积极因素,构建社会主义和谐社会,加强党的执政能力建设产生了积极的社会影响,为探索基层党组织平衡和协调各种社会利益冲突的有效途径和办法,推进基层党组织建设积累了新鲜经验。

一、"三服务"活动的主要做法

"三服务"活动以邓小平理论、"三个代表"重要思想和党的十六大精神为指导,以服务群众、关怀党员、协调利益、保障权利为主要内容,以凝聚党员、凝聚群众、凝聚社会为目标,围绕浦东新区新一轮开发开放实际,着力增强基层党组织活力,发挥党员先进性,提高党组织的凝聚力、战斗力。

(一)区委工作重心下移,加强资源整合,夯实服务基础。

在开展"三服务"主题活动中,浦东新区区委从浦东发展的实际出发,按照基层有需求、组织有响应、工作有资源、参与有舞台、活动有场地、发展有后劲的工作要求,坚持以"突出重点,整合资源,规范运作"为原则,实现工作重心下移。

1. 加强分类指导,扩大服务的辐射面。长期以来,由于条线分割的管理模式,使基层党组织可支配资源十分匮乏,党组织为群众服务资源矛盾比较突出。区委要求各级党组织加强分类指导,综合运用行政、组织和经济手段,打破基层党建工作的系统界限、地域界限,把活动从党政机关、国有企事业单位等党建工作重点领域,延伸到包括非公有制企业、社会团体和社会中介组织等各个领域,扩大服务的辐射面。2003 年,针对两新组织党建工作缺乏专门工作力量的问题,区委通过落实企工委和街道(镇)直接负责两新组织党组织和党员管理的工作部门,配强了两新组织党建工作的力量。针对党务干部人才资源缺乏,导致的工作底数不清、组织发展缓慢以及已建组织缺乏有效指导等问题,拨出专用基金,按照"社会化招聘、契约式管理、派遣式用工"的方法,公开招聘7名党务干部,派遣到各开发区综合党委,开展区域党建工作。金桥镇党委针对村级党组织负担重、经济实力发展不均衡的现象,本着强村富民的思路,让利于村,将各村新增财力全额返还,仅去年就返还1200多万元。

2. 实现资源共享,拓展服务功能。在"三服务"活动中,浦东新区区委强调依托各单位党组织自身承担的功能优势和各种工作资源,发挥组织优势,在人、财、物等方面相互支持,实现资源共享。城工委以服务群众为重点开展了"百千万工程",每个街道在政府的正常救助之外为100名老党员免费体检,组织千名青年党员为老党员结对服务,每年慰问困难党员经费不少于1万元;企工委在非公经济组织中开展了争创"五好党支部"活动,并与机关工委联手,开展机关党组织与非公企业党组织结对共建活动;机关工委开展"双百"结对共建活动,组织100个机关党组织与100个两新组织或居民区党组织结对共建、100个机关党组织结对帮助100个困难家庭,在此基础上,拓展延伸至400多个机关党支部,使他们全部参加到与基层党组织和困难家庭的结对活动中。与此相应,在区域内开展了富裕村和经济薄弱村、城区成熟居民区党组织和农村新兴居民区党组织、老居民区党组织和新建居民区党组织之间"传、帮、带"活动;老龄党支部和以青年人为主体的党支部之间的"忘年交"活动;达标创优一级党支部与力量薄弱的后进党支部结对活动。

3. 发挥组织优势,夯实服务基础。新区区委要求各级党组织发挥各自优势,充分利用好已有的组织资源,如社区青少年教育基地、图书室、专业志愿者服务队以及社区(村民)学校等,使资源利用最优化。区委先后在26个街道、镇建立了各种形式的党员服务机构,成为党组织直接为党员服务的平台。如,梅园街道的"阳光驿站"把社区内39名流动党员组织起来,成立流动党支部,并开设为党员流动服务的组织关系接转点,党员可以在接转组织关系后,同时找到相应的组织,参加学习和活动,享受组织提供的各类服务。各级党组织根据区域资源的分布特点,发挥优势,组织党员为群众服务,为社会服务。如,南码头路街道临沂六村区居民党总支,通过小区内二十多个教师组成的教师联谊会,整合教育资源,为小区内无力请家教的孩子开展义务家教活动,不仅为退休党员奉献社区提供了舞台,也拉近了居民区党总支与小区居民的心理距离。上钢新村街道党工委在开展社区党建工作中,在街道财力有限的情况下,充分利用社区单位现有设施资源和工作力量,分别创建了10个社区服务基地和10支社区特色志愿者服务队。

(二)发挥党员先进性,强化党员服务意识,增强组织活力。

党员是党的建设的主体，是党的凝聚力和影响力的实际担当者。浦东新区在"三服务"活动中，始终把提高全体党员对党自身建设和党的工作的参与程度和参与能力，作为增强党组织战斗力的重要环节抓实抓好。

1. 发扬民主，切实保障党员各项民主权利的实现。在"三服务"活动中，浦东新区各级党组织始终把发展党内民主，保障党员权利作为为党员服务最直接的利益关怀予以高度重视。高行、北蔡镇在推行党代会代表常任制中，建立党代表年会工作制度、重大决策讨论制度、党代表督察巡视制度，以及镇党委委员联系党代表小组（或专业委员会）、党代表联系选举单位和党员制度，把党代表的知情权、建议权、选举权、监督权、参与权落到实处。在村级党组织换届选举中，全面推行"两推一选"，部分基层党组织还创了"双推直选"的党内选举方式，党支部成员先由村民（员工）和党员推荐，再由党员选举；在居民区党组织换届选举中，逐步推行居民群众投推荐票，党员投选举票的"两票"制，从制度上保证党员的选举权。与此同时，区委通过畅通党内信息传递和反馈渠道，制定党务公开制度等途径，充分发扬党内民主，保障党员民主权利。

2. 畅通渠道，增强党员政治荣誉感和政治参与度。各级党组织坚持以服务党员为根本，组织和支持党员参与工青妇等群众组织、村（居）民自治组织和社会团体、行业协会、业主委员会等各类新社会组织的选举和推荐活动，提高党员在各类自治性、社会性组织中的比例。在2003年居委会首次以直选方式进行的换届选举中，各居民区党组织纷纷推荐并帮助有能力的社区党员参与选举，使换届后的居委会成员中党员比例达到了62%，增强了党员的政治意识、责任意识。区委还通过现代信息技术为党员参与政治生活开辟通道，2003年七一期间，区委领导借助东方网党员社区栏目，"以学习贯彻'三个代表'重要思想，深化凝聚力工程"为主题，与新区600多个基层党组织的2500多名党员在网上进行了交流，就党员提出的1094个问题当场回答了64个，对一些实质性问题，组织力量逐项落实，在基层党组织和党员中引起了较大反响。

3. 抓住载体，搭建党员为群众服务平台。结合现代社会的组织形式和生产生活方式，各级党组织抓住载体，为党员为群众服务搭建平台。在机关和其他各类公共服务窗口，推行党员示范岗评比活动；在城市化地区通过在职党员理事会等组织载体和在职党员联系卡等工作载体，推动在职党员参与社区建设管理和社区党建；在企事业单位，结合岗位和技能竞赛、合理化建议等活动，广泛开展优秀党员员工的评比表彰活动,在农村,探索和实行党员责任岗制度,为党员发挥先进性创造条件,极大地激发了党员为群众服务的热情。如金桥镇嘴角村党支部结合农村建设管理的特点创设了政策宣传岗、卫生保洁岗、绿化维护岗等8个党员责任岗,组织部分离退休、退伍回乡党员"重新上岗"发挥作用,改变了党员想做事没有平台,想管事没有抓手的现象。

4. 特色关怀,激发党员参与浦东改革开放热情。各级党组织根据在职党员、离退休党员、流动党员和暂时处于弱势群体的党员的不同要求提供有针对性的服务。譬如,针对新区老龄党员多的特点,区委倡议开展"阳光之旅——老龄党员看浦东活动",让少有出门机会的老龄党员亲眼目睹浦东日新月异的变化,切身感受改革开放给浦东带来的活力,激发参与浦东改革开放的热情。区委每两个星期组织100名老龄党员有组织地参观新区行政办公中心及其附近景点,新区四套班子领导成员轮流出面接待老党员,与老同志共叙开发建设的最新成就。这项活动得到了许多老党员的普遍欢迎,并逐渐成为各基层党组织共同参与的系列活动。高桥镇党委每年坚持组织"千名党员看上海"活动,花木镇党委开展"花木人看花木"活动。塘桥街道金浦居民区党总支提出"用人所长,给每个党员提供宽阔的活动空间、让党员有施展才华的舞台",各级党组织结合每个党员的不同需求提供有针对性的服务,使党员直接感受到组织的关怀,增强对组织的归属感。

(三)坚持以群众利益为重,关心群众,扩大党的社会影响力。

十六大报告指出:"共产党员首先是各级领导干部,都要努力运用说服教育、示范引导和提供服务等方法,做好新形势下的群众工作,团结和带领群众不断前进。"在"三服务"活动中,浦东新区各级党组织和广大党员始终坚持以群众利益为重,充分发挥党的政治优势,竭尽全力为群众提供服务。

1. 深入基层,及时解决群众的急、难、愁问题。区委和街道、镇两级领导经常深入基层、定期开展家访、谈心活动,凡涉及区或街、镇发展,群众反响大的重点部门、系统和重大改革,如国有企业改革、开发区发展、房屋动拆迁、物业管理等,都进行充分的调查了解,及时解决群众的急、难、愁问题。区委领导身先士卒,通过局域网、信访接待日以及困难群众慰问等形式直接与群众开展面对面的交流。街镇班子成员每月到辖区居民家走访,特别是到结对的社区困难家庭进行家访,并被作为制度列入日常工作。东明路街道凌兆小区党总支针对小区内空巢家庭和孤寡老人多的特点,开展"百名党员结对帮助百名老人"活动,通过一个联系记录本、一次集体活动、一次年度考评等具体工作,保证把结对工作落到实处。与此同时,开展机关干部思想作风养成教育。区委每年都要集中开展一次以遵守"八字"承诺为主要内容的机关干部作风养成教育,要求机关办公坚决摒弃"门难进、脸难看、事难办"的现象,对群众举报或反映机关工作人员有作风问题并经查实的,一律予以从严处理,从制度上保证群众工作落到实处。

2. 强化功能,延伸参与社会公益活动和公益事业的触角。目前由于各类社会中介组织发育尚不成熟,各级党组织实际上承接了大量本来应由非政府组织承担的社会性、公益性工作。各级党组织通过延伸参与社会公益活动和公益事业的触角,强化服务功能,使之成为基层党组织增强凝聚力,扩大影响力的重要途径。嘉兴大厦联合党支部的党员来自不同所有制、不同地区的企业,党支部对大楼内的党员、群众没有任何经济的和行政的约束力,但党支部对所在大楼内90%以上的企业,甚至周边楼宇的部分企业内都有很强的凝聚力和号召力。当大厦联合党支部倡议为大楼内一名身患绝症的普通职工募捐时,企业主和员工纷纷响应,几天之间就募集到8万元;楼内的一位韩国老板,甚至委托联合党支部的书记全面操办自己的中式婚礼。党支部凝聚力的形成,关键在于它为社会公益活动和公益事业中不断延伸服务内容、扩大服务范围,得到了群众的信赖。

3. 加强利益整合,让最广大人民群众分享浦东开发开放成果。各级党组织坚持把加强社会利益整合,让最广大的人民群众分享浦东开发开放成果作为为群众服务最直接的利益体现。针对浦东开发建设中,由征地安置、动拆迁和经济结构调整带来的结构性困难群体,区委加大资金投入,健全保障机制,提高就业能力,着力解决他们在生活和就业中面临的实际问题。郊区各镇则利用近两年来财力持续增长的契机,在建立完善农民退休养老金正常增长机制的同时,以财政托底、逐年注入的方式,将参加镇保的征地农民工逐步转入社保,彻底解决他们的后顾之忧。对就业困难对象实行"不挑不拣,一周上岗"承诺。加大社会福利事业投入力度,在全区范围完善了城镇职工基本医疗保险改革,并同时健全社会救助网络,实行对困难老人的特殊帮助,对特殊病人的特殊关怀,对困难家庭的特殊政策,包括免费为困难老人实施白内障复明手术,开设慈善门诊,推行"廉租房"制度等等。这些制度和措施,都实实在在地为老百姓排了忧、解了困,让浦东最广大的人民群众得到了改革开放带来的实惠,最大限度地凝聚了人心,体现了党执政为民的本质要求。

二、开展"三服务"活动的影响及其成效

（一）"三服务"活动适应了浦东快速城市化、率先市场化、工业化、国际化发展需要，以服务为纽带，加强了基层党组织的自身建设。

浦东开发开放的历程，是一个快速城市化、率先市场化、跨越式工业化、不断国际化的过程。在这个进程中，大量无主管、无归属单位党组织应用而生。根据新区基本单位普查数据，实际在浦东经营的企业法人数为19836个（含境外企业驻沪代表机构）。其中，无主管单位10347个，在数量和规模上已经远远超过了区属单位。截至2003年底，新区各级党组织在采取"属地、属条、属资、属业"挂靠管理的基础上，按照"两稳定一合适"（企业经营稳定、员工队伍稳定、有合适的支部书记人选）和"地域相邻、行业相近"的原则，在各类无主管单位中累计组建新社会、新经济组织党组织433个。这些党组织基本不具备"领导核心"、"政治核心"等传统意义上的地位优势，且在不同类型组织中建立的党组织，由于其地位和作用不同，实际占有的可支配资源（包括人力、物力、信息、政策等）也不均衡，以致一些基层党组织在开展党的工作中缺经费、缺场地、缺人员，资源匮乏，难有作为，使基层党的组织建设面临许多新情况。

"三服务"打破了党组织资源分割、手段单一、力量分散的局限，更强调运用非行政化的、非权力性的影响方式，借助市场化、社会化的资源和力量，加强党的建设、改进党的群众工作，将党的工作由主要在党政机关、国有企事业单位、社区和农村中开展，向包括非公有制企业、社会团体和社会中介组织等在内的各个领域延伸。更加强调发挥党组织自身的政治优势和组织优势，综合运用各种手段，激活政治资源，挖掘市场资源，用好社会资源，开展党内、党外服务；更加强调各级党组织通过广泛开展党内互助活动、群众志愿活动、组织共建活动，推动以单位为载体的党建运作方式向以区域为载体的开放式、社会化和专业化党建运作方式转变，在更大的范围内整合和调动资源，提高党对各种经济、社会组织的整合能力和领导能力，并通过寓领导于服务之中，寓教育于服务之中，寓管理于服务之中，有效加强和改进了基层组织的建设。

（二）"三服务"活动形成了与经济社会发展相适应的党内关爱机制，激活了党员能量，体现了党与时俱进的先进品格。

在市场经济条件下，党员队伍出现了三大明显的变化：一是在部分经济与社会组织中部分党员所处地位被边缘化。部分党员在社会与经济结构调整

中,成为弱势群体。特别是在部分两新组织中,党员从组织中获取资源和信息的渠道明显减少,一些党员甚至只是在交纳党费、过组织生活时才感受到自己是党员,党员的政治荣誉感、自豪感下降。二是在利益格局大调整中部分党员对组织的认同感有所淡化。一方面,一些积极响应党的号召,支持浦东开发建设、带头下岗、带头动拆迁的党员,由于实际利益受损,产生了失落感和牺牲感;另一方面,少数基层党组织忽视了对党员的关怀,存在着重管理、轻服务,片面强调党员履行义务,忽视保障党员权利的现象,导致部分党员对组织的向心力减弱。三是在日益市场化的经济背景下部分党员的先进性相对弱化。有些党员简单地把市场经济的交换规则带到行为取向中来,遇事讲利益、轻奉献,讲回报;少数党组织没有及时适应市场经济发展的要求,缺乏主动精神和创新意识,不能够积极主动地为党员参与社会工作、服务广大群众创造条件,制约了党员先锋模范作用的发挥,导致部分党员先进性相对弱化。这些现象表明,在市场经济高速发展的大背景下,党组织对党员传统的关怀机制已经不能涵盖所有党员。

浦东新区开展"三服务"活动,以增强党组织战斗力为着力点,在强调坚持党的下级组织必须服从上级组织,党员必须服从组织的同时,明确提出"党的组织为党员服务"。以服务为媒介,在组织与组织、组织与党员、党与群众之间构建了完整的服务体系和机制,在党内营造了民主、平等的组织环境,形成了与经济社会发展相适应的党内关爱机制,增强了组织的内聚力。党的上级组织、党的基层组织和党员都可以在组织体内中找到自己的权利和义务所在,极大地调动和激发了党的各级组织和所有党员参与党的建设和实践党的宗旨的积极性、自觉性,这是党的先进性与时俱进的重要体现。

(三)"三服务"活动创新了市场经济条件下党的群众工作载体,架起了党联系群众、整合社会的桥梁。

伴随改革开放大发展、大变革带来的各种问题和矛盾,给党的群众工作带来了严峻的挑战。随着开发建设的深入推进,浦东上万亿外来资本的引入,4万多个经济、社会组织发育成长,20万农民经历了征地动拆迁,100万人口从全市各区县导入,前来就业和发展的外来人口达到100多万。与此相应,浦东也比较早地经历了企业改制、产业结构调整、征地安置、动拆迁的多重震荡,感受了不同行业、不同组织、不同层次、不同群体之间的利益摩擦和碰撞,遭遇了利益主体多样化、生活方式多样化、就业方式多样化和思想观念多样化带来的诸多问题。传统的行政命令和思想灌输为主的工作模式已不能适应新形势下有效开展群众工作的需要。

"三服务"活动针对基层党组织、党员和群众的不同需求,明确服务内容和服务方式,坚持以服务对象的全覆盖和服务内容的全方位为导向,坚持物质和精神的统一,个性化和多样化的统一,依托不同的组织体系和服务载体开展分层分类服务。这一活动,一是创新了党与各基层组织之间联系的载体。党组织通过资源整合和社会各方利益的协调,把各基层组织群有机联系起来,并努力把党建工作落实在让群众得到看得见的实惠上;二是创新了党与基层群众联系的载体。各级党组织把实践"三个代表"重要思想真正落实到基层党建的具体工作中,注重为民办实事,着力解决群众关心的热点问题、难点问题,密切了与群众的联系;三是创新了党领导群众、组织群众、发动群众的工作载体。"三服务"活动通过党的上级组织为基层组织服务、党的基层组织为党员服务、党的各级组织和党员都为群众服务,形成了一级服务一级、一级关心一级的服务环境,极大地增强了非权力因素的影响,创造了新时期党组织群众、发动群众的新载体。"三服务"活动对增强党对全社会的感召力和控制力,促进社会和谐发展具有极其重要的现实意义。

三、深化"三服务"活动面临的新问题

"三服务"活动,作为新形势下凝聚党员、凝聚群众、凝聚社会的有效载体,是充分调动党员、群众积极性,激活基层党组织活力的实践活动。在新形势下,进一步深化"三服务"活动,加强基层党组织建设,同时面临一些新情况、新问题。

(一)党的领导对象从"单位人"转向"社会人"后,服务的覆盖面进一步扩大,服务的个性化要求越来越凸显。随着改革的纵深发展,特别是国有企业改革的深化,党的领导对象将更多地从"单位人"转向"社会人",一方面,流动党员急剧增加,"有党员无组织、有组织无党员",基层党组织的"真空地带"和"空转"现象也将持续不断地出现。传统的依据单位建立的基层党组织,对党员的教育和管理将失去了强有效的控制力。且传统体制下党员可以通过各种制度性安排,自然享有的各种优先权利,随着党内可分配资源在不同领域实际分配情况差异性的增大以及部分党员社会角色的改变,处于社会的弱势,要求党组织不断扩大服务的覆盖面,延伸服务触角;另一方面,作为社会人,党员个体的社会属性将进一步显现,且随着党员身份的复杂化,党组织服务的个性化要求越来越凸显,既要帮助不同身份的党员重新架构自己的能力体系,营造有

利于党员成长和发展的制度、体制、机制，并进而形成推动社会发展的积极力量，又要尊重现代社会人们价值取向的多元化倾向，切实帮助党员群众解决他们关心的切身利益问题。而现阶段由于社会结构的变化，社会资源配置方式以及社会生活方式的变化，基层党组织传统的组织结构，功能体系和政治作用出现了有所虚化和弱化的倾向。基层党组织建设与经济社会的快速发展还难以适应，在大量的非公企业、社会中介组织以及较偏僻的新住宅区、高档商品住宅区有许多只有群众，没有党员的单位、区域，"三服务"活动实际上还难以全面覆盖，个性化的服务要求现阶段无法得到全部满足。

（二）党的工作体系从"大政府、小社会"转向"小政府、大社会"，服务功能进一步扩大，影响力不断增强。随着政府职能的转变，政府管理体制改革的推进，政府对社会的管理不再采取直接的行政方式，更多地表现为对经济的宏观控制，对社会的综合协调、对具体工作的指导和服务。党的工作体系也从"大政府、小社会"转向"小政府、大社会"，与之相应，大量的新社会组织、社会中介组织，以及群众自治组织等应用而生。这些组织在市场经济的发展中变数比较大，党员队伍流动快、分布散，党的服务功能进一步扩大，影响力不断增强。现阶段，"三服务"的活动空间主要局限在各社区或单位党组织，对服务资源还缺乏系统的有效整合，以致服务效应很大程度取决于社区或单位原有的工作基础，包括人力资源、财力资源、载体资源以及教育资源等储存挖掘，在全区范围的共振效应有待进一步强化。

（三）党的工作格局从"条块分割"转向"网络结构"，资源的社会化整合效应进一步增强，服务要求提高。近几年来，特别是浦东新区建政以后，为进一步提升区委对新区全局工作的政治领导，更好地形成"总揽全局，协调各方"的工作格局，区委工作格局从"条块分割"转向"网络结构"，党的工作体系通过五大工委直接连接社会，联系基层，形成了"横向到边，纵向到底"工作格局，实现了党的工作最大覆盖，这既为开展"三服务"活动实现社会资源的整合奠定了扎实的基础，又对搞好"三服务"活动提出了更高的要求。在新形势下，"三服务"活动更要以其服务对象的广泛性和服务体系的严密性成为渗透党的影响力的最佳切入点，通过一级服务一级，一级影响一级的有效形式，向社会各领域广泛延伸，扩大党组织的凝聚力，形成与群众密切联系的新渠道和新途径。从目前的情况看，"三服务"活动还处于实践探索阶段，服务的质量评价体系尚未建立。在工作中，一是某些地区、某些部门或多或少存在一些重过程、重做法、重形式的倾向；二是服务的具体性、规范性、科学性难以衡量，一定程度影响了服务本身所包含的社会感染力、震撼力,影响了党建工作的发展水平。

四、进一步深化"三服务"活动的几点思考

"三服务"活动是基层党组织实践"三个代表",增强凝聚力、战斗力的新载体,直接体现了新时期党的先进性和党员的先进示范作用。同时,开展"三服务"活动也是改革开放形势下,以服务为切入点,转变党的领导方式一种积极有益的探索和实践。进一步深化"三服务"活动,加强基层党组织建设,可以从以下几方面考虑:

(一)最广泛地动员组织各级党组织和党员共同参与,进一步提高党的战斗力、凝聚力。以现有的基层党组织为基础,通过发挥社区党建、企业党建的优势,引导和动员基层各级党组织和全体党员以共同理想、共同利益、共同需求为纽带,积极参与投身"三服务"活动,并形成合力。第一,积极倡导上级组织为下级组织服务,这种服务更多的是一种理念的转变、方式的创新、政策的导向及其资源的整合。上级党组织要为基层党组织提供强有力的政策支撑、组织保证、人才支持,使各基层党组织成为党的坚强堡垒。第二,号召动员组织为党员服务,各级党组织要更多地关注党员的事业发展、权利保障以及各种发自内心的诉求,切实帮助他们解决在社会转型期遇到的各种困难和问题,保障他们的民主权利,增强对组织的归属感。第三,号召动员党的各级组织和党员为群众服务,更多地关注不同层次群众的不同需求,特别是要关注群众关心的热点、难点、焦点问题,要更多地突出党的群众观点,体现为民办实事、办好事,全心全意为人民服务党的宗旨。最广泛地动员组织各级党组织和党员共同参与"三服务"活动,从不同的层面强化党员的先进性作用,进一步深化"凝聚力工程",并使之成为凝聚社会的合力要素。

(二)强化党员服务机构载体培育,进一步探索基层党组织平衡和协调利益冲突的有效途径和办法。在"三服务"活动中,浦东新区党员服务中心作为组织与党员之间架起的一种较为自由的和弹性的接触中介,通过采取开放式、社会化、菜单式的服务方式,形成了很好的社会辐射功能,密切了组织间、组织与党员间、党同人民群众间的联系,这对基层党组织进一步平衡和协调各种利益冲突提供了极其有效的途径和方法。深化"三服务"活动,要进一步加强党员服务机构的培育,第一,各级党组织要利用现有的组织结构和管理基础,变党员服务机构单一的垂直领导为多向的直接领导、双重领导,间接领导相结合

的模式,使其服务形式更为灵活,服务功能更为完整;第二,党员服务中心应该具有扁平、弹性、高效的自主管理特点,这有利于党组织在新形势下,应用现代科学管理的模式,更好地发挥党的政治优势,把不同对象、不同层面的党员群众组织起来、动员起来,实现区域内服务资源的"共建共享",实现服务效应的最优化;第三,党员服务中心的服务方式、服务内容要着眼于满足不同层次党员群众的不同需求,使区域内各单位、各阶层的党员、群众最大幅度地成为"三服务"活动的直接参与者和受益者,为新时期基层党组织凝聚党员、凝聚群众、凝聚社会奠定基础。

(三)加强制度建设,进一步改进和完善党的基层组织管理。加强"三服务"的制度建设,主要包括:(1)服务的组织制度。各级党组织要充分认识开展"三服务"活动对实践"三个代表"重要思想,增强党的凝聚力的重要意义,把这项工作列入党委重要议事日程,加强组织领导,深入持久地抓下去。党(工)委分管领导和各职能部门要分工协作、责任到人、相互配合,形成合力。(2)服务的工作制度。各级党组织要结合本行业、本系统实际,把"三服务"具体内容细化,按服务对象的不同层面规定服务项目、服务要求。对在职党员要注意发挥他们的先进示范作用,关心他们的事业发展;对离、退休、下待岗(失业)党员,要关心他们的生活,帮助他们解决实际问题。(3)服务的评价制度。"三服务"活动应建立科学的评价体系,从服务的参与度、认同度、社会影响力等,对活动的阶段和进程要进行动态分析,增强服务本身所包含的社会感染力、震撼力,具体考核要与基层党支部达标创优相结合、与凝聚力工程建设的目标体系相结合。

(四)优化服务资源配置,进一步增强党的非权力因素影响。进一步深化"三服务"活动,党组织要利用自己的政治优势优化资源配置,增强党的非权力因素影响。在"三服务"活动中,结合服务对象、服务内容,资源配置力求做到"重点内容重点配置,关键对象优化配置"。在方法上,可以采取(1)召开党员代表大会的形式,畅通资源配置的组织渠道;(2)发挥工会、共青团、妇联等党直接领导下的群众组织作用,实行思想工作联做、公益事业联办、生活环境联建、文体活动联谊、社区服务联抓等形式,加强资源的有效整合;(3)建立资源共享、事业共创、利益共得的工作机制,党组织既要盘活用好现有的资源,搞好不同层面的服务,又要根据经济的发展,加大必要的投入,如完善网络建设、电化教育等,更好地满足党员、群众多方面的需求,使资源配置同社会政治经济文化发展相适应,并达到最优化。

（五）坚持服务的方法与手段创新，进一步加强党的思想政治工作。"三服务"活动，要以服务为抓手，坚持方法与手段的创新，倡导"一级服务一级"理念，使党的思想政治工作更多地体现出以情感人、以理服人的凝聚效应，更多地形成一种让群众看得见、感受得到的实惠。一要坚持"以人为本"，党的传统思想政治工作与现代社会人文关怀相结合。在服务中，既要加强对人的政治引导，又要强调利益关心，强化价值引导功能；既要用共同的理想凝聚人，又要关心人个体成长的环境和需求，调动方方面面的积极性，引导党员、群众将个人的发展同事业的发展相结合；二要坚持党组织的领导核心作用与发挥行政组织和群众自治组织的优势相结合。在服务中，既要增强相互间的渗透和结合，又要避免出现"党政不分，统包统揽"不合理现象。党组织既要履行好政治工作职能和社会服务职能，又避免干涉包揽属于自治范畴的社区事务、行政事务，既要支持和保证依法自治，推进基层民主政治建设，又要动员社会力量、依靠社会力量，构筑良好的人文环境、事业发展环境，实现凝聚党员、凝聚群众、凝聚社会的服务目标。坚持立党为公，执政为民，保持党同人民群众的血肉联系，是加强党的执政能力建设的核心。党的十六届四中全会要求"各级党委和政府要积极研究和把握新形势下群众工作的特点和规律，探索新途径、新方法，不断提高组织群众、宣传群众、教育群众、服务群众的本领"。"三服务"活动是基层党建工作方法的创新。将服务理念贯穿到党的建设各个环节，作为凝聚党员、凝聚群众、凝聚社会的载体，对基层党组织平衡和协调各种社会利益冲突，加强和改进新形势下的群众工作，推进和改进基层党的建设具有极其重要的意义。

（中共浦东新区党校课题组，邱素琴执笔，2007 年）

第四节 建立民主机制，推动利益整合

服务群众，核心的问题是满足群众的利益诉求问题，在执政条件下，群众工作的基本目的是在不断满足群众需要的基础上实现有效的社会利益整合，以构建和谐的社会。民主机制在利益整合中具有重要的作用。浙江温岭的"民主恳谈会"制度和上海青浦的"农村党员议事会"制度是两个有益的探索。

一、"民主恳谈会"制度

"民主恳谈会"，1999 年 6 月诞生于浙江省温岭市松门镇。温岭地处沿

海,介于宁波、温州两个开放城市之间,市场经济发育较早,民营经济,特别是合作制经济发达。116万人口中,常年有二十多万人在外经商务工。市场经济的洗礼使广大农民独立性、自主性和平等的权利意识不断增强。"民主恳谈会",是党的基层组织在探索群众工作中发展起来的,成为基层社会协商性民的创新,并推动了党的基层民主的发展。

(一)"民主恳谈会"的探索实践。

1999年6月,温岭市松门镇党委为了改善群众工作传统的单向灌输说教模式,采取干部与群众面对面交流的新形式,开展"农业农村现代化教育建设论坛"。第一次就有一百多位群众自发参加与镇领导的对话,议题涉及经济发展、社会治安、村镇建设、邻里纠纷等方面。平等对话受到群众拥护。松门镇和温岭市党组织觉得这种形式效果很好,于是坚持下来,而且经过逐步摸索,将这一措施推广到其他的乡镇。

温岭市的"民主恳谈会"经历了四个发展阶段:第一阶段为1999年到2000年,主要通过民主对话,解决群众关心的问题。第二个阶段为2000年到2005年,开始介入政府和人大的"决策咨询",并于2004年推动了党内民主恳谈的发展。第三阶段为2005年至2008年,"民主恳谈会"的内容不断丰富,一是与人大等财政预算审查结合起来,有"民主听证会"功能,二是进行了行业工资恳谈机制。成为政府决策的公开听证会,官员和公民的平等对话会,也是不同利益群体之间的协调沟通会。第四阶段为2008年至今,"民主恳谈会"全面发展,并进一步制度化、规范化。

"民主恳谈会"通常由乡镇、村或乡镇部门党组织主持,由广大的群体或相关的代表参与。它主要有四种形式:一是乡镇、村、部门以及企业的民主恳谈活动;二是镇民主听证会;三是村级民主议事制度;四是"民情恳谈"活动。在温岭市的各种"民主恳谈会"形式中镇的民主听证制度和村的民主议事制度是其重点建设的制度。

"民主恳谈会"如今已成为温岭市和整个台州地区全面推行的民主决策、民主管理模式。2003年发布的《浙江省关于进一步加强农村基层民主法制建设的意见》指出,"要建立和完善由村党支部书记主持的村党支部、村民委员会联席会议制度,规范村级事务决策程序。要认真实施《村民委员会组织法》,健全村民委员会、村民会议、村民代表会议、村民小组等村民自治组织,正确处理相互关系",而且强调"不断完善民主议事程序,健全村级民主决策制度。凡涉及农村经济、政治、文化发展的重要事项,尤其是重大的政务和财务,都要依法召开村民会议或村民代表会议讨论决定。逐步规范农村村级重大事务民主议事、决策的范围、程序和方法。"

(二)"民主恳谈会"的意义与作用。

"民主恳谈会",其实质上是商议性的民主决策形式。有学者认为:"民主恳谈会"是新的民主决策形式,它具有商议式民主之特点与精神。(1)平等性。商议式民主理论家强调公民参与讨论某一公共决策的权利和机会,强调参与对话者都拥有商议之能力。根据宪法,公民享有政治权利,这其中就有参与权,即公民有平等参与重大的公共事务决策的权利。但多年来即使在西方民主政治的社会里,也缺乏相应的制度性渠道,能让公民广泛参与公共决策之活动。过去中国的大众也很少机会参与政府的决策,而"民主恳谈会"为人们平等地参与提供了一种机制。(2)多元性。民主政治过程实为参与各方的权力与利益达成妥协的过程。商议民主承认对话的参与者之间存在多元性,他们有不同的利益、信仰和理想,因而就需要通过对话以解决问题或作出决策,这就是商议机制。随着中国社会阶层的分化及随之而来的利益的多元化,需要我们在决策方式上作出变革以反映这种多元性的格局。而"民主恳谈会"可为各种利益群体就为自己的利益进行讨价还价提供机会或机制,以使利益协调,从而使整体的利益最大化。(3)决策性。无论是"民主议政日"、"社区事务民主听证会",还是"民主听证会"、"民主议事会",从功能上来说,主要是为了决策。这些制度或活动有"民主监督"与"民主管理"等功能,但其最大的特点就是其决策性,"民主决策",将大众引入到决策的过程之中,而这正是商议式民主所强调的。(4)身份的不受限制与明确性。从温岭的经验来看,无论参与镇民主听证会,还是村民主议事会,都没有身份限制,就是说任何人只要有时间和兴趣都可以参加。例如,温岭市松门镇渔业发达,但缺乏专业的交易市场。镇政府考虑并将建专业市场的事通过"民主恳谈会"来解决。要不要建这个市场? 如要建,建多大的规模? 由谁来投资? 建在何处? 这些议题均交镇里的群众讨论。这个"恳谈会"没有身份限制,任何人无论干部还是村民只有感到有时间均可参加。结果来了一百多人,其中不少与会者是与这个项目利益攸关的。另一方面,大多村庄是一个熟人社会,彼此稔熟,有充分的了解,所以参加"民主恳谈会"的身份是相当明确的。(5)大众性。商议式民主旨在恢复公民文化,让公民能真正参与决策过程。中国的政府决策过程中往往没有大众的参与。而浙江省温岭的"民主恳谈会"就具有参与的广泛性,广大群体能够有机会与渠道发表意见、提出建议,即"为群众利益表达和政治参与搭建平台"。正如浙江省温岭市新河镇的农民所说的,"自从有了恳谈会,我们不仅知道镇里要干什么,还可以决定该不该干和怎样干,身边的事情我们平头百姓也能说了算"。①

(三)基层"民主恳谈会"又促进了党内民主建设。

党内民主恳谈制度,是浙江省温岭市委借鉴当地开展多年的群众民主恳谈的做法,让党代表更多更好地参与事关全局的重大决策,进一步发展党内民主而探索出的一种新载体。

作为党代会常任制的试点县、市之一,温岭市2004年开始全面试行党代会常任制,并在2004年1月召开了第一次党代会年会,在会上,党代表们共提出建议案123件,涉及党的建设、精神文明建设和经济建设等众多方面。为了充分发扬党内民主,使建议案的回复更趋科学性和合理性,推进市委决策的民主化、科学化,积极探索发挥党代表党内监督作用的新途径,温岭市建立了党内民主恳谈制度,并于2004年6月7日召开首期党内民主恳谈会,市委书记、副书记等市委领导与党代表就建议案提出的涉及党的建设的有关内容进行面对面对话,引起了较大反响。2008年1月13日,温岭市第十二届党代会第二次会议的366名代表通过举手的方式,一致通过了《中共温岭市委关于党内民主恳谈的若干规定(试行)》,这意味着党内民主恳谈已成为该市党委决策的必经程序。

党内民主恳谈制度,形成面对面回复党代表建议案,是处理回复党代表建议案的有效途径,也是激活党员主体意识,加强党内民主管理的有益尝试;党内民主恳谈制度,进一步强化了党内民主恳谈结果的反馈和监督,是加强党内监督的有益探索;党内民主恳谈制度,与基层民主恳谈制度结合起来,进一步畅通了党群联系、干群联系,有效地整合社会利益矛盾,有助于巩固党的执政基础。

二、推行"农村党员代表议事会"制度

上海青浦区的"农村党员代表议事会"制度,具有新的特点。青浦位于上海西郊,是连接江、浙两省的交界点。全区总面积669.7平方公里,常住人口近90万,其中户籍人口45.6万。下辖8个镇、3个街道,至2010年底共有184个村党组织,村级党员总数15365名。从2003年下半年开始,针对农村

①　何包钢:《商议式民主与中国地方经验》,《浙江大学学报》2005年第1期。

出现的社会矛盾,区委在实践中推行的"农村党员代表议事会制度"。

(一)"农村党员代表议事会制度"的实践探索。

2002年上半年,青浦区推行"村级组织综合配套改革",全区由315个行政村撤并为184个。行政村的范围扩大了,村"两委"干部的职数减少(都减少1—3人)了,村级组织的管理要求提高了。行政区划调整有利于资源的整合和优化配置、降低管理成本。但是,农村居民固有的地缘、业缘关系发生了变化,一些历史遗留问题也在这时凸显出来,由此引发村民的上访事件不断发生。面对这一情况,本来就职数减少的村"两委"就处于"疲于应付救火"的状态,工作没法有序开展。例如当时在朱家角镇,有两个村的村民因村集体厂房的租赁、土地转包问题到镇政府持续上访一个多星期。为此,青浦区委提出了探索建立"农村党员代表议事会制度"的设想,要求通过推进农村基层党内民主,发挥党员的积极作用,来增强村党组织的凝聚力和作用力。于是,首先在朱家角镇党选择几个村进行试点探索。

2003年8月,朱家角镇党委根据区委要求在三个村先行试点"农村党员代表议事会制度"。到当年年底,这三个村党组织的工作明显得到改善,特别是其中两个上访频发的村也没有村民再到镇政府上访了。镇党委发现农村党员代表议事会制度的作用在实践中充分显现,于是在总结完善试点工作的基础上,2004年10月,决定在全镇各村全面推行党员代表议事会制度。2005年4月,区委制定了"关于在全区各村推行党员代表议事会制度的实施意见",决定在全区各村全面推行农村党员代表议事会制度。

"农村党员代表议事会制度",是在村一级建立由部分党员代表组成的议事会,讨论商议需由村党组织决策的重大事项,参与民主管理党内事务和农村事务的一项制度;是农村基层的党内议事协调机制;是村党组织决策过程中的一个重要环节。议事会代表由全村党员民主推荐、选举产生,村党组织班子成员为当然代表;党员代表人数原则上按全村党员总数20%左右的比例确定,但不得少于10人,其构成要具有广泛性和代表性,要兼顾地域、阶层、年龄、学历、职业等结构情况。议事会代表中的三分之一原则上应由村民代表中的党员担任。不进村党组织班子的村委会党员成员可列席参加议事会议。议事会代表的工作属于"义务"性质,不发放任何补贴。

党员代表议事会会议原则上每季度召开一次,商议本季度村党组织的重要事宜,提出下季度的工作要求。如遇重大事项需商议或有二分之一以上议事会代表提议,可临时召开。议事会会议可由村党组织书记主持召开,也可在议事会代表中推选一名召集人来主持召开。议事会代表通过参加议事会会议及会后的各种联系活动,在任期内充分发挥参与决策、监督和桥梁纽带作用。

青浦区朱家角镇沈巷村积极创新"四步法议事"程序和"网络联系户"制度,进一步完善和深化"党员代表议事会"活动制度和运行机制。主要做法:

一是"参政议政"当帮手。对于村的重大性、长远性、发展性、群众性事项,在表决决策前经党员议事会讨论酝酿,严格按照"精选议题→阳光议事→执行落实→反馈通报"的"四步法"程序,确保议事会议案得到尊重和落实。如2009年重阳节前,较多党员代表收集到要求在重阳节对老年人发放生活补贴的要求。村领导班子经"四步法"程序,通过党员代表"参政议政"决定,采纳了该意见。

二是"下情上传"当传手。党员代表主动听取、搜集党员群众对本村经济社会发展、学习实践科学发展观和基层党建工作的意见建议,了解调查群众反映强烈的热点难点问题,为村"两委"决策提供第一手资料。如某党员代表及时向村党组织反映了耕地被征用的问题,并帮助解决村民的实际困难,同时向村民宣传相关政策和精神,及时化解了矛盾。

三是"上情下达"当推手。建立党员代表议事会成员联系党员、群众和村民小组的网络联系户制度,把基层党员"串"在一起,与广大群众"连"成一片。引导议事会成员深入村组农户,宣传党和国家惠农政策、上级工作要求、结合本村重点工作和重点项目建设情况,使基层群众真正"听懂领会"党的声音,领会村"两委"及上级决策意图。

四是"咨询听证"当助手。充分发挥党员议事会成员作用,将村"两委"议事决策中比较棘手和难下定论的问题提交议事会讨论,征询党员代表的意见建议;积极探索党员、村民代表民主听证制度,对涉及群众切身利益的重大事项和重点问题实行民主听证,主动接受代表质询,增强了议事决策的科学性和实效性。

(二)农村党员代表议事会制度的成效。

第一,聚合了党员,为党员发挥作用搭建了平台。党员代表议事会制度,通过实行党内事务让党员"先知道、先讨论、先行动",保障了党员的权利,激发了党员的使命感和责任感;为农村党员参政议事、发挥作用搭建了平台。

第二,畅通了民意,为密切党群、干群关系奠定了基础。党员代表议事会制度的主要工作内容,是通过议事会代表广泛收集村情民意,并把收集到的村情民意通过会议形式变为村党组织的决策内容,这就从制度层面上拓展了村民意愿的表达渠道,使村民的真实愿景成为党组织的工作目标。通过党员代表联系党员和村民,使广大党员和群众与党组织的距离更近了,关系也更加密切了。

第三,加强了监督。农村党员代表议事会建立后,"党内事务"首先必须经代表议事会讨论商议,能促使村干部真正依法办事、为民办事。

第四,为完善村民自治提供了保障。农村党员代表议事会制度的建立,推进和实现了村党组织决策的科学化,也增强了村党组织的凝聚力。而经党员代表议事会商议的有关事项,也为村班子会议或村民代表会会议(村民大会)准备的基础,提高了村级组织决策的质量和效率,也为优化和完善村民自治提供了保障。

(三)农村党员代表议事会制度的意义。

青浦的农村党员代表议事会制度与温岭民主恳谈会制度不同。温岭的民主恳谈会,是农村基层党组织领导下,基层社会利益各方直接的利益协商;青浦党员代表议事会,则是党的基层组织在决策层面的民主制度。从推动农村自治来说,温岭模式更直接;从发挥党员主体性上看,青浦模式更具体,并与党代会常任制直接结合起来。

在党代会常任制机制中,委员联系代表,代表联系党员,党员联系群众。农村党员代表议事会,这是基层党员和党代表联系群众的深化,代表议事会与镇一级党代会构成了一个相互配合的结构。不仅能有效地反映农村的利益诉求,而且在村级层面直接解决能解决的利益问题。

青浦区委在推进过程中,始终注意提高议事会代表素质,改善议事会代表结构,力求让农村的政治"精英"能进入党员议事会,这样,广大议事会代表都能珍视享有的权利、自觉履行义务,保证了党员代表议事会制度运作的规范有序并取得实效。

党员议事会又为村民代表大会准备了基础。一些农村较大的问题,经过党员代表先议,在村民大会上进一步讨论就比较成熟。直接引导和推动着基层自治的发展。直接解决一是适应了党内民主政治建设的发展需要是前提。以党内民主带动人民民主、社会民主,以党内和谐促进社会和谐,这是我们党加强执政能力建设和先进性建设的本质所在,而农村党员代表会制度就是推进党内民主、实现党内和谐的有效探索,因此它适应了形势的发展需要,具有较强的时代性、生命力。

青浦区委要求党员代表议事会所商讨的事项,都是与党员和群众的利益、权利密切相关的，并需由村党组织决策的重大事项，这样的规范性定位，避免了包揽村党支部职能和代替村民代表会议作用的现象出现。同时，还注意党员代表与村民代表在人员组成上的关联性，提倡党员议事会代表和村民代表有一定比例的交叉，保证了议事会运行的实效性。对范围小、党员少的行政村，原则上都不再提倡推行农村党员代表议事会制度。

附录8：

浙江党内民主恳谈：党内民主制度创新的新成果

所谓党内民主恳谈制度，是浙江省温岭市委依据党章和相关制度规定，从保障党员权利出发，借鉴当地开展多年的群众民主恳谈的做法，让党代表更多更好地参与事关全局的重大决策，进一步发展党内民主而探索一种新载体。

一、党内民主恳谈制度的实践探索

作为党代会常任制的试点县、市之一，温岭市2004年开始全面试行党代会常任制，并在2004年1月召开了第一次党代会年会，在会上，党代表们共提出建议案123件，涉及党的建设、精神文明建设和经济建设等众多方面。为了充分发扬党内民主，使建议案的回复更趋科学性和合理性，推进市委决策的民主化、科学化，积极探索发挥党代表党内监督作用的新途径，温岭市建立了党内民主恳谈制度，并于2004年6月7日召开首期党内民主恳谈会。

这天上午8时30分，温岭市委7位领导与75位市党代会代表开始了首次党内民主恳谈会——针对党代表在今年1月召开的第一次党代会年会上提出的建议案进行回复，并听取大家意见和新的建议。温岭市当年的党代会年会共收到代表建议案123件。温岭市委将所有建议案落实到承办单位，相关部门逐件提出办理意见。当天回复的18件建议案集中在基层党建领域。如有人提出的《加强非公企业党务工作者队伍建设》的建议案，市委领导答复如下：我市一直高度重视加强非公企业党务工作者队伍建设，2004年4月还组织了47名党务工作者到省委党校进行为期五天的集中培训……下阶段，我们还将建立全市党务工作者人才库，并力争在年内将全市所有党务工作者培训一遍。再如有人提出：实行党代会常任制让"五天代表"变成了"五年代表"，但常任制就要常活动，建议开展经常性的党代表视察活动，并将其制度化。考虑到这个建议的涉及到制度执行问题,市委书记宣布暂时休会,经过与会的市委领导集体研究后再进行答复。

15分钟后,会议重新开始。市委领导答复说:市委已经就发挥代表作用提出了实施意见。目前,松门镇代表团已开展了视察活动,但其他代表团尚未开展。为此,市委要求各代表团团长,一要切实落实市委的实施意见,二要借鉴人大代表开展视察活动的做法,三要加强督查、推动工作。整个会议,有近20位党代表提出了三十多个新建议,市委领导逐一作了答复,并决定会后专门研究,确定相关部门抓紧落实。因此,听取了办理结果与答复后,党代表大都表示满意。

时任浙江省委书记习近平6月上旬到台州考察时,对温岭市建立党内民主恳谈制度给予了充分的肯定。2005年3月,中央组织部有关领导到台州调研,就《关于党的地方各级代表大会闭会期间发挥代表作用的意见(试行)》稿征求意见时,也充分肯定了温岭市的做法。

从上面的党内民主恳谈会的过程可以看出党内民主恳谈制度虽属草创,但基本形成了大的制度框架:

第一,确定了党内民主恳谈遵循的基本原则。一是坚持党的领导原则。开展党内民主恳谈要以邓小平理论、“三个代表”重要思想和十六大精神为指针,在市委的统一领导下进行,民主恳谈议题的确定,决策的形成、实施和监督都要坚持党的领导,符合党的路线、方针、政策;二是坚持民主集中制原则。开展党内民主恳谈要充分发扬党内民主,广泛听取各级党组织和党员的意见、建议,集中民智,统筹兼顾,做到民主基础上的集中和集中指导下的民主相结合,保证市委的决策得到迅速有效地贯彻执行;三是坚持依法依章原则。严格按照《中国共产党章程》等有关规定开展民主恳谈,站在党性和集体利益的高度去分析问题,提出意见或建议;作出的决定或决策必须符合法律、法规和党内的有关规定;四是坚持注重实效原则。开展党内民主恳谈要将立足点和归宿点放在有利于保障党员的民主权利,充分发挥党代表议党议政的积极性,保证市委决策的民主化、科学化;坚持有利于推进问题的解决和工作的落实;有利于推进我市物质文明、政治文明和精神文明全面协调发展。

第二,制定了党内民主恳谈的基本程序。一是时间规定。党内民主恳谈会可定期或不定期召开,一年不少于两次,根据需要可随时召开。二是每次党内民主恳谈会的前置程序。议题的确定。根据全市的工作部署,在深入调查研究和广泛听取党员意见、建议的基础上,确定本次民主恳谈会的议题;与会对象的确定。根据议题的内容、范围和工作需要,确定参会对象。必要时可邀请部分人大代表、政协委员和其他相关人员参加。市党代表和党风廉政监督员可以列席民主恳谈会;会前的通知。民主恳谈的议题、时间、地点应在会议召开前五天由市常任办向各参会对象发出书面通知。三是党内民主恳谈会的具体程序。主持人通报本次恳谈会议题提出的缘由;承办单位负责人提出对该议题的初步答复方案及意见;与会人员围绕议题有序发言,提出建议、意见,各承办单位及时予以答复或解释;在听取建议、意见的基础上,会议主持人召集各承办单位负责人召开会议,对初步答复方案及意见进行修改、调整和完善;将修改后的答复方案及意见向与会人员通报;每个与会人员填写好《市党内民主恳谈意见反馈表》,在两个工作日内交市常任办。

第三,设置了党内民主恳谈的议题和范围。市党代表提出的全局性或涉及面较广的建议案;涉及全市党建工作,经济建设和精神文明建设的重大问题;事关全局性、方向性、战略性的全市发展规划的制定、修改和完善;市委认为需要提交党内民主恳谈会讨论和决定的事项。

第四,规定了党内民主恳谈结果的反馈和监督。结合《市党内民主恳谈意见反馈表》中广大与会人员的意见,将民主恳谈的结果在会后七个工作日内视情向全市广大党组织通报;民主恳谈会讨论的事项,各承办单位要认真组织实施,并接受广大党员的监督。对于未付诸实施的,应在下一次党内民主恳谈会上作出解释。

作为一项党内民主制度创新,建立党内民主恳谈制度的目的主要有:第一,建立党内民主恳谈制度是创新党代表闭会期间发挥作用的有效举措。发挥党代表在闭会期间的作用,是党代会常任制的一项重要内容。该市建立党内民主恳谈制度,就是让党代表在闭会期间能够有效参与党的建设和经济社会发展大计,一方面可以发扬党内民主,健全党的民主集中制,发挥各级党组织和广大党员的积极性、主动性和创造性;另一方面,为回复党代表建议案提供了新的思路,使之与人大代表的议案和政协委员的提案的回复有所区别,充分体现了"党要管党"。第二,建立党内民主恳谈制度是密切党群干群关系的桥梁和纽带。通过召开党内民主恳谈会可以倾听基层广大党员干部的呼声,及时解决基层碰到的突出问题,化解矛盾,提高办事效率。同时,使党员干部牢固树立立党为公、执政为民的理念,转变了党员领导干部在群众中的形象,进一步巩固了党的执政基础。

二、党内民主恳谈制度创新的动力机制分析

党内民主恳谈制度,与党中央关于推进党内民主建设的指导原则分不开,也与基层民主生活制度化分不开。

第一,党中央提出了推进党内民主的指导原则,为党内民主恳谈制度的形成和发展指明了方向。

党的十六届四中全会《决定》在发展党内民主方面提出了一系列改革举措,其中指出:"认真贯彻党员权利保障条例,建立和完善党内情况通报制度、情况反映制度、重大决策征求意见制度,逐步推进党务公开,增强党组织工作的透明度,使党员更好地了解和参与党内事务。营造党内不同意见的平等讨论的环境,鼓励和保护党员讲真话、讲心里话。……积极探索党的代表大会闭会期间发挥代表作用的途径和形式,建立代表提议的处理和回复机制。加强代表同选举单位党员的联系,听取和反映党员的意见和建议。党的各级全委会召开会议时,可根据议题事先征求同级党代会代表意见或邀请部分代表列席会议。"

实践表明,党内民主恳谈制度,有利于最大限度地调动广大党员和党的各级组织的积极性、主动性和创造性,集中全党的智慧,凝聚全党的意志和力量;有利于进一步解放思想,在全党形成认真学习、民主讨论、积极探索和求真务实的风气,巩固和发展生动活泼的政治局面;有利于全党拿起批评和自我批评的武器,实行切实有效的党内监督,不断提高解决自身问题的能力。

党内民主恳谈制度体现了"要以保障党员民主权利为基础"的原则。随着社会主义市场经济的不断发展和社会的全面进步,广大党员的民主意识不断提高,参与党内事务的愿望不断增强。因此,大力发展党内民主恳谈制度,首先必须切实有效地保障党员的民主权利。

党内民主恳谈制度体现了"以完善党的代表大会制度和党的委员会制度为重点"的要求。按照党内民主恳谈制度的要求去做,能进一步理顺党的各级组织与党的代表大会、党员的代表与党员的关系,充分发挥各方面的作用,形成一个责权明确、相互配合、有效制约的科学的民主管理体制;更好地发挥党的代表大会作为本地区党的最高权力机关的作用;实现重大问题由党员代表参与讨论决定,加强党员代表对全委会对常委会及其成员的监督。

党内民主恳谈制度体现了"从改革体制机制入手,建立健全充分反映党员和党组织意愿的党内民主制度"的改革思路。党内民主恳谈制度无论是在

保障党员民主权利的内容,还是完善党的代表大会制度和党的委员会制度等方面,都有积极作用,注重了从体制、机制入手,突出制度的作用。只有建立健全完备的党内民主恳谈制度,才能保证大力发展党内民主,才能真正把党建设成为一个充满生机和活力的工人阶级政党。

第二,试行党代会常任制的探索,为党内民主恳谈制度形成和发展,奠定了基础。

党代会常任制作为一项制度结构,最核心的两项制度就是年会制与代表常任制。按照常任制的要求,椒江每五年召开一次党代表大会,代表大会闭会期间每年召开一次。就党代表的职责来说,分为会议期间和闭会期间两个方面。在会议期间,主要是听取和审议区"两委"的工作报告;选举区委、区纪委委员;参加全区性重大问题的讨论和决策;还可以按照程序提出需要代表大会年会和代表团会议讨论的议题。在闭会期间,代表们继续开展活动行使职责,向区委和有关党组织提出工作建议和批评,并定期向本选举单位的党员汇报履行代表职责的情况,接受他们的监督。

近年来,台州市党代会批准试行党代会常任制,在试行的范围、层次和规范化上均有提高。台州在党代会常任制的试行过程中,椒江区试行的取消区委常委会建立委员制、路桥区进行的党代表直选制度、温岭市结合"民主恳谈"活动开展"党内民主恳谈会"等,均作了有益的探索。党代会常任制的探索是开放性的,这样的探索必将一步步走向深入。

第三,温岭市"民主恳谈"活动的广泛开展,为党内民主恳谈制度形成和发展,准备了条件。

"民主恳谈会"1999年6月诞生于浙江省温岭市松门镇。"民主恳谈会"通常由乡镇、村或乡镇部门党组织主持,由广大的群体或相关的代表参与。它主要有四种形式:一是乡镇、村、部门以及企业的民主恳谈活动;二是镇民主听证会;三是村级民主议事制度;四是"民情恳谈"活动。在温岭市的各种"民主恳谈会"形式中镇的民主听证制度和村的民主议事制度是其重点建设的制度。"民主恳谈会"是新的民主参与形式,它具有商议式民主之特点。"民主恳谈会"的制度完善和成功实践,为把民主恳谈引入党内创造了条件。

三、完善党内民主恳谈制度的思考

美国政治学家卡尔·科恩指出:"民主是一个程度的问题,而且是多级的程度问题……民主永远处于尚待改进的状态,而改进的过程是永远也不会完成的。"①党内民主恳谈制度,作为基层民主中涌现出来的制度创新,它还不那么完善,制度功效也没有完全显现,但作为一个党内民主中新事物,它充满了生机和活力,需要我们进一步理性思考,在实践中不断加以完善:

(一)完善党内民主恳谈制度,是深化基层民主政治建设的有效载体。

党的十六大指出:"党内民主是党的生命,可以对人民民主起示范和带动作用。"这就为党内民主的价值作了科学的定位,也指明了我国政治民主化的突破口。

发展和实行党内民主恳谈这种协商民主具有现实可能性。民主的分类可以有多种划分标准,"基于民主程序的价值偏好,可以将民主政治分为竞争性民主、非竞争性民主与协商性民主"②。协商民主是在我国现行政治框架下,在党的现有体制内,推进党内民主化的一种探索。竞争性民主与协商性民主都以社会的多元化为基础;相对来说,非竞争性民主则以可控的和低度的社会分化为基础的。市场经济和独立人格的多元社会为已成为竞争性民主与协商性民主的社会基础和体制资源。因而,发展和实行党内民主恳谈这种协商民主具有现实可能性。

发展和实行党内民主恳谈这种协商民主具有客观必要性。协商性民主,不但能保证把基层党员和下级党组织的意见能及时反映到上级党组织中来,有效地促进党内的利益整合,而且能够使广大党员成为广大人民群众利益表达的代言人。

发展和实行党内民主恳谈这种协商民主具有深厚的历史积淀。中国共产党具有政治协商的传统,中国共产党领导下的多党合作和政治协商制度,具有政治协商的具体组织形式、具有较完整的制度体制和运作机制、具有协商的共同政治认同和合作的理论基础、具有一整套政治协商运作的经验和原则。在此基础上,党的十三大曾试图把协商扩展到整个社会生活领域,提出了建设社会协商对话制度的构想。尽管没有实施起来,但党的十三大的政治建设构想在一定程度上表达了中国民主政治建设应有的走向。这些做法与协商民主有较多不同,但总体上为党内实行党内民主恳谈这种协商民主奠定了基础。

(二)完善党内民主恳谈制度,是激活党员主体意识,加强党内民主决策的有益尝试。

---

① 卡尔·科恩:《论民主》,商务印书馆出版社1988年版,第38—40页。
② 林尚立:《协商政治:对中国民主政治发展的一种思考》,《学术月刊》2003年第4期。

党内民主恳谈,有效地拉近了党的领导干部与党员代表的空间距离,面对面回复党代表建议案,也考验着党的领导干部的应变和协调能力,增强了党员代表的参与和代表意识,密切了党的组织与党员代表、党员代表与全体党员之间的关系,这也是处理回复党代表建议案的一条有效途径。

党内民主恳谈,还能有效激活党员主体意识,加强党内民主决策。一方面,市场经济的发育和完善,促使人们平等意识的萌发,公平、公正、参与、竞争等观念深入人心;另一方面,经济的多元化导致了利益的多元化,利益的多元化引起了观念的多元化。平等意识的萌发,使党员有更强的民主意识,但党内民主机制不健全的严峻现实,又使党员主体意识受挫,产生严重的挫折感;而利益的多元化,又使党员将关注的重心由政治领域转向经济领域,两方面的原因,必然党员寻找新的关注点,淡化自身的政治色彩,从而将主体意识降到冰点。完善党内民主恳谈制度,拓宽党员对党内重大问题进行讨论和发表意见的渠道,才能保障党员参加党的政策问题的知情权、参与权、选择权和监督权落到实处。

温岭市以党内民主恳谈制度试行为契机,着力构建群众——党员——党代表——代表大会的联系通道,吸取“民主恳谈会”、“民主听证会”等基层民主的成功经验,建立了党内“民主恳谈”制度,实施了“党情畅通”工程。党内民主恳谈制度的实施加强了党代表与广大党员群众、市委主要领导与党代表之间的联系和沟通;建立了畅通有序的信息传递渠道和利益表达渠道,规范了党内民主参与的制度化水平,推动了党内民主的健康发展。

(三)完善党内民主恳谈制度,是加强党内监督的有益探索。

在20世纪50年代中期,邓小平就明确提出,所谓监督来自三个方面:第一是党的监督,第二是群众监督,第三是民主党派和无党派民主人士的监督。后来又多次强调要拓宽监督渠道,加强各方面的监督,并认为,对于共产党员来说,党的监督是最直接的,也是最重要的。

作为党组织特别是上级组织要监督下级组织和党员是否执行贯彻上级组织的决定,下级组织和党员有责任也有权力对上级组织包括党的领导机关的活动加以监督。但监督的重点是上级组织及党的各级领导机关和领导干部。因为领导机关和领导干部权力大、责任重,如果发生失误,后果更为严重。同时,下级组织对上级组织及领导机关和领导干部的监督,能较好地体现民主精神,有利于保障下级组织和广大党员群众的民主权利。

然而,现行党内民主监督机制还存在着一些薄弱环节,特别是党内民主监督的层次单一,即党内自上而下监督好办,自下而上的监督难办;党员行使民主权利常常流于形式。要拓宽自下而上的民主监督渠道及制度保障,如检举、揭发、申诉、控告、上访制度等,保证自下而上监督的运转正常和有效。在《中国共产党党内监督条例》、《中国共产党党员权利保障条例》和《中国共产党纪律处分条例》颁布后的今天,不断完善党内民主恳谈制度,与其他党内制度有机结合,强化党内民主恳谈结果的反馈和监督,就能弥补党内民主监督机制中还存在着的一些薄弱环节,这是加强党内监督的一种有益探索。

(黄宇执笔,2010 年 6 月)

本章小结

新形势下党的群众工作面临着巨大的挑战,特别是出现了社会群体之间多层面、多元性的利益矛盾冲突,这就要求群众工作最基本的内容就是进行利益整合,从而达到社会的整合,巩固党的执政基础,构建社会主义和谐社会。党的基层组织在群众工作中必须不断创新,提高整合社会的能力。

一、党的基层组织在社会整合中的基础性地位

在市场经济和全球化信息化背景下,社会利益矛盾的冲突源于社会转型所带来的社会分化。其基本表现是社会异质性的增加,即群体类别的增多;同时,社会群体间的差距的拉大。社会结构的不断分化与整合正是转型期社会发展和现代化的主要内容和根本动力。但是,在加速转型期,社会分化的烈度、速度、深度和广度比任何时期都要深刻,以致社会整合常常难以适应它的变化而使社会出现"断裂和失衡"现象,而这正是导致社会不稳定和社会问题大量涌现的根本性原因。如何在复杂的社会利益关系中建立与人民群众的血肉联系,并获得最广大人民的认同和支持,这是党执政的政治合法性的基本问题。我们已不能用阶级斗争的方法来解决这个矛盾。我们要全面贯彻尊重劳动、尊重知识、尊重人才、尊重创造的方针,不断增强全社会的创造活力。用努力促进社会各界、各群体各尽其能、各得其所、和谐相处的办法来解决矛盾问题,通过发展、协调而不是对抗来解决这些矛盾。强化党的社会整合能力,构建和谐社会,是对正确处理人民内部矛盾思想的整体性发展。要自觉地综合社会主义社会条件下的整体矛盾,并且要把矛盾的运动整合为活力资源。这是党执政的重要原则。

　　实现社会整合是一个综合性的工作。社会整合可以分为制度性整合、功能性整合和认同性整合。制度性整合是指运用国家的各种政策、法规和法律对各种社会关系进行条理化和合法化梳理,使其纳入统一管理和控制轨道的整合。功能性整合是从统一社会劳动的角度出发,对伴随社会化分工出现的职业异质性而进行的整合。认同性整合则是在意识形态领域里进行的思想性整合。这三种整合既相互联系又独立存在,并分别从社会的制度化、专业化和社会化三个方面对社会进行整合。

　　党首先要在执政理念上要更强调社会的公平和正义原则。社会公正原则的建立,是基于各社会阶层利益协调的共同价值认同,它不同于衡量收入分配均等程度的平等,也不同于市场条件下承认禀赋差别的机会公平,它是市场竞争之上维护共同生活的更高的原则。坚持把最广大人民的根本利益作为制定政策、开展工作的出发点和落脚点,正确反映和兼顾不同方面群众的利益。其次,党的纲领、路线、政策要真实地反映多元的利益诉求,根据执政理念进行合理有效的利益整合。其三,党的基层组织如何适应社会的变化与转型,通过体制机制的创新,对各阶层的社会群体实现组织覆盖和工作覆盖,成为反映人民利益诉求的主渠道,并成为党整合社会的组织基础。

　　社会整合的资源无非是物质、道德、法律、制度和组织,在单位制结构向社区制结构转变过程中,党的基层组织在基层社会是社会整合的最重要的组织资源。社会整合的基础无疑在社会基层。体制改革和结构转换为整个社会带来了更宽更广的公共空间,在国家政府、单位组织和个人相分离的边缘地带,社会的权力正在加大。党与社会的直接联系在社会的基层。政府——社会二元结构的变化,要求过去的全能政府向有限政府转化,政府的行政权力在社会层面逐渐回归社会。政府退出社会,党组织进入社会,这是构造中国式的市民社会的必由之路。这是因为,政党不仅具有政治性功能,而且又具有社会性功能。党在基层社会的组织要树立以服务为核心的工作理念,体现地区性、社会性、群众性、公益性的工作要求;党在基层社会的组织要在扩大社会参与中密切与群众的联系,特别要提高群众参与的组织化程度。

二、党的作风建设是党整合社会的基本前提

　　胡锦涛在庆祝中国共产党成立90周年的讲话中强调:"只有我们把群众放在心上,群众才会把我们放在心上;只有我们把群众当亲人,群众才会把我们当亲人。各级党政机关和干部要坚持工作重心下移,经常深入实际、深入基

层、深入群众,做到知民情、解民忧、暖民心。要把基层一线作为培养锻炼干部的基础阵地,引导干部在同群众朝夕相处中增进对群众的思想感情、增强服务群众本领。要把服务群众、做群众工作作为基层党组织的核心任务和基层干部的基本职责,使基层党组织成为推动发展、服务群众、凝聚人心、促进和谐的坚强战斗堡垒。"

党的作风是党的立场、观点、方法在党的工作中的体现,群众工作是党的基本工作,密切联系群众的作风是党的基本作风。共产党人最大的优势是联系群众,最大的危险是脱离群众。在执政环境中,在市场经济条件下,共产党人,特别是党的领导干部,能否保持党的作风,是个严重的问题,甚至是关系到党的生死存亡的大问题。我们通常把党风廉政联系在一起,党风不正、腐败严重,极大地损害了党群关系。

在党的群众工作中,必须始终抓好党的作风建设。上海市长宁区华阳街道党委开创的凝聚力工程,及以后中共上海杨浦区委和浦东区委开展的"一线工作法"和"走千居村、听万户心声"活动等,都是从加强党的干部作风入手的。主动地、积极地首先倾听弱势群体的呼声,着重解决他们的困难;也认真听取社会其他群体的利益诉求,进行分析和研究,成为各类决策的重要依据。极大地密切了党群关系,在化解社会矛盾,推动社会整合中起到了重要作用。

在群众工作中的党的作风,是以党的群众路线为内涵的。也就是说以党的干部的民主作风,保证党员和群众的民主生活,核心是"让人说话"。毛泽东说:"不论党内党外,都要有充分的民主生活,就是说……要真正把问题敞开,让群众讲话"①,"要使全党全民团结起来,就必须发扬民主,让人讲话。"②"批评与自我批评的方法,一句话,只能用民主的方法,让群众讲话的方法。"③党员干部的民主作风,始终是党做好群众工作的前提,必须不断地加强。

但是,我们还需要解决以下的问题:一是党的基层组织在服务群众中,而且要达到促进社会利益整合的目的是否有充分的工作资源? 二是在利益关系日益复杂的今天,各个群体的利益是否能得到真实的表达和正确的维护? 抑或存在着"被代表"的可能? 三是在执政环境和市场经济考验面前,如何使党员干部都能保持民主作风?

---

①《毛泽东文集》第八卷,人民出版社1999年版,第291页。
②《毛泽东文集》第八卷,人民出版社1999年版,第307页。
③《毛泽东文集》第八卷,人民出版社1999年版,第291页。

三、整合资源是整合社会的必要条件

党的基层组织在群众工作中，从整合社会的目的出发，对群众的服务，最根本的是政治服务，反映群众的利益诉求。一方面，要深入到群众中去，了解群众的利益诉求，在此基础上，贯彻党的方针政策，协调力量对群众的利益诉求进行基础性的整合；另一方面，要能代表群众的利益诉求，能有效地向上级党组织反映，成为党执政的决策依据，为制度性整合创造条件。所以，党的基层组织在服务群众中，所需要的工作资源包括经济资源和政治资源，而最核心的是政治资源。

党的基层组织的政治资源，是处于执政地位的党所赋予它的。首先，有八千多万党员可以动员；其次，党的基层组织有在社会各类组织和场所中成立和活动的便利；其三，党的基层组织可以在党内有充分的民主政治生活影响社会政治。但是，能否有效地运用这些政治资源，在新的时代背景下，则还是有待于实践探索的。

党员是党的群众工作的最基本的力量，而且本身应该是群众中的骨干。在新的社会条件下，能否把党员凝聚起来，并成为党的群众的模范和群众工作的基础，这是党整合社会的首要问题。上海在凝聚力工作十年总结中，提出了"凝聚党员、凝聚群众、凝聚社会"，把"凝聚党员"放在第一位，就是这个道理。党员服务中心，首先也是针对党员，特别是两新组织中的党员的流动性而提出来，创造性地在社会层面拓展了党组织的活动空间，而且"党的上级组织服务基层组织、党的基层组织服务党员，党组织和党员服务群众"，"三服务"是资源支撑体系，上级组织更接近于公共权力，因此对基层的服务，使党员和群众有了接触上层机构和领导的机会，为解决一些问题提供了政治资源。

党的基层组织作为基层社会组织的核心，在服务群众、整合社会中，还应该能较充分地动员公共资源和社会资源。浙江舟山开展的"网格化管理、组团式服务"，就是使社会管理精细化，并通过党组织的努力，整合了多种资源，既有行政资源、又有社会参与资源、还有两会代表、党代表等权力资源，并采用了民主性的恳谈等方式，在服务群众和整合社会中取得了很好的效果。通过党的基层组织的作用，在社会的基础性整合中，着眼于加强和创新社会管理，推动完善党委领导、政府负责、社会协同、公众参与的社会管理格局。

但是，党的基层组织的工作资源还需要纳入到民主参与的机制中，才能发挥更大的效用。

四、党内外的民主是整合社会的关键

第一，从理论上说，市场经济的发展促成的社会分化，导致整个社会具有日益多元分散的社会离心力倾向，因此现代政治的基本任务即在于如何创造一种政治过程以使多元分散的社会利益仍能凝聚为社会整体的政治意志和政治向心力，否则整个社会会呈现分崩离析的状况。民主参与的基本功能就是解决如何将高度多元分化的社会利益纳入一个政治过程的问题。

党要始终代表最广大人民的根本利益。社会整合，从根本上讲，也要以保护人民权利为本位。在此之下，所有的制度，所有的治理措施，都要以保护人民的权利、人民的利益为出发点和归宿。确认人民群众利益诉求的正当性是形成良性的社会整合机制的起点。

党要把全社会最大多数人的利益和意志整合起来，造成中国社会发展所需要的稳定局面和尽可能广泛的执政基础。就要在社会不同利益群体保持自己的相对独立性和差异性的前提下，按照事物内在的联系，遵循某种公认的规则而和谐发展，其基本特征就是多元的整合，由此造成在整合方式上的变革，即以民主的方式为基本的整合途径。民主的整合方式实质上就是以大多数人的利益和意志为重，同时尊重弱势群体，具体的方法和手段包括发展党内民主，增强党的基层组织活力；建立多渠道协调、沟通机制，扩大人民群众的政治参与，以制度化手段维护社会公正等多种形式。

第二，从实践上看，党的基层组织整合社会的能力取决于三个方面的基本因素：一是基层党员的主体意识和执政意识；二是基层党的干部的政治素质和社会活动能力；三是基层党组织的工作资源。前面我们们讨论了基层党组织整合工作资源问题，以上的事例对于整合工作资源，特别在推进创新社会管理方面有所开拓和创新，但是政治资源的支撑仍然是不够的，关键是民主机制的不够。没有实践民主参与，党员的主体性无法形成，党员对党的凝聚力问题也不能从根本上解决：缺少民主选举和民主监督，党的干部对权力的来源缺乏正确的认识，眼睛只对上不对下，那么民主作风不是一种自觉的意识，是难以普遍化和持久的。特别重要的是，党员、党代表、党的基层干部和党的基层组织在党的民主生活中的活动空间和地位，能否通过党内的民主制度安排，有效地反映群众的利益诉求，例如党代会的提案制度，日常行权的制度保证等，有效地影响党的方针、执政的公共政策、制度和法律等，从而从根本上实现对社会的整合。

另一方面,利益主体,同时就是政治主体。政治权利是为了实现利益诉求,而政治权利本身作为政治利益,又构成了利益诉求的重要内容。整合社会,同时要满足群众的政治利益诉求,这就要善于通过基层的自治和民主的方式来实现。这样的利益整合,群众才能没有"被代表"的感觉,社会矛盾也较少地导致党群、干群关系的冲突。党的基层民主为社会基层民主提供资源,社会基层民主为党的基层民主提供动力。

所以,党的基层组织在社会整合中,党内民主的发展,党代会常任制、党务公开和党内公选试行的区域,都能较好地开展群众工作,化解社会矛盾,并有效地遏制了腐败的发展。浙江温岭的"民主恳谈会"、上海青浦的"农村党员议事会",通过党内外民主机制更有效地推进了社会的整合。当然,这样的实践还只是初步的,在全国也尚未成为普遍的做法,还需要努力。

结　语

本书通过对党的学说发展的考察，历史经验的总结和实践探索的调研，分析了党内民主的理论问题、党的基层民主的实践问题、党的基层组织的建设问题和党的群众工作问题。这些问题，对于共产党的执政具有特别重要的意义。因为，共产党的执政，与西方政党执政是不同的，不是通过政党间的利益博弈，间接反映社会群体的利益。共产党的执政，本着为人民服务的宗旨，通过党组织、党员干部与人民群众建立直接密切的血肉联系。但是，血肉联系的建立，也不是与生俱来和一劳永逸的，在执政和新的时代背景下，需要通过党内民主这一基本的方式，以联结党组织、党员干部和群众的血肉联系。

群众工作是党的根本工作，党的民主建设与基层组织建设，最终目的就是做好群众工作；党的基层组织是党的组织基础，也是党的群众工作的基础；而党的组织基础必须建立在党的群众工作的有效性之上；党内民主是党领导和执政的基本要求和基本的工作方式，是党的基层组织具有活力的主要的政治工作资源，也是党的群众工作有效性的最基本制度安排。所以，党内民主，是党的建设和工作的生命线。

一、党的基层民主是党内民主建设的动力

十七届四中全会提出了提高党的建设科学化水平的命题，马克思主义党的学说是指导党的建设的科学理论，这一命题的提出，意味着在长期执政的条件和全球化信息化的新的时代背景下，在新形势下党的建设需要重新科学化，马克思主义党的学说要有新的重大创新。

第一，执政党建设是全新的课题。

"执政"是一个十分重要概念。因为，在马克思、恩格斯那里，没有共产党执政这一理论预设。无产阶级革命的第一步，是上升为统治阶级。阶级的统治或者说阶级的专政，与党的执政是不相同的。而且，在马克思、恩格斯那里，在无产阶级革命胜利以后，作为政治上层建设的国家也将在消亡过程中，更没

有共产党长期执政这一思想。所以长期以来,国际共产主义运动史上,包括中国共产党在内,都缺乏对党的执政的自觉意识,习惯于以革命的方式,阶级斗争的方式进行社会主义的建设,极易发生了"左"的错误。

第二,民主执政是对党的执政规律的重要认识。

在革命条件下和执政条件下,党的建设所面临的是很不相同的问题,需要重新探索新的规律。党的十六大及其前夕,中央提出了探索共产党执政规律的任务,新形势下党建科学化就是建立在对共产党执政规律的认识的基础之上的。

毛泽东在《〈共产党人〉发刊词》中说,党的建设是与统一战线和武装斗争相联系的。那么,在今天的执政条件之下,党的建设是与社会和谐和科学发展相联系的。社会和谐和科学发展与统一战线和武装斗争很不相同,它要求整合社会利益,并使人民共享发展的成果。社会利益的整合就需要有民主的方式,人民共享发展成果是人民当家作主的民主价值体现。十六届四中全会提出了民主执政的命题,表明了党对共产党执政规律的一个重要认识。

第三,党内民主是民主执政的前提。

党内民主是马克思主义党的学说在新的时代背景下重大理论创新中的核心内容,是新形势下党的建设的生命线,是提高党的建设科学化水平的关键。党内民主不仅是处于领导地位的共产党在长期执政中的保持党的先进性和提高党的执政能力的最基本因素,更是实现超越西方多党政治直接导向人民当家作主的价值取向的基本路径。所以,党内民主是党的领导、人民当家作主和依法治国三位一体的中国特色政治发展之路的前提,而且,也应当是在全球化信息化条件下化解政党危机的现代政治发展的基本方向。

民主执政有多种形式。西方多党竞争是民主执政的一种体制。政党成为民主的基本载体,发展了政治文明。但是,西方多党制竞争民主,是建立在政党利益基础之上的,政党与民众的关系也是利益博弈关系,对民众利益的代表具有间接性和明显的虚伪性,这是当代民主政治研究中所不讳言的,这种民主的运行需要大量金钱,仍然在很大程度上体现了资本对政治的操纵。共产党是新型政党,以为人民服务为宗旨,以与人民群众的血肉联系为力量之源,要求党的组织、党员、群众成为根本利益一致的密切联系的关系。中国的政治发展之路应该是党的领导、人民当家作主、依法治国的有机结合,社会主义民主应该是资本主义民主的超越形式。

但是,一些老党大党垮台,特别是苏东剧变深刻地警示着我们,"寡头统治铁律"的魔咒,在一党长期执政的政党中仍在应验。过去先进不等于永远先进,执政地位也不是一劳永逸的。党的十六大提出了党内民主是党的生命。党的先进性建设和党的执政能力建设都是以党内民主的建设为基础。通过党内民主激活党员活力,遏制党内特殊利益群体的形成,密切党群关系。作为处于领导地位的长期执政的中国共产党,党内民主具有了比之于多党竞争体制中的政党更重要的意义。党内民主是破除"寡头统治铁律"魔咒的根本利器,所以是保证党的领导的基础。

党内民主的内在动力之源在于满足人民的利益、包括政治利益的追求,通过党内民主,增强党的活力,并给人民民主的发展提供空间。发展党内民主,要从提高党的执政能力和发展党的先进性的党建战略布局中把握重要性。先进性建设和执政能力建设,一个体现党建的内在之本,一个体现党建的外在之功;从而把党的建设新的伟大工程同中国特色社会主义伟大事业紧密联系起来。党的先进性建设和执政能力建设,都要贯穿到党的思想、组织、作风建设的全过程,重点在于制度创新;制度创新的焦点,在于探索有效推进党内民主和人民民主的互动共进路径。

党内民主的发展决定着整个社会主义民主政治体系吸纳和接受人民政治参与的空间和能力。党内民主是人民民主的示范,党内民主又从人民民主中获得动力,人民民主又通过党内民主进行政治资源的整合。人民民主是党内民主赖以发展的前提,也是民主政治发展的逻辑起点;党内民主是推进人民民主和关键,因为关系到干部队伍建设等内容,影响着民主政治发展的内涵和深度。党内民主与人民民主的互动共进,是马克思主义政党的民主建设和民主执政特征,是中国特色的政治发展之路。

第四,党的基层民主,是党内民主的基础和动力来源。

西方多党竞争性民主,主要是以党际竞争为表现的横向型运行机制。中国的人民民主和共产党的党内民主,都是以基层向高层纵向运行为主要机制的,体现一种更直接的利益表达机制。

民主始终是共产党人追求的价值目标。但是,革命时期的党的民主,是以组织为本位的,自上而下的民主,是以党的干部的民主作风为主要表现的。执政条件下的党的民主,是以党员为主体的,自下而上的民主,是以保障党员权利的民主制度为基本形式的。

在执政条件下的党内民主纵向运行的过程中,实际体现的是党员和党的基层组织与党的上层组织的权力博弈过程。如果说在西方多党竞争体制中,是政党与政党之间的制衡,起到了保证政党在民主制度下运行的作用;那么,在共产党的执政中,更直接地体现了人民群众对党的监督,而人民群众对党的监督更多的是通过党员和党的基层组织来实现。所以,党员和党的基层组织与上层组织存在着权力博弈的过程,这一过程贯穿于党内民主发展的始终,既推动着党内民主的发展,又规定着、体现着党内民主的基本运行方式。

党员和党的基层组织与党的上层组织的权力博弈,这是一个新的提法。那么如何处理党的上级领导地位和基层组织的监督关系呢? 其实也就是党的领导与群众路线的关系。邓小平认为,党的群众路线的工作方法,"包含两个方面的意义:在一方面,它认为人民群众必须自己解放自己;党的全部任务就是全心全意地为人民群众服务;党对人民群众的领导作用,就是正确地给人民群众指出斗争的方向,帮助人民群众自己动手,争取和创造自己的幸福生活。……在另一方面,它认为党的领导工作能否保持正确,决定于能否采取'从群众中来,到群众中去'的方法……"①党的领导必须通过群众路线,反映群众的利益和群众的意见,然后形成政策方针,依靠群众贯彻实行。只不过,群众路线不仅仅靠自上而下的民主作风,更重要的是靠自下而上的民主制度安排。党员和党的基层组织由于更直接地面向群众,所以也更直接地代表人民的利益诉求。

党员和党的基层组织与党的上层组织的权力博弈过程中,在权力博弈背后,会有利益冲突,虽然这种冲突,从本质上讲不是对抗性的,但会有一定的激烈性。这里提到了利益问题,这是个敏感的话题。如果说民主的实质是利益博弈的方式,那么党内民主也就是党内利益博弈的方式。马克思主义政党,是人民群众的工具,它没有自己的特殊利益,应该体现人民的利益。党的基层组织,更直接地反映人民群众的利益诉求,并且又是党员民主权利的直接体现者,党的基层组织及其党的基层民主,与党的上层组织的利益博弈,也就是全党更好地代表和体现人民的权利的过程。那么,党的上层组织,为什么会与党员和基层组织发生利益冲突和博弈呢? 这是因为党组织会产生权力的扩张,所谓"寡头统治铁律"就是指的这么一种趋势和现象。特别在执政的环境之中,官僚主义的现象,站在人民群众之上的恩赐的观念等等现象极易出现;而在市场经济条件下,权力寻租将是一个要长期解决的问题。党内民主直接遏制的是党内权力的扩张,当然会涉及到一些重大的既得利益。这些既得利益

---

① 《邓小平文选》第一卷,人民出版社 1994 年版,第 217 页。

并非是党的利益或者是上级党组织的利益,而是与权力相联系的领导者个人或小集体的特殊利益。正是事实上存在的这种利益,这是党内民主发展的最大阻力。党内民主相对滞后现象的长期存在,对一些党的领导干部而言,非不能也,是不为也。

正是在这个意义上,党内民主发展的动力来自于党员和党的基层组织,来自于党的基层民主的建设。因为党员和党的基层组织更密切地联系群众。人民群众的利益诉求和当家作主的要求,是党内民主的根据,是党内民主的源泉。党的中央组织和上级组织,要在党的基层民主实践基础上提供制度供给,通过推动基层民主的发展推动党内民主的建设。当然,推动党内民主的发展是一个长期的过程,而党员、基层组织与上层组织的权力博弈则始终存在。党就是在这样一个矛盾运动中,整合党内关系、整合社会利益,获得党内和谐与社会的和谐。

二、党的基层组织要从党的民主建设中获得活力

党的基层组织建设,在新形势下,随着市场经济和全球化信息化的发展,社会转型的深刻变化,面临着严峻的挑战。加强党的基层组织建设,成为党的建设中重大的和迫切的问题。为应对新的挑战,党的基层组织建设需要有新的战略,以实现党的基层组织建设的科学化。在党的基层党建各领域的实践创新中证明,发展党内民主是党的基层组织获得活力的基本因素。

第一,执政条件下基层党建的功能发挥。

党的基层组织是党的全部工作和战斗力的基础。在党领导人民夺取政权时期是如此,在执政条件下同样也是如此。西方执政党主要功能是管理公共权力、并作为公共权力与社会的中介。中国共产党不仅具有上述功能,而且对于政权和社会都是直接的领导型政党。与西方政党在执政时期党组织不直接介入社会政治生活不同,中国共产党的基层组织,作为党的组织基础,同时也是基层社会的政治核心,是党的领导在基层社会的体现并为党的整体领导起基础性的作用,党通过党的基层组织,把先进分子组织在组织之中,并使之在社会中发挥先锋模范作用;并且,通过党员和基层组织,联系人民群众,并直接组织人民群众以争取人民主权。1956年,邓小平在党的八大上作的《关于修改党的章程的报告》上说:"党是依靠全体党员和全党的各个组织,来联系广大的人民群众的。为了从人民群众中收集他们的意见和经验,为了向人民群众宣传党的主张,把它变为人民群众自己的主张,并且组织人民群众加以执行,一般地都必须经过党员的努力,经过党的下级组织的努力。"①

从理论上说,要发挥党员和基层组织的积极性,必须发扬民主。这是邓小平在《关于修改党的章程的报告》中所强调的。而且,在执政的条件下,在全球化信息化背景下,党进一步强调了党员的主体地位,强调保障党员的权利,并作为党内民主的根本条件。那么,党的基层组织功能的发挥就是建立在基层民主的基础之上的。反之,如果没有党的基层民主,党员在党内没有主体地位,不能保障党员的基本权利,那么,就会出现党员对组织的疏离化倾向、党的基层组织就会出现涣散的现象,基础不牢、地动山摇。苏共的垮台,根本原因就在于此。

于是,就形成了这样的一个逻辑:党的基层组织对于上级组织是权力博弈关系,同时又是上级组织赖于存在和实现领导的基础。基层组织向上级组织争取更多的民主,而民主又是基层组织的活力之源,没有民主,基层组织就难以起到党的组织基础的作用,执政基础则将动摇。常怀忧党之心,恪守兴党之责,就必须努力推动党的基层民主发展。

第二,发展民主,拓展党的基层组织的政治资源。

从实践上看,党的基层组织在执政和全球化信息化背景下面临的挑战,最直接的问题是,由于社会的转型,党的基层组织开展工作,已不能依托行政权力。在传统体制外的各类组织中,如"两新组织"等,党组织的建立都不容易。在人员流动性增大,社会利益分化导致的社会矛盾加大的情况下,有效地开展工作也很困难。一方面,党的基层组织缺乏工作资源;另一方面,党的基层组织特别是社区、农村和"两新组织"中党的干部十分匮乏。通过实践探索,已形成了区域化大党建格局的体制创新,形成了上级组织为下级组织服务、组织为党员服务和组织和党员为群众服务以及区域内资源整合的支撑体系,形成了社会化招聘、契约化管理的专业基层党建干部队伍建设的创新,以及以服务为核心,凝聚党员、凝聚群众和凝聚社会的理念等等,都为基层党建注入了新的活力。

基层党组织的工作资源,建立在处于领导地位的执政党的地位及其组织网络的基础之上,上级对下级、组织对党员、党员对群众的服务,所提供的核心资源就是政治资源。党内民主的核心价值就是实现广大党员在党内政治生活中的主体地位,其工具层面的价值则是达成党内的共识。所以,党的基层组织

---

① 《邓小平文选》第一卷,人民出版社1994年版,第225页。

建设,就是要便于表达和综合党员和党员所联系的群众的利益,并为党员的政治参与和社会参与提供资源与平台。例如基层党建资源与基层社会自治结构的组织整合,以凝聚为目标的服务党员的工作机制,以沟通交流发挥党员创造活力的"学习型党组织"建设的载体等实践创新,都有助于有序地扩大党员在党内民主参与的程度。

党的基层组织的公共产品核心是政治服务,扩大党内的民主参与,也就是拓宽了群众利益诉求的渠道。要在反映民众利益诉求中,积极推动基层党组织探索扩大党内基层民主多种实现形式,顺畅党内利益表达渠道,以获得党的上层组织的支持,并对公共权力产生影响,由此体现党的基层组织的政治优势,并激发党员的主体性,增强对组织的认同。要积极鼓励和支持党员积极参与新社会组织的社会管理活动和在其他组织中的基层民主选举,以锻炼、提高其动员社会、组织社会、引导社会的能力;并以此拓展基层党组织的政治空间,把人民民主有序地纳入党内民主中,导向体制性的要求。如此,则不仅可以激活党员的政治潜能,调动党员参与党内活动的积极性、主动性和创造性,并在这个过程中体现先进性,而且可以使基层党组织在与党员、群众的互动中积累社会资本,促进社会的治理。

第三,以党内民主建设,加强党的基层干部队伍建设。

党的基层干部的匮乏现象是随着基层党的组织,尤其在两新组织和社区中,从基层社会的权力中心的逐渐退出,而随之出现的,并成为制约基层党组织建设的重要原因。为解决这一问题,一些基层组织、街道党工委以及区委等不同层次,都进行过党的基层干部的社会招聘工作,但招聘的干部,由于待遇等因素,从年龄和素质上,仍然难以担当党的基层干部所要承担的重任。要使党务工作者受人尊敬,使党务工作成为令人向往、贴近生活、富有成效的工作,也必须发展党内民主。党的基层干部队伍建设与增强党员凝聚力具有一致性。党的基层组织是党员和基层党的干部政治参与的平台。它的重要功能是吸纳精英、提供干部。由于党的基层组织直接面对群众、面对社会,所以是培养党政后备干部主要基地,使之在群众和社会工作中锻炼政治活动能力。十七届四中全会提出,"建立来自基层一线党政领导干部培养选拔链",这是一个重要的观念。要通过民主的机制,增进党员、群众和社会对党的凝聚力,增进党的基层组织的活力,并为党员和基层党的干部的政治发展提供空间,从而为党组织增添新的活力。努力完善基层党的代表会议制度,使基层的呼声成为党的决策的重要依据,并为基层党员、干部的发展提供通道。

第四,通过党的基层民主,吸取人民民主活力。

在社会转型的背景之下,党的基层组织所面对的已不是行政单位,而是城乡自治组织,社会自组织,具有极强的社会基层民主组织的特征;国有或非公经济组织,作为市场主体,市场经济特点是千百万个平等主体,实行平等的等价交换,是彼此自主交换的经济,这就决定了市场经济不仅是法制经济,也是民主经济。这就要求党的基层组织也应该是高度民主的,才能引领和影响这些组织,并形成良性互动。在十七大报告中,发展基层民主被单独作为发展社会主义民主政治的一部分加以论述,并首次把"基层群众自治制度"纳入了中国特色政治制度的范畴,强调"要健全基层党组织领导的充满活力的基层群众自治机制,扩大基层群众自治范围,完善民主管理制度"。十七大报告还把"社会组织"纳入了扩大基层民主的范围,强调要"发挥社会组织在扩大群众参与、反映群众诉求方面的积极作用,增强社会自治功能"。同时,把"探索扩大党内基层民主多种实现形式"作为推进基层党组织建设的重要内容。

以党的基层民主促进社会参与的发展,以社会参与的发展提升党的基层民主的活力,通过实现有效互动,促进党内民主的发展。政党把社会中的利益诉求导入政治机构之中,并把政治运转起来。党的基层组织直接面对社会,是聚集社会利益的源头。随着社会利益多元格局的出现,基层社会的民主也在发展。党内民主和人民民主,在基层社会相互融通,人民的利益诉求和民主要求,是推动党内民主的重要动力。党的基层组织要在广泛的社会领域的活动中,使自己的价值、理想和行为被社会成员不断认同,以建构新的结构资源和组织资源。党组织要善于通过群众组织和社会组织,扩大工作的范围、提高影响力,使这些组织成为党组织社会、整合社会、动员社会的重要的工作平台。以此为基础,提高与各类社会组织的契合性,有效地整合社会各阶层的利益、并凝聚社会。由此提高对民众的吸引力,扩大党组织的覆盖面,有助于吸纳优秀分子加入党的队伍、以增强党的阶级基础、扩大党的群众基础。

三、党内民主决定着党整合社会的能力

中国共产党人为人民服务的宗旨和党执政基础,决定了党的最根本的工作就是群众工作。党的基层组织的工作中心就是服务群众,党内外民主的主体也是最基层的党员和人民群众。新形势下党的群众工作面临着巨大的挑战,特别是出现了社会群体之间多层面、多元性的利益矛盾冲突,这就要求群众工作最基本的内容就是进行利益整合,而利益整合必须要在民主制度下才

能进行。所以,党内民主发展程度决定着党整合社会的能力水平。

第一,社会整合的意义与价值。

社会整合作为党在新形势下群众工作的基本内容,其根本的意义在于避免社会异质性的对立而导致社会的分离,而维持并推动社会的和谐发展;对于共产党而言,能否实现对社会的有效整合,关系到这个以为人民服务为宗旨的政党的全部存在的意义,直接决定着党群关系、影响着党的执政基础。

社会整合,在市场经济、在全球化信息化条件下,对民主制度的需求,又预示着社会变革的基本方向和历史进步的基本趋势,即扩大基层社会的人民权力。共产党的执政必须适应社会历史这种基本方向和趋势,变革党内的体制,完善党内的民主制度。个人在社会层面活动空间的增大,必然是以公共权力的让渡为条件,这意味着执政党的权力运行也要发生变化。党组织如何反映人民的利益诉求,特别是在新形势下反映人民的政治利益诉求,这是一个重大的问题。在现实中,强势政府、全能政党现象并没有根本改变,而在这一背景下垄断权力所产生的对人民群众的利益侵害也是存在的,并有一定的严重性,已成为社会整合所要解决的首要问题。

所以,社会整合这一重大的任务,又直接给党内民主以极大的压力。由于党的基层组织在社会整合中的直接性和基础性地位,要更直接地代表和反映人民群众的利益诉求,因此也更增强了党员和党的基层组织在党组织中的主体性地位。人民群众的利益诉求,党要实现社会整合这一重大的任务,这是党内民主的本源性的动力。

第二,发展党内民主,才能使党组织成为整合社会利益的主渠道。

社会利益的多元分化、社会矛盾的增大和复杂,社会组织的勃兴和网络新媒体的出现,利益诉求多渠道发展,政党的利益整合作用受到挑战。利益主体,同时就是政治主体。政治权利是为了实现利益诉求,而政治权利本身作为政治利益,又构成了利益诉求的重要内容。在这样的背景之下,共产党要发挥密切联系群众的优势,除了给弱势群体以物质利益的支持以外,更重要的是,必须通过扩大党内民主给党员和党的各级组织在群众工作中提供充分的政治资源,才能有效地反映群众的利益诉求。党员、党代表、党的基层干部和党的基层组织在党的民主生活中的活动空间和地位,能否通过党内的民主制度安排,有效地反映群众的利益诉求,例如党代会的提案制度,日常行权的制度保证等,从而有效地影响党的方针、执政的公共政策、制度和法律等,才能从根本上实现对社会的整合。

如果说,党的组织,特别是基层组织,不能有效地反映社会各阶层的利益诉求,不能成为社会利益整合的主渠道,那么社会利益就会寻求其他组织和形式进行表达,党就可能失去社会控制的能力。

第三,发展党内民主,才能保证党组织、特别是党的干部保持与人民群众密切联系的工作作风。

与人民群众密切联系的工作作风,也就是民主作风。党群关系的好坏直接取决于党的干部作风。实践表明,党的各地组织卓有成效的群众工作,都是从紧紧抓住党的作风建设入手的,如上海杨浦的"一线工作法"、浦东的"走千听万"活动等等,都取得了积极的效果。这是值得积极提倡的。需要指出的是,这种作风的坚持,主要是上级组织和领导对干部的要求,尽管在这种要求中也纳入了群众评议的考核指标。

这里要说的是,仅仅靠上级的要求,对于保持干部的作风是不够的,还需要党内民主制度的安排才能持久,才能更好地提高整合社会的能力。如果干部只是为了贯彻上级的指示要求,而服务群众,那么很难从根本上形成服务群众的自觉意识,甚至有可能走向形式主义;更难以深层次地起到反映群众利益诉求和整合社会的作用,因为,当一些群众的利益与强势群体的利益发生冲突的时候,而现实中强势群体的利益往往又与公共权力有特殊关系,那么,在一些干部的头脑中就会出现——在现实中确实出现过的"到底是代表群众还是代表党?"——这样的荒谬问题。必须加强党内的民主建设,加强民主选举和民主监督,党的干部对权力的来源才有正确的认识,才能克服眼睛只对上不对下,才能在感情上把人民群众当亲人,才能自觉的服务群众,在整合社会中有所作为。而且,直接影响着党与群众的关系的腐败问题、党员先进性问题等,也只有通过发展党内外的民主,才能从根本上得到解决。

第四,发展党内民主,才能带动其他各类基层组织建设。

市场经济下、全球化信息化发展的一个重要特点,就是利益诉求渠道的更为多元,更为直接。基层社会自治的发展,成为社会民主发展的重要形式。同时,各种新的社会组织的发展,也成为利益整合的重要力量。通过发展党内民主,拓展党的工作的政治资源,增强党的基层组织的核心竞争力和活力;通过发展党内民主,使党的组织、干部和党员保持服务群众的满腔热情、强化社会工作的能力。党的基层组织与基层社会的自治结构和各类社会组织才能在相互推动中形成良性互动。才能实现党的十七届四中全会提出的"以党的基层组织建设带动其他各类基层组织建设"的重要目标。使各类社会整合的主体在党的领导下,更充分和全面地反映人民群众的利益诉求,并得到有效的整合。使人民群众政治参与的扩大,转化为积极的政治发展资源和社会发展动力。

四、以民主为生命线推动党的建设和党的工作

党内民主是党的建设的生命线,直接体现在党的基层组织建设和党的群众工作这两个重点方面。党的基层组织是党的组织基础,党的群众工作是党的执政基础。实践探索表明,加强党的基层民主建设,保障党员的民主权利,实现党员的主体性地位,才能从根本上提高党员对组织的凝聚力和党的基层组织的活力,党的基层组织才能起到服务群众的基础作用;新形势下群众工作的中心内容是利益整合,党内民主才能使党的基层组织具有整合社会的能力,党的基层组织在社会基层民主中才能起到引领和示范作用。

党内民主建设尤其是党的基层民主建设,在中央的倡导和基层党员的努力之下,在实践中有了重大的发展,特别在党代会常任制、党务公开、党内选举方面有了重大的进展。党的基层组织建设有较大的创新,特别在组织覆盖和服务群众方面有了全面改善。党的群众工作,以构建社会主义和谐社会为目标,以民生为重点,创新社会管理体制,特别在党的基层组织在服务群众、凝聚人心、促进和谐中起到了直接的显著的作用。但是,党内民主的建设程度还较低,党员主体地位和党员权利的保障未根本实现;党的基层组织建设还没有扭转活力不够的被动局面;社会利益矛盾突出、群体性事件频发的现象还在增加。我们要充分意识到党内民主建设对于全球化信息化条件下执政党建设的重大意义。我们要在共产党执政的规律层面上把握民主建设的生命线,提高党的建设的科学化水平,推动中国社会建设的科学发展。

第一,要以党的基层民主建设为重点。

党内民主发展的基本运行机制是党的基层组织与上级组织的关系问题。两者也是一个博弈过程。与西方政党体制以政党外部多党竞争的政党间的横向关系为主不同,共产党执政通过基层组织和党员更直接地联系人民群众,党内民主就成为纵向运行的关系。党的基层组织与党的上级组织在党内民主运行中存在着权力博弈关系,党内民主的建设是一个长期的过程。

党的基层民主建设,是党内民主建设的动力来源。由于党内民主的根本是保障党员的民主权利,基层组织更直接地反映人民群众的利益诉求,实践表明,党的基层民主具有巨大的创造力。党的基层民主建设的实践表明,党的基

层组织和党员在推进党内基层民主的实践中有较高的积极性并有了许多实践创新。正是在这些创新的基础之上,党内民主在逐步地向前推进。并促进着社会的和谐,并对党内的腐败现象有一定的遏制作用。

党的基层组织建设,其活力又来自于党内民主,特别是要通过党内民主以拓展基层组织的政治资源,以体现党员的主体性和基层党的干部的价值认同,克服党员的疏离化倾向和基层组织的涣散状态。党对社会的有效整合,必须以民主为基本方式,同时又预示着社会变革的基本方向,即扩大人民在社会层面的权力影响;党的基层组织在社会整合中,既需要政治资源,又需要党员干部的民主作风,这种需要只有通过民主制度的安排才能保证,在实践中体现了人民群众的利益诉求对党内民主的重大影响力;党内民主与人民民主的互动发展,才能避免社会异质性的对立而导致社会的分离,巩固党的执政基础。

党的基层组织和党员要有执政的党内主体性的意识,积极地推进党内民主的发展。党的基层组织建设要与党内民主建设结合起来。党内民主的核心价值就是实现广大党员在党内政治生活中的主体地位,其工具层面的价值则是达成党内的共识。所以,党的基层组织建设,就是要便于表达和综合党员和党员所联系的群众的利益,并为党员的政治参与和社会参与提供资源与平台。最根本的是在服务群众中,在表达人民的利益诉求中,在人民的民主参与中获得更本源的力量支持。

党的基层组织在群众工作和整合社会的工作中,体现了党内民主建设与人民民主建设的关系。一方面,满足人民的利益诉求,特别是在新形势下满足人民的当家作主的政治利益诉求是党的宗旨和理想。党内民主有效地给党的基层组织整合社会利益提供了政治资源,为满足最广大人民的根本利益奠定了基础;并为人民民主在基层社会自治和社会组织活动提供了制度空间,把人民群众的利益诉求整合在体制之内。另一方面,党内民主又从人民群众的利益诉求,特别是政治利益诉求中汲取力量。人民群众是历史的创造者,因而也是政治发展的推动者,所以,人民民主是党内民主的更本源的动力。党的基层组织就是在反映人民群众的利益诉求中获得价值的认同,从而不断取得争取党内民主权利的动力。

第二,要以党与群众的关系为本。

党与人民群众的关系问题,是党执政和党的自身建设中的根本问题,以民生为重点的社会建设是中国特色社会主义建设的基本任务。这是以人为本的科学发展观在党的建设上的重要体现。我们必须清醒地意识到,在社会利益分层,利益矛盾突出的现状下,党的群众工作的基本任务是整合利益关系,从而整合社会。利益关系的整合的基本方式就是民主的方式。

必须要从人民群众创造历史的高度,重视人民群众日益高涨的政治参与的需求,同时,人民群众也是社会主义民主的创造者,也必然推动着党内民主的发展。党的群众路线是党的优良传统和基本的工作方法。这一方法在今天必然导向党内民主和人民民主。在执政环境和全球化信息化背景下,党的干部的群众路线的作风只有在党内民主不断健全的过程中才能有效地建设和发展;而人民当家作主的高度民主是相信群众、依靠群众的群众路线的基本目的。

要通过党内民主,保持党密切联系群众的作风,扩大了党员和党的各级组织在群众工作中的政治资源,有效地反映群众的利益诉求,提高党整合社会的能力,巩固党执政的基础。特别要通过党的基层民主,增强党的基层组织做群众工作的活力,并促进党的基层组织积极参与和推动基层民主建设,使基层民主成为有效吸纳日益增长的政治参与的重要平台,并把人民民主也有序地纳入党内民主中,导向体制性的要求。由于党处于领导和执政地位,党内民主的发展,并且与人民民主相融合,使人民民主有了更核心的内涵,使党的领导、人民当家作主和依法治国的中国政治发展之路顺利发展。

第三,要以制度建设为目的。

党的基层民主,需要党的组织自上而下创造良好的民主作风和环境,特别是需要党的组织自上而下的制度供给,否则,党的基层民主会缺少发展的空间,基层民主的活力会被遏制。全党都要有强烈的忧患意识,积极推动党内民主的发展,要克服全能政党和权力扩张的冲动,特别要警惕特殊利益群体对党的肌体的侵蚀。倘若这些群体在党内的话语权过大,形成了党内民主发展的阻隔,对党的建设是极其不利的。党内民主就是要从当前遇到的最严重的问题入手,如党内领导干部的腐败和能力问题,党的基层组织的活力和党员先进性问题,社会矛盾和党群关系问题等等。这些尖锐的问题都是刻不容缓的,又是党建中的关键问题。党内民主从这些关键点切入,针对性强,同时又体现了党内民主的现实正义性,能获得党内外的广泛支持。解决这些问题,不能就事论事,要与民主化的建设密切地结合在一起。党的上级组织对基层组织的支持,最根本的是要充分尊重基层组织在民主实践中的创造精神,在实践经验基础上及时提供制度安排,使党内民主建设形成良性的、不可逆的发展态势。

要在民主集中制基础上发展党内民主。制度建设要充分发挥党的民主集中制等传统性资源。党的民主制度建设并不是凭空而起的，更不能把党的民主集中制与党内民主对立起来。党的为人民服务的宗旨、党的群众路线作风、党的民主集中制，内在地具有发展党内民主的价值内涵。民主集中制对党的基层民主的重视和对集体领导的强调，为新形势下党内民主的建设提供了一定的制度性基础。民主集中制中民主与集中的张力，正契合了党的基层组织与上级组织在发展党内民主过程中运行机制的基本博弈形式。当前党内民主的现实状况是文本民主高于实体民主，实体性民主又高于程序性民主。所以，要着手于完善以民主集中制为核心的程序性规范。党的中央组织和地方党委，要特别重视在《党章》基础上，进一步具体制定程序化的党内法规，推进党内的各项民主制度建设，党内民主的程序，就是党内民主的过程中设定的工作步骤，每一步程序都是整个过程中不可或缺的一环，从而形成程序链。通过完善程序化以强化党同民主制度的系统性和不可逆转性，激活现有制度中内在的民主因素，使"文本"民主实际运转起来，为党的民主体制发展提供制度供给，并由此改善党内民主意识和民主习惯匮乏的现状。

要以党的代表会议常任制为中心，完善党内民主的基本制度。民主集中制的基本精神之一是在民主基础上的集中，因此重视党的基层民主的建设。党代会常任制试点实践主要是在县一级进行，也可以说是党的基层民主的建设。这一建设的推进，又从一般的民主建设走向了制度建设。党代会常任制是真正实现党章所规定的党的代表大会是党的最高权力机构的功能，是党内民主的根本性改革，是党的民主决策、民主管理、民主监督和民主选举的基本平台。因此，在现有的民主建设实践基础上，要努力把党务公开和党内选举与党代会常任制结合起来。强化制度化程度。在每一届党组织的任期内，选举产生本届党组织的党代会实行年会制和代表常任制，从而建立起党组织、委员、党代表、党员群众、人民之间的代表链。党代表会议常任制要从党代表直接选举入手。通过党代表的直接选举，强化了代表对选区党员群众负责的意识，从而增强了代表们民主参与的动力。并且，党代表的直选，必然完善着并推进委员的选举，同时还推动着党的基层组织领导人和党员人大代表的选举，对党的干部的选举会发生积极影响。

要以规范决策为中心，理顺党内权力运行体制。民主集中制的另一个基本精神就是集体领导。这是党内民主程序化的起点和改善党内民主意识和作风的起点。切实实行"集体领导，民主集中、个别酝酿、会议决定"的原则，党委委员一人一票，重大决策实行票决制。切实解决书记权力过大的问题。重大事项的决定,必须由党委全委会通过表决作出,表决按少数服从多数的原则执行。同时,要建立健全常委会向全委会负责、报告工作和接受监督的制度,理顺党内权力运行机制。以此为基础,推进并建立健全全委会和纪委会向党的代表大会负责、报告工作和接受监督的制度。理顺党内权力运行机制是完善党的基层组织与上级组织权力关系的关键,使党的上下组织在民主建设上形成良性互动。

第四,推动党内民主的策略和路径。

发展党内民主是一项艰巨的实践过程,在马克思主义基本理论指导下,还需要探索正确的策略和合适的路径。

从策略上看,要从危机推动和效益预期两方面,积聚党内民主的动力。危机意识推动党内民主的发展,效益预期驱动制度创新。也就是说要抓住党发展党内民主的必要性和可能性。危机意识,也就是说常怀忧党之心。党内民主要从当前遇到的最严重的问题着眼,如社会矛盾和党群关系问题,党内领导干部的能力和腐败问题,党的基层组织的活力和党员先进性问题等等。这些尖锐的问题都是刻不容缓的,又是党建中的关键问题。党内民主从这些关键点切入,针对性强,同时又体现了党内民主的现实正义性,能获得党内外的广泛支持。效益预期,也就是说对民主推进的认同。毕竟党内民主是一项重大的权力调整,要避免在权力博弈过程中的重大动荡。要从渐进的可行性上考虑,要重视增量民主的建设。党内民主建设是以制度化程度较低为起点的,同时现行制度规范与实际政治运作机制之间存在的较大的差距,这些都为党内民主建设提供了相当大的合法性制度空间,注重稳定,稳步推进。

从路径上看,首先,发展党内民主必须能够促进社会的政治经济文化发展,不是为民主而民主,民主的重要价值在于能有效地发挥人们的积极性,发展是党执政的第一要务,把民主建设与社会发展密切地结合在一起,这是民主建设的最大成效,容易取得党的上下各层级组织的共识。其二,必须应对和解决所面临的突出问题,上述种种如社会矛盾、干部腐败和党员先进性问题,说到底仍然是利益关系问题,民主的基本功能就是整合利益的方式,要在党的宗旨和人民利益至上的原则下,通过民主有效地整合党内外的利益关系,促进党内的和谐,通过党内的和谐推动社会的和谐。其三,必须能够持续地积聚和发挥党员群众发展党内民主的主动性和积极性,从而形成良性的制度性变迁的推动力。党内民主建设是一个长期的过程,这一过程既是一个利益博弈的过程,也是一个党员群众政治动员和学习的过程。要在现实的基础上循序渐进,不能目标过高,从而导致剧烈的制度碰撞;党的上级组织对基层民主实践要予以积极地支持。倘若造成民主建设的挫折或长期停滞不前,对党员群众的积极性是重大挫伤,会有较大的副作用,甚至激化矛盾。其四,必须善于控制发展党内民主过程中的各种风险,维持政治体制的相对稳定性和继承性。特别警惕西方价值观念的误导,防止出现无序的政治运动。通过党的基层民主,增强党的基层组织的活力,党的基层组织成为社会基层组织的政治核心力量,这对于社会稳定意义重大。其五,党必须具有在实践中学习的能力,能够在实践中不断地吸取经验教训和新的知识,并能够认识和把握民主建设的成果,不断地推动党内民主向前发展。

主要参考文献

[1]《马克思恩格斯选集》第 1 卷,人民出版社 1995 年版。

[2]《马克思恩格斯选集》第 2 卷,人民出版社 1995 年版。

[3]《马克思恩格斯选集》第 4 卷,人民出版社 1995 年版。

[4]《马克思恩格斯全集》第 4 卷,人民出版社 1958 年版。

[5]《马克思恩格斯文集》第 3 卷,人民出版社 2009 年版。

[6]《马克思恩格斯文集》第 10 卷,人民出版社 2009 年版。

[7]《列宁全集》第 6 卷,人民出版社 1986 年版。

[8]《列宁全集》第 12 卷,人民出版社 1987 年版。

[9]《列宁全集》第 16 卷,人民出版社 1987 年版。

[10]《列宁全集》第 17 卷,人民出版社 1988 年版。

[11]《列宁全集》第 39 卷,人民出版社 1986 年版。

[12]《毛泽东选集》第一卷,人民出版社 1991 年版。

[13]《毛泽东选集》第二卷,人民出版社 1991 年版。

[14]《毛泽东选集》第三卷,人民出版社 1991 年版。

[15]《毛泽东选集》第四卷,人民出版社 1991 年版。

[16]《毛泽东文集》第七卷,人民出版社 1999 年版。

[17]《毛泽东文集》第八卷,人民出版社 1999 年版。

[18]《刘少奇选集》上卷,人民出版社 1981 年版。

[19]刘少奇:《关于修改党章的报告》,滨海新华书店 1948 年版。

[20]《邓小平文选》第一卷,人民出版社 1994 年版。

[21]《邓小平文选》第二卷,人民出版社 1994 年版。

[22]《邓小平文选》第三卷,人民出版社 1993 年版。

[23]《邓小平思想年谱》,中央文献出版社 1998 年版。

[24]《陈云文选》第一卷,人民出版社 1995 年版。

[25]《陈云文选》第三卷,人民出版社 1995 年版。

[26]《十四大以来重要文献选编》(上),人民出版社 1996 年版。

[27]《十四大以来重要文献选编》(中),人民出版社 1997 年版。

[28]《十五大以来重要文献选编》(上),人民出版社 2000 年版。

[29]《十五大以来重要文献选编》(中),人民出版社 2001 年版。

[30]《十六大以来重要文献选编》(上),中央文献出版社 2005 年版。

[31]《十六大以来重要文献选编》(下),中央文献出版社 2008 年版。

[32]《中国共产党第十七次全国代表大会文件汇编》,人民出版社 2007 年版。

[33]十七届四中全会:《中共中央关于加强和改进新形势下党的建设若干重大问题的决定》,2009 年 9 月 18 日。

[34]胡锦涛:《在庆祝中国共产党成立 90 周年大会上的讲话》,2011 年 7 月 1 日。

[35]卢先福:《十六大以来党的建设理论创新》,人民出版社 2007 年版。

[36]蔡长水:《中国共产党执政基础研究》,中共中央学校出版社 2008 年版。

[37]俞可平:《让民主造福中国:俞可平访谈录》,中央编译出版社 2009 年版。

[38]俞可平:《思想解放与政治进步》,社会科学文献出版社 2011 年版。

[39]林尚立:《党内民主:中国共产党的理论与实践》,上海社会科学出版社 2002 年版。

[40]林尚立:《政党制度与中国民主:基于政治学的考察》,《武汉大学学报》2010 年第 3 期。

[41]王长江:《政党现代化论》,江苏人民出版社 2004 年版。

[42]王长江:《党内民主制度创新:一个基层党委班子"公推直选"的案例研究》,中央编译出版社 2007 年版。

[43]房宁:《民主政治十论》,中国社会科学出版社 2007 年版。

[44]高放:《中国政治体制改革的心声》,重庆出版社 2006 年版。

[45]高新民、邹庆国:《党内民主研究——兼谈民主执政》,青岛出版社 2007 年版。

[46]周淑真:《政党和政党制度比较研究》,人民出版社 2001 年版。

[47]郇庆治:《西方政党体制理论:一种比较观点》,《山东大学学报》2001 年第 5 期。

[48]王贵秀:《关于党内民主的制度建设问题》,《发展论坛》2002 年第 10 期。

[49]胡伟:《发展党内民主:思路与权衡》,《学习时报》2002 年 4 月 8 日。

[50]梅丽红:《党内民主发展中的三大矛盾及其解决路径》,《中共中央党校学报》2005 年第 3 期。

[51]李慎明等:《居安思危——苏共亡党 20 年的思考》,社会科学文献出版社 2011 年版。

[52]黄苇町:《苏共亡党十年祭》,江西高校出版社 2002 年版。

[53]高放:《苏联解体、苏共灭亡与斯大林的关系》,《马克思主义与现实》2010 年第 3 期。

[54]张树华:《过渡时期的俄罗斯社会》,新华出版社 2001 年版。

[55]周尚文:《苏联在党建中的疏失及其教训》,《毛泽东邓小平理论研究》2010 年第 5 期。

[56]《兴衰之路——外国不同类型政党建设的经验与教训》,当代世界出版社、中共中央党校出版社 2002 年版。

[57]亨廷顿:《变化社会中的政治秩序》,三联书店 1989 年版。

[58]卡尔·科恩:《论民主》,商务印书馆出版社 1988 年版。

[59]西摩·马丁·李普塞特:《一致与冲突》,上海人民出版社 1995 年版。

[60]尼克松:《1999:不战而胜》,长征出版社 1988 年版。

[61]大卫·利兹:《在清华大学和中国人民大学的报告》,《现代思潮》2000 年第 5 期。

[62]罗伊·麦得维杰夫:《苏联的最后一年》,社会科学文献出版社 2005 年版。

[63]尼·伊·见雷日科夫:《大国悲剧》,新华出版社 2008 年版。

[64]尼·伊·见雷日科夫:《大动荡的十年》,中央编译出版社 1998 年版。

[65]叶·利加乔夫:《警示》,当代世界出版社 2001 年版。

[66]刘益飞:《建立党代会常任制的三个关键性问题》,《中国党政干部论坛》2003 年第 10 期。

[67]彭穗宁:《党内民主与基层民主良性互动的四川实践》,《重庆社会科学》2009 年第 1 期。

[68]景跃进:《当代中国农村"两委关系"的微观解析与宏观透视》,中央文献出版社 2004 年版。

[69]何包钢:《商议式民主与中国地方经验》,《浙江大学学报》2005 年第1 期。

[70]白钢主编:《乡镇改革:乡镇选举、体制创新与乡镇治理研究》,中国社会科学出版社 2008 年版。

[71]中共四川省委组织部课题组:《关于公选、直选乡镇领导干部与党的领导问题的调查与思考》,《马克思主义与现实》2003 年第 2 期。

[72]刘谦祥:《四川平昌公推直选乡镇党委班子的探索》,《学习时报》2006 年 3 月 6 日。

[73]张建明:《浙江发展党内民主的实践和展望》,《2006 年浙江发展报告(法治卷)》,浙江人民出版社 2006 年版。

[74]李华等:《绍兴县全面实施村级党务公开》,《浙江日报》2006 年 6 月30 日。

[75]夏军等:《中国城市社区党建》,上海人民出版社 2000 年版。

[76]王河等:《中国非公有制企业党建工作》,上海人民出版社 2002 年版。

[77]王世谊:《当代中国基层党建问题新论》,中央文献出版社 2004 年版。

[78]王柄林:《市场经济条件下党的基层组织建设研究》,人民出版社2008 年版。

[79]冯小敏:《中国共产党基层建设新论》,上海教育出版社 2003 年版。

[80]周鹤龄:《再思录:本世纪初叶党建若干问题研究》,上海交通大学出版社 2007 年版。

[81]陆学艺:《当代中国社会阶层研究报告》,社会科学文献出版社 2002 年版。

[82]李强:《当前中国社会的四个利益群体》,《学术界》2003 年第 3 期。

[83]李培林等:《中国社会分层》,社会科学文献出版社 2004 年版。

[84]王邦佐等:《执政党与社会整合,中国共产党与新中国社会整合实例分析》,上海人民出版社 2007 年版。

[85]甄小英等:《党群关系新论》,中共中央党校出版社 2001 年版。

[86]中共中央组织部党建研究所课题组:《利益关系多样化与新时期党

的建设》,党建读物出版社 2003 年版。

[87]中共中央组织部党建研究所:《加强和改进党的群众工作,巩固党的执政基础》,中央编译出版社 2005 年版。

[88]高新民:《新形势下群众工作的特点、考验与规律性经验》,《中国党政干部论坛》2011 年第 3 期。

[89]彭穗宁:《多元利益格局中的党群关系研究》,《社会科学研究》2006 年第 1 期。

[90]彭劲松:《和谐社会的利益关系》,中共中央党校出版社 2006 年版。

[91]桑玉成:《利益分化的政治时代》,学林出版社 2002 年版。

[92]梁妍慧:《论执政党的社会整合》,《中国延安干部学院学报》2007 年第 7 期。

[93]衣芳:《人民群众主体论》,人民出版社 2008 年版。

[94]吴辉:《和谐社会构建中的群众工作》,湖南人民出版社 2007 年版。

[95]刘红凛:《构建和谐社会背景的利益协调机制》,《重庆社会科学》2010 年第 5 期。

[96]马艳、张峰:《利益补偿与我国社会利益关系的协调发展》,《社会科学研究》2008 年第 4 期。

[97]赵刚印:《新形势下党的群众工作面临的突出问题及其对策》,《思想政治工作研究》2010 年第 12 期。

[98]徐麟:《以"走千听万"推进创先争优　努力提高新形势下做好群众工作的能力》,《求是》2011 年第 16 期。

[99]《中国共产党组织史资料》第 5 卷,中共党史出版社 2005 年版。

[100]《中国共产党党章汇编》,人民出版社 1979 年版。

[101]《胡乔木文集》第二卷,人民出版社 1993 年版。

[102]石仲泉:《中共八大史》,人民出版社 1998 年版。

[103]《中国共产党党风廉政建设文献选编》第三卷,中国方正出版社 2001 年版。

[104]《苏联共产党代表大会、代表会议和中央全会决议汇编》第 1 分册,人民出版社 1964 年版。

[105]《苏联共产党文件汇编》,求实出版社 1982 年版。

[106]左小玲等:《北京市非公有制企业人才状况调查》,《中国人才》2004 年第 4 期。

[107]《中国私营企业发展报告(2005)》,社会科学文献出版社 2005 年版。

[108]《2009 中国社会形势分析与预测》,社会科学文献出版社 2009 年版。

[109]《中国统计年鉴 2009》,中国统计出版社 2009 年版。

[110]世界银行:《2009 年世界发展指标》,中国财政经济出版社 2009 年版。

[111]中华人民共和国人力资源社会保障部:《2009 年度人力资源和社会保障事业发展统计公报》。

[112]中国社会科学院"社会形势分析与预测"课题组:《2010—2011 年中国社会发展形势分析与预测》,《中国经贸导刊》2011 年第 3 期。

[113]中华人民共和国国家统计局:《中华人民共和国 2010 年国民经济和社会发展统计公报》。

[114]《2011 中国社会形势分析与预测》,社会科学文献出版社 2010 年版。

[115]《上海市国民经济和社会发展第十二个五年规划纲要》(2011 年 1 月 21 日上海市第十三届人民代表大会第四次会议通过)。

后　记

本书为国家哲学社会科学规划基金项目——"党的基层民主建设与党整合社会的能力研究"课题的最终成果。

本书的研究从新的时代背景下执政党建设的理论创新高度研究党内民主建设问题，并把党内民主建设与党的基层组织建设、党的群众工作密切结合起来，探讨了党内民主对于马克思主义政党建设的重大价值、党内民主对增强党的基层组织的活力和提高党整合社会能力的关键性意义。分析了党内民主建设的运行机制、党内民主的发展动力和路径等重大问题。拓展了执政党建设理论创新研究、党内民主建设研究、党的基层组织建设研究和党的群众工作研究。

由于本书密切结合现实的重大实践，不是停留在一般的经验归纳，而是在实践基础上进行了较深入的理论思考，对于党的领导干部在从事实际工作中能开阔思路并具有有针对性的参考价值。

在研究过程中，我们进行了大量的调研，并形成了研究报告，在此基础上撰写了一定数量的论文，有较好的社会影响和效益。

本书存在的不足或欠缺，以及尚须深入研究的问题有如下几点：

第一，本课题在当初设计时候，没有把党的干部队伍建设这个重要问题纳入到研究内容之中，在研究中几个主要部分都有涉及，但没有展开专门的论述，觉得不够充分，有的问题没说透。这是在下一步深入研究中需要重点解决的问题。

第二，本课题研究涉及面大，形成了较多的调研材料，在部分材料的数据采集和分析过程中，存在着不够精确和细致的问题。实践调研的补充和完善是一个不断积累的过程。

这是一个重大的理论课题，又是一个涉及面极宽的实践课题。做好这项研究很不容易，不仅需要极深的理论功底，而且要建立在大量的实践以及历史调研的基础之上，需要花费大量的精力。

今天这个成果,课题组成员付出了艰苦的努力,是一个集体的成果。其中:丁晓强(同济大学教授)课题总负责,撰写绪论,第一章第一节,第三章第一节,第四章第一、二、四节,各章小结和结语;刘靖北(中国浦东干部学院教授)撰写第一章第二节、第四章第三节;吴其良(解放军南京政治学院上海分院教授)撰写第二章第二、三节;梅丽红(中共上海市委党校教授)撰写第二章第一节、第三章第一节;马西恒(中共上海市委党校教授)撰写第三章第六节;赵刚印(中共上海市委党校副教授)第一章第三、四节;翁笑冰(中共上海市委党校副教授)撰写第三章四、五节;邱素琴(中共上海浦东新区党校副教授)撰写第三章第二节;黄文燕(中共上海青浦区委党校副教授)撰写第三章第三节;黄宇(浙江省社会科学院副教授)撰写第二章、第四章的浙江调研。此外,中共杨浦区委党校课题组等承担了相关的调研工作。

课题的研究得到了中共中央组织部党建研究所、中共上海市委组织部、中国浦东干部学院、同济大学、中共上海市委党校以及浦东新区、杨浦区、青浦区党校等部门和机构的支持;中共上海市委党校科研处王建国教授、郭庆松教授、郭小霞老师,同济大学文科办朱德米教授做了大量的具体工作;人民出版社马长虹博士及特约编辑兰玉婷女士为本书的出版付出了心血,在此一并致以谢忱!

丁晓强

2012 年 7 月 1 日